lonely planet

Singapur

„Hat man sich erst einmal zum Reisen entschlossen, ist das Wichtigste auch schon geschafft.“

Also, los geht's“

TONY WHEELER, GRÜNDER VON LONELY PLANET

Cristian Bonetto

Inhalt

Hotel
Fountain of Wealth
Temasek Ave
Temasek Blvd
Promenade
Esplanade
Civilian War Memorial
Pedestrian Tunnel
City Link Mall
Raffles Link
Raffles Blvd
Esplanade Dr
Raffles Ave
Marina Promenade
Esplanade Jetty
The Float @ Marina Bay
Helix Bridge
East Coast Parkway
Merlion Park
Merlion
Marina Bay
Marina Bay
Marina Bay Sands
Bayfront
Bayfront Av
Bayfront
MARINA SOUTH
Marina Blvd
Gardens by the Bay
7
8
9
10
11
12
K
L
M

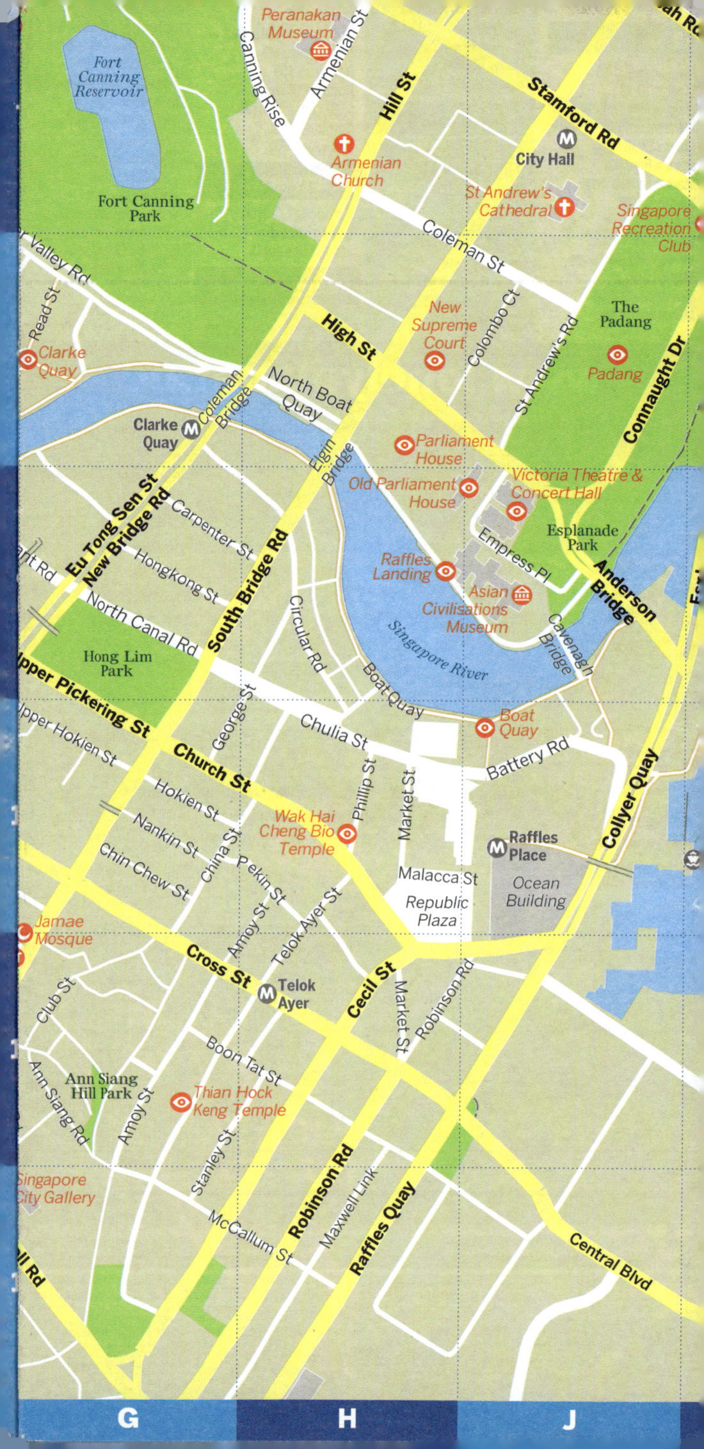

Fort Canning Reservoir
Fort Canning Park
Peranakan Museum
Canning Rise
Armenian St
Hill St
Armenian Church
Stamford Rd
City Hall
St Andrew's Cathedral
Singapore Recreation Club
Coleman St
Valley Rd
Read St
Clarke Quay
High St
New Supreme Court
Colombo Ct
St Andrew's Rd
The Padang
Padang
Connaught Dr
North Boat Quay
Coleman Bridge
Clarke Quay
Elgin Bridge
Parliament House
Old Parliament House
Victoria Theatre & Concert Hall
Esplanade Park
Eu Tong Sen St
New Bridge Rd
Carpenter St
Hongkong St
South Bridge Rd
Empress Pl
Raffles Landing
Anderson Bridge
Asian Civilisations Museum
North Canal Rd
Circular Rd
Singapore River
Cavenagh Bridge
Hong Lim Park
Upper Pickering St
George St
Boat Quay
Chulia St
Boat Quay
Upper Hokien St
Church St
Battery Rd
Collyer Quay
Hokien St
Phillip St
Market St
Wak Hai Cheng Bio Temple
Nankin St
China St
Raffles Place
Chin Chew St
Pekin St
Malacca St
Ocean Building
Telok Ayer St
Republic Plaza
Jamae Mosque
Amoy St
Cross St
Telok Ayer
Cecil St
Market St
Robinson Rd
Club St
Boon Tat St
Ann Siang Hill Park
Ann Siang Rd
Amoy St
Thian Hock Keng Temple
Stanley St
Singapore City Gallery
Robinson Rd
Maxwell Link
Raffles Quay
McCallum St
Central Blvd
G
H
J

PETER DAZELEY / GETTY IMAGES ©

PHOTOGRAPHER'S CHOICE / GETTY IMAGES ©

(Links) **Nudeln S. 31** Die Singapurer lieben gutes Essen

(Oben) **Chinatown S. 73** Farbenfrohe Bauten und Festivals

(Rechts) **Esplanade Bridge S. 60** Blick auf die Skyline der Stadt

LONELY PLANET IMAGES / GETTY IMAGES ©

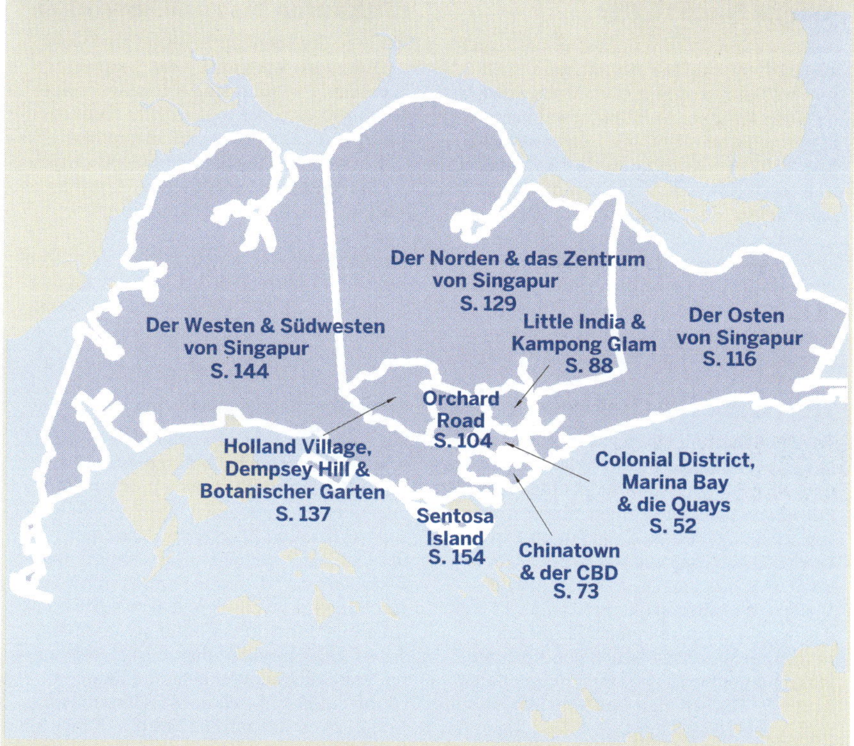

Willkommen in Singapur

Lange galt diese Stadt als reizloser Zwischenstopp, doch mittlerweile hat sich Singapur einen festen Platz unter den attraktiven Reisezielen dieser Welt gesichert.

Asiens Nachzügler

Asiens ewiger Langweiler hat es doch noch geschafft. Das neue Singapur lockt nicht nur mit Satay und Shopping-Malls, sondern mit futuristischer Architektur in einem hypermodernen Park, mit zeitgenössischer Kunst in einer Kaserne aus der Kolonialzeit und edlen Kaffeesorten in traditionellen Shophouses. Überall spürt man das neue Selbstbewusstsein – in den Hotelbauten ebenso wie in der modernen Küche oder bei den exzellenten Cocktails. Hinter all dem steckt eine Nation mit einer Geschichte, die in vorzüglichen Museen aufbereitet wird. Singapur langweilig? Mit Sicherheit nicht.

Herrliche Köstlichkeiten

Von Chilikrabben bis zur duftenden Laksa-Suppe, *rendang* (einem Kokos-Curry) oder Biryani – Singapur präsentiert sich mit berauschenden Aromen. Singapurer sind geradezu besessen von gutem Essen. Das köstliche Essen ist so etwas wie die große Gemeinsamkeit in der ethnischen Vielfalt. Die einzigartige Peranakan-Küche der Region zeugt von einem jahrhundertelangen Austausch zwischen den Kulturen, während die florierende Restaurantszene heute die Küchen aller Länder widerspiegelt und damit den neuen Rang Singapurs unter Beweis stellt.

Einkaufen bis zum Abwinken

Die Tage der Schnäppchenjäger sind wohl gezählt, doch Spaß macht das Shoppen immer noch. Die Malls sind legendär: Tempel des Konsums voller topaktueller Mode, trendiger Straßenkleidung und ultramoderner Elektronik. Und die Shoppingszene jenseits der Malls ist mindestens ebenso faszinierend: In den Shophouses von Chinatown findet man chinesische Medizin, verstaubte Antiquitäten oder heimische Kunst, in Kampong Glam Düfte aller Art und Erzeugnisse islamischer Kultur, während man in Tiong Bahru eher die ortstypische Kleidung oder Schmuck bekommt.

Grünes Singapur

Die aufblühende „Gartenstadt" ist überraschenderweise auch ein Paradies für Naturfreunde. Man steigt einfach in einen Stadtbus und gelangt in einen uralten Regenwald voller Affen und Flaggendrongos, man besucht Feuchtgebiete mit Hummern und Waranen oder idyllische Farmen inmitten von Bananen, Papayas und Jakobsfrüchten. Oder man besteigt ein Bumboot und betrachtet das Inselparadies aus verschiedensten Perspektiven. Wer lieber im Zentrum bleibt, entspannt sich im wunderschönen Botanischen Garten. Die Natur hält hier für jeden etwas bereit.

Warum ich Singapur liebe

Von Cristian Bonetto, Autor

In Singapur liebe ich die Kontraste: verräucherte Tempel im Schatten der Wolkenkratzer, Luxuswohnungen am Rande des Dschungels, altmodische Shophouses, in denen Cocktails serviert werden. Hier kann ich die ganze Welt bereisen, ohne die Insel zu verlassen. Nur hier erlebe ich den Hongkong-Frischmarkt und die Malls von Chinatown und bin schon eine Minute später in einer Straße, die an Mumbai erinnert, bevor ich ins Vergnügungsviertel von Geylang wechsle, das aussieht wie Patpong in Bangkok. Wer hinter die Klischees schaut, wird eine sehr komplexe und bezaubernde Stadt entdecken.

Mehr Informationen über unsere Autoren gibt es auf S. 256.

Neujahrsmarkt in Chinatown (S. 73)

Singapurs Top 10

1

Garküchen *(S. 30)*

1 Duftender Reis mit Huhn, köstlich nussiges Satay, süß-saures *rojak*, gegrillter, scharf gewürzter Stachelrochen: Singapurs Garküchen sind einfach legendär und selbst Promiköche schwärmen von dem überwältigenden Angebot an recht preiswerten und köstlichen Gerichten. Der beste Weg, das Wesen Singapurs zu erforschen, führt schlicht und einfach durch die Küche. Daher sollte man die leckeren einheimischen Gerichte unbedingt probieren.

UNTEN LINKS: NACHTMARKT, CHINATOWN

Essen

Gardens by the Bay *(S. 56)*

2 Die 101 ha große Gartenanlage ist Singapurs neueste Errungenschaft. In dem „Superpark" wachsen ungefähr 400 000 Pflanzen. Einfach umwerfend ist die Architektur. An der Marina Bay ragen zwei riesige Gewächshäuser wie Muscheln in den Himmel; darin findet man uralte Olivenbäume und einen Berg, der mit tropischen Pflanzen bedeckt ist. Nördlich davon stehen die Supertrees, futuristische Stahlgerüste, die durch einen Skyway verbunden sind und nachts beleuchtet werden.

Colonial District, Marina Bay & die Quays

ANDREW WATSON / GETTY IMAGES ©

2

MATT MUNRO / GETTY IMAGES ©

Der Zoo von Singapur & Nachtsafari *(S. 131, 132)*

3 Der Zoo von Singapur ist wohl einer der besten der Welt. Die Freigehege bieten den Tieren genügend Platz zum Herumlaufen und die Besucher können die Tiere ungehindert betrachten. Außerhalb von Borneo und Sumatra ist dies einer der wenigen Orte, an denen Orang-Utans direkt über den Köpfen der Besucher in den Bäumen hocken und Hirschferkel und Lemuren ihren Weg kreuzen. Abends kann man im benachbarten Nachtzoo nachtaktive Tiere wie Leoparden, Hirsche und malaysische Tiger hautnah erleben.

Der Norden & das Zentrum von Singapur

Asian Civilisations Museum *(S. 54)*

4 Das Museum, das an einen riesigen Dachboden erinnert, beherbergt eine Sammlung ostasiatischer Kunstwerke, darunter alte Töpferwaren, Instrumente und Skulpturen, Waffen, skurrile Marionetten und königliche Juwelen. Darüber hinaus zeigt das Museum javanischen Kopfschmuck, Batiken, seltene Koran-Ausgaben und Handschriften, jahrhundertealte chinesische Kalligrafien sowie Porzellan und Plastiken. Ausgestellt ist sogar ein ritueller Schurz aus Tibet, der aus menschlichen und Tierknochen gefertigt ist.

Colonial District, Marina Bay & die Quays

3

ANDREW WATSON / GETTY IMAGES ©

GAVIN HELLIER / GETTY IMAGES ©

Botanischer Garten

(S. 139)

5 Singapurs Garten Eden bietet eine willkommene Abwechslung vom geschäftigen Treiben in der Stadt. In der weitläufigen Oase am Ende der Orchard Road liegen schöne Seen und Themenparks, der ideale Ort also, um ein Picknick zu machen, zu pausieren und Leute zu beobachten. Ein weiteres Highlight ist der Orchideengarten, in dem Singapurs Nationalblume Vanda Miss Joaquim wächst, sowie ein großes Areal naturbelassener Regenwald. Die Gartenanlage beherbergt sogar einen Garten für Kinder; es werden Gratisführungen durch den Park angeboten, und auf der Shaw Foundation Symphony Stage finden kostenlose Opernaufführungen statt.

Holland Village, Dempsey Hill & Botanischer Garten

6

KIMBERLEY COOLE / GETTY IMAGES ©

7

KLAUS VEDFELT / GETTY IMAGES ©

THANKYOU / GETTY IMAGES ©

Orchard Road

(S. 111)

6 Die ehemals staubige Straße, an der Gewürz- und Obstplantagen lagen, wurde in eine 2,5 km lange Straße mit glitzernden Einkaufszentren, Kaufhäusern und Spezialitätenläden verwandelt. Hier findet man alles, von aufstrebenden einheimischen Designerläden bis hin zu internationalen europäischen Top-Marken. Es gilt die Devise: Shoppen bis zum Umfallen. Nachdem man seine Einkäufe im Hotel abgeladen hat, geht es zum Emerald Hill, wo man die alte peranakische Architektur bewundern kann, und danach in eine Bar mit Happy-Hour-Specials.

OBEN LINKS: ION ORCHARD MALL (S. 111)

Orchard Road

Naturschutzgebiet Bukit Timah *(S. 133)*

7 Soll man im feucht-heißen Singapur wirklich wandern? Warum eigentlich nicht? Schließlich waren die britischen Ahnen, Sir Stamford Raffles und William Farquhar, begeisterte Naturforscher. Und Singapur besitzt tatsächlich eine überraschende Anzahl von Grünflächen. Ein absolutes Muss ist eine Wanderung im Naturschutzgebiet Bukit Timah. Das Kreischen umherziehender Affen, der Gesang seltener Vögel und das Grün der Baumkronen erinnern an die Zeit, als ein Großteil Singapurs noch aus Wildnis bestand.

Der Norden & das Zentrum von Singapur

Sentosa Island

(S. 154)

8 Sentosa ist Singapurs sorgfältig geplante Spielwiese für alle Altersgruppen, eine Ansammlung von Themenparks und Vergnügungszentren von Weltniveau mit Abendunterhaltung, Luxusresorts und einem unterirdischen Kasino. Für jeden Geschmack ist etwas dabei, von rasanten Fahrten und Shows in den Universal Studios über Riesenbehälter mit Meereslebewesen im S.E.A. Aquarium bis hin zu künstlichen Wellen im Wave House. Ein kleines Stück Sandstrand säumen palmenbesetzte Strandbars und von den Spitzenrestaurants bietet sich ein spektakulärer Blick auf sündhaft teure Jachten.

Sentosa Island

Little India *(S. 88)*

9 Von Singapurs historischen Vierteln hat Little India wohl am meisten Atmosphäre und erinnert an alte Zeiten. Am Wochenende strömen indische Arbeiter in Scharen in dieses Viertel, um ein Stück Heimat zu genießen. Die farbenfrohen Geschäfte in den Gassen quellen über mit aromatischen Gewürzen und Bollywood-Illustrierten. Sowohl Rucksacktouristen als auch trendige Besucher genießen ihr kühles Bier in coolen Bars. Wer unter Schlaflosigkeit leidet, geht ins Mustafa Centre, wo man um 3 Uhr morgens noch ein iPad kaufen kann, bevor man dann zum Frühstück seinen *teh tarik* trinkt und dazu ein *roti prata* genießt.

Little India & Kampong Glam

ANDREW ROWAT / GETTY IMAGES ©

THANK YOU / GETTY IMAGES ©

Pulau Ubin *(S. 163)*

10 Die Insel vermittelt einen Eindruck vom *kampong*-(Dorf-)Leben, das bis in die 1960er-Jahre noch zu Singapur gehörte. Von Changi aus können Besucher ein Bumboot besteigen und Mangrovensümpfe sowie stille, mit Lotusblüten überzogene Seen erkunden. Danach geht es mit dem Fahrrad weiter, vorbei an Wellblechhütten und maroden Gebetsstätten oder auf einem querfeldein führenden Mountainbike-Pfad. Den Tag lässt man dann bei einem köstlichen Fischgericht am Meer ausklingen.

Inseln & Tagesausflüge

Was gibt's Neues?

Nationalgalerie Singapur

Singapurs Entschlossenheit, den Ruf als Stadt ohne Kultur loszuwerden, kommt auch in der Nationalgalerie zum Ausdruck. Hier findet der Besucher Werke südostasiatischer und einheimischer Künstler vom 19. Jh. bis zur Gegenwart. Die Galerie haucht dem alten Rathaus sowie dem Alten Obersten Gerichtshof von Singapur neues Leben ein (S. 59).

Gardens by the Bay

Willkommen im 21. Jh.! Singapurs futuristische Gärten an der Bucht sind Natur im innovativen High-Tech-Design (S. 56).

S.E.A. Aquarium

Das weltweit größte Aquarium gibt einen spektakulären Einblick in den vielfältigen Lebensraum Meer. Zu den zahlreichen merkwürdigen Kreaturen gehören hier die riesige Seespinne und der echt freakige Seeteufel (S. 157).

Fluss-Safari

Der Zoo von Singapur und die Nacht-Safari haben einen neuen Nachbarn: River Safari präsentiert sieben der größten Flusslandschaften der Erde, obwohl die größte Attraktion wohl die beiden bezaubernden Pandabären Kai Kai und Jia Jia sind (S. 134).

Grüner Korridor

Er verläuft von Süden nach Norden quer durch Singapur: eine stillgelegte Bahntrasse, die an die alte Gleisanlage in New York's Manhattan erinnert und die zur Grünzone ausgebaut wird (S. 134).

Gillman Barracks

Die Kolonialbauten der ehemaligen Kaserne erhalten einen neuen Anstrich: In beschaulicher grüner Umgebung wurde hier ein Kunstzentrum eröffnet (S. 149).

Jalan Besar

Trendforscher bezeichnen es als das „neue Tiong Bahru" – ein altes Stadtviertel mit hippen Cafés, Restaurants und kreativen Designer-Boutiquen (S. 98).

Die neue Kaffeewelle

Die dritte Kaffeewelle rollt jetzt durch Singapur. Zu den neuesten Errungenschaften gehören Nylon Coffee Roasters, die ihren Kaffee selbst rösten (S. 82).

Super-Cocktails

Ein gewöhnlicher Mojito hat hier keine Chance. Neue Cocktailbars wie Bitters & Love benutzen für ihre Cocktails frische Zutaten, ausgetüftelte Rezepte und faszinierende Neuerungen (S. 66).

Indian Heritage Centre

Das supermoderne Kunstzentrum, das 2015 seine Tore öffnet, ist in einem glanzvollen Gebäude untergebracht und legt den Fokus der Ausstellung auf Singapurs indisches Kulturerbe (S. 90).

Jurong East Malls

Jurong East lässt sich keinesfalls mit der Orchard Road vergleichen, aber es besteht die Hoffnung, dass neue Einkaufszentren wie Jem eine Alternative bieten (S. 151).

Weitere Empfehlungen und Details siehe **lonelyplanet.com/Singapore**

Gut zu wissen

Weitere Hinweise im Kapitel „Allgemeine Informationen" (S. 217)

Währung
Singapur-Dollar ($)

Sprachen
Englisch (vorrangig), Mandarin, Bahasa Malaysia, Tamil

Visum
Üblicherweise bei Ankunft in Singapur für einen Aufenthalt von bis zu 90 Tagen.

Geld
Geldautomaten und Wechselstuben sind fast überall zu finden. Kreditkarten werden in den meisten Geschäften und Restaurants akzeptiert, Bitcoins nur in einigen Bars.

Mobiltelefone
Örtliche SIM-Karten, die in Minimärkten erhältlich sind, funktionieren in freigeschalteten GSM-Handys.

Zeit
MEZ plus sieben Stunden

Touristeninformation
Das Singapore Visitors Centre @ Orchard (☎1800 736 2000; www.yoursingapore.com; Ecke Orchard & Cairnhill Roads; ⌚9.30-22.30 Uhr; Ⓜ Somerset) mit seinem hilfsbereiten Personal bietet eine Fülle an Informationen, Broschüren und Karten.

Tagesbudget

Günstig: unter 200 $

➡ Bett im Schlafsaal: 20–40 $

➡ Garküchen und Food Courts: ca. 6 $ pro Essen

➡ Eine 30-minütige Fußreflexzonenmassage im People's Park Complex: 15 $

➡ Eintritt in ein größeres Museum: 6–10 $

Mittelteuer: 200–350 $

➡ Doppelzimmer in einem Mittelklassehotel: 140–250 $

➡ Eine Ducktour durch Singapur: 33 $

➡ Ein Zweigänge-Menü mit Wein: 60 $

➡ Cocktails in einer Bar: 15–20 $ pro Getränk

Teuer: über 350 $

➡ Doppelzimmer im 4- oder 5-Sterne-Hotel: 250–700 $

➡ Ein Kochkurs bei Food Playground: 99 $

➡ Eine Weinprobe in einem Spitzenrestaurant: 250 $ oder auch mehr

➡ Eine Theaterkarte: 150 $

Reiseplanung

Zwei Monate vor Reiseantritt buchen: Für West-End-Shows oder große Veranstaltungen wie das Formel-1-Rennen. In Spitzenrestaurants unbedingt einen Tisch reservieren.

Einen Monat vor Reiseantritt buchen: Wer am Wochenende in einem Schlafsaal übernachten will, sollte sein Bett im Voraus buchen. Groupon Singapore (www.groupon.sg) bietet Rabatte.

Eine Woche vor Reiseantritt: Nach Last-Minute-Übernachtungsangeboten in Singapur Ausschau halten und Termine von Events oder Festen in Erfahrung bringen.

Infos im Internet

➡ **Lonely Planet** (lonelyplanet.com/singapore) Zielgebiets-Informationen, Hotelreservierungen, Reiseforum etc.

➡ **Your Singapore** (www.yoursingapore.com) ist die Webseite des staatlichen Fremdenverkehrsamts.

➡ **Honeycombers** (www.thehoneycombers.com) Online-Reiseführer.

➡ **City Nomads** (www.citynomads.com) Mit Veranstaltungskalender.

➡ **Sistic** (www.sistic.com.sg) Karten für Konzerte und Shows in Singapur.

REISEZEIT

Singapur hat das ganze Jahr über ein tropisch-feuchtes Klima. Die Ferienzeit im Juni und Juli ist am heißesten und deshalb weniger geeignet..

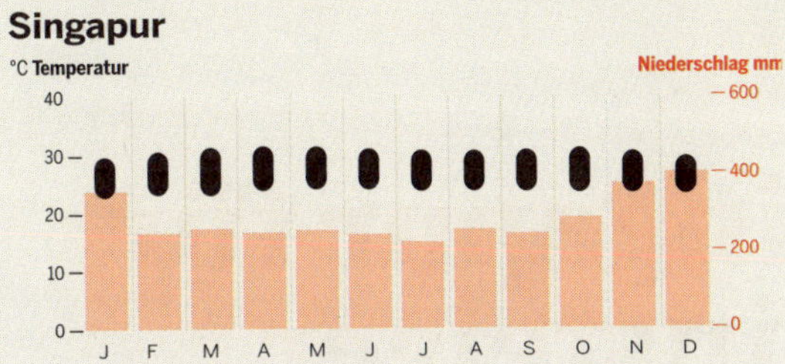

Ankunft in Singapur

Changi Flughafen Vom Flughafen fahren MRT-Züge/öffentliche Busse ins Stadtzentrum, die Abfahrtszeiten sind: 5.30/6–24 Uhr, ab 1,85 $; Flughafen-Shuttlebusse verkehren von 6 bis 24 Uhr, 9 $ (Kinder: 6 $); eine Taxifahrt kostet zwischen 18 und 38 $, 50 % mehr zwischen 24 und 6 Uhr plus Flughafenzuschlag; eine viersitzige Limousine kostet 55 $ plus 15 $ Zuschlag für jeden weiteren zusätzlichen Halt.

HarbourFront Fährhafen Vom Fährhafen aus fährt ein MRT-Zug in die Stadt, Preis: ab 1,40 $, eine Taxifahrt kostet zwischen 6 und 13 $ plus Zuschlag.

Woodlands Train Checkpoint Von hier aus kostet ein Taxi in die Stadt 19–22 $ plus Zuschlag.

Weitere Informationen zur **Ankunft** auf S. 212

Unterwegs vor Ort

- **EZ-Link-Karte** Diese elektronische Netzkarte ist in allen MRT-Zügen und den örtlichen Bussen gültig. An den Sensoren kann man sich ein- und wieder ausloggen. Die Karte kann an MRT-Bahnhöfen wieder aufgeladen werden.
- **MRT** Mit der U-Bahn, die zwischen 5.30 Uhr und Mitternacht verkehrt, kommt man am schnellsten voran.
- **Busse** verkehren zwischen 6 Uhr und Mitternacht und fahren überallhin. Vom Stadtzentrum aus verkehren auch einige Nachtbusse.
- **Taxis** Taxis sind relativ preiswert. Man kann sie auf der Straße anhalten oder zum Taxistand gehen. In der Hauptverkehrszeit und von 0 bis 6 Uhr muss man mit happigen Zuschlägen rechnen.

Weitere Informationen dazu auf S. 214

Schlafen

In Singapur gibt es die teuersten Unterkünfte in ganz Südostasien. Vor größeren Festen wie dem chinesischen Neujahrsfest oder dem Formel-1-Nachtrennen lohnt es sich, frühzeitig zu buchen. Wer online bucht oder in der Nebensaison (Februar–Mai und August bis Oktober) hierherkommt, spart viel Geld. Hostels und Pod-Hotels sind die preiswerteste Option, schwieriger wird es bei Privatunterkünften mit eigenem Bad. Es besteht kein Mangel an mittelteuren bis teuren Hotels einschließlich kunstvoll gestalteten Design-Hotels, eleganten Hotels aus der Kolonialzeit und luxuriösen Hotelketten.

Infos im Internet

- **Lonely Planet** (lonelyplanet.com/singapore/hotels) Auch auf der Website von Lonely Planet kann man Hotelzimmer buchen.
- **Booking.com** (www.booking.com) Userfreundliche Website für Hotelbuchungen.

Weitere Informationen zur **Unterkunft** auf S. 175

AUFENTHALTSDAUER

Singapur ist eine Zwischenstation für Langstreckenflüge und die meisten Besucher bleiben nur ein oder zwei Tage dort. Das ist gerade ausreichend, um einen flüchtigen Eindruck zu bekommen. Wer mehr sehen möchte als die Orchard Road, sollte mindestens vier Tage bleiben, um die wichtigsten Sehenswürdigkeiten anzuschauen, in Garküchen zu essen und die Naturschutzgebiete zu bewundern.

Singapur für Einsteiger

Weitere Hinweise siehe „Allgemeine Informationen“ (S. 217)

Checkliste

- Der Reisepass muss am Abflugtag noch mindestens sechs Monate gültig sein
- Bei der Fluglinie anfragen, ob es Beschränkungen beim Gepäck gibt
- Reiseversicherung abschließen
- Die Kreditkartenfirma über die Reise informieren
- Die Unterkunft sowie Tickets für Events oder Restaurants buchen
- Checken, ob das Handy dort funktioniert

Einpacken

- Hut, Sonnenbrille, Sonnenschutzmittel
- Mückenschutz, besonders auf Wanderungen im Naturschutzgebiet
- Elektrischer Adapter
- Badeanzug (für das Hotel, den öffentlichen Swimmingpool oder den Wasserpark)
- Elegante Kleidung und dazu passende Schuhe für teure Restaurants und Bars
- Fotokopie der ersten Seite des Reisepasses; vom Pass getrennt aufbewahren

Top-Tipps für unterwegs

- Die EZ-Link-Karte, eine elektronische Netzkarte, ist in den MRT-Zügen, örtlichen Bussen und in der Sentosa-Express-Einschienenbahn gültig und wird von den meisten Taxiunternehmen akzeptiert. Der „Singapore Tourist Pass“ bietet unbegrenzte Fahrten in Bussen und Zügen. Es gibt Ein-, Zwei- oder Dreitageskarten.
- Kombi-Tickets für einige Sehenswürdigkeiten (z. B. Singapurs Zoo und Nachtsafari) sparen Geld.
- Wegen der Mittagshitze sollte man Aktivitäten im Freien auf die frühen Morgenstunden oder den späten Nachmittag verschieben.
- In der Zeit von 17 bis 20 oder 21 Uhr gibt es in einigen Bars Happy-Hour-Preise.
- Garküchen haben keine Servietten – Papiertaschentücher helfen.

Kleidung

Das Klima in Singapur ist heiß und feucht, daher empfiehlt es sich, leichte, bequeme Kleidung mitzunehmen. Shorts, T-Shirts und Flipflops werden fast überall akzeptiert. In den teuren Restaurants und Bars ist elegantere Kleidung angesagt, daher sollte man ein Abendkleid, ein langärmliges Hemd, lange Hosen sowie dazu passende Schuhe einpacken. Wer im Naturschutzgebiet wandern will, braucht Sportschuhe oder Wanderstiefel. Auch empfiehlt sich ein kleiner Regenschirm für plötzlich auftretende Regengüsse, insbesondere während der Monsunzeit (November bis Januar).

Warnung

Obwohl Singapur eines der sichersten Reiseziele der Welt ist, sollte man Folgendes wissen:

- **Drogen** Auf die illegale Ein- und Ausfuhr von Drogen stehen strenge Strafen einschließlich der Todesstrafe.
- **Mücken** Während der Regenzeit besteht die Gefahr, an einer von Mücken übertragenen Krankheit zu erkranken. Daher sollte man bei Wanderungen im Naturschutzgebiet ein Mückenspray benutzen.
- **Öffentliche Verkehrsmittel** In den öffentlichen Verkehrsmitteln ist das Essen und Trinken verboten.

Geld

Kreditkarten werden fast überall akzeptiert, außer in Hawker Centers und Food Courts. Cirrus-Bankautomaten sind in den Einkaufszentren, bei Banken und in den MRT-Bahnhöfen reichlich vorhanden, für die Geldabhebung wird jedoch eine Gebühr verlangt.

Weitere Informationen siehe S. 217.

Steuern & Erstattungen

Touristen haben vor der Rückreise Anspruch auf Erstattung der 7 % Mehrwertsteuer auf Güter- und Dienstleistungssteuer (GST), die auf Einkäufe in Einzelhandelsgeschäften erhoben wird. Dies gilt für Einkäufe über 100 $. Einzelheiten siehe S. 219.

Trinkgeld

Trinkgeld ist in Singapur nicht üblich. Am Changi-Flughafen ist es sogar verboten.

➡ **In den Restaurants** gilt oft ein Bedienungszuschlag von 10 %, daher erübrigt sich das Trinkgeld. Ein kleines Trinkgeld ist jedoch angebracht, wenn die Bedienung besonders freundlich ist. In Hawker Centers und Food Courts sollte man kein Trinkgeld geben.

➡ **Hotels** In Hotels der unteren Preisklasse ist es nicht notwendig, Trinkgeld zu geben. In Hotels der oberen Preisklasse sollte man Gepäckträgern zwischen 2 und 5 $ Trinkgeld geben und dem Zimmermädchen 2 $.

➡ **Taxis** Taxifahrer erwarten kein Trinkgeld, es ist jedoch höflich, aufzurunden oder dem Fahrer zu signalisieren, das Wechselgeld zu behalten.

LONELY PLANET IMAGES / GETTY IMAGES ©

Opfergaben im Tempel Leong San See (S. 90)

Etikette

➡ **Gesichtsverlust** Die Singapurer achten in jeder Lebenssituation darauf, ihr Gesicht zu wahren. Wer mit einem Einheimischen streitet oder ihn beschimpft, trägt dazu bei, dass dieser sein Gesicht verliert und man als Rüpel gilt.

➡ **Uncles & Aunties** Es ist allgemein üblich und gilt als Zeichen des Respekts, Leute mittleren Alters oder ältere Leute mit „Uncle" oder „Auntie" anzureden, obwohl sie nicht mit einem verwandt oder bekannt sind.

➡ **Stäbchen** Stäbchen sollte man nicht aufrecht in eine Schale Reis stecken. Das erinnert an Bestattungsriten und bringt Unglück.

➡ **Hände** Mit der rechten Hand wird gegrüßt, gewunken und gegessen. Wer mit Menschen malaiischen, indonesischen oder indischen Ursprungs Umgang hat, sollte sich an diese Regeln halten. Die linke Hand wird nur zum Toilettengang benutzt.

➡ **Kopf & Füße** Der Kopf ist für viele Menschen heilig, daher sollte man es vermeiden, den Kopf eines Fremden zu berühren. Die Füße werden als schmutzig erachtet, daher sollte vermieden werden, auf die Füße einer Person zu zeigen, da dies Anstoß erregt.

Sprache

In Singapur gibt es vier offizielle Sprachen: Englisch, Malaiisch, Mandarin und Tamil. Englisch ist an den meisten Schulen die Hauptunterrichtssprache, und wer Englisch spricht, hat gewöhnlich keine Probleme, mit den Einheimischen zu kommunizieren, mit Ausnahme einiger älterer Singapurer oder Chinesen. Informationen über Sprache und das spezielle Englisch in Singapur auf S. 208.

Stadtspaziergänge

1. Tag

Colonial District , Marina Bay & die Quays (S. 52)

Ein Spaziergang in dieser Gegend gibt dem Besucher einen Einblick in die Kolonialgeschichte der Stadt. Sehenswert sind das **National Museum of Singapore**, das **Asian Civilisations Museum** und das **Peranakan Museum**.

Mittags Maxwell Road Hawker Centre (S. 79): preiswertes Straßenessen

Chinatown & der CBD (S. 73)

Obwohl es hier recht touristisch zugeht, bekommt man im **Sri-Mariamman-Tempel**, im **Buddha Tooth Relic Temple** und im **Thian-Hock-Keng-Tempel** echte Einblicke in das tägliche Leben der Menschen. Vom Hochhaus **Pinnacle@Duxton** hat der Besucher einen spektakulären Ausblick über die Stadt. Im **People's Park Complex** kann man sich bei einer supergünstigen Reflexzonenmassage herrlich entspannen. Danach geht es zum Aperitif in die **Club Street** oder die **Ann Siang Road**.

Abends Ding Dong (S. 80): moderne südostasiatische Köstlichkeiten

Der Norden & das Zentrum von Singapur (S. 129)

Auf der anschließenden **Nacht-Safari** durch den Zoo kann man majestätische und merkwürdige Kreaturen bestaunen. Durch den Zoo fährt eine kleine Bahn vorbei an Tigern, Leoparden und Fledermäusen.

2. Tag

Little India & Kampong Glam (S. 88)

Wer Singapur mit einer sterilen Geschäftsstadt in Verbindung bringt, wird in Little India eines Besseren belehrt. In den Straßen des Viertels gehen die Schneider ihrem Handwerk nach, die Luft ist erfüllt vom Duft nach Kreuzkümmel und Bollywood-Songs. Im **Sri-Veeramakaliamman-Tempel** kann man sich von den Farben und Gesängen inspirieren lassen. Die schönsten Saris gibt es im **Tekka Centre**.

Mittags Im Lagnaa Barefoot Dining (S. 95) wählt man die Schärfe selbst

Orchard Road (S. 104)

Wer der Nachmittagshitze entfliehen will, ist in der klimatisierten Shoppingmeile **Orchard Road** am besten aufgehoben. Hier befinden sich 20 Einkaufszentren, von superteuren europäischen Designerläden mit schicken einheimischen Markenklamotten bis hin zu glitzernden Kaufhäusern und Nostalgie- oder Billigläden.

Abends Satay by the Bay (S. 62): an der Bucht gelegene Garküche

Colonial District, Marina Bay & die Quays (S. 52)

Wer sein Abendessen bei Satay einnimmt, ist schon inmitten der **Gardens by the Bay**. Für die Erkundung des spektakulären neuen botanischen Gartens mit Flower Dome und Cloud Forest sollte man eine Menge Zeit mitbringen. Der Hain der Superbäume ist während der abendlichen Lightshow (täglich, 19.45 und 20.45 Uhr) besonders spektakulär.

3. Tag

Little India & Kampong Glam (S. 88)

Die **Sultan-Moschee** in Kampong Glam mit der goldenen Kuppel ist Mittelpunkt von Singapurs historischem malaiischen Bezirk. Um die Moschee befinden sich renovierte Ladenhäuser, Shisha-Cafés und Restaurants. Im renovierten **Malay Heritage Centre**, das in einem Sultanspalast untergebracht ist, wird die Geschichte dieses Stadtteils lebendig.

Mittags Cicheti (S. 96): leckere Holzofen-Pizzas

Sentosa Island (S. 154)

Nach so viel Kultur wird es Zeit für ein wenig ungetrübten Spaß auf Singapurs Vergnügungsinsel **Sentosa**. Auf dem Filmgelände der **Universal Studios** finden sich eine ganze Reihe Attraktionen, die das Herz zum Rasen bringen, aber auch solche der etwas ruhigeren Art. Kleine und große Lebewesen kann man im spektakulären **SEA Aquarium** bestaunen, im **Wave House** auf künstlichen Wellen reiten oder bei **iFly** fallschirmspringen.

Abends Mykonos on the Bay (S. 158): authentische griechische Küche

Sentosa Island (S. 154)

Den Abend kann man bei einigen Drinks am palmengesäumten Strand von Sentosa ausklingen lassen, am besten im familienfreundlichen **Coastes** oder dem etwas abgelegeneren **Tanjong Beach Club**. Wer mit Kindern unterwegs ist, sollte sich die beliebte Show **Songs of the Sea** ansehen, ein Multimillionen-Dollar-Klang-Licht- und Laser-Spektakel.

4. Tag

Inseln & Tagesausflüge (S. 162)

Wer einen Eindruck von Singapur in den 1950er-Jahren erhalten möchte, fährt nach Changi und nimmt von dort ein Bumboot nach **Pulau Ubin**. Mit dem Mietrad geht es auf den ruhigen, von dichtem Buschwerk gesäumten Straßen weiter, vorbei an Blechhütten und Heiligengräbern, oder zu Fuß den mangrovenbestandenen Uferweg entlang. Es gibt sogar einen Mountainbike-Park mit Strecken für verschiedene Geschwindigkeiten.

Mittags Am Pier von Pulau Ubin gibt es Fischrestaurants (S. 165)

Der Osten von Singapur (S. 116)

Nach der Erkundung des verschlafenen Pulau Ubin geht es mit dem Bumboot zurück. Wenn es noch nicht zu spät ist, lohnt sich der Besuch des **Changi Museums mit Kapelle**, in dem die Leidensgeschichte und der Widerstand der Einwohner Singapurs gegen die japanische Besatzung dokumentiert ist. Wenn das Museum bereits geschlossen hat, kann man in **Changi Village** shoppen oder im **Changi Village Hawker Centre** auf ein Bier vorbeischauen.

Abends No Signboard Seafood (S. 122): White-Pepper-Krabben

Der Osten von Singapur (S. 116)

Wer das pralle Leben am Abend erleben möchte, ist in **Geylang** richtig. Der Rotlichtbezirk liegt in unmittelbarer Nähe von Tempeln, Moscheen und einigen der besten Restaurants in Singapur. Auf der **Sims Avenue** und der **Geylang Road** wird jede Menge geboten.

Wie wär's mit ...

Geschichte

Peranakan Museum In diesem Museum mit seinen farbenfrohen historischen Artefakten und Multimedia-Displays erfährt der Besucher Wissenswertes über die chinesische Kultur. (S. 56)

National Museum of Singapore Hier werden Jahrhunderte singapurischer Geschichte zum Leben erweckt, dies reicht von verbannten Prinzen aus Sumatra bis zur Unabhängigkeit Singapurs. (S. 59)

Asian Civilisations Museum Das Museum, das randvoll mit kostbaren Schätzen aus ganz Asien ist, gehört zu den besten und vielfältigsten der Region. (S. 54)

Changi Museum & Kapelle Im Gefängnismuseum erhält der Besucher einen Einblick in die Geschichte Singapurs im Zweiten Weltkrieg. (S. 119)

Chinatown Heritage Centre Erzählt die interessante und spannende Geschichte des gefährlichen, chaotischen und überfüllten Chinatown, wie es früher einmal war. (S. 75)

Baba House In diesem Gebäude, das zu den schönsten in Singapur gehört, wird die Kultur der Peranakan wieder zum Leben erweckt. (S. 78)

Kunst

Singapore Art Museum Das Kunstmuseum zeigt zeitgenössische Kunst aus Singapur und Asien. Der **8Q**-Flügel, der sich auf der anderen Straßenseite befindet, ist sogar noch stilvoller. (S. 57)

THANK YOU / GETTY IMAGES ©

Fährschiffe auf Pulau Ubin (S. 163)

National Gallery Singapore Singapurs neueste kulturelle Errungenschaft zeigt Werke einheimischer Künstler aus dem 19. Jh. sowie zeitgenössische Kunst. (S. 59)

Gillman Barracks Eine beeindruckende Reihe internationaler Galerien mit moderner und zeitgenössischer Kunst. (S. 149)

NUS Museum In diesem Museum in der Universität von Singapur werden alte Töpferarbeiten, moderne Kunst und die Arbeiten des Bildhauers Ng Eng Teng ausgestellt. (S. 147)

Alltagsleben

Tiong Bahru In diesem Viertel gibt es jede Menge coole Cafés, unabhängige Buchläden und einige trendige Boutiquen. (S. 84)

Jalan Besar Singapurs hippstes Viertel; hier liegen alte Werkstätten Tür an Tür mit Designerläden und Cafés. (S. 98)

Little India Kein anderes Stadtviertel ist so farbenfroh und bietet so viele unterschiedliche Düfte wie Little India. (S. 88)

Everton Park Ist mit seinen vielen Cafés, zahlreichen Restaurants und Geschäften kein langweiliges Geschäftszentrum, es hat bereits Kultstatus erreicht. (S. 82)

People's Park Complex In diesem Shopping Centre kann man sich mit einer günstigen Reflexzonenmassage verwöhnen lassen und gleichzeitig den neuesten Klatschgeschichten lauschen. (S. 87)

Kranji Farms In der im äußersten Nordwesten Singapurs gelegenen Gegend befinden sich verschiedene landwirtschaftliche Betriebe, die fast alles vermarkten, von Mangos bis zu Ziegenmilch und sogar Froschfleisch. (S. 150)

Die freie Natur

Die **Southern Ridges** sind eine Hügelkette im Süden Singapurs. Einstiege in den Park sind bei Kent Ridge, Mt Faber oder Hort Park. Eine Wanderung in dieser wunderschönen grünen Oase sollte man keineswegs versäumen. (S. 132)

MacRitchie Reservoir Ein Wanderweg führt zum Treetop Walk, einer 250 m langen Hängebrücke. (S. 132)

Gardens by the Bay Singapurs Bemühungen, die Gartenstadt in eine „Stadt im Garten" umzuwandeln, sind ihrem Ziel schon ein gutes Stück näher gekommen. (S. 56)

Singapore Botanic Gardens Der Botanische Garten bietet gepflegte Rasenflächen, glasklare Seen und ein kleines Stück naturbelassenen Regenwald. Ein idealer Ort, um einmal der Hektik der Großstadt zu entfliehen. (S. 139)

East Coast Park Der an einem langen Sandstrand gelegene Park ist ideal geeignet zum Ausspannen, Wandern, Radfahren, Rollerskaten, für Wassersport und ausgedehnte Grillpartys. (S. 120)

Tempel, Moscheen & Kirchen

Sultan-Moschee Die Moschee mit der goldenen Kuppel ist der Mittelpunkt des Kampong-Glam-Distrikts. (S. 92)

Sri-Mariamman-Tempel Einen wahren Farbenrausch bietet der Turm des Tempels (*gopuram*). Und auf der Rückseite ragen die Wolkenkratzer in die Höhe. (S. 76)

Thian-Hock-Keng-Tempel Singapurs berühmter chinesischer Tempel besticht mit seinen Steinlöwen und den kunstvoll geschnitzten Holzbalken. (S. 76)

St.-Andrew's-Kathedrale Die weiß getünchte und berühmteste Kirche Singapurs wurde von indischen Strafgefangenen erbaut. (S. 59)

Abdul-Gafoor-Moschee In dieser skurrilen Moschee in Little India verschmelzen maurische, indische und englische Architekturstile. Die Sonnenuhr ist ein absolutes Unikat. (S. 91)

Inselausflüge

Pulau Ubin Mit dem Bumboot geht es hinüber zur Insel; am besten lässt sich das Eiland dann mit dem Fahrrad erkunden. (S. 163)

St John's Island & Kusu Island Die Insel Kusu dient Pilgern als Wallfahrtsort. Erfrischend ist ein Bad im Meer auf der Insel St John. (S. 166)

Sentosa Island Die Insel bietet zahlreiche Vergnügungsmöglichkeiten, wie z. B. verschiedene Themenparks, Fallschirmspringen sowie künstliche Wellen. (S. 154)

Pulau Bintan Trauminsel für gut betuchte Touristen aus Südoastasien. (S. 166)

Weitere Informationen über Top-Spots in Singapur:

- Essen (S. 30)
- Ausgehen & Nachtleben (S. 38)
- Unterhaltung (S. 42)
- Shoppen (S. 45)

Monat für Monat

TOP-EVENTS

Chinesisches Neujahrsfest Februar

Chingay Festival Februar

Great Singapore Sale Ende Mai–Juli

Nachtrennen der Formel 1 September

Januar

Nach den Silvesterpartys und überteuerten Getränken beginnt das neue Jahr mit dem hochdramatischen Hindu-Fest und Indie-Musik.

Thaipusam

Hindus marschieren in einer Prozession vom Tempel Sri Srinivasa Perumal an der Serangoon Road zum Chettiar Hindu-Tempel an der Tank Road und tragen dabei *kavadis* (schwere Metallrahmen, die mit Pfauenfedern, vielerlei Früchten und vielen Blumen geschmückt sind).

Laneway-Fest

Ein beliebtes Musikfestival, das einen Tag dauert (http://singapore.lanewayfestival.com). In den Gardens by the Bay treten weltbekannte Indie-Musiker auf, die Rock, Folk und elektronische Musik spielen.

Februar

Das chinesische Neujahrsfest wird in einem Land mit überwiegend chinesischer Bevölkerung natürlich groß gefeiert. Es gibt zwei arbeitsfreie Tage und lautstarke, farbenfrohe Festivitäten.

Chinesisches Neujahrsfest

Drachentänze und Paraden markieren den Beginn des Neujahrsfestes. Die Menschen wünschen einander *Gung hei faat choi* (Ich hoffe, dass du eine Menge Geld gewinnen wirst). Chinatown ist hell erleuchtet, insbesondere die Eu Tong Sen Street und die New Bridge Road, und der „Hongbao Special" an der Marina Bay präsentiert sich mit *pasar malam*- (Nachtmarkt-)Ständen, Shows und Feuerwerk.

Chingay

Singapurs größte Straßenparade Chingay steigt am 22. Tag nach dem Chinesischen Neujahrsfest (www.chingay.org.sg). Das farbenprächtige, multikulturelle Fest präsentiert Löwenträger, Festwagen und andere kulturelle Darbietungen. Karten für einen Sitzplatz auf den Zuschauertribünen gibt es im Vorverkauf, oder man kämpft sich durch die Menge bis an die Absperrungen vor.

Singapore International Jazz Festival

Das vier Tage dauernde Sing Jazz (www.sing-jazz.com) findet an der Marina Bay Sands statt und präsentiert sowohl altbekannte als auch neue Jazzmusiker aus der ganzen Welt.

März

Der Nordost-Monsun lässt nach, und das Quecksilber beginnt zu steigen.

Mosaic Music Festival

Mosaic, das zehntägige Festival für Weltmusik, Jazz und Indie in der Esplanade (www.mosaicmusicfestival.com) ist Schauplatz für lokale und internationale sowie bekannte und unbekannte Musik-Acts.

Mai

Der ruhige Monat führt zum Höhepunkt der Sommerhitze und der turbulenten Schulferienzeit. Dies ist die richtige Zeit, um Singapur einen Besuch abzustatten.

Vesak Day

An Buddhas Geburt, Erleuchtung und Tod wird durch verschiedene Riten erinnert. Dazu gehört die Freilassung von Käfigvögeln als Symbol gefangener Seelen. Im Zentrum der Aktivitäten steht der Buddha Tooth Relic Temple an der South Bridge Road.

Affordable Art Fair

Eine dreitägige Ausstellung (www.affordableartfair.com/singapore) im F1 Pit Building mit über 80 einheimischen und internationalen Galerien mit Kunstwerken im Wert von 100 bis 10 000 $, die von mehr als 600 Künstlern geschaffen wurden. Die „erschwingliche" Messe findet auch im November statt.

Juni

Die beginnenden Schulferien in Kombination mit Schlussverkauf bedeutet, dass jeder unterwegs ist. Dies ist einer der heißesten Monate des Jahres, daher fließt jede Menge Schweiß.

Great Singapore Sale

Der große Ausverkauf in Singapur (www.greatsingaporesale.com.sg) dauert von Ende Mai bis Ende Juli. Die Geschäfte auf der Insel reduzieren ihre Preise (und rollen die Sachen nach draußen, die sie seit Jahresbeginn nicht verkaufen konnten). Wer das Gedränge verkraftet, kann gute Schnäppchen machen.

Beerfest Asia

Das Bierfest ist das größte in Asien (www.beerfestasia.com) mit 300 verschiedenen Biersorten, von internationalen Starkbiersorten bis zu Gerstensaft aus Kleinbrauereien. Es gibt Workshops und Livemusik.

Juli

Die trockenen Monate dauern an, genauso wie die Schulferien.

Singapore Food Festival

Zehn Tage wird alles gefeiert , was essbar ist und aus Singapur stammt (www.yoursingapore.com). Die Veranstaltungen umfassen Verkostungen, spezielle Abendessen und Rundgänge, die mit dem Thema Essen zu tun haben. Das Event zieht sich durch die ganze Stadt.

Hari Raya Puasa

Das auch unter dem Namen Hari Raya Aidilfitri bekannte Fest beendet den Fastenmonat Ramadan (jährlich wechselndes Datum). Während des Ramadan finden in Kampong Glam allabendliche Festessen statt.

August

Singapurs bekanntestes Fest, der Nationalfeiertag, wird im August begangen. Auch die weniger patriotisch Gesinnten lieben ihn, denn es ist ein gesetzlicher Feiertag.

Singapore National Day

Singapurs Nationalfeiertag wird am 9. August gefeiert (www.ndp.org.sg) und ist ein immens beliebtes Spektakel mit Militärparaden, Prozessionen, Darbietungen der Luftwaffe und Feuerwerk. Die Eintrittskarten sind rasch vergriffen.

Hungry Ghost Festival

An diesem Tag wandeln die Seelen der Toten auf der Erde, um zu feiern und Spaß zu haben. Die Chinesen legen Essensgaben auf die Straße und zünden Feuer an. Es werden chinesische Opern aufgeführt und es finden andere Veranstaltungen statt.

Singapore International Festival of Arts

Ein kleines Festival von Weltrang unter der Leitung von Ong Keng Sen, der zu den angesehensten Theaterschaffenden Singapurs gehört. Das Festival findet von Mitte August bis Ende September statt und bietet Tanz-, Theater- und Musikaufführungen (www.sifa.sg).

September

Das Nachtrennen der Formel 1 ist der heißeste Termin im Jahreskalender, deshalb ziehen die örtlichen Hotels kräftig die Preise an. Trotzdem ist es schwierig, eine Unterkunft zu finden, besonders im Colonial

District, wo das Rennen stattfindet.

Formula One Grand Prix

Das weltweit beachtete Formel-1-Nachtrennen (www.singaporegp.sg) wird rund um die Marina Bay ausgetragen. Das Event wird von Konzerten internationaler Musiker begleitet. Es empfiehlt sich, schon Monate vorher ein Hotelzimmer zu buchen.

Mooncake Festival

Das auch unter dem Namen Laternenfest bekannte Festival findet bei Vollmond im achten Mondmonat statt. Ganz Chinatown ist mit bunten Laternen geschmückt und die Einheimischen essen Mondkuchen.

Navarathri

Das Hindu-Fest der „Neun Nächte" ist den Frauen von Shiva, Vishnu und Brahma gewidmet und Schauplatz traditioneller indischer Tänze. Die Hauptveranstaltungsorte sind der Chettiar Hindu Temple, der Sri Mariamman Temple und der Sri Srinivasa Perumal Temple.

Oktober

Der Oktober ist der Monat zwischen den Monsunen. Obwohl es öfters Gewitter gibt, bleibt die Wetterlage eher gemäßigt.

Deepavali

Ramas Sieg über den Dämonenkönig Ravana wird mit diesem „Lichtfest" gefeiert. Einen Monat lang erstrahlt Little India im bunten Lichterglanz. Der

Oben: Mondkuchen
Unten: Chingay

Höhepunkt der Feierlichkeiten ist eine riesige Straßenparty am Vorabend des Feiertags.

November

Wie immer verzeichnet Singapurs Kulturkalender zahlreiche religiöse Feste.

Thimithi

Bei dieser Zeremonie stellen Hindus ihren Glauben unter Beweis, indem sie im Sri-Mariamman-Tempel über glühende Kohlen schreiten.

Dezember

Ein Hauch von Festlichkeit (und Monsunregen) liegt in der Luft, während das Jahr zu Ende geht. Regenzeit bedeutet, dass man einen Schirm braucht, um nicht völlig durchnässt zu werden, dafür ist es zum Glück kühl.

ZoukOut

ZoukOut (www.zoukout.com) ist Singapurs größte Tanzparty unter freiem Himmel. Zwei Nächte lang wird am Siloso Beach in Sentosa gefeiert. Weltbekannte DJs legen auf.

Singapore International Film Festival

An elf Tagen werden internationale Independent und Arthouse-Produktionen aus der ganzen Welt präsentiert (www.sgiff.com) sowie Meisterklassen und Rahmenprogramme.

Reisen mit Kindern

In Singapur ist das Reisen mit Kindern äußerst angenehm. Die Stadt ist sicher und sauber, das öffentliche Verkehrssystem funktioniert einwandfrei. Kinder sind überall willkommen, und es gibt jede Menge Einrichtungen und Vergnügungen für Kinder aller Altersgruppen.So ist es nicht weiter verwunderlich, wenn die Einheimischen die Kinder nach Strich und Faden verwöhnen.

Scharenweise Tiere

Zoo von Singapur, Nachtzoo, Fluss-Safari & Vogelpark Jurong

Im Zoo von Singapur kommen die Kinder fast auf Tuchfühlung mit Orang-Utans und anderen Affenarten. Im Nachtzoo trotten Antilopen vorbei, auf der Fluss-Safari beeindrucken die riesigen Manatis, und im Jurong Vogelpark kann man bunte Papageien füttern. Interaktive Shows an allen Veranstaltungsorten (mit Ausnahme der Fluss-Safari) sind ein weiteres Highlight.

Inselvergnügen

Sentosa Island

Auf der Vergnügungsinsel Sentosa kann man die Sonne genießen. Ältere Kinder haben ihre Freude an den rasanten Fahrten in den Universal Studios, während die jüngeren am Strand spielen oder sich im Adventure Cove Waterpark nass spritzen.

Pulau Ubin

Schon allein die Busfahrt zur östlichen Spitze von Singapur ist abenteuerlich. Danach steigt man in ein wackliges Bumboot und legt kurz darauf in Pulau Ubin an. Die idyllische Insel lässt sich am besten mit dem Fahrrad erkunden.

Kinderfreundliche Kultur

National Museum of Singapore

Mit seinen audiovisuellen Vorführungen, Artefakten sowie der kindgerechten Beschilderung ist das Nationalmuseum für Kinder ab sechs Jahren gut geeignet. Es erweckt die Geschichte Singapurs zum Leben und regt zum Mitmachen an.

Botanischer Renner

Gardens by the Bay

Neben futuristischen Glashäusern, irren Supertrees und dem schwindelerregenden Skywalk beherbergt Singapurs botanisches Meisterwerk auch noch einen 1 ha großen Children's Garden mit Spielplätzen mit Bewegungssensoren und Baumhäusern.

Spaß an Regentagen

Orchard Road

Wohin, wenn es in Strömen regnet? Natürlich in die Orchard Road mit ihren zahllosen Einkaufszentren. Hier gibt es Kinos, IMAX-Filmtheater und natürlich Toys "R" Us. Gute Food Courts, Cafés und unterirdische Fußgängerwege sind reichlich vorhanden.

Mit der Ente unterwegs

Singapore Ducktours

Auf der Ducktour geht es in einem hell angestrichenen Amphibienfahrzeug durch Singapur. Die Fahrt ist laut, informativ und fällt total aus dem Rahmen, wenn das Vehikel von der Straße abkommt und in die Marina Bay eintaucht.

Wie die Einheimischen

Überall wartet das authentische Singapur darauf, entdeckt zu werden. Dazu zählen Fahrten mit dem MRT in die Wohnviertel ebenso wie ein preiswertes Bier oder eine günstige Fußreflexzonenmassage.

Preiswertes Bier

Coffeeshops

Ein „Coffeeshop" ist kein Café, das Cappuccino serviert, sondern eher so etwas wie ein „Food Court". Überall auf der Insel sind diese Ansammlungen von Essensständen unter einem zentralen Dach zu finden. Viele haben bis spät in die Nacht, manche sogar rund um die Uhr geöffnet. Sie sind nicht gerade berauschend, dafür aber preiswert. Ein großes Tiger-Bier kostet 6 $ und das Essen ist okay. Außerdem sitzt man im Freien. Coffeeshops gibt es in der Nähe jeder U-Bahn-Station. Hervorzuheben ist Geylang; dort gibt es immer günstiges Essen, Getränke und turbulentes Leben auf den Straßen.

Happy Hour

Besucher beklagen sich oft über die teuren Getränke in Singapur. Das ist schon berechtigt, aber wer weiß, wann und wohin er gehen muss, findet auch preiswerte Drinks. In den meisten Bars ist zwischen 12 und 21 Uhr „Happy Hour". Die Angebote reichen von „One-for-one"-Drinks (zwei Getränke zum Preis von einem) bis hin zu Cocktails und Bier zum Preis von 10 $.

Vorlieben der Einheimischen

Fußreflexzonenmassage

Bei dieser chinesischen Entspannungsmethode wird der zu Behandelnde an den Druckpunkten am Fuß massiert. Theoretisch sind alle Bereiche des Fußes mit den lebenswichtigen Organen verbunden und es ist gut, den Kreislauf in Schwung zu bringen. Das kann aber auch recht schmerzhaft sein. In den meisten Einkaufszentren wird eine Fußreflexzonenmassage angeboten. People's Park Complex in Chinatown ist ein beliebter Therapieort.

Brunch

Da die Singapurer ziemlich hart arbeiten, ist es kein Wunder, dass sie am Wochenende ihren Brunch genießen. Praktisch jedes angesagte Restaurant bietet ein köstliches Brunch-Menu, eine Auswahl von Gerichten, die es normalerweise zum Frühstück und Mittagessen gibt. Unbedingt probieren sollte man mexikanische Eier mit schwarzem Kaviar im Sentosa's Kith Cafe oder den Wein Domaine Chandon im Ann Siang Hill's PS Cafe. Brunchzeiten sind von 11 bis 15 oder 17 Uhr. Wer nicht im Voraus buchen kann, sollte frühzeitig erscheinen.

Die Viertel der Einheimischen

Die Orchard Road und der CBD bieten viel für Touristen, aber das wahre kulturelle Leben spielt sich in den Wohnvierteln ab. Fast alle MRT-Bahnen halten an einem Einkaufszentrum. Streifzüge in deren Umgebung sind lohnend, denn dort spielt sich das wirkliche Leben ab: in den Märkten, Coffeeshops, bei Schneidern, Friseuren, an Ständen mit chinesischer Medizin usw. Pulsierende Bezirke sind Tampines, Jurong, Bishan, Toa Payoh und Ang Mo Kio.

Shoppen rund um die Uhr

Wer um 2 Uhr nachts Langeweile verspürt, fährt am besten mit dem Taxi zum Mustafa Centre in Little India. In diesem Shopping Center gibt es alles zu kaufen: Kameras, Diamanten, Bollywood-DVDs, Unterwäsche, Spielzeug, Gewürze, Lebensmittel und noch vieles mehr.

Singapur gratis

Es ist durchaus möglich, einige von Singapurs Top-Sehenswürdigkeiten zu genießen, ohne dafür zu bezahlen, wie z. B. alte Artefakte oder superteure Lightshows. Das wahre Leben spielt sich in den verschiedenen Wohnvierteln der Stadt ab.

Museen & Galerien

National Museum of Singapore

Täglich von 18 bis 20 Uhr ist der Eintritt in die Living Galleries des Nationalmuseums frei. Sie bieten eine neue Betrachtungsweise der Geschichte und Kultur Singapurs anhand von Mode, Essen, Fotografie, Film, Theater und Oper.

Baba House

Man muss im Voraus buchen, wird dafür aber mit einem Gratis-Rundgang durch ein schön renoviertes Peranakan-Gebäude belohnt. Hier lebte einst eine wohlhabende Familie der Straits-Chinesen. Die kunstvolle Architektur und Einrichtung bieten einen interessanten Einblick in die frühere Lebensweise der Menschen in Singapur.

Natur

Der Eintritt in die Naturschutzgebiete und Parks von Singapur ist kostenlos. Der Botanische Garten mit Gratis-Rundgängen und Opernaufführungen gehört zu den größten Attraktionen des Landes. Auch die Southern Ridges sind ein Muss. Sie bieten Wanderungen durch den Wald, tolle Architektur und bezaubernde Ausblicke.

Straßenleben

Chinatown

Chinatown ist ein Durcheinander aus Tempeln, medizinischen Kuriositäten, alten Ladenhäusern und lebendigen Tieren, die auf dem Markt feilgeboten werden. Keinen Eintritt zahlt man im Sri Mariamman Temple, dem Buddha Tooth Relic Temple, dem Chinatown Complex Frischmarkt und für die Ausstellungen moderner Künstler in der kleinen Galerie Utterly Art.

Little India

Singapurs lebhaftes Stadtviertel ist eine Mischung aus Farben, Klängen und Gerüchen. Hypnotische Energie verspürt der Besucher im Sri Veeramakaliamman Temple, die Abdul Gafoor Moschee erinnert an ein Märchen aus 1001 Nacht und die Geschäfte und Stände in der Dunlop und Buffalo Street laden zum Shoppen ein.

Unterhaltung

Esplanade – Theater an der Bay

In Singapurs kultigem Kunstzentrum finden kostenlose Veranstaltungen statt, von Musikdarbietungen bis zu Kunstausstellungen und Filmvorführungen. Der Blick vom Dachgarten ist einzigartig.

Gardens by the Bay

Während für die überdachten Gewächshäuser und den OCBC-Skyway Eintritt verlangt wird, sind Singapurs prunkvolle Stadtparks frei zugänglich. Dazu gehören die Heritage Gardens und Marc Quinns riesige Skulptur „Planet". Highlight ist die zweimal pro Abend stattfindende Klang- und Lichtshow Garden Rhapsody.

Marina Bay Sands

Ähnlich wie Gardens by the Bay glänzt auch Marina Bay Sands mit seiner zweimal pro Abend stattfindenden Licht-Laser-und-Wassershow „Wonder Full". Der beste Blick bietet sich vom Central Business District.

Geführte Touren & Flussfahrten

Obwohl Singapur eine der weltweit einfachsten Städte in punkto Selbsterkundung ist, können Führungen die Stadt und ihre Geschichte in unerwarteter Weise erschließen. Die nachfolgenden Vorschläge zu Touren und Flussfahrten reichen von familienfreundlichen Touren bis zu speziellen Abenteuertrips.

Der Singapore River am Abend

Stadtrundtouren

Original Singapore Walks (☎6325 1631; www.singaporewalks.com; Erw. 35-55 $, Kind 15–30 $) Auf diesen beliebten Exkursionen erfährt man unverblümt viel Wissenswertes. Zu Fuß geht es etwa durch Chinatown, Little India, Kampong Glam oder den Colonial District. Ebenso erkundet werden z. B. das Vergnügungsviertel Boat Quay, der Vergnügungspark Haw Par Villa und geschichtsträchtige Orte, die mit dem Krieg und der Schlacht um Singapur (1942) in Zusammenhang stehen. Die bei jedem Wetter angesetzten Touren dauern 2½ bis 3½ Stunden. Meistens muss man gar nicht im Voraus buchen, es reicht, wenn man sich einfach auf der Website nach Zeit und Treffpunkt der jeweils gewünschten Tour erkundigt.

Chinatown Trishaw Night Tour (www.viator.com; Erw./Kind 72/47 $) Beginnend ab sechs Uhr morgens führt diese vierstündige und stimmungsvolle Exkursion durch Chinatown, ein leckeres Essen ist im Preis bereits inbegriffen. Zu Fuß werden die Straßen von Chinatown erkundet; mit dem Trishaw, einer Fahrrad-Rikscha, geht es weiter über den Nachtmarkt nebenan und per Bumboot kreuzt man schließlich auf dem Singapore River. Zum Angebot gehört ein Hoteltransferservice.

Trishaw Uncle Diese Firma bietet altbewährte Touren u. a. durch Bugis und Little India an. Fahrten am Ufer des Singapore River entlang dauern etwa 45 Minuten. Der Trishaw-Terminal befindet sich auf der Queen Street, zwischen dem Fu-Lu-Shou-Komplex, dem Albert Centre Market und dem Food Centre.

Hop-On-Hop-Off-Touren

City Sightseeing Singapore (☎6338 6877; www.city-sightseeing.com/tours/singapore/singapore.htm; Tageskarte Erw./Kind 27/19 $, Kombi-Ticket inkl. Flussfahrt 33/23 $) Die Fahrkarten für die Doppeldecker-Busse dieser Firma sind 24 Stunden gültig. Gefahren werden zwei feste Routen, beide sind mit Stadterklärungen: die gelbe Route führt durch den Colonial District, Marina Bay Sands, Clarke Quay, Botanic Gardens und die Orchard Road. Die rote Route führt

STADTSPAZIERGÄNGE

Individuell unterwegs:

- Colonial District, die Quays & Marina Bay (S. 52)
- Chinatown (S. 73)
- Lokalkolorit: Tiong Bahru (S. 84)
- Little India (S. 88)
- Lokalkolorit: Jalan Besar (S. 98)

durch Little India, Kampong Glam, Boat Quay, Chinatown und Marina Bay Sands.

SIA Hop-On (☎6338 6877; www.siahopon.com; Tageskarte für SIA-Passagiere Erw./Kind 8/4 $, Nicht-Passagiere 25/15 $) Die Hop-on-Hop-off-Busse der Singapore Airlines verkehren auf den allgemeinen touristisch attraktiven Wegen. Sie führen etwa durch den Colonial District, entlang der Hafen-Kais, Chinatown, weiter zum Botanischen Garten, der Orchard Road und durch Little India. Der erste Bus startet beim Riesenrad, dem Singapore Flyer, um 9 Uhr und von da ab im 20-Minuten-Takt. Der letzte Bus fährt um 19.40 Uhr ab und erreicht die Starthaltestelle am strandnahen Singapore Flyer um 21.10 Uhr. Fahrkarten sind im Bus beim Fahrer erhältlich.

Touren auf dem Fluss

Singapore Ducktours (☎6338 6877; www.ducktours.com.sg; 01-330 Suntec City Mall, Nicoll Hwy; Erw./Kind 33/23 $; ⏰10–18 Uhr; Ⓜ Esplanade) In einem umgebauten Amphibienfahrzeug aus dem Vietnamkrieg fährt man auf der bezaubernd informativen und eine Stunde dauernden Tour zu Land und zu Wasser durch die Gegend. Im Fokus der Reise stehen die Marina Bay und der Colonial District. Der Fahrkarten-Kiosk und die Abfahrtstelle befinden sich im Tower 5 der Suntec City, direkt gegenüber dem Nicoll Highway.

Singapore River Cruises (☎6336 6111; www.rivercruise.com.sg; Erwachsene/Kinder 22/12 $; ⏰9–23 Uhr; Ⓜ Clarke Quay) Die rund 40-minütige Fahrt auf dem Bumboot führt zwischen den Hafen-Kais und der Marina Bay entlang. Es gibt diverse Haltestellen am Singapore River, inklusice Clarke Quay, Raffles Landing und Boat Quay. Die dazu laufende Ansage lässt einen irgendwie zusammenzucken, aber der Trip selbst ist doch sehr entspannend – mit spektakulären Ausblicken auf die Skyline und die Marina Bay.

Thematische Touren

Real Singapore Tours (☎6247 7340; www.betelbox.com/singapore-tours.htm; 200 Joo Chiat Rd.; Touren 80–100 $) Ein Insidertrip, bei dem das Team von Veranstalter Tony Tan die Gäste am Betel Box Hostel begrüßt. Zur Auswahl stehen Wanderungen durch die Natur oder Radtouren entlang der Küste. Ein weiteres besonderes Erlebnis ist die Joo Chiat Neighborhood Food Odyssey (immer donnerstags ab 18 Uhr), auf der man mehr als 20 verschiedene und authentische Leckereien aus Südostasien genießen kann.

East West Planners (☎6336 6811; www.eastwestplanners.com) Zur Auswahl stehen Touren wie etwa „Culture & Heritage" oder „Gourmet & Culinary". Das Angebot richtet sich eher an Gäste mit dickem Portemonaie; Preise auf Anfrage.

Küchenchef beim Nudelherstellen im Food Court vom Resort Marina Bay Sands (S. 58)

Essen

Vom Thema makan *(Essen) sind die Singapurer geradezu besessen. Fast unentwegt reden sie darüber und viele fotografieren fieberhaft Gerichte, um die Bilder samt Kritik ins Internet zu stellen. So erstaunt es wenig, hier auf eine faszinierende Gastro-Szene zu treffen. Als Schmelztiegel der Kulturen hat die Stadt eines der weltweit vielfältigsten und verführerischsten kulinarischen Gefilde hervorgebracht.*

Hawker Center, Kopitiam, Food Court

Singapurs berühmte Hawker Center, *Kopitiams* und Food Courts bieten köstliche Imbissgerichte zu günstigen Preisen. Sie sind immer einen Besuch wert.

Hawker Center befinden sich in der Regel im Freien und bestehen aus einer Ansammlung von Imbissbuden bzw. Garküchen, die rundum oder teilweise offen sind. In einer etwas rauen, lebhaften Atmosphäre verkaufen sie Speisen der verschiedenen, in Singapur vertretenen Länderküchen.

Food Courts sind nicht viel anderes als Hawker Center unter dem Dach von klimatisierten Einkaufszentren und ähnlich komplexen Anlagen. Ihre Speisen kosten etwas mehr.

Coffeeshops, auch *Kopitiams* genannt (Hokkien: *kopi* = Kaffee, *tiam* = Laden), sind Cafés mit einer offenen Ladenfront, Bedienungen und meistens mehreren Verkaufsständen im Ladenbereich.

GUT ZU WISSEN

Preise

Auf die meisten Restaurantpreise werden in der Schlussrechnung 17 % aufgeschlagen: 10 % Servicezuschlag plus 7% GST (*goods and service tax*/ Waren- und Dienstleistungssteuer, also eine Mehrwertsteuer). Die betroffenen Speisen und Getränke sind auf der Speisekarte mit ++ gekennzeichnet. In diesem Buch signalisieren die unten aufgeführten Symbole die durchschnittlichen Preise für ein Hauptgericht in dem jeweils beschriebenen Lokal.

$ unter 10 $

$$ 10–30 $

$$$ mehr als 30 $

Öffnungszeiten

➜ Hawker Center, Food Courts, Coffeeshops: 7 bis 22/23 Uhr, zum Teil rund um die Uhr

➜ Mittelklasserestaurants: 11 bis 23 Uhr

➜ Spitzenrestaurants: 12–14.30 und 18–23 Uhr

Reservierung

➜ In teuren und angesagten Restaurants ist eine Tischreservierung meistens erforderlich.

➜ In Mittelklasserestaurants empfiehlt sich die Tischreservierung freitag- und samstagabends.

Trinkgeld

Trinkgeldgeben ist in Singapur nicht nötig, da die Rechnungen in den meisten Restaurants bereits einen Servicezuschlag von 10 % enthalten. In den Hawker Centers gibt niemand ein Trinkgeld. In den besseren Restaurants belohnen viele Gäste einen besonders guten Service mit einem Trinkgeld nach eigenem Ermessen.

Benimmregeln für Hawker Center

➜ Als Erstes sollte man einen Platz belegen. Entweder hält jemand Plätze frei oder man legt einfach eine Packung Papiertaschentücher auf den Sitz. Sich zu Fremden an einen Tisch zu setzen, ist üblich.

➜ Wenn das Essen an den Tisch gebracht wird, die Tischnummer (sofern vorhanden) merken und bei der Bestellung am Stand angeben.

➜ Bei Selbstbedienung bringt jeder logischerweise sein Essen selbst an den Tisch.

➜ Schlepper, die versuchen, Leute zum Platznehmen zu animieren und eine Speisekarte auf den Tisch knallen, sollte man ignorieren.

Singapurs Restaurants

Die Restaurantszene boomt. In zunehmendem Maße sind internationale Starköche mit einem Restaurant vertreten. Beispielsweise ist der Londoner Küchenchef Jason Atherton Besitzer des Restaurants Pollen und seinem britischen Kollegen Ryan Clift gehört der Tippling Club. Höchstpersönlich führt der französische Starkoch Julien Royer das Jaan. Hinzu kommt das Iggy's, Preisträger auf der Liste „Asiens beste Restaurants", mit seinen Spitzenköchen.

Nach Vorreitern wie dem Kilo wächst auch die Anzahl gemütlicher Mittelklasserestaurants mit einer lebendigen, weniger formellen Atmosphäre. Viele davon haben sich auf eine bestimmte Länderküche spezialisiert. Zwei der besten – das Ding Dong (südostasiatisch) in Chinatown und das Lucha Loco (mexikanisch) in Tanjong Pagar – haben den Ruf der Gastro-Szene ihres Viertels erheblich gesteigert.

Singapurs Spezialitäten

CHINESISCH

Unter Chinas Regionalküchen ist die kantonesische Küche wohl am besten bekannt. Zu ihren typischen Gerichten zählen *xiao long bao* (Schweinfleischklößchen mit scharfer Sauce gefüllt) und Dim Sum (auch *yum-cha* genannt). Letztere sind kleine, snackartige Gerichte, die im Allgemeinen um die Mittagszeit oder als Sonntagsbrunch in großen, lauten Restaurants gegessen werden. *Hainanese chicken rice* zählt zu Singapurs Nationalgerichten. Diese wohlige Mixtur aus zartem Geflügelfleisch und in Hühnerbrühe gekochtem Reis kommt mit klarer Brühe, Gurkenscheiben, Ingwer, Chili und Sojasauce auf den Tisch.

Der größte Teil der Singapurchinesen spricht Hokkien, die tonale Muttersprache einer ethnischen Gruppe, der Hoklo, deren ursprüngliche Wurzeln in der chinesischen Provinz Fuijan liegen. Charakteristisch für

WAS STEHT AUF DER KARTE?

CHINESISCH

ah balling	Klebreisbällchen mit einer süßlichen Paste aus Erdnüssen, schwarzem Sesam oder mit Roten Bohnen (Adzukibohnen) gefüllt
bak chang	Reisklößchen mit herzhaft oder süßlich gewürztem Fleisch gefüllt und in Blätter gewickelt gegart
bak chor mee	Nudeln mit Schweinefleisch, Fleischbällchen und gebratenen Muscheln
bak choy	chinesischer Senfkohl (Pak-Choi), Blattgemüse mit dunkelgrünen Blättern und langen, breiten, weißlichen Blattstielen, ähnelt den grünen Mangoldsorten
bak kutteh	Suppe aus Schweinerippchen mit einem Hauch Knoblauch und dem chinesischen Fünf-Gewürze-Pulver aromatisiert
char kway teow	Hokkien-Gericht, gebratene breite Nudeln, Muscheln und Eier in einer Sauce aus Chili und schwarzen Bohnen
char siew	gebratenes, süßlich gewürztes Schweinefilet
cheng ting	Nachspeise: Schale mit Zuckersirup, gewürfeltem Kräuteraspik, Gerste und Datteln
choi sum	beliebter chinesischer grüner Blattkohl, wird u. a. mit Austernsauce kurz gedämpft
congee	chinesischer Reisbrei
Hainanese chicken rice	Hühnergericht, wird mit Reis, Frühlingszwiebeln, Ingwerdressing, einer klaren Brühe und Chilisauce serviert; eine Singapurer Spezialität
hoisin sauce	dickflüssige Würzsauce aus Sojabohnen, Roten Bohnen (Adzukibohnen), Zucker, Essig, Salz, Knoblauch, Sesamsamen, Chili und anderen Gewürzzutaten; süßlich-pikanter Geschmack mit scharfem Beigeschmack
kang kong	Wasserspinat (Windengewächs); Gemüsepflanze mit kräftigen Stängeln
kway chap	in Sojasauce gegarte Innereien vom Schwein mit flachen Reisnudeln
kway teow	breite Reisnudeln
lor mee	Nudeln mit dünn geschnittenem Fleisch, Eiern und einem Schuss Essig in einer dunkelbraunen Sauce
mee pok	flache Nudeln aus Weizenmehl und Eiern
spring roll	Frühlingsrollen; dünne, frittierte Teigrollen mit Gemüse, Erdnüssen, Eiern und Bohnensprossen gefüllt
won ton	Teigtaschen mit würzigem Schweinehackfleisch gefüllt
won ton mee	Suppe mit klein geschnittenem Hühner- oder geschmortem Rindfleisch
yu char kueh	in Öl ausgebackene längliche Teigstücke, die zu *congee* gegessen werden
yu tiao	in Öl ausgebackenes Gebäck, das zum Frühstück oder als Dessert gereicht wird
yusheng	gemischter Salat aus rohem Fisch, geraspeltem Gemüse, kandierter Melone oder Limette, eingelegtem Ingwer, Sesamsamen, Quallen, Erdnüssen und süßlichem Dressing; wird traditionell zum chinesischen Neujahrsfest verzehrt

INDISCH

achar	sauer eingelegtes Gemüse
fish-head curry	Red-Snapper-Kopf in Currysauce; ein berühmtes singapurisch-indisches Gericht
gulab jamun	frittierte Teigbällchen in Zuckersirup
idli	gedämpfte Reiskuchen serviert mit dünnflüssigen Chutneys
keema	pikant gewürztes Hackfleisch
kofta	Hackfleisch- oder Gemüsebällchen
korma	mild gewürztes Curry mit Joghurtsauce
lassi	süßes oder salziges Joghurtgetränk
mulligatawny	scharf gewürzte Brühe aus Hühner- oder Lammfleisch

pakora	frittiertes Gemüse
paratha	*roti prata*, Fladenbrot aus Vollkornmehl und Ghee, auf einer Kochplatte gebacken
pilau	Reis mit Nüssen in Ghee gebraten und anschließend in Brühe gekocht
raita	Beilage aus Gurken, Joghurt und Minze, wird gereicht, um den Gaumen zu „kühlen"
rasam	scharfe Suppe
roti john	gebratenes Fladenbrot mit Chili
saag	würziger fein gehackter Spinat als Beilage
sambar	scharfe Sauce aus Gemüse, Linsen und Spalterbsen; z. B. als Beilage zu *idli*
samosa	frittierte dreieckige Teigtaschen mit pikanter Gemüse- oder Fleischfüllung
soup tulang	Fleischknochen in kräftiger, scharfer, blutroter Tomatensauce
tikka	in Joghurt marinierte Hühnerfleisch- oder Fischstückchen gegrillt oder gebacken
vadai	gebratene würzige Linsenküchlein mit pikanter Linsensauce oder Joghurt

MALAIISCH & INDONESISCH

ais kacang	ähnlich wie *cendol*, aber mit Kondensmilch zubereitet, auch *ice kacang* genannt
attap	süßes, gallertartiges Fruchtfleisch der Frucht der Attappalme (Nipapalme)
belacan	fermentierte Garnelenpaste; Würzpaste
belacan kang kong	grünes Gemüse in Garnelenpaste pfannengerührt
cendol	singapurisches Süßspeise: aufgehäuftes zerstoßenes Eis, bedeckt mit Roten Bohnen, *attap* und grünen *jelly noodles* (Reisgelee in Nudelform), mit bunt gefärbten Sirups sowie Sirup aus braunem Zucker beträufelt und mit Kokosmilch aufgefüllt
gado gado	kalte Platte mit Bohnensprossen, Kartoffeln, Spargelbohnen, *tempeh*, Tofu, Reiskuchen, Krabbenchips und pikanter Erdnusssauce
itek manis	Ente mit Ingwer in einer Schwarzen-Bohnen-Sauce gegart
itek tim	klassische Suppe, langsam gegart aus Ente, Tomaten, grüner Paprika, in Salz eingelegtem Gemüse und süß-sauer eingelegten Pflaumen
kari ayam	Curry mit Hähnchen
kaya	Brotaufstrich aus Zucker, Kokosmilch und Eiern; wird häufig auf Toast gestrichen
kecap	Sojasauce (ausgesprochen: ketchup, Ursprung der allbekannten Bezeichnung)
kepala ikan	Fischkopf, meist Bestandteil eines Currys oder einfach nur gegrillt
kueh mueh	malaiischer Kuchen
lontong	Reiskuchen in einer pikanten Kokosmilchsauce, bestreut mit Kokosraspeln, manchmal auch mit Tofu und Ei
mee siam	dünne, weiße Nudeln in einer süß-sauren Sauce mit Tamarinden (Indische Datteln)
mee soto	Nudelsuppe mit klein geschnittenem Hühnerfleisch
nasi biryani	gewürzter Safranreis mit Cashewkernen, Mandeln und Rosinen garniert
nasi minyak	pikant gewürzter Reis
pulut kuning	klebriger Safranreis
o-chien	Austernomelett
rojak	Salat aus Gurken, Ananas, Yambohnen, Sternfrucht, Guaven und unreifen Mangos mit einem Dressing aus Garnelenpaste, Chili, Palmzucker und Limettensaft
sambal	Würzsauce aus gebratenen Chilischoten und Zwiebeln sowie Garnelenpaste
soto ayam	scharfe Hühnersuppe mit Gemüse und Kartoffeln
tempeh	frittierte eingelegte Sojabohnen

PERANAKAN

ayam buah keluak	Hühnchenteile in einer kräftigen, pikanten Sauce mit *buah keluak* (Keluakfrucht, weiche, ungewöhnlich schmeckende, geschälte Nüsse/Samen des Pangi-Baums, die durch Fermentierung eine schwarze Farbe annehmen
carrot cake	in Würfel geschnittener Rettichkuchen mit Ei, Knoblauch und Chili pfannengerührt, auch als *chye tow kway* bekannt
kueh pie ti	frittierte Teigkörbchen mit Garnelen, Chilisauce und gedämpften Rüben gefüllt
otak	würzig Fischpaste in Bananenblättern gegart; ein klassischer Snack, auch *otak-otak* genannt
papaya titek	Eintopfgericht mit Papaya
popiah	nicht frittierte Frühlingsrolle (vergleichbar mit gefüllten Crêpes oder Wraps)
satay bee hoon	Nudeln in Erdnusssauce
shui kueh	gedünsteter Rettichkuchen mit einem Belag aus gebratenem eingelegtem Rettich

die Hokkien-Küche sind Nudelgerichte wie z. B. *char kway teow* (gebratene Nudeln, Muscheln und Eier in einer Sauce aus Chili und schwarzen Bohnen), *bak chor mee* (Nudeln mit Schweinefleisch, Fleischbällchen und gebratenen Muscheln) und *hokkien mee* (gelbe Hokkien-Nudeln), die mit gebratenen Garnelen oder in einer Garnelenbrühe serviert werden.

Gerichte aus Fisch und Meeresfrüchten gehören zu den Spezialitäten der köstlichen Teochew-Küche, darunter die etwas gewöhnungsbedürftige *fish maw* (Schwimmblase eines Fisches). Ein Klassiker ihrer Hausmannskost ist Reisbrei mit Fisch, Schweinefleisch oder Froschschenkel (Letztere sind in Geylang besonders beliebt).

INDISCH

Die würzige südindische Küche ist in Singapur am weitesten verbreitet, z. B. ihr typisches Thali (wörtlich: Platte). Diese auf einem Tablett servierte Mahlzeit umfasst traditionell eine große Portion Reis mit mehreren Beilagen in Schälchen, z. B. unterschiedliche Gemüsecurrys, *rasam* (eine scharf-säuerliche Suppe) und ein Dessert. Singapurs Chinesen lieben indisches Fladenbrot, wie z. B. *roti prata,* das auf einer Kochplatte mit Öl gebacken und mit einer Currysauce serviert wird. Lecker sind auch *roti telur* (mit eingebackenem Ei) und das dünne, zu einem Kegel geformte *roti tissue,* dessen Teig beim Backen mit Margarine bestrichen und mit Zucker bestreut wird.

Zu den beliebten vegetarischen indischen Gerichten zählt *masala dosa,* ein dünner, zusammengerollter Pfannkuchen mit Gemüsefüllung, zu dem man Chutneys und *rasam* reicht. Der muslimischen Küche entstammt das fleischhaltige Gegenstück: *murtabak,* ein papierdünner Pfannkuchen mit einer Füllung aus Eiern und Hammelhackfleisch.

MALAIISCH & INDONESISCH

In ihren Grundzügen ähneln sich die malaiische und indonesische Küche. Zahlreiche Gerichte sind in beiden Küchen vertreten, z. B. *satay* (Grillspieße aus Hühner-, Hammel- oder Rindfleisch) mit einer pikanten Erdnusssauce als Dip oder *ayam goreng* (gebratenes Huhn). Weitere Gemeinsamkeiten sind *rendang* (scharfes, mit Kokosmilch zubereitetes Curry), *nasi goreng* (gebratener Reis) und *nasi lemak* (Reis in Kokosmilch gekocht) mit verschiedenen Beilagen wie *ikan bilis* (frittierte Anchovis), Erdnüsse und ein Curry.

Auf Sumatra prägen insbesondere Currys und Chili die indonesische Kost. Aus der Minangkabau-Region im Westen der Insel stammt *nasi padang,* eine Mahlzeit, bei der jeder die Beilagen zum Reis aus einem breit gefächertes Angebot an würzigen Currys und allerlei kleinen Gerichten selbst auswählt. Im Restaurant genügt ein Fingerzeig und schon landet das Gewünschte auf dem eigenen Teller.

PERANAKAN

In der Peranakan-Küche mischen sich auf einzigartige Weise chinesische Zutaten mit malaiischen Saucen und Gewürzen. Die gebräuchlichsten Würzzutaten sind Frühlingszwiebeln, Chili, *belacan* (malaiische fermentierte Garnelenpaste), Erdnüsse, eingelegte Sojasprossen und Galgant (Thai-Ingwer). Häufig verleiht dickflüssige Kokosmilch den Saucen Geschmack und Konsistenz.

Zu den typischen Gerichten zählt *otak-otak* – eine pastenähnliche Mischung aus Fisch, Kokosmilch, Chili, Galgant und Kräutern, die in ein Bananenblatt eingewickelt und gegrillt wird. Und nicht zuletzt: *ayam buah keluak* – Hühnchen (*ayam*) mit schwarzen Nüssen (*buah keluak*, Frucht des Pangi-Baums) geschmort. Die aus Indonesien importierten Nüsse geben der Sauce ein intensives nussiges Aroma und einen kräftigen Geschmack. Genauso lecker schmeckt die charakteristische Peranakan-Laksa, eine herzhafte Kokosmilchsuppe mit Nudeln, frittiertem Tofu und Bohnensprossen.

VEGETARISCH & VEGAN

Im Stadtteil Little India nimmt vegetarisches Essen den ersten Rang ein. Doch auch auf der gesamten Insel bieten die meisten Food Courts und Hawker Center zumindest einige vegetarische Gerichte an.

Konsequente Vegetarier müssen allerdings aufpassen. Beispielsweise gelten Gemüsesuppen nach dem Motto „Gemüse, also vegetarisch" häufig als vegetarisches Gericht. Doch solch eine Suppe kann durchaus auch Hühnerfleisch und/oder Garnelen beinhalten, und sei es nur als Ausgangsbasis für die Brühe. Wer ein lupenreines vegetarisches Gericht möchte, sollte deshalb bei der Bestellung ausdrücklich betonen: „No meat, no seafood!".

Manche Veganer finden es schwierig, in Singapur das passende Essen auszuwählen. Milchprodukte und andere tierische Nebenprodukte finden jedoch in einem relativ begrenzten, überschaubaren Rahmen Verwendung, mit Ausnahme von Eiern. So braucht ein Veganer eigentlich nur zu erkunden, ob ein vegetarisches Gericht Eier enthält, sofern nicht sofort erkennbar.

Kochkurse

Kurse für die Zubereitung von Singapurs klassischen Gerichten bietet z. B. die empfehlenswerte Kochschule Food Playground (S. 87). In der Regel dauert ein Kurs drei Stunden und wird bei Bedarf auch auf individuelle Einschränkungen in der Ernährung zugeschnitten.

Restaurantführer & Blogs

Authentische Informationen, die sich im Detail mit Singapurs kulinarischer Welt befassen, gibt es eigentlich nur auf Englisch. Als Einstieg eignet sich die ausgezeichnete Hawker-Center-Bibel *Makansutra Singapore* des Singapurer Food-Gurus KF Seetoh und dessen Website http://www.makansutra.com. Neuigkeiten und Bewertungen von Spitzenrestaurants finden sich unter www.sg.dining.asiatatler.com. Empfehlenswert sind folgende Food-Blogger:

ieatishootipost.sg Der kompetente Feinschmecker Leslie Tay berichtet hauptsächlich über Hawker-Gerichte.

www.ladyironchef.com Psst, Lady Ironchef ist eigentlich ein Mann; neben seinen hoch geschätzten Berichten über Singapurs Gastro-Szene bietet er auch allerlei hilfreiche Best-of-Listen.

www.bibikgourmand.blogspot.com Evelyn Chen befasst sich hauptsächlich mit Restaurants, die in der ganzen Stadt für Gesprächsstoff sorgen bzw. sorgen könnten.

Essen in den Stadtvierteln

➡ **Colonial District, Marina Bay & die Quays** Decken alles ab, von Gourmetrestaurants prominenter Köche über Food Courts bis hin zu versteckten kulinarischen Kleinodien für Feinschmecker. (S. 62)

➡ **Chinatown & der CBD** Hawker Center alter Schule sowie wechselnde trendige Speiselokale. (S. 78)

➡ **Little India** Preiswerte Restaurants mit authentischer indischer Küche. (S. 93)

➡ **Kampong Glam** Speiselokale mit traditioneller malaiischer Küche sowie international ausgerichtete Lokale. (S. 95)

➡ **Orchard Road** Tolle Food Courts, trendige Brunch-Cafés und Spitzenrestaurants. (S. 106)

➡ **Der Osten von Singapur** Umfasst die Hochburgen der örtlichen Gastro-Szene: Katong/Joo Chiat und Geylang. (S. 121)

➡ **Der Norden & das Zentrum von Singapur** Kulinarische Erlebnisse unterschiedlichster Art, von Chilikrabben in einer HDB-Anlage (Sozialwohnungsanlage) bis hin zum trendigen Gourmetmarkt. (S. 135)

➡ **Holland Village, Dempsey Hill & Botanischer Garten** Schicke Bistros und schöne Gartenrestaurants. (S. 140)

➡ **Der Westen & Südwesten von Singapur** Speiselokale in grüner Umgebung, u. a. mit erstklassiger Thai- oder Peranakan-Küche. (S. 149)

➡ **Sentosa** Das Angebot ist bunt gemischt, vom Gourmettempel bis zur Fish-and-Chips-Bude am Strand. (S. 157)

Top-Tipps

Kilo (S. 64) Ambitionierte Ost-West-Fusionsküche, guter Service, angesagte Adresse

Gluttons Bay (S. 62 Köstliche Hawker-Gerichte in fröhlicher Atmosphäre an der Marina Bay

Momma Kong's (S. 79) Kleines Speiselokal in Chinatown mit köstlichen Chilikrabben

Jaan (S. 65) Spektakulär angerichtete Kreationen der französischen Küche im Wolkenkratzer mit einem grandiosen Ausblick

Von günstig bis teuer

$

Gluttons Bay (S. 62) Klassische Hawker-Kost an der Marina Bay

Song Fa Bak Kut Teh (S. 63) Kräftige Brühen und butterweiches Rippenfleisch abseits vom Boat Quay

Gandhi Restaurant (S. 93) Echt indisch mit schnellem Service in Little India

$$

Momma Kong's (S. 79) Köstliche Krabben in zahlreichen Variationen

Lucha Loco (S. 79) Mexikanische Kost im trendigen Duxton-Hill-Viertel

Tim Ho Wan (S. 107) Niederlassung des berühmten Hongkonger Dim-Sum-Spezialisten in der Orchard Road

$$$

Kilo (S. 64) Delikate Fusionküche und Dinner-Club-Atmosphäre

Ding Dong (S. 80) Essen und Cocktails vom Feinsten in der schicken Ann Siang Road

Iggy's (S. 109) Angesagtes, exquisites Speiselokal in der Orchard Road

Länder- & Regionalküchen

Chinesisch & Peranakan

Paradise Dynasty (S. 107) Tolle Klößchen und Nudeln

PeraMakan (S. 149) Würzige Peranakan-Gerichte

Song Fa Bak Kut Teh (S. 63) Heiße Schweinerippensuppe

Indisch

Lagnaa Barefoot Dining (S. 95) Scharf bis mild gewürzte Speisen in Little India

Gandhi Restaurant (S. 93) Leckere würzige *thali*, *dosa* und *uttapam*

StraitsKitchen (S. 109) Nobles Buffet-Restaurant abseits der Orchard Road

Malaiisch & Indonesisch

Tambuah Mas (S. 108) Indonesische Küche pur in der Orchard Road

Zam Zam (S. 95) Traditionelle *murtabak* im Schatten der Sultan-Moschee

Warong Nasi Pariaman (S. 95) *Nasi-padang*-Restaurant in Kampong Glam

Westliche Küche & Fusionsküche

Kilo (S. 64) Italienisch-japanische Fusionsküche und eine tolle Lounge im ersten Stock

Cicheti (S. 96) Marktfrische Zutaten und Holzofenpizzas in Kampong Glam

Smokey's (S. 124) Grillrestaurant im amerikanischen Stil im coolen Stadtviertel Katong

Hawker Center & Food Courts

Maxwell Road Hawker Centre (S. 79) Chinatowns touristenfreundlichstes Hawker Center

Chinatown Complex (S. 79) Hawker Center für Experimentierfreudige

Takashimaya Food Village (S. 107 Fantastischer Food Court im Kaufhaus Takashimaya in der Orchard Road

Lau Pa Sat (S. 79) Allein die Markthalle ist einen Besuch wert

Krabben & Krebse

Momma Kong's (S. 79) Preisgünstig, riesige Brötchen und frische Sri-Lanka-Krabben

No Signboard Seafood (S.122) White-Pepper Crabs im Rotlichtmilieun von Geylang

Eng Seng Restaurant (S. 124) Black-Pepper Crabs vom Feinsten in Katong

Brunch

Tamarind Hill (S. 150) Sonntagsbrunch in Dschungellage

Symmetry (S. 96) Dekadente Gerichte, toller Kaffee im Bohemienmilieu von Kampong Glam

Kith Cafe (S. 158) Abhängen an der Küste von Sentosa

Romantisch

Cliff (S. 158) Gutes Essen in romantischem Ambiente

Jaan (S. 65) Französische Haute cuisine hoch oben über dem Colonial District

Halia (S. 141) Mit Ingwer gespickte Gerichte in einem tropischen Paradiesgarten

Nostalgie & alte Schule

Red Star (S. 80) Yum-cha-Restaurant am Rand von Chinatown

Colbar (S. 150) Westliche Klassiker auf hainanesische Art in einem ehemaligen Offizierskasino im Westen Singapurs

MOMENT / GETTY IMAGES ©

Feuerwerk über Marina Bay Sands (S. 58)

Ausgehen & Nachtleben

Ob schlichte Cocktailkneipe, aufgestylte Bierstände oder Cafés, die selbst gerösteten Kaffee zelebrieren – Singapur setzt zunehmend aufs „Schöner Ausgehen". Dazu trägt auch die Nachtclubszene einiges bei, z. B. mit einem neuen futuristischen Club hoch oben in einem Wolkenkratzer oder mit einem angesagten Kellerclub, der durchaus auch in Tokio liegen könnte.

Cocktailbars & Lounges

Wer einmal erlebt, welch wagemutige, aufregende Drinks die Barkeeper in Singapurs neuer Generation der Cocktailbars rühren und schütteln, vergisst den Singapore Sling. Die vielfältige Auswahl reicht vom erbsengrünen Jolly Green Giant im Tippling Club bis hin zum klassischen, aus New York stammenden Penicillin-Cocktail im Bitters & Love. Darüber hinaus kredenzt Jekyll & Hyde mit dem Mr. Bean (Wodka, Lao-Ban-Tofu, *kaya*/Kokosmilchmarmelade) einen Cocktail mit Lokalkolorit. Mit ihren sorgfältig datierten Drinks erweist die Retro-Cocktailbar 28 HongKong Street der Geschichte und der hohen Kunst des Cocktailmixens eine tiefe Reverenz.

Pubs & Mikrobrauereien

Auch Singapurs Bierszene schneidet alte Zöpfe ab. Immer mehr Bars, Cafés und Restaurants fahren auf der neuen Erfolgsschiene: „Bier aus Mikrobrauereien". Selbst Chinatown mischt mit und bildete mit den allerersten Hawker-Center-Bierständen – The Good Beer Company und Smith Street – sogar die Vorhut.

Einen gewichtigen Platz im Biersortiment nimmt das einheimische, preisgekrönte Jungle Beer (www.junglebeer.com) ein. Die Gründer der Jungle-Beer-Mikrobrauerei sind vier Studienkollegen, die beschlossen, ein Bier zu brauen, in dessen Aromen sich Singapurs Wesen widerspiegelt. Wert auf Nuancen und Lokalkolorit legen auch etliche andere Mikrobrauereien, die zum Teil ein eigenes Lokal betreiben, z. B. das Level 33 und das RedDot Brewhouse.

Cafés & Kaffeeröster

Seit Generationen wird in den traditionellen *kopitiams* (Coffee Shops) *kopi* (Kaffee nach einheimischer Art) serviert. Doch Singapur wartet nun auch mit facettenreicheren Kaffeespezialitäten auf. Inspiriert von der in Australien seit Langem gepflegten „hohen Kunst des Kaffeekochens“, praktizieren etliche moderne Cafés in der Stadt eine ähnliche Kaffeekultur, z. B. die Cafés Plain und Artistry sowie das Maison Ikkoku. Das bedeutet u. a.: Sie achten darauf, dass der Kaffee aus ethisch einwandfreien Quellen und saisongerechten Lieferungen stammt. Espresso wird nur aus frisch gemahlenen Kaffeebohnen zubereitet. Zum Aufbrühen verwenden sie Kaffeezubereiter wie AeroPress oder die japanischen Kaffee-Syphons, in denen der Kaffee sein ganzes Aroma entfalten kann. Auch die Tendenz, bestimmte Kaffeesorten selbst auszuwählen und zu rösten, steigt, ausgezeichnet realisiert haben das z. B. Chye Seng Huat Hardware und Nylon Coffee Roasters. Manch eingeschworener Kaffeefan erkennt in all dem auch die Bestrebungen der ursprünglich amerikanischen Third-Wave-Coffee-Bewegung wieder.

Clubbing

Sehr bekannt und beliebt ist nach wie vor der alteingesessene Club Zouk. Sein Zoukout – die jährliche große Tanzparty im Dezember – mit DJs der Spitzenklasse lockt jedes Mal 40 000 Nachtschwärmer an. Neuer, aber ebenfalls angesagt sind z. B. die japanisch inspirierte Club-Lounge Kyō und der Club Altimate. Mit seiner Hightech-Architektur fasziniert der anspruchsvolle Nobelclub **Pangaea** (www.pangaea.sg), nicht aber mit seinen gigantischen Preisen.

GUT ZU WISSEN

Preise

In den regulären Bars und Clubs werden auf zahlreiche Preise 17 % aufgeschlagen: 10 % Servicezuschlag plus 7 % GST (*goods and service tax*/Waren- und Dienstleistungssteuer). Die betroffenen Getränke sind auf der Karte mit ++ gekennzeichnet.

Öffnungszeiten

Bars 15–1 oder 3 Uhr

Clubs 22–3 oder 5 Uhr

Cafés 10–19 Uhr

Eintrittsgeld

Wer nicht gerade einen Türsteher kennt oder Clubmitglied ist, muss Schlange stehen und Eintrittsgeld bezahlen. In einigen Bars und Clubs brauchen Gäste, die sehr früh kommen, keinen Eintritt zu bezahlen.

Im Ausgehviertel Clarke Quay wimmelt es nur so vor Tanzclubs. Dazu zählen die Disko Attica, der bei Studenten beliebte Home Club und der Club **Super O** (www.super0.sg), der in der Regel am Ende des Jahres erstklassige Tanzpartys veranstaltet. Aktuelle Informationen über Singapurs Clubszene finden sich unter www.timeoutsingapore.com/clubs oder unter www.e-clubbing.com.

Ermäßigungen

Alkoholische Getränke sind in Singapur recht teuer, letztlich auch kein Wunder bei einer Alkoholsteuer von 25 %. In den meisten Bars kostet ein Bier zwischen 10 und 18 $, Cocktails schlagen mit 20 bis 30 $ zu Buche.

Zahlreiche Bars locken mit einer Happy Hour, die in der Regel von 17 bis 20 Uhr reicht, bei manchen beginnt sie früher und/oder endet später. Am häufigsten gibt es zwei Drinks für den Preis von einem oder ein billigeres „Hausgetränk“. Einige Lokale, z. B. die Bar on 5, bieten spezielle Vorteile wie Martinis unter 10 $ oder machen bei stadtweiten Aktionen mit. Mittwochs beispielsweise ist die „Ladies' Night“ angesagt, in der Frauen alkoholische Getränke preisgünstiger oder mitunter auch kostenlos erhalten.

Wer sich mit einfachen Plastiktischen und grellem Neonlicht begnügt, kann mit den Einheimischen in den Hawker Centers oder Coffee Shops für 6 $ eine Flasche Tiger (die gängigste Biermarke in Singapur) genießen.

Ob Singapurbesucher auf ihre Kreditkarten eine Ermäßigung in bestimmten Restaurants oder Bars erhalten, müssen sie vor Reiseantritt bei ihrer Bank bzw. der Kartengesellschaft erfragen.

Ausgehen & Nachtleben in den Stadtvierteln

➡ **Colonial District, Marina Bay & die Quays** Bars und Clubs in Wolkenkratzern, legendäre Kneipen mit Kolonialzeitflair sowie Bars, Pubs und Clubs fürs Partymachen an den Quays. (S. 66)

➡ **Chinatown & der CBD** Hippe Cafés, verführerische Cocktaillounges, Hawker-Bierstände sowie Schwulenbars in der Neil Street und jede Menge Feierabendkneipen in der Club Street. (S. 81)

➡ **Little India & Kampong Glam** Unkonventionelle Pubs, Cafés mit eigener Rösterei und versteckt liegende Cocktailkneipen. (S. 96)

➡ **Orchard Road** Teestuben und Cafés in Einkaufszentren, Hotelbars und zahllose andere Bars auf Singapurs Flanier- und Einkaufsmeile. (S. 110)

➡ **Der Osten von Singapur** Kneipen mit einheimischem Bier und Cider sowie zwanglose Strandbars. (S. 125)

➡ **Der Norden & das Zentrum von Singapur** Traditionelle Coffee Shops, eine abgelegene Bikerbar und ein idyllisches Gartenrestaurant. (S. 136)

➡ **Holland Village, Dempsey Hill & Botanischer Garten** Café-Bistros in Dempsey Hill und trubelige Expat-Bars in Holland Village. (S. 142)

➡ **Der Westen & Südwesten von Singapur** Kneipe in einem ehemaligen Offizierskasino mit fader Atmosphäre. (S. 150)

➡ **Sentosa** Strandbars mit Palmen, Sandstrand und einer ungewöhnlichen Poollandschaft. (S. 158)

Top-Tipps

Lantern (S. 67) Stylische Bar auf einer Dachterrasse mit tollem Ausblick auf die Marina Bay

Tippling Club (S. 81) Spektakuläre Cocktails im boomenden Stadtviertel Tanjong Pagar

Bitters & Love (S. 66) Auf Kundenwünsche hin zubereitete Drinks in einer Hinterzimmer-Bar nahe dem Boat Quay

Level 33 (S. 67) Mikrobrauerei mit Ausschank in einem Wolkenkratzer an der Marina Bay

Chye Seng Huat Hardware (S. 98) Café mit eigener Rösterei im Viertel Jalan Besar

Leckere Cocktails

Tippling Club (S. 81) Grenzen überschreitende Cocktails

Bitters & Love (S. 66) Raffinierte Kreationen von erstklassigen Barkeepern

28 HongKong Street (S. 67) Cocktailklassiker, chronologisch datiert, in einer nicht gekennzeichneten Lounge abseits des Boat Quay

Jekyll & Hyde (S. 81) Cocktails mit überraschenden Ingredienzien in der aufstrebenden Tras Street

Jigger & Pony (S. 81) Dunkle, vornehme Bar mit klassischen Cocktails in der Amoy Street

Schöne Clubs

Zouk (S. 68) Schauplatz vielseitiger Veranstaltungen westlich des Robertson Quay

Kyō (S. 85) Japanisch inspirierter Club in einer ehemaligen Bank im CBD

Altimate (S. 85) Hightech-Club auf dem Dach eines Wolkenkratzers im Zentrum

Taboo (S. 86) Heiße Typen und Themennächte in Singapurs klassischem Schwulenclub

Mit tollen Ausblicken

Level 33 (S. 67) Ausblicke auf die Marina Bay, die Stadt und der Straße von Singapur

1-Altitude (S. 83) Die weltweit am höchsten gelegene Dachterrassenbar im Herzen des CBD

Ku Dé Tah (S. 67) Bis zum Horizont reichender Blick über die Stadt und das Inselpanorama vom Dach eines Wolkenkratzers im Resort Marina Bay Sands

Orgo (S. 67) Romantische Ausblicke auf Wolkenkratzer von der Dachterrasse der Esplanade–Theatres on the Bay

Breeze (S. 82) Blick über die Dächer von Chinatown und auf die CBD Towers

Köstliches Bier

Level 33 (S. 67) Vor Ort gebrautes Bier im 33. Stockwerk

The Good Beer Company (S. 82) Wechselndes Sortiment an Biersorten aus Mikrobrauereien in einem Hawker in Chinatown

Cider Pit (S. 125) Bier aus Mikrobrauereien und Cider in einem Pub in Katong

RedDot Brewhouse (S. 142) Schön gelegene Mikrobrauerei mit Ausschank in Dempsey

Tiger Brewery (S. 148) Singapurs Nationalbrauerei mit Hauptsitz im Westen der Stadt

Guter Kaffee

Chye Seng Huat Hardware (S. 98) Filterkaffee vom Feinsten, eigene Rösterei und Kurse zum Thema Kaffee

Nylon Coffee Roasters (S. 82) Kleine, aber feine Espressobar mit Rösterei im Everton Park

Common Man Coffee (S. 64) Australisch inspiriertes Café mit Rösterei und gutem Essen abseits des Robertson Quay

Plain (S. 83) Vorreiter der neuen Café-Generation im Duxton-Hill-Areal

Artistry (S. 97) Kaffee gepaart mit Kunst im Kampong Glam

Schön entspannen

Tanjong Beach Club (S. 158) Sandstrand, Palmen und großes Schwimmbecken in Sentosa

Middle Rock (S. 136) Eine tropische Oase im Bishan Park

Handlebar (S. 135) Unter freiem Himmel, Motorradfahrer und Blues an der Strait of Johor

Coastal Settlement (S. 125) Café, Bar und Restaurant im verschlafenen Changi

Bars mit Geschichte

Raffles Hotel (S. 68) Mit einem Singapore Sling (hier erfunden auf den früheren Gast Somerset Maughan anstoßen

Colbar (S. 150) Bier in einem ehemaligen Offizierskasino

Black Swan (S. 67) Bar mit Lounge und Martinis in einem Art-déco-Ambiente im CBD

Emerald Hill Road (S. 111) Lokale in nostalgischen Gebäuden abseits der Orchard Road

Schöne Weinbars

Wine Connection (S. 68) Interessante Weine zu guten Preisen am Robertson Quay

Ô Batignolles (S. 82) Französisches Flair und ein Sortiment an erlesenen Wein in der Club Street

Unterhaltung

In den Nächten von Singapur kommt jeder auf seine Kosten. Livemusik, Theater und adrenalinhaltige Aktivitäten gibt es das ganze Jahr über. Zu bestimmten Terminen scheint der Little Red Dot zu explodieren und man jagt von Autorennen zu Kulturveranstaltungen und begehrten Musik-Events. Und wenn das alles zu viel wird, warten die Spas von Singapur mit ihren Verwöhnprogrammen auf ihren Einsatz.

Theater

Esplanade – Theatres on the Bay ist einer der bedeutendsten Spots von Singapurs pulsierender Theater- und Tanzszene. Gastspiele von Broadway-Musicals gibt es z. B. auf den Bühnen der Marina Bay Sands. Aber auch bekannte lokale Gruppen, wie etwa Wild Rice oder das Singapore Repertory Theatre, treten regelmäßig auf. Man spielt lokale Stücke oder gelegentlich auch Adaptionen internationaler Werke. Oder wie wär es mit Shakespeare in the Park?

Livemusik

Zugegeben, viele durchschnittliche Coverbands zieren die Hotelbars, aber die enthusiastische Musikszene draußen vor Ort ist genauso erfolgreich. Esplanade – Theatres on the Bay veranstaltet regelmäßig freie Performances und ist außerdem auch Sitz des Singapore Symphony Orchestra.

Singapur steht auf der Karte für eine wachsende Zahl internationaler Topveranstaltungen, auf denen sich hochrangige Talente präsentieren, wie etwa auf dem Singapore International Jazz Festival oder dem Laneway Festival, dem Indie-Event schlechthin.

Chinesische Oper

Dem malaiischen Ausdruck *wayang* (Performance) treu, kennt die Chinesische Oper Stücke, die im Theater, also in einem Gebäude gespielt werden und solche, die auf der Straße stattfinden. Die Straßenspiele finden zu religiösen Festen wie dem Hungry Ghost Festival statt. Obwohl ihre Popularität mit der Zeit nachgelassen hat, halten Gruppen wie der Chinese Theatre Circle, das Kreta Ayer People's Theatre oder Bian's Cafe die Tradition aufrecht. Diese Jahrhunderte alte Art von Schauspielen enthält musikalische-tänzerische und gesprochene Einlagen.

Kino

Die Singapurer lieben Kino und ein Kinobesuch ist mit einem Kartenpreis von 10 $ günstig. Es gibt in Singapur sehr viele Multiplex-Kinos, vor allem in größeren Malls. In den historischen Rex Cinemas zeigt man Bollywood-Filme und während des alljährlichen Singapore International Film Festival stehen Independent- und Arthouse-Filme auf dem Programm. Man sollte sich immer warm anziehen, denn Singapurs Kinos sind notorisch kühl.

Spaß & Nervenkitzel

Jeden September dröhnen beim Nachtrennen die Formel-1-Boliden durch die Straßen der Stadt. Zu den weiteren Sport-Events zählt auch der zunehmend populäre Marathon Singapore im Dezember. In Sachen Sport kommen Sensationssuchende das ganze Jahr über nicht zu kurz, sei es beim Indoor-Skydiving, Surfen oder Seilrutschen (Zip-Lining) auf Sentosa, Inner-Tubing in Jurong East, Wakeboarding im East Coast Park oder Radfahren auf der dörflichen Insel Pulau Ubin.

Spas & Massage

Verwöhnen ist immer ein „Big Business" in Singapur, ob nun im Mini-Reflexzonen-Massagesalon oder im luxuriösen Tagesspa. Spas der Mittel- bis Luxusklasse findet man vor allem in Malls und 5-Sterne-Hotels, darunter **Spa Esprit** (www.spa-esprit.com), einem populären Beauty-Imperium. Am unteren Ende der Skala gibt es nahezu überall im People's Park Anbieter für Reflexzonenmassage, Shiatzu und auch Fußpflege mit kleinen, an der Haut knabbernden Fischen (Ichthyo-Therapie). Die Preise variieren von etwa 25 $ für eine Fuß-Massage bis zu über 200 $ für eine Ganztagesanwendung.

Top-Tipps

Universal Studios (S. 156) Aufregende Fahrgeschäfte für die Jugend und Junggebliebene

BluJaz Café (S. 99) Swinging-Saxophon in einem Boheme-artigen Pub

Pulau Ubin Eine Insel, von der Zeit gezeichnet, und ein Paradies für Radfahrer

Home Club (S. 69) Sich den Bauch kaum vor Lachen halten können bei den klassischen „Comedy Masala" Nächten, immer dienstags

People's Park Complex (S. 87) Gelegenheitsmassage in einer Mall alter Schule

Die besten Theater

Singapore Repertory Theatre (S. 69) Ein Weltklasse-Repertoire im Fort Canning Park, inklusive Shakespeare (je nach Saison)

Wild Rice (S. 99) Neu interpretierte Klassiker, neue Werke und Neuentdeckungen

TheatreWorks (S. 69) Neue Stücke und internationale Kooperationen

Necessary Stage (S. 126) Lokal angehauchtes, zum Nachdenken anregendes Theater

Die besten Live-Musikclubs

BluJaz Café (S. 99) Allzeit guter Jazz und Blues in Kampong Glam

Timbrè @ The Substation (S. 69) Lokale Bands und Singer-Songwriter im Colonial District

Crazy Elephant (S. 69) Rock und Blues in der Partyzentrale Clarke Quay

Esplanade – Theatres on the Bay (S. 69) Aufpolierte Performances, die von Klassik bis Rock reichen

Die besten Kinos

Golden Village VivoCity (S. 151) Eine hypermoderne Einrichtung, Kinosessel für höchste Ansprüche sowie Hollywood- und Independent-Streifen

Screening Room (S. 86) Kultiger Klassiker in einer intimen Suite in Chinatown

Rex Cinemas (S. 99) Jede Menge hüftschwingende Bollywood-Hits an der Ecke zu Little India

Die schönsten Orte zum Verwöhnen

Remède Spa (S. 113) Luxusbehandlungen, etwas abseits der Orchard Road

People's Park Complex (S. 87) Wahre Low-Cost-Anwendungen im recht stimmungsvollen Chinatown

Spa Esprit (S. 113) Therapien mit Massageöl in einer Apotheke an der Orchard Road

Willow Stream (S. 72) Luxus in einer Wellnessfarm im Colonial District

GUT ZU WISSEN

Preise

- Karten für eine einheimische Theaterproduktion kosten zwischen 20 $ und 70 $.
- Häufig kostenfrei kann man lokalen Bands zuhören, manche verlangen auch einen kleinen Obolus.
- Konzerte mit internationalen Stars sind teuer und die Ticketpreise liegen oft zwischen 90 $ und 200 $.
- Karten für die beliebten Big-Budget-Musicals kosten zwischen 65 $ und 200 $.
- Sehr tief in die Tasche greifen muss man im Februar, bei der Singapore Airshow, und natürlich während der Formel-1-Saison im September – die Hotelpreise haben sich dann verdreifacht. Die Kartenpreise für gute Tribünenplätze zur Formel-1 beginnen bei 298 $, billiger sind Walkabout-Karten, die sind so ab 68 $ zu haben.

Eintrittskarten

Karten und Veranstaltungskalender findet man z. B. auf der Sistic-Website (www.sistic.com.sg).

Die besten Wandertouren

Southern Ridges (S. 146) Wandererfreundliche Wege mit teils sehr schönen Panoramaaussichten

MacRitchie Reservoir (S. 132) Affen, Warane und ein überdachter Weg

Bukit Timah Nature Reserve (S. 133) Wander- und Radwege durch den wilden, urtümlichen Regenwald

Green Corridor Einige alte Bahnhöfe und Brücken entlang einer ehemaligen Bahnstrecke

Echter Nervenkitzel

iFly (S. 159) Freier Fall, und alles ohne Flugzeug – im gläsernen Windkanal mit einem einzigartigen Blick aufs Südchinesische Meer

G-Max Reverse Bungy (S. 72) Hier stellt sich die Frage: Ist das ein Vogel oder ein Flugzeug? Die Antwort: Nein, man ist es selbst, mit einer Geschwindigkeit von 200 km/h in die Luft geschleudert

Universal Studios (S. 156) Die weltweit größten Duelling-Achterbahnen genießen

Ultimate Drive (S. 72) Singapur auf einer schnellen Spritztour durchkreuzen

Wave House (S. 159) In einem Sentosa-Pool auf den Wellen reiten

Die schönsten Radtouren

East Coast Park (S. 120) Feste Radwege, flaches Gelände und eine leichte Meeresbrise

Pulau Ubin Eine urige Insel und ein Erholungsort für Radfahrer

Bukit Timah Nature Reserve (S. 133) Primärwald mit Pfad für Mountainbiker

LONELY PLANET IMAGES / GETTY IMAGES ©

Teppich-Läden in der Arab Street, Kampong Glam (S. 200)

Shoppen

Die Shoppingszene von Singapur kann der von Hongkong oder Bangkok wohl nicht das Wasser reichen, doch ein Flop in Sachen Einzelhandel ist die Stadt nun sicher nicht. Jenseits der Shoppingmalls findet sich eine breite Palette an Geschäften – von erlesenen Boutiquen bis hin zu nostalgischen Landkartenhandlungen und zeitgenössischen Galerien.

Malls & Boutiquen

Shoppingmalls gibt es in Singapur in allen Größen und Stilrichtungen, die Bandbreite der Malls reicht von schillernden High-Tech-Tempeln wie dem ION Orchard bis hin zu Billigzentren wie der Far East Plaza. Die Orchard Road gilt als das Mall-Epizentrum Singapurs schlechthin; hier ballen sich die vielfältigsten Geschäfte – von den gängigen Ladenketten bis hin zu dekadenter Couture.

Luxuslabels kommen in Singapur generell teurer als in Hongkong oder auch in Europa, doch einige Geschäfte geben ab einem gewissen Gesamtumsatz einen Rabatt von 10 % bis 15 % – es lohnt sich auf alle Fälle, einfach nachzufragen.

Ein eigenwilligeres Einkaufserlebnis bieten die zahlreichen Boutiquen der Stadt mit ihrem breiten Angebot an weniger bekannten und aufstrebenden Modelabels bis hin zu ausgefallenen Designobjekten. Hier kann man auch echte Buchraritäten finden. Eine kleine, aber florierende Szene findet sich in der Tiong Bahru und in der Jalan Besar in Little India, jedoch auch in der Haji Lane von Kampong Glam.

GUT ZU WISSEN

Öffnungszeiten

- Einzelhandel: 11 bis 21 oder 22 Uhr.
- Mustafa Centre: 24 Stunden.

Feilschen & Warenrückgabe

In den Geschäften gelten Festpreise, eine Ausnahme machen Märkte und einige Läden in touristischen Gegenden. Es zahlt sich aus, sich zu Hause über die Preise zu informieren. Wer feilscht, sollte gut gelaunt bleiben und nicht zu knauserig sein. Waren können in den Geschäften nicht zurückgegeben werden. Ein Umtausch ist nur möglich, wenn der Artikel originalverpackt und mit den Etiketten versehen ist.

Steuern & Erstattungen

Bei der Ausreise bekommen Besucher von ihren Einkäufen die Mehrwertsteuer (GST) von 7 % erstattet. Folgende Bedingungen:

- Mindesteinkauf in einem Einzelhandelsgeschäft im Wert von 100 $ für nicht mehr als drei Artikel, die am gleichen Tag erworben wurden.
- Vorlage der Kopie des eTRS-Belegs (Electronic Tourist Refund Scheme), der vom Geschäft ausgestellt wurde.
- Es besteht die Möglichkeit, den eTRS-Beleg an den Automaten am Flughafen oder Fährterminal selbst zu scannen. Falls die erworbenen Waren, wie am eTRS-Automaten angegeben, einer realen Überprüfung unterzogen werden müssen, sind sie zusammen mit der Originalrechnung und dem Boarding-Pass am Customs Inspection Counter (Zollinspektionsschalter) vorzuzeigen..

Elektronik

Singapur ist für Elektronikartikel nicht mehr das Eldorado der Dumpingpreise, doch wer feilscht, kann Geld sparen. Vor dem Einkaufsbummel sollte man sich über die Preise informieren. Man kann den Verkäufer auch fragen, ob er einem den Kauf noch irgendwie „schmackhaft machen" möchte. Die Elektronik-Mall Sim Lim Square ist für ihr Sortiment und ihre verhandelbaren Preise bekannt, allerdings auch dafür, dass Ahnungslose über den Tisch gezogen werden. Welche Läden auf der schwarzen Liste stehen, lässt sich mit Google herausfinden. Die Konkurrenzmall Funan DigitaLife kann mit ähnlichen Preisen aufwarten, die Geschäfte gelten als seriöser. Man sollte sich nie auf einen Online-Garantieschein einlassen. Im Funan DigitaLife wie auch im Sim Lim Square rechnet sich der Kauf eines Computers oder einer Kamera am besten; man kann oft bis zu 20 % sparen.

Kunst & Antiquitäten

Wer Kunst oder Antiquitäten erstehen möchte, sollte ein Original von einer Kopie unterscheiden können. Asiatische Antiquitäten lassen sich gut in der Chinatown, Dempsey Road oder im Tanglin Shopping Centre kaufen. Sammler zeitgenössischer Kunst aus Asien werden in den Cham Hampe Galleries, in den Galeriezentren Gillman Barracks und MICA Building fündig. Erschwinglichere Kunst von Künstlern aus der Region ist im Utterly Art und bei der Affordable Art Fair erhältlich.

Kunsthandwerk & Stoffe

Little India ist eine gute Adresse, um Gewürze, Dekoartikel und Saris zu kaufen – eine große Auswahl bietet das Tekka Centre, edlere Saris sind bei Nalli erhältlich. Wer einen Orientteppich erstehen möchte, sollte das Viertel Kampong Glam aufsuchen. Händler finden sich dort in der Arab Street, wo zudem Sifr Aromatics zu Hause ist, eine moderne Parfümeriehandlung. Peranakan-Kleidung und traditionelle Batikstoffe lassen sich im Viertel Katong erstehen.

Shoppen in den Stadtvierteln

- **Colonial District, Marina Bay & die Quays** Elektronik zu Schnäppchenpreisen sowie hippe Mode, Bücher und Kunst. (S. 70)
- **Chinatown & der CBD** Chinesische Antiquitäten, Esswaren und Medizin, lokale Kunst und eine Szenekneipe. (S. 86)
- **Little India & Kampong Glam** Gewürze und Saris in Little India, Teppiche, Parfüm und indische Boutiquen in Kampong Glam. (S. 100)
- **Orchard Road** das Shopping-Eldorado (S. 111)
- **Der Osten von Singapur** Traditionelle Waren sowie malaysische und indonesische Lebensmittel (S. 126)
- **Holland Village, Dempsey Hill & Botanischer Garten** Hochkarätige Kunst und Antiquitäten in Dempsey Hill. (S. 143)
- **Der Westen & Südwesten von Singapur** Malls in HarbourFront und Jurong East. (S. 151)

Top-Tipps

Orchard Road (S. 111) In der Straße mit dem berühmtesten Einkaufsparadies der Welt ist wirklich *alles* erhältlich

Raffles Hotel (S. 70) Andenkenkauf in einer legendären Location

Tyrwhitt General Company (S. 99) Hippe, einzigartige Objekte, die von Einheimischen entworfen und gefertigt wurden

Little India (S. 100) Enge Gassen, die nach Gewürzen duften

Antiques of the Orient (S. 112) Ein Stück Singapurer Geschichte für zu Hause

Die schönsten Luxus-Malls

ION Orchard (S. 111) Nobelmarken in der tollsten Mall

Shoppes in Marina Bay Sands (S. 71) Luxus an der Bucht und das erste schwimmende Louis Vuitton-Geschäft der Welt

Paragon (S. 111) Begehrte Marken und eine Etage für Kinder

Hilton Shopping Gallery (S. 114) Eine eher recht schwierig zu findende Topadresse

Die besten Mittelklasse-Malls

313@Somerset (S. 113) Traditionelle Gebrauchsartikel und ein nobles Flair direkt über der Metro-Station Somerset

ION Orchard (S. 111) Alles von H & M bis Uniqlo und Zara im pulsierenden Herzen der Orchard Road

VivoCity (S. 151) Unmengen Marken mittlerer Preislage in der größten Mall Singapurs

Jem (S. 151) Eine der neuesten Malls in Singapurs Vorort Jurong East

Einheimische & unabhängige Designer

Front Row, Raffles Hotel Arcade (S. 70) Kultklamotten und Accessoires im Raffles Hotel

Raoul, Paragon (S. 111) Topaktuelle, schicke Klamotten

Reckless Shop (S. 112) Erschwingliche Avantgarde-Kleidung des Talents Afton Chan

Nana & Bird (S. 84) Femininer Schick von jungen Designern

Willow and Huxley (S. 87) Kleine Boutique, die mit pfiffigen Stücken von sich reden macht

Club 21b, Forum (S. 115) Klamotten allerlei Labels mit Kultstatus – von leger bis schick

i.t (S. 113) Hippe Designer in einem Hongkonger Concept Store im Wisma Atria

Die schönsten Andenken

Raffles Hotel Gift Shop (S. 70) Alles von Nostalgiepostern bis zu Tee und Schmökern

Antiques of the Orient (S. 112) Alte Landkarten, Drucke und Fotos aus der Region

Rumah Bebe (S. 126) Peranakan-Mode, Accessoires und Kunsthandwerk im Viertel Katong

Sifr Aromatics (S. 101) Düfte von einem Handwerkskünstler im Viertel Kampong Glam

Tea Chapter (S. 83) Teeblätter und Teeutensilien in Chinatown

Nalli (S. 100) Sagenhafte Saris im Herzen von Little India

Kunst & Antiquitäten

Tanglin Shopping Centre (S. 111) Hochwertige asiatische Antiquitäten und Kunst in einer Traditions-Mall

Chan Hampe Galleries (S. 70) Begehrte zeitgenössische Kunst aus Singapur und Malaysia im Raffles Hotel

Utterly Art (S. 86) Erschwingliche Kunst aus der Region in einer winzigen Galerie in Chinatown

Far East Legend (S. 86) Pan-asiatische Haushaltsartikel und Kunstobjekte in Chinatown

Shang Antiques (S. 142) Stimmungsvolle Tempelartefakte und nostalgischer Nippes aus Asien im Dempsey Hill -Viertel

Technik zum Schnäppchenpreis

Funan DigitaLife Mall (S. 70) Die beste Adresse für Computer, Kameras und andere Elektrogeräte zu Schnäppchenpreisen

Sim Lim Square (S. 101) Elektronik auf sechs Etagen in Singapurs größter Technik-Mall

Mustafa Centre (S. 101) Kein Mangel an elektronischem Klimbim, und das 24 Stunden am Tag

Tolles Design

Tyrwhitt General Company (S. 99) Flippiger Laden mit Atelier, in dem Taschen, Schmuck und Designerobjekte verscherbelt werden

Strangelets (S. 84) Erlesene Lifestyle-Objekte aus Singapur und Umgebung

Konzepp (S. 98) Import aus Hongkong mit tollem lokalem Design, Mode und Accessoires

The Redundant Shop (S. 82) Raffinierte Boutique mit erlesenen Wohnkulturobjekten und Accessoires – von Brieftaschen bis Sonnenbrillen

Singapur erkunden

SINGAPURS HIGHLIGHTS

Stadtviertel im Überblick

❶ Colonial District, Marina Bay & die Quays S. 52

Im ehemaligen britischen Regierungsviertel befinden sich viele Werke der Kolonialarchitektur, Museen und die Strecke für das Nachtrennen der Formel 1. Risikofreudige Spieler versuchen ihr Glück an der Marina Bay. Durchflossen werden die Viertel vom Singapore River, der die drei Quays verbindet, an denen Restaurants, Clubs und Bars aufgereiht liegen.

❷ Chinatown & der CBD S. 73

Obwohl Singapurs Chinatown nur noch ein zahmer Abklatsch ihres einstigen Selbst ist, lohnen die Tempel und Kulturzentren sowie die florierende Restaurant- und Barszene durchaus einen Besuch. Der CBD ist berühmt für seine beeindruckende, stetig wachsende Skyline. Dachbars findet man in der Nachbarschaft von alten Tempeln – vor der Kulisse des Finanzzentrums, das für diesen Wohlstand verantwortlich ist.

❸ Little India & Kampong Glam S. 88

Little India bietet einen Einblick in Singapurs kühne Vergangenheit – es ist wild, wirr und macht einfach Spaß. Gewürzhändler laden ihre Waren auf den schmalen Gehwegen ab und indische Arbeiter strömen jedes Wochenende in das Viertel. Kampong Glam, die frühere Residenz des örtlichen Sultans, ist eine bunte Mischung aus islamischen Läden und Lokalen, schicken Bars und Boutiquen.

❹ Orchard Road S. 104

Wer das Einkaufen liebt, wird in diesen endlosen Einkaufszentren sein Paradies finden. Ein wenig Geschichte bietet ein Spaziergang auf der Emerald Hill Road, die von hübschen Häusern der Peranakan gesäumt ist.

❺ Der Osten von Singapur S. 116

Geylang ist eine eigenartige Mischung aus Tempeln, Moscheen, Bordellen und Restaurants mit Kultstatus. East Coast Park eignet sich perfekt für Radtouren und Picknicks am Strand, während im benachbarten Katong und JooChiat die Kultur der Peranakan vorherrscht. An der äußersten Spitze der Insel treffen Besucher auf das Changi Museum & Chapel und auf die Bumboote nach Pulau Ubin.

❻ Der Norden & das Zentrum von Singapur S. 129

Von Spaziergängen auf Baumkronenhöhe in MacRitchie bis zu den Feuchtgebieten von Sungei Buloh gibt es hier vieles für all jene, die sich am liebsten im Freien aufhalten. Wer nicht so gern wandert, kann die großen Tempel besichtigen oder den Zoo besuchen und sich einer Nachtsafari anschließen.

❼ Holland Village, Dempsey Hill & Botanischer Garten S. 137

Expats und Reiche treffen sich hier nach einer Massage und Pediküre im Spa zu gutem Essen und Drinks. Herz des Viertels sind der üppig grüne Botanische Garten und das Naturschutzgebiet Bukit Timah.

❽ Der Westen & Südwesten von Singapur S. 144

Ein Spaziergang entlang den überwältigenden Southern Ridges führt zur National University of Singapore mit herrlichen Kunstwerken. Weiter westlich liegen die familienfreundlichen Attraktionen des Jurong Bird Park und des Science Centre.

❾ Sentosa Island S. 154

Singapurs Vergnügungsinsel steht mit seinen ehrgeizigen Themenparks, einem atemberaubenden Aquarium bis hin zu Zip-Lines, künstlicher Brandung und hippen Strandbars für uneingeschränkten Spaß im Stadtstaat.

Colonial District, Marina Bay & die Quays

Highlights

❶ Das **Asian Civilisations Museum** (S. 54) mit seinen königlichen Juwelen, den kostbaren Schnitzarbeiten aus Tempeln und den alten Keramiken von Weltrang. Das Museum zeigt eine der schönsten Sammlungen Südostasiens von Artefakten aus dem gesamten asiatischen Kontinent.

❷ **Gardens by the Bay** (S. 56), der spektakuläre neue Botanische Garten von Singapur, der nicht nur Pflanzen, sondern auch eine Science-Fiction-Zukunft präsentiert.

❸ Ein Blick auf Singapurs ehrgeizige Stadtentwicklungsprojekte - von den **Marina Bay Sands** (S. 58) aus, einem der bedeutenden Meisterwerke der Ingenieurskunst.

❹ Eine Zeitreise durch Singapurs Geschichte beim Besuch des **National Museum of Singapore** (S. 59).

❺ Die farbenfrohe Kultur der Peranakan im **Peranakan Museum** (S. 57).

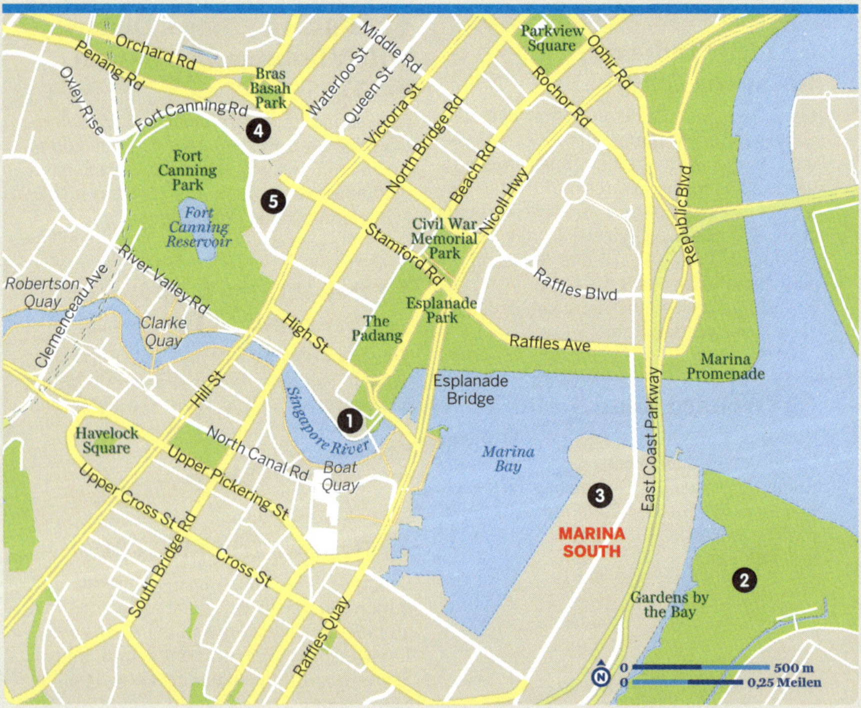

Weitere Details siehe Karte S. 234 und S. 237.

Colonial District, Marina Bay & die Quays erkunden

Hier schlägt das Herz von Singapur: großartige Kolonialgebäude, Meisterwerke der modernen Architektur, herausragende Museen und Parks, dazu eine lebendige Restaurant-, Bar- und Clubszene am Fluss.

Die MRT-Station City Hall verbindet die Viertel. Von hier geht es nordwestwärts über die Stamford Road zu den Museen. In Gegenrichtung führt der Weg zur Marina Bay, wo sich Marina Bay Sands, Gardens by the Bay und das Esplanade – Theatres by the Bay befinden. Um die City Hall MRT liegen typische Gebäude der Kolonialzeit, u. a. das Raffles Hotel und die St Andrew's Cathedral.

Weiter südlich lohnt sich der abendliche Besuch der drei Kais am Fluss. Es gibt ein paar gute Bars unter den Touristenlokalen am Boat Quay und viele Partygänger am lauten Clarke Quay. Direkt hinter dem Clarke Quay erstreckt sich der idyllische Fort Canning Park.

Lokalkolorit

➡ **Ausländische Enklaven** Essen, trinken und shoppen im Peninsula Plaza, Singapurs inoffiziellem „Little Burma": Hier treffen sich die Wanderarbeiter der Stadt.

➡ **Artists' Market** Der Sunday Artists Market findet zweimal monatlich statt und zeigt die ganze Vielfalt an kreativen Talenten im Stadtstaat.

➡ **Marina Barrage** Das „grüne Dach" der Marina Barrage ist ein beliebter Treff bei Familien, verliebten Paaren und Drachenenthusiasten. Von hier bieten sich faszinierende Blicke auf die Skyline und auf die Straße von Singapur. Am schönsten ist es bei Sonnenuntergang.

An- & Weiterreise

➡ **MRT** Der Mittelpunkt des effizienten MRT-Netzes ist die Haltestelle City Hall. Durch unterirdische Passagen ist die Station mit der Esplanade verbunden, von dort führt eine Abkürzung zur Marina Bay. Die Haltestelle Raffles Place (East-West Line) liegt den Quays am nächsten. Die Ausgänge der MRT-Station Bayfront (Downtown Line) führen nach Marina Bay Sands und Gardens by the Bay.

➡ **Bus** Das Gebiet ist durch Busse gut mit anderen Teilen der Insel verbunden. Wichtige Haltestellen liegen direkt vor dem Raffles Hotel und vor der St. Andrew's Cathedral an der North Bridge Road. Buslinie 2 fährt die Victoria Street und die Hill Street entlang. Die Buslinien 51, 61, 63 und 80 befahren die North Bridge Road. Die Beach Road wird von den Buslinien 100, 107 oder 961 abgefahren, auf der Bras Basah Road fahren die Linien 12, 14, 16, 77 und 111.

Top-Tipp

Der Eintritt in das Singapore Art Museum ist freitags von 18 bis 21 Uhr gratis. Mit Kombi-Tickets lassen sich einige Museen etwas günstiger besuchen. Die meisten Bars der Gegend haben eine Happy Hour (17–20/21 Uhr), in dieser Zeit gibt es beim Kauf eines Getränks ein zweites gratis dazu *(one-for-one)* oder das Getränk wird zumindest stark ermäßigt verkauft. In Clubs haben Damen in den Ladies' Nights freien Eintritt und bekommen gelegentlich sogar ein kostenloses Getränk spendiert. Sorry, Jungs ...

Die schönsten Attraktionen

- Asian Civilisations-Museum (S. 54)
- Gardens by the Bay (S. 56)
- National Museum of Singapore (S. 59)

Mehr Details siehe S. 52 ➡

Gut essen

- Kilo (S. 64)
- Jaan (S. 65)
- Gluttons Bay (S. 62)
- Song Fa Bak Kut Teh (S. 63)
- Jumbo Seafood (S. 65)

Mehr Details siehe S. 62 ➡

Nett ausgehen

- Bitters & Love (S. 66)
- Lantern (S. 67)
- 28 HongKong Street (S. 67)
- Kinki (S. 67)

Mehr Details siehe S. 66 ➡

TRAVELASIA / GETTY IMAGES ©

HIGHLIGHTS
ASIAN CIVILISATIONS MUSEUM

Das beeindruckende Museum beherbergt die umfassendste Sammlung der Region an Schätzen aus ganz Asien. Es erstreckt sich über drei Stockwerke, in den Sälen werden Geschichte, Kultur und Religion Südostasiens, Chinas, des indischen Subkontinents und des islamischen Westasiens hervorragend vorgestellt. Besucher verlieren sich zwischen alten Schnitzarbeiten, glitzernden Waffen, Juwelen und Textilien aus mehreren Tausend Jahren. Hinzu kommt eine informative Erkundung des Singapore River und Wechselausstellungen von Weltrang.

Southeast Asia Galleries

In diesen Sälen reichen die Themen von den hinduistisch-buddhistischen Königreichen über die Bergstämme bis hin zu den darstellenden Künsten auf Java. Zu den Highlights zählt ein herrlich illustriertes *parabaik* (Faltbuch), dessen seltsam bunte Szenen einen außergewöhnlichen Einblick ins Leben und die Architektur Birmas im 19. Jh. geben. Besonders beeindruckend ist die Sammlung an Goldarbeiten, vor allem die spektakulären Beispiele zeremoniellen Schmucks von den Inseln Sumatra und Java (Mary and Philbert Chin Gallery). Bemerkenswert sind die Textilien aus Südostasien, darunter ein herrliches Ensemble aus Kopfschmuck, Tasche und Schurz vom Stamm der Akha aus dem nördlichen Thailand und ein Kleidungsensemble der Lolo aus Nordvietnam mit kühnen geometrischen Mustern. Die Ausstellung im oberen Stockwerk widmet sich vor allem den darstellenden Künsten mit faszinierenden Exemplaren von Stabpuppen und Masken.

NICHT VERSÄUMEN

- Die Textilien und Juwelen der Southeast Asia Galleries
- Die Korane der West Asia Gallery
- Die *Eight Immortals* in der China Gallery
- Der rituelle Knochenschurz in der South Asia Gallery

PRAKTISCH & KONKRET

- Karte S. 234
- 6332 7798
- www.acm.org.sg
- 1 Empress Place
- Erw./Kind 8/4 $, Fr 19–21 Uhr halber Preis, mit Peranakan Museum 11/5,50 $
- Sa–Do 10–19, Fr 10–21 Uhr

M Raffles Place

West Asia Galleries

Die Sammlung bietet großartige Beispiele der Kalligrafie, eine der reichsten und angesehensten Sammlungen des künstlerischen Erbes vorwigend des islamischen Westens von Asien. Zahlreiche Ausgaben des Koran werden gezeigt, darunter eine faszinierende chinesische Version, in der sich nahöstliche und chinesische Ästhetik mischt. Beachtenswert sind auch die Fragmente eines Korans aus Südspanien oder Nordafrika aus dem 12. oder 13. Jh., der in eleganter maghrebinischer Schrift abgefasst ist. Ein Koranständer aus der osmanischen Türkei (18. Jh.) verdeutlicht die berühmte ornamentale Kunst der Region; seine gesamte Oberfläche ist mit Einlegearbeiten aus Schildpatt und Perlmutt verziert, die ein wunderbares geometrisches Muster bilden. Auf der dritten Ebene finden sich astronomische Abhandlungen aus dem Iran (14. Jh.) und Ägypten (16. Jh.) sowie ein medizinisches Lexikon aus dem 14. Jh.

China Gallery

Unbedingt die Seidenbilder *Three Votive Paintings of Luohan* aus dem 18. Jh. beachten, die drei Weise zeigt, denen die Verwirklichung der Lehren Buddhas gelungen ist. Ebenso farbenfroh sind die *Eight Immortals,* ein seidener *kesi* (chinesischer Wandbehang) aus dem 17. Jh., auf dem zahlreiche Symbole zu sehen sind – von Kranichen und dem Zeichen *shou* (langes Leben) oben in der Mitte bis hin zu den Unsterblichen selbst. Die China Gallery birgt eine der umfangreichsten Sammlungen chinesischen Porzellans aus Dehua in der Provinz Fujian, außerdem Objekte von einem Schiff, das vor der Insel Belitung gesunken ist – das älteste Schiffswrack, das bis heute in südostasiatischen Gewässern gefunden wurde. Geborgen wurde beispielsweise Steinzeug aus dem frühen 9. Jh., das erstaunlich modern wirkt.

South Asia Gallery

Die Sammlung des Museums mit Exponaten vom Indischen Subkontinent umfasst herrliche geschnitzte Tempelreliefs sowie Textilien und anderes Kunstgewerbe. Zu den Highlights zählt ein Spielbrett aus dem 17. Jh. aus Teak mit Furnier aus exotischem Holz, Elfenbein und Metall. In derselben Vitrine befindet sich eine elegante Schatulle, die im 17. Jh. aus Schildpatt, Elfenbein und Holz mit einem silbernen Schloss gefertigt wurde. Ein weiteres sehenswertes Stück ist ein goldenes *kazhuththu uru,* ein reich verzierter Hochzeitsschmuck aus dem 19. Jh. Wer Sinn fürs Makabre hat, hält Ausschau nach einem tibetischen Ritualschurz, der aus menschlichen und tierischen Knochen hergestellt ist.

EMPRESS PLACE BUILDING

Das Empress Place Building mit dem Asian Civilisations Museum ist ein Entwurf des britischen Architekten John Frederick Adolphus McNair. Erbaut haben es 1865 indische Strafgefangene. Ursprünglich befanden sich darin Büros der Kolonialverwaltung. Architekturinteressierte schätzen den eleganten Mix aus neopalladianischem Klassizismus und tropischen Elementen wie hölzernen Fensterläden mit Lüftungsschlitzen und breiten Veranden.

Der 3-Tages-Museums-Pass (Erw./Familie 20/50 $) des National Heritage Board bietet ein gutes Preis-Leistungs-Verhältnis. Er ermöglicht den Zugang zu sechs Museen der Stadt, u. a. Asian Civilisations Museum, Peranakan Museum und Singapore Art Museum. Der Pass kann im Museum gekauft werden und ermöglicht auch den Zugang zu Sonderausstellungen, die in der Regel zusätzlichen Eintritt kosten. Eine der letzten Ausstellung befasste sich mit den Schätzen aus dem Famen-Tempel in China. Infos zu aktuellen Ausstellungen finden sich auf der Website.

HIGHLIGHTS

GARDENS BY THE BAY

Willkommen im botanischen Garten der Zukunft, einem Fantasieland aus Bio-Kuppeln des Weltraumzeitalters, High-Tech-Superbäumen und bizarren Skulpturen. Die 101 ha große Anlage hat über 1 Mio. Dollar gekostet und ist weit mehr als eine Grünanlage, um die Seele baumeln zu lassen: Es handelt sich vielmehr um ein Meisterwerk der Stadtplanung, das für Architekturfans und Naturliebhaber gleichermaßen faszinierend ist.

Die Gewächshäuser

Die asymmetrischen Gewächshäuser beherbergen 217 000 Pflanzen und 800 verschiedene Arten. Im Flower Dome herrscht trockenes Mittelmeerklima; hier gedeihen sogar alte Ölbäume. Das renommierte Restaurant Pollen (S. 66) bezieht einen Teil seiner Zutaten aus den Gärten. Im Cloud Forest Dome wird die dampfige Atmosphäre eines tropischen Bergwalds nachempfunden, der Mittelpunkt der Anlage ist ein 35 m hoher Berg mit Wasserfall.

Supertrees & Skulpturen

Bei den 18 stahlverkleideten Betonstrukturen mit über 162 900 Pflanzen treffen Science-Fiction und Botanik aufeinander. Eigentlich handelt es sich dabei um die Entlüftungsschächte der Dampfturbinen, die den Strom für die Klimaanlage der Gewächshäuser produzieren. Ein fantastischer Rundblick bietet sich vom 22 m hohen **OCBC Skyway**. Dort werden auch die Eintrittskarten (5 $, nur bar) verkauft. Allabendlich (19.45, 20.45 Uhr) werden die Supertrees zu den leuchtenden Stars der *Garden Rhapsody,* einem Licht-Ton-Spektakel. Faszinierend ist die Skulptur *Planet* (2008), ein schlafendes Baby, das scheinbar über dem Boden schwebt. Die Illusion ist fantastisch, vor allem wenn man bedenkt, dass das bronzene Kind 7 t wiegt. Für die Arbeit hat Quinns eigener Sohn Modell gestanden.

NICHT VERSÄUMEN

- Flower Dome & Cloud Forest Dome
- Supertree Grove
- Die Skulptur *Planet*

PRAKTISCHE INFORMATIONEN

- Karte S. 237
- ☎ 6420 6848
- www.gardensbythebay.com.sg
- 18 Marina Gardens Dr
- Garten gratis, Warmhäuser Erw./Kind 28/15 $
- ⏲ 5–2 Uhr, Warmhäuser & OCBC Skyway 9–21 Uhr
- Ⓜ Bayfront

SEHENSWERTES

ASIAN CIVILISATIONS MUSEUM — MUSEUM

Siehe S. 54

GARDENS BY THE BAY — GARTEN

Siehe S. 56

★ PERANAKAN MUSEUM — MUSEUM

Karte S. 234 (☎6332 7591; www.peranakanmuseum.sg; 39 Armenian St; Erw./Kind 6/3 $, Fr 19–21 Uhr halber Preis, inkl. Asian Civilisations Museum 11/5,50 $; ⊙10–19, Fr 10–21 Uhr; Ⓜ City Hall) In dem Museum der Superlative lässt sich das reiche, von vielen Einflüssen getragene Erbe der Peranakan erkunden. Die thematisch gegliederten Säle befassen sich mit verschiedenen Aspekten der Kultur der Peranakan, der Bogen spannt sich von der traditionellen zwölftägigen Hochzeitszeremonie bis zum Handwerk, der Spiritualität und den Festen der Peranakan. Nicht versäumen sollte man die zeremoniellen Trachten und Perlenarbeiten, die herrlich geschnitzten Hochzeitsbetten und die seltenen Porzellanservice. Ein witziges Beispiel für die Mischkultur der Peranakan sind ein Paar viktorianische Glasglocken, in denen Statuen von Christus und der Muttergottes zu sehen sind, geschmückt mit Blumen im chinesischen Stil.

Der Museumsladen verkauft bestickte und lederne Taschen, Fächer und Keramiken im Stil der Peranakan sowie Bücher über die Geschichte, die Küche und die Architektur des Volkes.

SINGAPORE ART MUSEUM — MUSEUM

Karte S. 234 (SAM; ☎6332 3222; www.singaporeartmuseum.sg; 71 Bras Basah Rd; Erw./Stud. & Sen. 10/5 $, Fr 18–21 Uhr gratis; ⊙Sa–Do 10–19, Fr 10–21 Uhr; Ⓜ Bras Basah) Das SAM zeigt eine faszinierende Sammlung südostasiatischer Kunst, den Schwerpunkt bildet moderne und zeitgenössische Kunst aus Singapur und dem asiatischen Raum. Hier gibt es alles von Gemälden und Skulpturen bis hin zu speziell geschaffenen Installationen und Videokunst.

Ein Highlight ist der Wu-Guangzhong-Saal, in dem in Wechselausstellungen die Sammlung des „Vaters der modernen chinesischen Malerei" gezeigt wird. Er hat dem Museum Kunstwerke in einem Gesamtwert von 70 Mio. $ gestiftet.

Das SAM ist in einer ehemaligen katholischen Knabenschule untergebracht, einem eleganten Beispiel für die Kolonialarchitektur des 19. Jhs.

ARTSCIENCE MUSEUM — MUSEUM

Karte S. 237 (www.marinabaysands.com/museum.html; Marina Bay Sands; Erw./Kind 28/16 $; ⊙10–19 Uhr; Ⓜ Bayfront) Wie eine riesige weiße Lotusblüte liegt das ArtScience Museum inmitten von Seerosenteichen. Es ist bekannt für seine großen internationalen Wechselausstellungen, die so verschiedene Bereiche wie Kunst, Design, Medien und Technologie umfassen. Zu den vergangenen Ausstellungen zählten Retrospektiven des Werks der amerikanischen Designer Charles und Ray Eames sowie der Fotografin Annie Leibovitz.

8Q SAM — MUSEUM

Karte S. 234 (www.singaporeartmuseum.sg; 8 Queen St; mit einer Eintrittskarte vom SAM Eintritt frei; ⊙Sa–Do 10–19, Fr bis 21 Uhr; Ⓜ Bras Basah, City Hall) Um die Ecke des Singapore Art Museum (SAM) liegt der neuere Ableger, der schlicht nach seiner Adresse benannt ist. Der Eintritt ist mit einer Karte fürs SAM gratis. Hier findet man vier Stockwerke mit zeitgenössischer Kunst – von seltsamen Installationen und Videokunst bis zur Kombination unterschiedlicher Medien.

RAFFLES HOTEL — HISTORISCHES GEBÄUDE

Karte S. 234 (www.raffleshotel.com; 1 Beach Rd; Ⓜ City Hall) Ja, es ist ein Klischee, aber wer kann schon dem Anblick der grandiosen elfenbeinfarbenen Fassade, dem berühmten Sikh-Portier und den Erinnerungen an Zeiten, als Singapur ein sumpfiger, von Tigern heimgesuchter Außenposten des Britischen Weltreichs war, widerstehen. Das Raffles begann seine Laufbahn 1887 in einem Zehn-Zimmer-Bungalow am Strand (den es schon lange nicht mehr gibt); heute ist es mit seinen stillen tropischen Gärten, den nostalgischen Bars und einer Reihe von exquisiten Kunstgalerien und Boutiquen eines von Singapurs schönsten historischen Gebäuden.

1899 wurde der noch heute genutzte Hauptteil des Hauses von den Brüdern Sarkies gebaut; die beiden Eigentümer besaßen darüber hinaus noch zwei weitere kolonialzeitliche Grandhotels, das Strand in Yangon (Rangoon) und das Eastern & Oriental in Penang. Das Raffles wurde bald zum Inbegriff von orientalischem Luxus und zum Schauplatz von Romanen von Joseph Conrad und Somerset Maugham.

HIGHLIGHTS MARINA BAY SANDS

Ob man es mag oder nicht: Es fällt schwer, die Kühnheit des 5,7 Mrd. teuren Gebäudes der Marina Bay Sands nicht zu bewundern. Am Südufer der Marina Bay liegt der Komplex mit einem weitläufigen Hotel, Kasino, Theater, Ausstellungszentrum, Einkaufszentrum und Museum – eine Arbeit des israelisch-kanadischen Architekten Moshe Safdie. Star des Ganzen ist das Marina Bay Sands Hotel, dessen drei 55 Stockwerke hohe Türme an aufgestellte Spielkarten erinnern. Verbunden sind sie durch den 2 ha großen „Sky Park".

Zu den Attraktionen vom Marina Bay Sands gehört das abendliche **Wonder Full** (⏲So–Do 20 & 21.30, Fr & Sa 20, 21.30 & 23 Uhr), ein 13-minütiges Ton- und Licht-Spektakel, bei dem die Marina Bay zu einer Art Videoleinwand mutiert. Den besten Blick hat man von der Stadtseite der Marina Bay, etwa vom Merlion und von hoch gelegenen Bars wie Lantern, Kinki und Level 33.

Der freitragende Sands SkyPark bietet ein atemberaubendes Panorama. Der weltberühmte Infinity-Pool steht leider nur Hotelgästen offen, aber das **Observation Deck** (Erw./Kind 23/17 $; ⏲Mo–Do 9.30–22, Fr–So 9.30–23 Uhr) ist allen zugänglich. Das Deck ist vollständig offen, daher an Sonnencreme und einen Hut denken bzw. an nassen Tage nicht hinauffahren.

NICHT VERSÄUMEN

- Das Wonder Full, ein Ton- und Licht-Spektakel
- Den Blick vom Sands SkyPark

PRAKTISCHE INFORMATIONEN

- Karte S. 237
- www.marinabaysands.com
- 10 Bayfront Ave
- Ⓜ Bayfront

Den berühmten Singapore Sling erfand der Barkeeper Ngiam Tong Boon 1915. Weniger glorreich war die Erschießung des letzten Tigers von Singapur, der aus einem in der Nähe lagernden Wanderzirkus entflohen war: Er starb 1902 unterhalb des Billardzimmers.

In den 1970er-Jahren war das Raffles ein schäbiges Gebäude, das dem Abriss 1987 nur durch die Ernennung zum Nationaldenkmal entging. 1991 wurde es nach einer Restaurierung (160 Mio. $) wiedereröffnet. Die Hotellobby ist öffentlich zugänglich und eine beliebte Touristenattraktion. Natürlich hat man dort den Dresscode zu beachten: Mit Shorts oder Sandalen ist man nicht erwünscht.

FORT CANNING PARK — PARK

Karte S. 234 (www.nparks.gov.sg; Ⓜ Dhoby Ghaut) GRATIS Als Sir Stamford Raffles in Singapur landete und es für das englische Mutterland in Besitz nahm, wagten die Einheimischen nicht, den Berg mit dem damaligen Namen Bukit Larangan („Verbotener Berg") zu betreten. Der alte Name verdeutlicht den Respekt vor dem heiligen Grabmal Sultan Iskandar Shahs, des letzten Herrschers über das alte Singapura. Heute ist der Hügel besser als Fort Canning Park bekannt, eine herrlich grüne und kühle Oase oberhalb der heißen Straßen der Stadt. Hier können Besucher im Gewürzgarten die Aromen von Tamarinde und Zimt genießen oder über die Niederlage Singapurs im Krieg im **Battle Box Museum** (Karte S. 234; www.thebattlebox.com; 2 Cox Tce; Erw./Kind 8/5 $; ⏲10–18 Uhr, letzter Einlass 17 Uhr; Ⓜ Dhoby Ghaut) nachdenken.

Das Museum, der frühere Befehlsstand der Briten im Zweiten Weltkrieg, zeigt in unterirdischen Räumen in lebensgroßen Modellen die schicksalhafte Kapitulation unter die Japaner am 15. Februar 1942. An den Wänden sind noch immer japanische Morsezeichen zu sehen.

Im Fort Canning Park finden das Jahr über mehrere Open-Air-Events und Freiluftkonzerte statt, darunter so bekannte wie *Shakespeare in the Park* (April/Mai), *Ballet under the Stars* (Juli) und *Films at the Fort* (Aug.).

NATIONAL GALLERY SINGAPORE KUNSTGALERIE

Karte S. 234 (www.nationalgallery.sg; St Andrew's Rd; ⓂCity Hall) Mit ihrer Eröffnung Ende 2015 wird die National Gallery Singapore eine der Protagonisten in der Kulturszene des Landes und mit 64 000 m² das größte Museum bildender Kunst sein. Sie nimmt sowohl das Gebäude der früheren City Hall als auch des Old Supreme Court ein. Geplant ist, hier die Arbeiten singapurischer und südostasiatischer Künstler vom 19. Jh. bis heute sowie internationale Wechselausstellungen zu zeigen. Details zur Eröffnung und zu kommenden Ausstellungen finden sich auf der Website.

ST ANDREW'S CATHEDRAL KIRCHE

Karte S. 234 (www.livingstreams.org.sg; 11 St Andrew's Rd; ⌚Mo–Sa 9–17 Uhr; ⓂCity Hall) Von schottischen Kaufleuten gegründet und von indischen Gefangenen gebaut, steht die Kathedrale im Zuckerbäckerstil in starkem Kontrast zu den umgebenden Stahl- und Glasbauten. 1838 errichtet, wurde sie nach einem Blitzeinschlag abgerissen und 1862 in der heutigen Form wiederaufgebaut. Sie ist eines der schönsten in Singapur noch existierenden Beispiele englischer neogotischer Architektur. Zu den interessanten in die Tropen passenden Details zählen die Buntglasfenster in den Westwänden und die *porte-cochère* (Toreinfahrt): Sie dient dazu, Fahrgäste zu schützen.

ARMENISCHE KIRCHE KIRCHE

Karte S. 234 (www.armeniansinasia.org; 60 Hill St; ⌚9–18 Uhr; ⓂCity Hall) Die Armenier waren die erste christliche Gemeinde, die in Singapur ein festes Gotteshaus baute – dieser hübsche klassizistische Bau wurde vom herausragenden Kolonialarchitekten George Coleman entworfen. 1836 dem heiligen Gregor dem Erleuchteten geweiht, zeigt der Grundriss ein griechisches Kreuz; der Bau ist mit eleganten dorischen Säulen verziert. Turm und Glockenturm kamen in den 1850er-Jahren hinzu.

Auf dem Friedhof liegt das Grab von Agnes Joaquim, der Züchterin von Singapurs Nationalblume, der Orchidee Vanda 'Miss Joaquim'.

HIGHLIGHTS
NATIONAL MUSEUM OF SINGAPORE

Singapurs großartig gestaltetes Nationalmuseum lohnt mehr als nur einen Besuch. Mit Hilfe vieler Exponate wird in den Multimedia-Sälen versucht, Singapurs Biografie zum Leben zu erwecken.

In der History Gallery können Besucher einen Blick in Opiumhöhlen werfen, Gespräche von Damen aus der Kolonialzeit belauschen und sich mit den grässlichen Geschichten aus der japanischen Besatzungszeit befassen. Die farbenprächtigen Living Galleries bieten einen Einblick in die singapurische Kultur anhand von vier Themen (Essen, Mode, Film und Schattenspiel sowie Fotografie), während die Goh Seng Choo Gallery ausgezeichnete botanische Aquarelle aus dem 19. Jh. präsentiert. Vertiefende Einblicke bieten die herausragenden Wechselausstellungen des Museums, die so unterschiedliche Themen wie die Kunst nach der Unabhängigkeit oder die Geschichte der Inseln Singapurs behandeln.

Nicht übersehen sollte man auch die großartige Architektur des Museums. Der wunderschöne neoklassizistische Flügel, der 1887 als Raffles Library and Museum gebaut wurde, besitzt eine atemberaubende Rotunde, die mit 50 Buntglasfenstern verziert ist. Im Zentrum eines Anbaus steht eine Glaspassage mit Blicken auf das Äußere der Kuppel sowie auf die dramatische 16 m hohe Glasrotunde.

NICHT VERSÄUMEN

- History Gallery, Living Galleries, Goh Seng Choo Galleries
- Skulpturen
- Architektur

PRAKTISCHE INFORMATIONEN

- Karte S. 234
- www.nationalmuseum.sg
- 93 Stamford Rd.
- Erw./Kind 10/5 $, Living Galleries 18–20 Uhr gratis
- ⌚History Gallery 10–18 Uhr, Living Galleries 10–20 Uhr
- ⓂDhoby Ghaut

Stadtspaziergang Singapur: **Kolonialzeit & 21. Jahrhundert**

START RAFFLES HOTEL
ZIEL MARINA BAY SANDS
LÄNGE/DAUER 4 KM; 4 BIS 5 STUNDEN

Ausgangspunkt ist das 1 **Raffles Hotel** (S. 57) mit seinen Arkaden, tropischen Gärten und Kunstgalerien. Weiter geht's entlang der North Bridge Road und dann links zur 2 **St Andrew's Cathedral** (S. 59), die im Zweiten Weltkrieg als Lazarett diente. Über die St Andrew's Road in Richtung Süden führt der Weg vorbei an der City Hall und dem Old Supreme Court, zwei Kolonialgebäuden, die Ende 2015 die 3 **National Gallery Singapore** (S. 59) bezieht. Nicht weit davon liegt der 4 **New Supreme Court** (S. 61), ein futuristisches Gebäude. Etwas unterhalb, dort, wo die St Andrew's Road nach links abbiegt, erhebt sich das 5 **Victoria Theatre & Concert Hall** (S. 61), eines der ersten viktorianischen Gebäude Singapurs. Davor steht die Raffles-Statue. Nach rechts folgt ein Spaziergang entlang des Nordufers des Singapore River, einer der besten Plätze, um die Skyline des Central Business District zu bewundern.

Sie sind bedeutend höher als die vielfarbige 6 **Old Hill St Police Station** an der Ecke der Hill Street, die 1934 als „Wolkenkratzer" bezeichnet wurde. Im Gebäude befinden sich einige Nobel-Kunstgalerien. Über die Elgin Bridge geht es hinunter zum 7 **Boat Quay** (S. 65), in dessen am Ufer gelegenen Shophouses sich heute Bars und Restaurants befinden. Unbedingt nach den Skulpturen Ausschau halten: Fernando Boteros *Vogel* und Salvador Dalís *Hommage à Newton*. Weiter am Fluss entlang kommt man an der 8 **Cavenagh Bridge** vorbei, die in Schottland konstruiert und 1869 vor Ort wiederzusammengebaut wurde. Daneben ragt das Fullerton Hotel auf, bis 1996 Singapurs Hauptpost. Nach einem Foto mit der 9 **Merlion-Statue** (S. 61) führt der Weg Richtung Norden entlang der Esplanade Bridge zum 10 **Esplanade – Theatres on the Bay** (S. 69). Auf der Marina Promenade nach Osten kommt man zur 11 **Helix Bridge**, deren eindrucksvolle Ausblicke auf die Skyline nur noch von denen vom Sands Sky Park auf dem 12 **Marina Bay Sands** (S. 58) getoppt werden.

KRICKET, COURTS & KULTUR: RUND UM DEN PADANG

Auf den Rasenfläche des **Padang** (Karte S. 234) spielen feine Herren in Flanellhosen bei tropischer Hitze Kricket, begeistert angefeuert von den Mitgliedern des Singapore Cricket Club im Pavillon. Am gegenüberliegenden Spielfeldrand liegt der Singapore Recreation Club. Kricketspiele finden in der Regel an den Wochenenden statt.

In der Geschichte markiert der eher unscheinbare Ort einen dunklen Punkt, denn von hier aus wurden die europäischen Einwohner der Stadt von den japanischen Invasionstruppen in das Kriegsgefangenenlager Changi transportiert. Mit Ausnahme des monströsen Neubaus des Singapore Recreation Club wird der Padang von schönen kolonialzeitlichen Gebäuden und Denkmälern begrenzt, die auf einem gemütlichen Spaziergang erkundet werden können.

Am Südende des Padang steht das jüngst renovierte **Victoria Theatre & Concert Hall** (Karte S. 234; ☎6338 1230; www.vch.org.sg; 11 Empress Pl; Ⓜ City Hall) von 1862. Das **Old Parliament House** (The Arts House; Karte S. 234; ☎6332 6900; www.theartshouse.com.sg) von 1827 ist Singapurs ältestes Regierungsgebäude. Ursprünglich als Wohnhaus gebaut, wurde es danach als Gerichtsgebäude, dann als Assembly House der Kolonialverwaltung und schließlich als Parlament des unabhängigen Singapur genutzt. Heute hat hier ein Kunstzentrum seine Räumlichkeiten.

An der St. Andrew's Road entstand 1939 der relativ neue Bau des **Supreme Court**, es sollte das letzte klassizistische Gebäude Singapurs sein, das in der Stadt errichtet wurde. Gebaut wurde es am früheren Standort des Grand Hotel de L'Europe, das einst als erstes Haus am Platze sogar das Raffles in den Schatten stellte. Direkt nebenan liegt der noch neuere **New Supreme Court** (Karte S. 234); sein scheibenförmiger Abschluss ist die Antwort des neuen Jahrtausends auf die Kuppel des älteren Bauwerks.

Die **City Hall** (Rathaus; 1929) grenzt mit klassizistischer Fassade und korinthischen Säulen an den Supreme Court. Hier verkündete Lord Louis Mountbatten 1945 die japanische Kapitulation. Und an gleicher Stelle erklärte der damalige Ministerpräsident Lee Kuan Yew 1965 die Unabhängigkeit Singapurs. Zum kolonialzeitlichen Trio gehört schließlich noch die St. Andrew's Cathedral (S. 59).

SINGAPORE FLYER — RIESENRAD

Karte S. 237 (www.singaporeflyer.com.sg; 30 Raffles Ave; Erw./Sen./Kind 33/24/21 $; ⏲Kartenschalter 8–22 Uhr, Riesenrad 8.30–22.15; Ⓜ Promenade) Inzwischen hat der High Roller in Las Vegas den Titel als „Größtes Riesenrad der Welt" an sich gerissen, doch der Panoramablick vom 165 m hohen Flyer in Singapur ist immer noch atemberaubend. Bei klarer Sicht schweift der Blick während der halbstündigen Fahrt über Colonial District, CBD und Marina Bay, zu den Wohnhochhäusern im Osten und über das von unzähligen Schiffen befahrene Südchinesische Meer. Online gibt es beim Ticketkauf einen geringfügigen Rabatt.

SINGAPORE TYLER PRINT INSTITUTE — KUNSTGALERIE

(STPI; ☎6336 3663; www.stpi.com.sg; 41 Robertson Quay; ⏲Di–Sa 10–18 Uhr; Ⓜ Clarke Quay) Das vom amerikanischen Grafiker Kenneth E. Tyler eingerichtete STPI arbeitet mit etablierten und neuen Künstlern zusammen und präsentiert oft überraschende grafische Kunstwerke. Sowohl lokale als auch internationale Künstler stellen hier aus; so u. a. der singapurische Bildhauer Han Sai Por und der bekannte australische Maler und Grafiker Brent Harris.

HONG SAN SEE TEMPLE — TEMPEL

(31 Mohamed Sultan Rd; ⏲6–19 Uhr; 🚌32, 54, 139, 195) Der imposante Tempel auf einem Hügel stammt von 1913. Die steilen Ziegeldächer und die verzierten Säulen sind im südchinesischen Stil gehalten; die vergoldeten Schnitzereien der inneren Türen besonders beeindruckend. In der Haupthalle ist ein Altar Guangze Zunwang, der Schutzgottheit des Tempels, geweiht. Nebenaltäre gibt es für Chenghuang (Stadtgott), Xuantian Shangdi und Guanyin (Göttin der Gnade). Die Verse auf den rückwärtigen Säulen stammen vom verstorbenen chinesischen Dichter und Kalligrafen Pan Shou.

MERLION — MONUMENT

Karte S. 234 (1 Fullerton Rd; Ⓜ Raffles Place) Irgendwann in den 1980er-Jahren erfand jemand von der Tourismuszentrale einen Mythos über ein Wesen, das halb Fisch, halb Löwe ist, und die Touristen halfen, es als Sehenswürdigkeit in Singapur zu etablieren (wobei niemand sagt, dass es schön sei). Der Besuch der 165 000 $ teueren Kreatur lohnt sich nicht wirklich, doch die Aussicht über die Marina Bay lässt einen Besuch durchaus erfreulich erscheinen, vor allem während der Licht-und-Laser-Show, die zweimal abendlich am Marina Bay Sands stattfindet. Und unbedingt eine Rundfahrt auf Singapurs sich ständig wandelnden Wasserwegen einplanen.

MARINA BARRAGE — PARK

Karte S. 237 (☎6514 5959; www.pub.gov.sg/marina; 8 Marina Gardens Dr; ⌚tgl. 9–21 Uhr, Sustainable Singapore Gallery Di geschl.; 🚌400, Ⓜ Marina Bay) Singapurische Genialität in Aktion: Marina Barrage ist nicht nur ein wasserstandsregulierender Damm am Marina Channel, sondern auch ein herrlicher öffentlicher Park mit Wahnsinnsblick auf die Skyline. Die vor Ort gelegene Sustainable Singapore Gallery zeigt u. a. faszinierende Fotos und Archivmaterial darüber, wie der Singapore River vor der Umgestaltung ausgesehen hat, außerdem ein gut gemachtes Modell der Marina Barrage. Das Highlight ist jedoch der Park: Auf seinem Rasen lassen viele Einheimische bunte Drachen steigen.

MINT MUSEUM OF TOYS — MUSEUM

Karte S. 234 (www.emint.com; 26 Seah St; Erw./Kind 15/7,50 $; ⌚9.30–18.30 Uhr; Ⓜ City Hall, Bugis) Nostalgie herrscht in diesem verführerischen „Tempel" des Spielzeugs. Auf vier Etagen finden sich mehr als 50 000 Spielzeuge. Hier gibt es alles von seltenen Flash-Gordon-Comics und superschnellen Spielzeugwaffen bis hin zu originalen Mickey-Maus-Puppen und völlig unmöglichen „Negerpuppen" aus dem Japan der 1930er-Jahre. Im Laden in der Lobby kann man lustige Spielzeuge kaufen oder nebenan in der **Mr Punch Rooftop Bar** (Karte S. 234; ☎6334 5155; 26 Seah St; ⌚Mo–Do 18–2, Fr & Sa 18–3 Uhr; Ⓜ City Hall oder Bugis) das eigene Erwachsensein feiern.

NATIONAL LIBRARY — BIBLIOTHEK

Karte S. 234 (☎6332 3255; www.nl.sg; 100 Victoria St; ⌚10–21 Uhr; Ⓜ Bugis, Bras Basah) GRATIS Im weißen geschwungenen Bau des malaysischen Architekten und Umweltschützers Ken Yeang befindet sich eine Reihe von Einrichtungen, darunter eine Präsenzbibliothek, eine Leihbibliothek und ein Theaterzentrum. Für Besucher sind vor allem die ausgestellten wunderbaren Karten von Asien auf der Ebene 10 interessant (einige stammen aus dem 16. Jh.) sowie die kostenlosen Ausstellungen der Bibliothek. Wer mit Kindern unterwegs ist, findet im Untergeschoss eine Kinderbibliothek.

MICA BUILDING — KUNSTGALERIEN

(Karte S. 234) Das Mica Building, ein architektonisches Pin-up-Girl im Neorenaissancestil mit Fensterläden in Regenbogenfarben, ist Heimat einer Reihe von bekannten Kunstgalerien, die erfolgreich die Werke regionaler Künstler vertreiben. Die **Gajah Gallery** (Karte S. 234; www.gajahgallery.com; ⌚Mo–Fr 11–19, Sa & So 12–18 Uhr) ist zwar die bekannteste, doch auch **Art-2 Gallery** (Karte S. 234; www.art2.com.sg; ⌚Mo–Sa 11–19 Uhr) und **Cape of Good Hope** (Karte S. 234; ☎6733 3822; www.capeofgoodhope.com.sg; 140 Hill St; ⌚Mo–Sa 11–19, So 12–18 Uhr; Ⓜ Clarke Quay) lohnen einen Besuch.

ESSEN

★GLUTTONS BAY — HAWKER CENTER $

Karte S. 234 (www.makansutra.com; 01-15 Esplanade Mall; Gerichte ab 4 $; ⌚Mo–Do 15–1, Fr & Sa 15– 2, So 15–24 Uhr; Ⓜ Esplanade) Die vom *Makansutra Food Guide* ausgewählte Reihe fliegender Händler ist ein großartiger Ausgangspunkt, um die Küche Singapurs kennenzulernen. Die Entscheidung zwischen Austern-Omelett, Satay, gebratenem Stachelrochen und Karottenkuchen (am besten die schwarze Variante wählen) fällt schwer. Die zentrale Lage an der Bay lockt viele Menschen an, deshalb sollte man ziemlich früh oder ziemlich spät kommen, um nicht allzu lange auf einen Tisch warten zu müssen.

SATAY BY THE BAY — HAWKER CENTER $

Karte S. 237 (www.gardensbythebay.com.sg; 18 Marina Gardens Dr, Gardens by the Bay; Gerichte ab 4 $; ⌚Imbissstände 8–22 Uhr, Getränkestände rund um die Uhr; Ⓜ Marina Bay, dann Bus 400) Das Zentrum fliegender Händler in den Gardens by the Bay besitzt eine beneidenswerte Lage an der Marina Bay und weit weg vom Verkehrslärm der Stadt. Am Abend besonders attraktiv, lockt es mit ausgezeichnetem Satay, das am besten unter freiem

DIE BIRMANISCHE HALBINSEL

Birma mit der U-Bahn? Wer an der Haltestelle City Hall aussteigt und die North Bridge Road überquert, kann durchaus zu dem Schluss kommen, in einem vertikalen Rangun gelandet zu sein. In Wirklichkeit handelt es sich um das Einkaufszentrum **Peninsula Plaza** (Karte S. 234; 111 North Bridge Rd; Ⓜ City Hall), das inoffiziell als Singapurs „Klein-Birma" bekannt ist. Zwischen den Wechselstuben, Kameraläden und Bata-Schuhgeschäften gibt es eine Vielzahl birmanischer Geschäfte. Die Bandbreite reicht von Reisebüros bis zu Schneidern und Ständen, die süßen birmanischen Tee verkaufen, sogar einige Betelstände finden sich dort.

Doch es ist nicht nur ein birmanisches Geschäftszentrum, sondern auch ein Treffpunkt für die rund 100 000 Personen umfassende birmanische Gemeinde – ein Platz, um Kontakte mit anderen Gastarbeitern zu knüpfen, Neuigkeiten aus der Heimat auszutauschen und um sich um Unterstützung zu bemühen. Nach dem Wirbelsturm Nargis 2008 wurde das Shopping Center zum Zentrum der spontanen Hilfsaktionen, mit Hilfsfahrten und vielen Hilfsgütern, die hier abgegeben wurden.

Die Luft erfüllt ein Duft von Fischsauce und *ngapi* (Fisch- oder Shrimppaste), der aus den einfachen Lokalen mit authentischem birmanischem Essen zieht. Am zugängstlichen im Untergeschoss ist das Restaurant **Inle Myanmar** (Karte S. 234; www.inlemyanmar.com.sg; B1-07 (A/B), Peninsula Plaza, 111 North Bridge Rd; ⌚11–22Uhr; Ⓜ City Hall), ein heller peppiger Raum, in dem Klassiker wie *mohinga* serviert werden: Dabei handelt es sich um eine leckere süß-saure Nudelsuppe aus Fischbrühe, hartgekochten Eiern, Fischkuchen und knusprigen Kichererbsen-Reibekuchen. Eine Schüssel davon, dazu einen Teeblattsalat, eine Komposition aus fermentierten, eingelegten Teeblättern, knusprigen Kichererbsen, Tomaten, Kohl, gerösteten Erdnüssen, getrockneten Shrimps und Chilis, alles bestreut mit Sesam. Außerdem bietet das Restaurant abends ein birmanisches Büfett (Mo–Do 22,90 $, am Wochenende 24,90 $; 17.30–21.30 Uhr).

Himmel auf dem geräumigen Holzdeck verzehrt wird. Wie nicht anders zu erwarten, sind die Preise dort ein wenig höher als an den meisten anderen Imbissständen der Stadt; in der Regel kosten die Gerichte zwischen 8 und 10 $.

SONG FA BAK KUT TEH — CHINESISCH $

Karte S. 234 (www.songfa.com.sg; 11 New Bridge Rd; Gerichte 3,50–9 $; ⌚Di–So 7–21.15 Uhr; Ⓜ Clarke Quay) Wer nach Zuwendung sucht, findet sie mit der *bak kut teh* (Schweinerippchensuppe) in diesem Lokal mit Kultstatus. Wörtlich übersetzt heißt die Suppe „Fleischknochentee", es handelt sich um ein wohltuendes warmes Gericht aus fleischigen Schweinerippchen, die in einer scharfen Brühe mit Kräutern, Gewürzen und ganzen Knoblauchzehen gekocht werden. Die Rippchen sind himmlisch zart und zergehen im Mund. Das Personal füllt auf Wunsch gerne die Schüssel nochmals mit Suppe, wenn man noch nicht satt ist.

Zum Mittagessen sollte man vor 11.45 erscheinen, zum Abendessen vor 19 Uhr. Zu allen anderen Zeiten heißt es Warten in der Schlange.

YET CON — CHINESISCH $

Karte S. 234 (25 Purvis St; Hühnchenreis 5,50 $; ⌚10–22 Uhr; Ⓜ City Hall) Das Yet Con im Retro-Stil serviert seit 1940 herausragenden Hühnchenreis aus Hainan. Es wäre falsch, ein hübsches Ambiente oder freundlichen Service zu erwarten. Doch das Hühnchen lohnt sich; es ist zart, wunderbar gewürzt und wird dem Mix aus treuen alten Stammgästen und jungen leicht verrückten Gourmets von streng aussehenden Damen serviert. Der Andrang sollte nicht abschrecken, in der Regel geht es schnell.

RASAPURA MASTERS — FOOD-COURT $

Karte S. 237 (www.rasapura.com.sg; 2 Bayfront Ave, Level B2, The Shoppes at Marina Bay Sands; Gerichte ab 5 $; Ⓜ Bayfront) Wer das Essen vom Imbissstand lieber mit Klimaanlage und am Rand einer Eisbahn einnimmt, sollte diesen Food Court im Shopping-Zentrum des Marina Bay Sands besuchen. An den Ständen gibt es eine gute Auswahl asiatischer Gerichte, von japanischen Ramen über koreanisches Kimchi bis hin zu Braten nach Hongkong-Art und der einheimischen Schweinerippchensuppe Bak Kut Teh.

Gerichte kosten im Schnitt zwischen 8 und 10 $ – teurer als an anderen Imbissständen, aber trotzdem noch sehr günstig in diesem Teil der Stadt.

KOPITIAM — HAWKER CENTER $

Karte S. 234 (www.kopitiam.biz; Ecke Bras Basah Rd & Bencoolen St; Gerichte etwa. 7 $; 24 Std.; City Hall, Bras Basah) Die Filiale der Kopitiam-Kette ist ein guter Platz für einen Happen am späten Abend nach langen, alkoholreichen Stunden mit Freunden. Das Essen ist einheitlich gut und kostet nur wenig mehr als 7 $.

COMMON MAN COFFEE — CAFÉ $$

(www.commonmancoffeeroasters.com; 22 Martin Rd, Robertson Quay; Gerichte 14–34 $; 8–18.30 Uhr; 64, 123, 186) In diesem luftigen, industriell kühl wirkenden Café wird nicht nur Spitzenkaffee geröstet und serviert, sondern auch sehr leckeres Essen zubereitet. Die Zutaten sind superfrisch, die Kombinationen einfach, aber inspirierend. Beispiele dafür sind Erbsen-Beignets mit knuspriger Pancetta und Balsamico oder eine Tortilla mit Spargel, gewürzten Auberginen und Ziegenkäse.

Es gibt eine kleine gute Auswahl an offenen Weinen und eine Reihe von Kaffeemischungen und Kaffees aus verschiedenen Regionen.

PIZZERIA MOZZA — ITALIENISCH $$

Karte S. 237 (The Shoppes at Marina Bay Sands; Pizzas 20–30 $, Salate 10–22 $; 12–23 Uhr; Bayfront) Mitbesitzer der beliebten Pizzeria ist der bekannte New Yorker Küchenchef Mario Batali. Das Mozza ist eines der wenigen Restaurants im Marina Bay Sands mit einem berühmten Koch, wo ein Essen dennoch nicht das letzte Geld auffrisst. Sowohl Antipasti als auch Pasta genügen den höchsten Ansprüchen, die absoluten Stars aber sind die Holzofenpizzas.

INDOCHINE WATERFRONT — SÜDOSTASIATISCH $$

Karte S. 234 (6339 1720; www.indochine.com.sg; Asian Civilisations Museum, 1 Empress Pl; Salate 17–26 $, Hauptgerichte ab 18 $; Mo–Do 12–15 & 18.30–22.30, Fr 12–15 & 18.30–0.30, So 18.30–23.30 Uhr; Raffles Place) Im gleichen Gebäude wie das Asian Civilisations Museum liegt diese Filiale des IndoChine mit Blick auf den Boat Quay und einem großartigen Ambiente. Die Stühle hier sind von der Ming-Dynastie inspiriert, dazu funkeln Kronleuchter von der Decke. Die Speisekarte ist lang und eine raffinierte Mischung aus vietnamesischen, kambodschanischen und laotischen Gerichten. Auch Vegetarier kommen hier voll auf ihre Kosten. Positiv erwähnt sei, dass das Essen weder Glutamat noch Farben oder Konservierungsstoffe enthält.

ARTICHOKE — MEDITERRAN $$

(6336 6949; www.artichoke.com.sg; 161 Middle Rd; Hauptgerichte 16–30 $; Di–Fr 18.30–21.30, Sa 11.30–14.30 & 18.30–21.30, So 11.30–14.30 Uhr; Bugis, Bras Basah) Etwas abgelegen in einem netten kleinen Gebäude hinter einer alten Kirche liegt das café-ähnliche Artichoke, das Reich des begabten Küchenchefs Bjorn Shen. Seine Spezialität sind nahöstliche Gerichte mit eigenwilligen Varianten, etwa sautierte Jakobsmuscheln mit Miso und Minze, Brathähnchen mit gewürzten Pommes frites oder dunkle Schokoladenplätzchen gefüllt mit Datteln. Gemeinschaftsteller bieten die Möglichkeit, verschiedene Gerichte zu probieren.

CHIN CHIN EATING HOUSE — CHINESISCH $$

Karte S. 234 (19 Purvis St; Gerichte 6–25 $; 7–21 Uhr; City Hall) Wer schlichtes, aber leckeres chinesisches Essen liebt, ist hier genau richtig. Am besten sind die Spezialitäten aus Hainan, vom berühmten Hühnchenreis und dem Hammel aus dem Tontopf bis hin zum goldbraunen Schweineschnitzel. Das panierte Schnitzel ist knusprig und erstaunlich leicht, serviert mit Bratkartoffeln und einem leckeren essigsaueren Dip.

JAI THAI — THAI $$

Karte S. 234 (www.jai-thai.com; 27 Purvis St; Gerichte 5–16 $; 11.30–15 & 18–21.30 Uhr; City Hall) In einer Straße mit vielen guten Lokalen serviert das Jai Thai preiswertes leckeres Thai-Essen unter dem Blick der Königsfamilie. Hier lässt es sich an einem Tisch auf dem Bürgersteig bei duftendem Curry-Hähnchen oder köstlichen Shrimps in süßsauerer Tamarindensauce von Bangkok träumen. Wer es scharf mag, sollte eine Schüssel der Tom-Yum-Suppe wählen (am besten die mit Shrimps). Gezahlt wird ausschließlich in bar.

★KILO — FUSION $$$

(6467 3987; www.kilokitchen.com; 66 Kampong Bugis; Gemeinschaftsteller 15–24 $, Hauptgerichte 27–39 $; Restaurant Mo–Sa 18–22.30 Uhr, Bar Mi–Sa 18–1 Uhr; Lavender) Das Lokal

DIE KAIS DER STADT

Die Strecke am Fluss, die den Colonial District vom CBD trennt, ist als *The Quays* bekannt. Bei einem Spaziergang entlang des Ufers bekommt man einen guten Einblick in die Veränderungen, die der Handel in Singapur im Lauf der Jahre durchgemacht hat. Eine Kurzfassung der Geschichte dieser Gegend präsentiert das Asian Civilisations Museum (S. 54).

Boat Quay (Karte S. 234; ⓂRaffles Place) Hier befand sich einst das Geschäftszentrum von Singapur. Doch Mitte der 1980er-Jahre lagen viele der Shophouses am Boden, weil die Geschäfte sich in die High-Tech-Logistikzentren verlagert hatten. Unter Denkmalschutz gestellt, wurde das Gebiet zu einem wichtigen Vergnügungszentrum mit Touristenbars, Läden und Schleppern mit Speisekarten, die Gäste in die Restaurants am Wasser locken wollen. Kluge Besucher laufen daran vorbei und gehen in die steitig wachsende Zahl an Cafés und Bars, die in den Straßen hinter der Hauptstraße öffnen, darunter das Café Ronin (S. 68) und die Cocktailbars 28 Hongkong Street und Bitters & Love.

Clarke Quay (Karte S. 234; www.clarkequay.com.sg; ⓂClarke Quay) Er ist der geschäftigste und beliebteste der drei Kais, seine unzähligen Bars, Restaurants und Clubs ziehen jeden Abend viele Menschen an. Wie viel Zeit der Einzelne verbringt, kommt auf den persönlichen Geschmack an. Wer Pastellfarben und Teenie-Schick mag, wird sich hier wohlfühlen.

Robertson Quay (🚌64, 123, 143, ⓂClarke Quay) Robertson Quay ist am weitesten landeinwärts gelegen. Einige der alten *godown* (Lagerhäuser) haben eine neue Bestimmung gefunden und zwar als Bars und als Veranstaltungsorte von Partys für Mitglieder. Die Atmosphäre ist hier „erwachsener" als am Clarke Quay, hier trifft sich eher die Ü30-Szene. In den letzten Jahren sind hier eine Reihe Lokale am Flussufer westlich der Saiboo Street entstanden, darunter das australische Rösterei-Café Toby's Estate und eine Filiale von Singapurs renommiertem Kith Café.

fällt nicht gerade ins Auge (zweiter Stock in einem Industriegebäude am Flussufer), aber Gourmets wissen, wie sie zu diesem legendären Lokal kommen. Wer einen Tisch reserviert hat, kann in modernem Ambiente Lachs-Sushi mit knuspriger Hähnchenhaut, feines Thunfisch-Tatar mit Wasabi oder auch die himmlischen italienisch-japanischen Schwarz-Weiß-Ravioli mit Sake-Butter genießen.

Ungewöhnlich für Singapur ist der freundliche und tüchtige Service. Satt und zufrieden geht es dann in den achten Stock in die Kühle der Kilo Lounge (S. 67). Ein Taxi vereinfacht den Weg.

★JAAN — FRANZÖSISCH $$$

Karte S. 234 (☎6837 3322; www.jaan.com.sg; Swissôtel The Stamford, 2 Stamford Rd; Festpreismenüs mittags/abends ab 68/198 $; ⏲Mo–Sa 12–14 & 19–22, So 19–22 Uhr; 🍷; ⓂCity Hall) 70 Stock über der City ist das elegante, intime Jaan das Reich des französischen Küchenchefs Julien Royer und seiner atemberaubenden modernen gallischen Kreationen. Von *amuse-bouches* wie *cèpes sabayon* (Steinpilz-Sabayon) und Pilztee zu Hauptgerichten wie gebratene Taube dominieren fantastische Aromen; die Präsentation ist geradezu dramatisch.

Unbedingt vorab reservieren und dabei versuchen, einen Platz am Fenster mit Blick auf die Marina Bay Sands zu ergattern – ein großartiger Blick auf die nächtliche Laser- und Licht-Show.

JUMBO SEAFOOD — CHINESISCH $$$

Karte S. 234 (☎6532 3435; www.jumboseafood.com.sg; 01-01/02 Riverside Point, 30 Merchant Rd; Gerichte ab 12 $, Chili Crab etwa 55 $/kg; ⏲12–14.15 & 18–23.15 Uhr; ⓂClarke Quay) Wer Lust auf Chili Crab hat, ist hier genau richtig. Die Sauce ist süß und nussig und mit genau der richtigen Menge Chili verfeinert. Unbedingt einige *mantou* (gebratene Hefebrötchen) bestellen, um die Sauce aufzutunken.

In allen Jumbo-Filialen wird dieses Gericht hervorragend zubereitet, für diese Filiale spricht die schönste Lage am Fluss.

Ein Kilo Krabben (oder 1,5 kg für besonders Hungrige) reichen in der Regel für zwei Personen.

POLLEN EUROPÄISCH **$$$**

Karte S. 237 (☎6604 9988; www.pollen.com.sg; Flower Dome, Gardens by the Bay, 18 Marina Gardens Dr; Hauptgerichte 58–68 $; ⊙Di–So 12–14.30 & 18–22 Uhr, Nachmittagstee 15–17 Uhr; ✍; Ⓜ Bayfront) Direkt im Flower Dome im Garden by the Bay gelegen, ist das Pollen ein singapurischer Ableger vom Pollen Street Social, Londons mit Michelin-Sternen geehrtem Lieblingslokal. Während das elegante Restaurant großartige modern europäische Küche serviert, etwa Hummer mit Fenchelcreme und Seeigel, macht der Nachmittagstee im Café mehr Spaß und ist leichter zugänglich. Die Scones und Makronen allein lohnen schon den Weg. Reservieren sollte man auf alle Fälle, fürs Wochenende sogar bis zu einer Woche im Voraus.

AUSGEHEN & NACHTLEBEN

Es herrscht keine Knappheit an touristischen Bars und Pubs am Boat Quay und am Clarke Quay; einige elegantere Cocktailbars finden sich hinter dem Boat Quay. Es gibt auch zahlreiche Dachrestaurants und -bars, die besten sind in der Umgebung der Marina Bay zu finden.

★ **BITTERS & LOVE** COCKTAILBAR

Karte S. 234 (www.bittersandlove.com; 36 North Canal Rd; ⊙Mo–Do 18-24, Fr & Sa bis 2 Uhr; Ⓜ Clarke Quay) Wo es so gute Drinks gibt, ist kein Hinweisschild nötig, um die Gäste anzulocken. Das Lokal befindet sich hinter dem eleganten Restaurant Shoebox Canteen. Hier rühren und schütteln einiger der Top-Barkeeper der Stadt Drinks wie den Kaya Toast mit Rum und Tee.

DIE KUNST DES HIGH TEA

Es gibt kaum eine angenehmere Art, einen Teil des Nachmittags zu verbringen, als mit einem geruhsamen, ausgedehnten High Tea. Dabei handelt es sich nicht nur um ein kultiviertes Gegengift gegen Singapurs Tempo und Hitze, sondern auch um ein perfektes Mittel, um am Nachmittag die Batterien wieder aufzuladen. Einen High Tea bieten zwar die meisten Luxushotels an, aber jedes auf seine Art. Wer den richtigen findet, kann praktisch einen späten Lunch einnehmen.

Den besten High Tea in Singapur gibt es vermutlich im **Landing Point** (Karte S. 234; www.fullertonbayhotel.com; Fullerton Bay Hotel, 80 Collyer Quay; High Tea Erw./Kind 45/22 $, mit einem Glas Champagner 65 $; ⊙So–Do 7–24, Fr & Sa 7–1 Uhr, High Tea 15–17.30 Uhr; Ⓜ Raffles Place), der vornehmen, am Fluss gelegenen Lounge im Fullerton Bay Hotel. Reservieren (einen Tag im Voraus für Werktage, zwei am Wochenende), schick anziehen und mit leerem Magen starten. TWG-Tees von höchster Qualität passen perfekt zu luxuriösen Happen wie Sandwiches mit getrüffelten Eiern, superleckerer Quiche, Brioche mit Ente und Heidelbeeren oder geradezu sündhaft köstlichen karamellgefüllten Schokoladentartes. Kaum jemand kann nach einer Kostprobe aufhören, das macht aber nichts, den die dreistöckige Etagère wird auf Wunsch wieder aufgefüllt.

Der ernsthafteste Konkurrent des Landing Point ist die **Chihuly Lounge** (Karte S. 234; ☎6434 5288; Ritz-Carlton Millenia Singapore, 7 Raffles Ave; High Tea ab 49 $; ⊙9.30–1 Uhr, High Tea 14.30–17 Uhr; 📶; Ⓜ Promenade) im Ritz-Carlton, zu dessen achtgängiger Version ebenso köstliche Happen gehören, von superleckerem Gebäck mit Räucherlachs bis zu saftigen Makronen. Weniger ansprechend ist die Verwendung von Teebeuteln, die absolut nicht zum wunderschönen französischen Bernardaud-Porzellan passen.

Die freundlich helle Lounge ziert eine Originalskulptur des amerikanischen Bildhauers Dale Chihuly. Sie gehört zur bekannten Sammlung moderner Kunst des Hotels, die auf rund 5 Mio. Dollar geschätzt wird und Werke von Andy Warhol, David Hockney und Frank Serra umfasst. Wer interessiert ist, holt sich nach dem Tee an der Rezeption einen iPod-Guide (Ausweis mit Lichtbild wird verlangt) und besichtigt die Sammlung. Auch für den High Tea im Ritz-Carlton sollte reserviert werden (zwei Tage im Voraus für Werktage, ein bis zwei Wochen für die Wochenenden).

Hunger? Oder wie wäre es mit butterzarten Wagyu-Rinder-Würfeln oder lebenden Austern?

KU DÉ TA DACHBAR

Karte S. 234 (www.kudeta.com; Marina Bay Sands; ⏲11 Uhr bis spätabends; Ⓜ Bayfront) Wegen der Drinks braucht man nicht extra hinfahren, doch der Besuch lohnt sich dennoch, denn diese Touristenfalle im obersten Stock des Marina Bay Sands Hotel bietet einen atemberaubenden Panoramablick über Singapur – über die Marina Bay, die City und das belebte Südchinesische Meer. Ab 18 Uhr gilt ein Dress Code („keine Shorts, keine Unterhemden, keine Flipflops"). Allerdings sollte man nach Einbruch der Dunkelheit sowieso besser nicht mehr dorthin gehen.

★LANTERN DACHBAR

Karte S. 234 (☎6597 5299; Fullerton Bay Hotel, 80 Collyer Quay; ⏲So–Do 8–1, Fr & Sa 8–2 Uhr; Ⓜ Raffles Place) Dem Gebäude fehlt es vielleicht an Höhe (neben den umgebenden CBD-Gebäuden wirkt es wie ein Zwerg) und die Drinks werden in Plastikgeschirr (skandalös) serviert, doch das Lantern bleibt ein magischer Platz für einen Drink am Abend. Warum? Da sind die flackernden Laternen, der glänzende Pool mit Glaswänden (nur für Gäste des Fullerton Bay Hotel) und die romantische Aussicht über die Marina Bay. Um Enttäuschungen zu vermeiden, am besten zwei, drei Tage im Voraus einen Tisch buchen, vor allem am Wochenende.

28 HONGKONG STREET COCKTAIL BAR

Karte S. 234 (28HKS; ☎6533 2001; www.28hks.com; 28 Hongkong St; ⏲Mo–Mi 17.30–1, Do 17.30–2, Fr & Sa 17.30–3 Uhr; Ⓜ Clarke Quay) Das sanft erleuchtete 28HKS versteckt sich in einem Shophouse aus den 60er-Jahren ohne Hinweisschild. Im Inneren finden sich gemütliche Nischen und leidenschaftliche Barkeeper, die selbst einen Grog in ein Ereignis verwandeln. Die Cocktails sind mit ihrem Ursprungsdatum markiert und einfach perfekt gemixt, etwa der preisgekrönte Whore's Bath, verfeinert mit Baby's Breath. Seltene Biere und köstliche Häppchen runden das Ganze ab.

KINKI BAR

Karte S. 234 (www.kinki.com.sg; 02-02 Customs House, 70 Collyer Quay; Ⓜ Raffles Place) Während das Restaurant Kinki zu Recht für sein Sushi bekannt ist, überzeugt die Bar durch ihre Lage in luftiger Höhe. Mit Graffiti und Video-Projektionen gestaltet, ermöglicht sie einen Blick über das Marina Bay Sands und seine Licht- und Laser-Show, die zweimal abendlich stattfindet. Die Musiklautstärke ist so dosiert, dass man sich noch gepflegt unterhalten kann. Gegen Ende der Woche wird es immer recht voll.

Wer Hunger bekommt, kann japanische Häppchen wie Temaki, würzige Fleischbällchen und frittierte Shrimps bestellen.

LEVEL 33 MIKROBRAUEREI

Karte S. 237 (www.level33.com.sg; Level 33, Marina Bay Financial Tower 1, 8 Marina Blvd; ⏲So bis Do 12–24, Fr & Sa 12–2 Uhr; 📶; Ⓜ Downtown) In einem Land, das Superlative in der Werbung liebt, schießt diese den Vogel ab. Level 33 beansprucht für sich die „höchste städtische Micro-Brauerei" der Welt zu sein. Hier wird Lager, Ale, Stout, Porter und Weizenbier gebraut. Doch so lang der Blick so schön und das Bier frisch und kalt ist, stört die Werbung keinen.

THE BLACK SWAN BAR

Karte S. 240 (☎8181 3305; www.theblackswan.com.sg; 19 Cecil St; ⏲Mo–Do 11–1, Fr & Sa 11–2 Uhr; Ⓜ Raffles Place) War das etwa Rita Hayworth? Das könnte man schon denken in diesem Art-déco-Meisterwerk, das sich in einem Bankgebäude aus den 1930er-Jahren befindet. Während die geschäftige Bar unten – mit hölzernen Einlegearbeiten, geometrischen Fenstern und einer U-förmigen Bar in der Mitte – wunderschön ist, übertrifft der Powder Room im oberen Stockwerk sie bei Weitem – eine dunkle, dekadente, vornehme Lounge, perfekt für Spitzenwhiskys oder klassische Cocktails.

ORGO DACHBAR

Karte S. 234 (☎6336 9366; www.orgo.sg; 4. Stock, Esplanade Roof Terrace, 8 Raffles Ave; ⏲18–1.30 Uhr; Ⓜ Esplanade) 🍃 Hier kann man sich leicht als Star einer romantischen Hollywood-Komödie fühlen. Wer sich hier mit Blick auf die Skyline in einem Korbsessel niederlässt, ein Glas Wein (und vielleicht auch eine Zigarre) bestellt, muss nur noch zum Klang leiser Gespräche und sanfter Melodien ein Erinnerungsfoto davon schießen.

KILO LOUNGE BAR

(66 Kampong Bugis; ⏲Mi & Do 19–1, Fr & Sa 19–3 Uhr; Ⓜ Lavender) Sechs Stockwerke über dem Kultrestaurant Kilo ist die Kilo Lounge eine der hippsten neuen Locations in Singapurs Nachtleben. Polierter Beton,

recyceltes Holz und schöne Ledersofas schaffen eine elegante Atmosphäre, in der Livemusik erklingt und am Freitag und Samstag DJs auflegen. Zur Entstehungszeit dieses Buches wurde überlegt, eine Happy Hour einzuführen, daher die Öffnungszeiten besser telefonisch erfragen.

RAFFLES HOTEL BAR

Karte S. 234 (www.raffles.com; 1 Beach Rd; ⌚11–23 Uhr; Ⓜ City Hall) Die Preise der Drinks sind extrem, aber ein Nachmittags-Cocktail in Singapurs renommiertestem Hotel besitzt zweifellos das gewisse Extra. Die düstere **Long Bar** (⌚So–Do 11–0.30, Fr & Sa 11–1.30 Uhr) kann man getrost links liegen lassen und gleich zum **Raffles Courtyard** (⌚11–20.30 Uhr) mit seinem Brunnen weitergehen. Schön ist auch ein Drink im Raj-Stil auf der Veranda des **Bar & Billiard Room** (☎6412 1816; ⌚Do–Sa 11–23 Uhr). Ein Tipp noch: Statt des sehr süßen Singapore Sling lieber einen Autumn Sling bestellen.

WINE CONNECTION WEINBAR

(www.wineconnection.com.sg; 01-05 Robertson Walk, 11 Unity St; ⌚Mo–Do 11–2, Fr & Sa 11–3, So 11–24 Uhr; 🚌64, 123, 143) Weinliebhaber fühlen sich in der zeitgenössischen, geräumigen Weinbar am Robertson Quay sehr wohl. Das Team arbeitet eng mit Winzern in aller Welt zusammen: Das bedeutet keine Zwischenhändler, eine interessante Weinkarte und sehr angenehme Preise – die beginnen für das Glas bei 7 $ und die Flasche bei 25 $. In der benachbarten Käsebar finden sich dazu die passenden leckeren Häppchen.

RONIN CAFÉ

Karte S. 234 (17 Hongkong St; ⌚Di–So 8–20 Uhr; Ⓜ Clarke Quay) Das Ronin versteckt seine Talente hinter einer dunklen Glastür. Die harte Mischung aus grauem Beton, frei liegenden Rohren und tief hängenden Lampen erinnert schon fast an einen Verhörraum. Doch glücklicherweise ist das Einzige, was man zu erwarten hat, Kaffee von Genovese, Teespezialitäten von T2 und Leckeres wie French Toast oder Gourmet-Panini. Bezahlt wird ausschließlich in bar.

NEW ASIA BAR, CLUB

Karte S. 234 (Swissôtel The Stamford, 2 Stamford Rd; Eintritt 25 $; ⌚So–Di 17–1, Mi & Do 17–2, Fr & Sa 17–3 Uhr; Ⓜ City Hall) Martinis verlangen eine atemberaubende Aussicht auf die Skyline und nur in wenigen Bars ist sie so faszinierend wie hier – 71 Etagen über dem Straßenniveau. Es lohnt sich, früh für einen Sundowner zu kommen, bevor es dann auf die Tanzflächen der Stadt geht. Erwartet wird schicke, legere Kleidung.

LOOF DACHBAR

Karte S. 234 (☎9773 9304; www.loof.com.sg; 03-07 Odeon Towers Bldg, 331 North Bridge Rd; ⌚Mo–Do 17–1, Fr & Sa 17–2 Uhr; 📶; Ⓜ City Hall) Ein roter Neonschriftzug begrüßt die Gäste im umgestalteten Loof; der Name ist das Singlish-Wort für das englische Wort „roof" (Dach). Der Blick vom Dach über das Raffles Hotel und das Marina Bay Sands lässt sich besonders gut mit einem Singapore Sour mit Kalamondin-Orangen genießen.

Die Happy Hour dauert an Wochentagen von 17 bis 20 Uhr, die preiswertesten Drinks gibt es zu Beginn der Happy Hour.

ACTORS BAR

Karte S. 234 (☎6535 3270; www.actorsthejambar.com; 13A-15A South Bridge Rd; ⌚Mo–Sa 18–2 Uhr; Ⓜ Clarke Quay) Jede Nacht haben die Gäste die Möglichkeit, auf die Bühne zu gehen und Musik auf einem der dort liegenden Instrumente zu spielen.

AH SAM COLD DRINK STALL COCKTAILBAR

Karte S. 234 (60A Boat Quay; ⌚Mo–Do 18–24, Fr & Sa 18–3 Uhr; Ⓜ Clarke Quay) Die Cocktailbar liegt etwas versteckt oberhalb der Pubs am Boat Quay. Geschmückt mit Hongkong-Postern verströmt der Raum eher das Gefühl, auf einer privaten Party als in einer Bar zu sein. Hier arbeiten fünf Freunde gemeinsam für ihre Leidenschaft, Cocktails zu mixen. Die Gäste nennen ihnen ihre Lieblingszutaten und bekommen dann entsprechend interessante Kreationen gerührt, geschüttelt oder gemixt.

Die Drinks sind vielleicht nicht die stärksten der Stadt, aber sie schlagen die Touristenangebote allemal um Längen.

☆ UNTERHALTUNG

ZOUK CLUB

(www.zoukclub.com; 17 Jiak Kim St; ⌚Zouk Mi, Fr & Sa 22 Uhr bis spätnachts, Phuture & Velvet Underground Mi, Fr & Sa 21 Uhr bis spätnachts, Weinbar Di 18–2, Mi & Do 18–2, Fr & Sa 18–4 Uhr; 🚌5, 16, 64, 75, 123, 175, 186, 195) Das von Ibiza inspirierte Zouk zählt immer noch zu den beliebtesten Clubs Singapurs, mit fünf

Bars, Tanzflächen auf mehreren Ebenen und vielen Gast-DJs. Es gibt auch noch die **Zouk Wine Bar** im Freien, den Hip-Hop-Club **Phuture** und **Velvet Underground**, die vornehme Mischung aus Club und Lounge. Hier findet man Originalkunstwerke von Andy Warhol, Frank Stella und Takashi Murakami. Am besten ein Taxi nehmen und sich seelisch darauf einstellen, dass man anstehen muss.

ATTICA CLUB

Karte S. 234 (www.attica.com.sg; 01-03 Clarke Quay, 3A River Valley Rd; ⌚Attica Mi, Fr & Sa 22.30–4, Do 22.30–3 Uhr; Attica Too Mi 23–5, Fr & Sa 23–5.30 Uhr; Ⓜ Clarke Quay) Das Attica hat sich eine getreue Gefolgschaft unter Singapurs wankelmütigen Clubbesuchern gesichert. Es orientiert sich an den hippsten Clubs New Yorks, allerdings dann doch mit kleinen Einbußen auf dem Weg über den Pazifik. Den Einheimischen zufolge gehen die in Singapur lebenden Ausländer am Wochenende dorthin, meist in den Innenhof. Die Musik umfasst Titel aus den aktuellen Charts, House, Electro und R & B; die Website des Attica informiert über Themenabende.

ESPLANADE – THEATRES ON THE BAY KULTURZENTRUM

Karte S. 234 (☎6828 8377; www.esplanade.com; 1 Esplanade Dr; ⌚10-18 Uhr; Ⓜ Esplanade, City Hall) Die Heimatbühne des renommierten Singapore Symphony Orchestra (SSO) ist ein architektonisch beeindruckendes Kulturzentrum, zu dem ein eleganter Konzertsaal mit 1800 Plätzen und ein Theater mit 1940 Plätzen gehören. Das Programm ist spannend und umfasst Musik, Theater und Tanz. Zu den auftretenden Ensembles gehört auch das des Singapore Dance Theatre (S. 100). Das genaue Programm, einschließlich kostenloser Konzerte, ist auf der Website nachzulesen. Nicht versäumen sollte man einen Drink in der tollen Dachbar Orgo (S. 67).

SINGAPORE REPERTORY THEATRE THEATER

(☎6733 8166; www.srt.com.sg; DBS Arts Centre, 20 Merbau Rd; 🚌64, 123, 143, Ⓜ Clarke Quay) Das SRT hat seinen Sitz im DBS Arts Centre, präsentiert jedoch auch an anderen Spielstätten seine Arbeiten. Das Repertoire umfasst internationale Stücke ebenso wie moderne singapurische Stücke. Zu Recht ist die Aufführungsreihe *Shakespeare in the Park* im bezaubernden Fort Canning Park so beliebt. Das Programm findet sich auf der Website.

THEATREWORKS THEATER

(☎6737 7213; www.theatreworks.org.sg; 72-13 Mohamed Sultan Rd; 🚌32, 54, 139, 195) TheatreWorks, eine der experimentelleren Theatergruppen Singapurs, wird vom schillernden künstlerischen Direktor Ong Keng Sen geleitet. Es ist eine Mischung aus regionalen Produktionen und internationaler Zusammenarbeit, präsentiert auf der Heimatbühne der Gruppe, einem früheren Reislager beim Robertson Quay. Aktuelles findet sich auf der Website.

TIMBRÈ @ THE SUBSTATION LIVEMUSIK

Karte S. 234 (www.timbre.com.sg; 45 Armenian St; ⌚So–Do 18–1, Fr & Sa bis 2.30 Uhr; Ⓜ City Hall) Jugendliche stehen geduldig an, um einen Platz in dieser populären Livemusik-Location zu bekommen. Auf dem täglich wechselnden Programm stehen lokale Bands und Sänger, die alles von Pop und Rock bis zu Folk spielen. Wer hungrig wird, bekommt Suppen, Salate, Tapas und Gebratenes wie Chicken Wings und getrüffelte Pommes frites.

CRAZY ELEPHANT LIVEMUSIK

Karte S. 234 (www.crazyelephant.com; 01-03/04 Clarke Quay; ⌚So–Do 17–2, Fr & Sa 17–3 Uhr; Ⓜ Clarke Quay) Wenn jemand sein Lokal selbst als „verrückt" bezeichnet, sollten die Alarmglocken schrillen (aber wenn man erst einmal drin ist, hört man sie ja nicht). Die touristische Rockbar riecht nach Bier, ist laut, von Graffiti bedeckt und Testosteron-dominiert.

HOME CLUB COMEDY

Karte S. 234 (homeclub.com.sg; B1-1/06 The Riverwalk, 20 Upper Circular Rd; ⌚Di–Do 18–2, Fr 18–3, So 18–4 Uhr; Ⓜ Clarke Quay) Es ist zwar nicht der Top-Club der Stadt, aber am Dienstagabend lohnt sich auf alle Fälle die **Comedy Masala** (comedymasala.com; Erw./Stud. inkl. ein Drink 10/6 $). Sie läuft von 21 bis 23.30 Uhr, an diesem Abend der offenen Bühne sind einige der besten Stand-up-Comedians der Stadt zu sehen.

CAPITOL THEATRE THEATER, KINO

Karte S. 234 (www.capitolsingapore.com; Ecke North Bridge & Stamford Rd; Ⓜ City Hall) Nach Jahren der Vernachlässigung soll das frisch renovierte Capitol Theatre 2015 wieder ein kultureller Mittelpunkt werden. Das

SUNDAY ARTISTS MARKET

Einen Einblick in die kreative Seite Singapurs gibt der **Sunday Artists Market** (Karte S. 234; ☎6222 5001; www.thevault.com.sg; The Vault, 23 Circular Rd; ⌚So 13–18 Uhr; Ⓜ Clarke Quay), der zweimal im Monat stattfindet. Veranstaltungsort ist The Vault, ein Bar-Club hinter dem Boat Quay. Hier präsentieren mehr als 20 regionale Künstler und Kunsthandwerker ihre Arbeiten und verkaufen handgefertigten Schmuck, Stofftaschen und Schuhe, Kosmetika, Briefpapier und vieles andere.

Zu den Extras zählen ein kaltes Bier, DJs und der Friseur, der seinen Kunden einen hippen Haarschnitt verpasst. Hier kann man nicht nur großartige einheimische Kunst finden (und kaufen), sondern es bietet sich die Gelegenheit, Singapurs aufblühende Kunstszene zu unterstützen. Detaillierte Informationen finden sich auf der Website von The Vault oder auf dessen Facebook-Seite.

Der Markt ist einer von mehreren in der Stadt; erwähnenswert sind auch der einmal monatlich abgehaltene **MAAD** (Market of Artists and Designers; www.facebook.com/goMAAD; Red Dot Design Museum, 28 Maxwell Rd), der im Red Dot Design Museum stattfindet, und der regelmäßige **Every Little Thing** (www.public-garden.com), zu dessen Veranstaltungsorten auch das National Museum of Singapore zählt.

Gebäude wurde 1929 errichtet und trug den Beinamen „Grande Dame". Der frühere Kinopalast soll sowohl Filme als auch Livetheater präsentieren. Es ist Teil des Capitol Singapore, eines größeren Entwicklungsprojekts, zu dem ein Luxushotel, elegante Läden und Apartments gehören.

SHOPPEN

In diesem Teil der Stadt herrscht keine Knappheit an Einkaufszentren, in denen man alles von Luxus bis zu Elektronik findet, doch daneben gibt es auch noch eine Handvoll origineller Läden, die alles von einheimischer Kunst und Design bis hin zu unabhängiger Mode und Retro-Klamotten verkaufen.

RAFFLES HOTEL ARCADE — EINKAUFSZENTRUM

Karte S. 234 (www.raffles.com; 328 North Bridge Rd; Ⓜ City Hall) In der Raffles Hotel Arcade, einem Teil des Hotelkomplexes, gibt es zahlreiche interessante Geschäfte. Erschwingliche Souvenirs verkauft der **Raffles Hotel Gift Shop** (www.raffleshotelgifts.com; 01-01/03 Raffles Hotel Arcade; ⌚8.30–21 Uhr; Ⓜ City Hall) – die alten Hotelposter sind Spitze –, ausgezeichnete singapurische und malaysische Kunst findet man im **Chan Hampe** (www.chanhampegalleries.com; 01-20/21, Raffles Hotel Arcade; ⌚Di–So 11–19 Uhr). Für originelle unabhängige Mode und Accessoires für Damen und Herren sollte man dem **Front Row** (www.frontrowsingapore.com; 02-09 Raffles Hotel Arcade; ⌚Mo–Sa 12–20, So 12–17 Uhr) einen Besuch abstatten.

Und selbst für denjenigen, der sich die Kameras nicht leisten kann, lohnt der Besuch des **Leica-Ladens** (www.leica-store.sg; 01-18 Raffles Hotel Arcade; ⌚10–20 Uhr), weil der meist eine kostenlose Ausstellung ausgezeichneter Fotografien zeigt.

FUNAN DIGITALIFE MALL — ELECTRONIK

Karte S. 234 (www.funan.com.sg; 109 North Bridge Rd; Ⓜ City Hall) Elektronik-, Kamera- und Computerläden verteilt über sechs Stockwerke. Wer sich nicht so gut auskennt, ist hier besser aufgehoben als im Sim Lim Square. Im sechsten Stock findet man nahezu alles im riesigen **Challenger Superstore** (www.challenger.com.sg; Level 6; ⌚10–22 Uhr). Wer Kameras sucht, wird im familiengeführten **John 3:16** (☎6337 2877; www.john316photo.com; 04-27 Funan DigitaLife Mall; ⌚Mo–Sa 12.30 bis 21.30 Uhr) gut beraten.

GRANNY'S DAY OUT — MODE

Karte S. 234 (☎6336 9774; www.grannysdayout.com; 03-25 Peninsula Shopping Centre, 3 Coleman St; ⌚Mo–Fr 12–20, So 12–18.30 Uhr; Ⓜ City Hall) Passend im ziemlich altmodischen Peninsula Shopping Centre untergebracht, vertreibt Granny's Day Out eine ständig wechselnde Ausbeute von Secondhand-Kleidern und -Accessoires aus den 1950er- bis 1980er-Jahren. Die Herren der Schöpfung werden hier leider nichts finden – es sei denn sie haben ein Faible für Damenkleider.

ROXY DISC HOUSE MUSIKGESCHÄFT

Karte S. 234 (☎6336 6192; 03-42 The Adelphi, 1 Coleman St; ⊙Mo–Sa 13–20, So 14–20 Uhr; Ⓜ City Hall) In den dicht gedrängten Reihen des Roxy gibt es Musik auf Vinyl und auf CDs, neu und gebraucht. Den Löwenanteil nehmen Jazz und Blues ein; Sammlereditionen gibt es sowohl mit englischem als auch mit chinesischem Text. Der Laden liegt im dritten Stock des Adelphi, eines Einkaufzentrums mit vielen Elektronikgeschäften.

RAFFLES CITY EINKAUFSZENTRUM

Karte S. 234 (www.rafflescity.com.sg; 252 North Bridge Rd; Ⓜ City Hall) Raffles City ist eines der besten Einkaufszentren Singapurs, u. a. mit einer dreistöckigen Filiale des modelastigen Kaufhauses **Robinsons** und Modeketten wie **Topshop**. Level 1 ist das Paradies der Handtaschen, auf Level 3 gibt es eine Reihe von Kinderboutiquen. Kultur bietet die Galerie **Ode to Art** (☎6250 1901; 01-36 Raffles City Shopping Centre), etwas zu essen findet man im Food Court im obersten Stock oder in den Lebensmittelläden im Tiefgeschoss.

SUNTEC CITY EINKAUFSZENTRUM

Karte S. 234 (www.sunteccity.com.sg; 3 Temasek Blvd; Ⓜ Promenade, Esplanade) Im großen, verwirrenden und oft etwas frustrierenden Suntec gibt es viele tolle Läden, darunter **Uniqlo**, **Fossil**, **Kiehl's** und **Aesop**, ganz zu schweigen von den mehr als 50 Restaurants, Cafés, Food Courts und einer riesigen Filiale des Supermarkts **Giant Hyper**.

Hauptattraktion ist der **Fountain of Wealth** (Karte S. 234), der als größter (wenn auch nicht schönster) Brunnen der Welt im *Guinness-Buch der Rekorde* steht. Das Wasser zu berühren soll Glück bringen.

MARINA SQUARE EINKAUFSZENTRUM

Karte S. 234 (www.marinasquare.com.sg; 6 Raffles Blvd; ⊙10–22 Uhr; Ⓜ Esplanade) Mehr als 250 Outlets, darunter internationale Marken wie **Desigual**, **Zara** und **Muji**, drängen sich in diesem riesigen Einkaufszentrum. Es liegt zentral im Bereich des Marina Centre und ist von CityLink Mall, Suntec City, Millenia Walk und Esplanade aus leicht zugänglich.

CITY LINK MALL EINKAUFSZENTRUM

Karte S. 234 (1 Raffles Link; ⊙10–22 Uhr; Ⓜ City Hall) Vom New Yorker Architekturbüro Kohn Pederson Fox entworfen, verbindet dieser endlos scheinende Tunnel mit Läden und Restaurants die MRT-Station City Hall mit Suntec City und Esplanade. Die Mall ist eine gute Möglichkeit, um der sengenden Sonne oder dem strömenden Regen zu entgehen und um bequem von den Hotels an der Marina Bay in die City zu laufen.

BASHEER GRAPHIC BOOKS BUCHHANDLUNG

Karte S. 234 (www.facebook.com/BasheerGraphic; 04-19, Bras Basah Complex, 231 Bain St; ⊙Mo–Sa 10–20, So 11–18 Uhr; Ⓜ Bugis, City Hall) Hier findet man eine Fülle an Grafikbüchern und -zeitschriften. Der Laden liegt im Bras Basah Complex (auch als „Book City" bekannt); die Themen umfassen Mode und Design, Kunst, Architektur und Stadtplanung. Es werden Bücher versandt und das Personal kümmert sich gern darum, Reisenden ihre Einkäufe nach Hause zu schicken.

CAT SOCRATES GESCHENKE

Karte S. 234 (☎6333 0870; www.catsocrates.com.sg; 02-25, Bras Basah Complex, 231 Bain St; ⊙Mo–Sa 12–20, So 13–19 Uhr; Ⓜ Bugis) Der Mao-Wecker ist nicht zu finden? Wo gibt es das Geschenkpapier mit dem Pan-Am-Motiv? Die Chancen stehen gut, dass sich all das im Mekka der Bücherwürmer im Bras Basah Complex finden lässt. Von japanischen Design-Magazinen und koreanischen Rucksäcken bis hin zu supercoolen Souvenirs aus Singapur (z. B. Kunstpostkarten und Spielkarten mit Stadtmotiven) findet man hier alles.

SHOPPES AT MARINA BAY SANDS EINKAUFSZENTRUM

Karte S. 237 (www.marinabaysands.com; 10 Bayfront Ave; Ⓜ Bayfront) Im Einkaufstempel finden sich alle Top-Labels wie Prada, Miu Miu und Fendi. Viele Besucher ziehen sich in das düstere Kasino zurück, sodass die Mall verhältnismäßig schwach besucht ist – gut für alle, die einem Gedränge wie in der Orchard Road lieber aus dem Weg gehen.

Zu den Attraktionen vor Ort zählen Bootsfahrten auf einem künstlichen Kanal, eine Schlittschuhbahn ohne Eis und der erste schwimmende Louis-Vuitton-Laden direkt an der Marina Bay.

ROYAL SELANGOR GESCHENKE

Karte S. 234 (www.royalselangor.com.sg; 01-01 Clarke Quay; Ⓜ Clarke Quay) Der Zinnspezialist aus Malaysia ist vielleicht nicht besonders hip, der Schmuck gefällt aber auch sehr modischen Teens.

Das beste hier ist die School of Hard Knocks (SOHN), bei der Gruppen von zwölf Personen Zinn zu gehämmerten Meisterwerken schlagen. Halbstündige Kurse kosten 30 $, das Werkstück darf mitgenommen werden.

SPORT & AKTIVITÄTEN

G-MAX REVERSE BUNGY — ABENTEUERFAHRT

Karte S. 234 (www.gmax.com.sg; 3E River Valley Rd; Fahrt 45 $; ⏲14 Uhr bis spätnachts; Ⓜ Clarke Quay) Angeschnallt an gepolsterten Sitzen in einem Metallkäfig werden die Besucher mit einer Geschwindigkeit von bis zu 200 km/h auf eine Höhe von 60 m gebracht, bevor sie durch die Schwerkraft zur Erde zurückfallen. Die Fahrt bietet zwar spektakuläre Blicke für diejenigen, die in der Lage sind, die Augen offen zu halten; wem es bei hohen Geschwindigkeiten allerdings leicht schlecht wird, der sollte besser auf eine solche Fahrt verzichten.

GX-5 EXTREME SWING — ABENTEUERFAHRT

Karte S. 234 (www.gmax.com.sg; 3E River Valley Rd; Fahrt 45 $; ⏲Mo– Fr 15 Uhr bis spätabends, Sa & So 12 Uhr bis spätabends; Ⓜ Clarke Quay) Ein relativ sanfter Adrenalinstoß bietet sich direkt neben dem G-Max Bungy: Während das G-Max einen Trip senkrecht in die Höhe bietet, befördert das GX5 Passagiere in die Höhe und dann über den Singapore River, und das mit etwas weniger übelkeiterregender Geschwindigkeit. Die Fahrt dauert zudem länger. Wo man mehr für sein Geld bekommt, muss jeder selbst für sich entscheiden.

ULTIMATE DRIVE — SPORTWAGENFAHRTEN

Karte S. 237 (☎6688 7997; www.ultimatedrive.com; Marina Bay Sands Hotel Tower 3, 1 Bayfront Ave; Fahrt als Fahrer/Beifahrer ab 298/238$; ⏲9–22 Uhr; Ⓜ Bayfront) Schick anziehen, dann darauf achten, dass jeder das Einsteigen in einen Ferrari F430 F1 Spider (rot!) oder einen Lamborghini Gallardo Spyder (gelb!) auch sieht und auf geht's zur Spritztour. Ein Hauch von Luxus – wenn auch nur für 15 oder 60 Minuten. Träume sind schließlich nicht verboten! Entsprechende Fahrten starten auch am Singapore Flyer (S. 61).

WILLOW STREAM — SPA

Karte S. 234 (☎6431 5600; www.willowstream.com/singapore; Level 6, Fairmont Hotel, 80 Bras Basah Rd; Massagen ab 149$; ⏲7–22 Uhr, Anwendungen ab 9 Uhr Ⓜ City Hall) In diesem aufwendigen Spa kann man sich ohne Ende verwöhnen lassen: Jacuzzis, Tauchbecken, Zimmer, die mit aromatischen Düften bedampft werden, und Personal, das erst dem Gesicht eine angenehme Behandlung zukommen lässt, bevor es alle Verspannungen aus dem vom Jetlag geplagten Körper herausdrückt und -knetet.

Im Haus befindet sich auch ein Friseursalon, der sich um Frisuren, Maniküre und Pediküre kümmert.

Chinatown & der CBD

Highlights

❶ Besuch im **Chinatown Heritage Centre** (S. 75), das über die unglaublichen Entbehrungen, großen Versuchungen und die Anpassungsfähigkeit der frühen chinesischen Einwanderer informiert.

❷ Im ungewöhnlich informellen **Chinese Theatre Circle** (S. 85) die Stars der Show kennenlernen.

❸ Alternativ zum Hotelfrühstück bei **Ya Kun Kaya Toast** (S. 78) ein traditionelles Singapur-Frühstück einnehmen.

❹ Statt chinesisch einmal im **Lucha Loco** fantastisch mexikanisch essen (S. 79).

❺ In den Bars der **Club Street**, der Vergnügungsmeile der Stadt, die Nacht mit Flirten, Chatten und Trinken durchmachen.

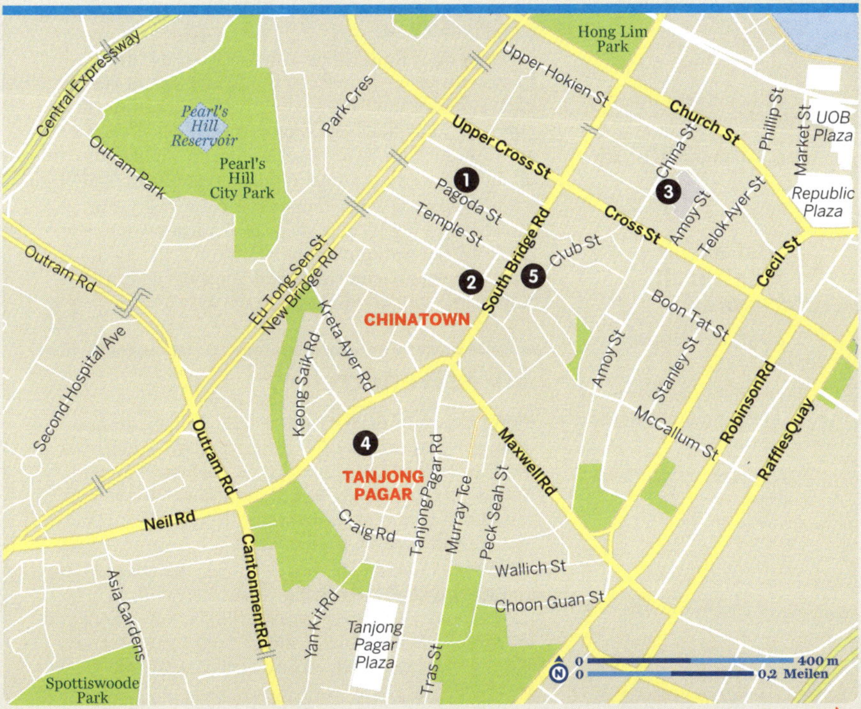

Details siehe Karten S. 238 und S. 240.

Top-Tipps

Wie überall in Singapur lohnt es sich auch in den angesagtesten Bars von Chinatown, die Happy Hour (meist bis 20 oder 21 Uhr) zu nutzen. Noch günstiger sind ein paar Bier in einem Hawker Center.

Gut essen

- Ding Dong (S. 80)
- Momma Kong's (S. 79)
- Lucha Loco (S. 79)
- Chinatown Complex (S. 79)

Mehr Details siehe S. 78.

Nett ausgehen

- Tippling Club (S. 81)
- Breeze (S. 82)
- Nylon Coffee Roasters (S. 82)
- The Good Beer Company (S. 82)

Mehr Details siehe S. 81.

Historisch & kulturell interessant

- Chinatown Heritage Centre (S. 75)
- Baba House (S. 78)
- Sri Mariamman Temple (S. 76)

Mehr Details siehe S. 76.

Chinatown entdecken

Abgesehen vom Chinatown Heritage Centre sind die Sehenswürdigkeiten eher nett als umwerfend, aber umso besser kann man sich auf das eigentlich Wichtige konzentrieren – das Essen. Der Morgen beginnt mit einem traditionellen Singapur-Frühstück in einem *kopitiam* (Coffeeshop). Mittags drängt sich alle Welt in den Hawker Centern von Chinatown zusammen. Am Abend locken viele feine Restaurants mit Nationalküchen von echt mexikanisch bis hin zu sehr scharf südostasiatisch.

Zwischen den Mahlzeiten gibt es Antiquitätenhändler, Kunstgalerien oder den einen oder anderen Tempel zu besichtigen. Zu bewundern sind die schön renovierten Ladenhäuser der luxussanierten Straßen von Duxton Hill (südlich von Chinatown).

Nach Sonnenuntergang ist die City-Skyline am schönsten von einer der luftigen Dachterrassenbars von Ann Siang Road oder Club Street zu sehen.

Lokalkolorit

- **Hawker Center** Es ist ein Wunder, dass Singapurs teure Restaurants überhaupt noch existieren können, denn die billigen Lokale in den Hawker Centern sind ausgesprochen gut, besonders auch in Chinatown. Ausprobieren sollte man sie alle, zumindest aber das an der Maxwell Road.
- **Kaffee oder Kopi** Hippe Third-Wave-Cafés und Röstereien machen im Gebiet von Duxton Hill Furore, doch einen altmodischen *kopi* in einem traditionellen *kopitiam* zu trinken ist schon etwas Besonderes. Vor einem Besuch im Ya Kun Kaya Toast (S. 78) unbedingt die Einführung zum *Kopi*-Trinken lesen (S. 81).
- **Souvenirs** Die Touristenfallen um die Trengganu Street bieten bei Weitem nicht so Eindrucksvolles wie es die echten Antiquitätenhändler und Galeristen können. Sehr zu empfehlen sind Tong Mern Sern Antiques (S. 86) und Utterly Art (S. 86).

An- & Weiterreise

- **MRT** Die zentrale MRT-Haltestelle Chinatown hat ihren Eingang an der Pagoda Street. Die Station Telok Ayer liegt günstig für Imbisslokale und Bars um die Amoy und Club Street. Weiter südlich ist Duxton Hill erreichbar über Outram Park und Tanjong Pagar. Die Station Raffles Place bedient den CBD.
- **Bus** Vom Colonial District verkehren die Busse 61, 145 und 166 von der North Bridge Road zur South Bridge Road. Von der Hill Street aus fahren die Busse 2, 12 und 147 die New Bridge Road entlang. Vom Fluss und dem CBD kommt man leicht zu Fuß nach Chinatown.

HIGHLIGHTS
CHINATOWN HERITAGE CENTRE

Das Chinatown Heritage Centre zeigt die chaotische, farbenfrohe und skandalöse Vergangenheit des Viertels. Das liebenswerte Durcheinander von alten Fotografien, persönlichen Erinnerungen und nachgebauten Lebensräumen erlaubt einen anschaulichen Spaziergang durch die Höhen und Tiefen des Stadtteils. Nach einem Besuch präsentieren sich die heute sanierten Straßen von Chinatown in einem ganz anderen Licht.

Die Ausstellung Roots

Im Raffles-Plan von 1828 war Chinatown zwar für alle chinesischen Händler vorgesehen, doch wurde das Gebiet noch weiter ethnisch unterteilt: Die Hokkien an der Havelock Road und an Telok Ayer, China und Chulia Street; die Teochew an der Circular Road, Boat Quay und Upper South Bridge Road; die Kantonesen an der Upper Cross Street, Lower South Bridge Road und New Bridge Road. Die Roots-Ausstellung geht den Erlebnissen dieser Migranten nach, von ihren ersten Eindrücken bis hin zur Rolle der Clan-Zugehörigkeit.

Wohnzellen & Schneidergeschäft

Den Erinnerungen früherer Bewohner getreu nachempfundene Wohnzellen bieten Besuchern einen Einblick in die Unterkünfte opiumabhängiger Kulis, stoischer Samsui-Frauen und sogar einer zehnköpfigen Malerfamilie! Die Einblicke in das trostlose Leben vieler der Bewohner bis Mitte des 20. Jhs. hinterlassen einen tiefen Eindruck.

Einen Stock tiefer geht die Zeitreise weiter mit der Nachbildung eines Schneidergeschäfts mit Atelier und Wohnbereich. In den frühen 1950er-Jahren gab es viele solcher Geschäfte in der Pagoda Street; dieser Laden hier ist detailgetreu nachgebildet. Im Vergleich zu den Wohnzellen im Oberstock ist der Wohnbereich des Schneiders relativ luxuriös.

NICHT VERSÄUMEN

- Alte Geschichten um das Leben in Chinatown
- Nachgebaute Wohnzellen
- Schneidergeschäft

PRAKTISCH & KONKRET

- Karte S. 238
- ☎6221 9556
- www.singaporechinatown.com.sg
- 48 Pagoda Street
- Erw./Kind 10/6 $
- ⏲9–20 Uhr
- Ⓜ Chinatown

SEHENSWERTES

CHINATOWN HERITAGE CENTRE MUSEUM
Siehe S. 75

SRI MARIAMMAN TEMPLE HINDUISTISCHER TEMPEL
Karte S. 233 (244 South Bridge Rd; 7–12 & 18–21 Uhr; M Chinatown) Seltsamerweise steht mitten in Chinatown der älteste Hindutempel Singapurs, der erstmalig 1823, dann 1843 neu errichtet wurde. Der bunt bemalte *gopuram* (Turm) über dem Eingang von 1933, der auf den drawidischen Stil Südindiens verweist, ist nicht zu übersehen. Skulpturen heiliger Kühe grasen an den Abgrenzungsmauern, der *gopuram* selbst ist übersät mit kitschigen Gipsfiguren von Brahma, dem Schöpfer, Vishnu, dem Welterhalter und Shiva, dem Zerstörer.

Im Oktober findet das Thimithi-Fest im Tempel statt, bei dem Gläubige an der South Bridge Road reihenweise anstehen, um über heiße Kohlen zu gehen!

BUDDHA TOOTH RELIC TEMPLE BUDDHISTISCHER TEMPEL
Karte S. 238 (www.btrts.org.sg; 288 South Bridge Rd; 7–19 Uhr, Reliquienbesichtigung 9–18 Uhr; M Chinatown) Der riesige, fünfstöckige buddhistische Schrein wurde im Jahr 2008 eingeweiht. Die darin enthaltene Reliquie soll der linke Eckzahn des Buddha sein, der aus der Asche seiner Feuerbestattung im nordindischen Kushinagar geborgen wurde. Seine Echtheit wird zwar angezweifelt, doch die Reliquie genießt VIP-Status im Innern einer 420 kg schweren, massivgoldenen Stupa in einem kunstvoll verzierten Raum im vierten Stock. Weitere Reliquien zeigt das Museum im dritten Stock, und auf dem friedlichen Dachgarten steht ein riesiges Gebetsrad in einem 10 000-Buddha-Pavilion.

THIAN HOCK KENG TEMPLE TAOISTISCHER TEMPEL
Karte S. 238 (www.thianhockkeng.com.sg; 158 Telok Ayer St; 7.30–17.30 Uhr; M Telok Ayer) Während Chinatowns berühmtester Hindu-Tempel überlaufen ist, ist der älteste und größte Hokkien-Tempel meist eine Oase des Friedens. Er wurde in den Jahren zwischen 1839 und 1842 erbaut und ist ein wunderbarer Ort der Ruhe. Einst war dies die bevorzugte Landestelle chinesischer Seeleute, bis Landgewinnungsmaßnahmen das Ufer weiter hinausschoben. Die Tore stammen übrigens aus Schottland und die Kacheln aus Holland.

PINNACLE@DUXTON AUSSICHTSPLATTFORM
Karte S. 240 (www.pinnacleduxton.com.sg; Block 1G, 1 Cantonment Rd; Dachterrasse 5 $; 9–22 Uhr; M Outram Park, Tanjong Pagar) Die beste Aussicht auf die Stadt genießt man für nur 5 $ von der Dachterrasse im 50. Stock des Pinnacle@Duxton, des weltweit größten sozialen Wohnungsbauprojekts. Die sieben Wohntürme sind durch Brücken miteinander verbunden, von denen eine fantastische Rundsicht über Stadt, Hafen und das Meer gegeben ist. Rasen, Systemmöbel und Sonnenliegen laden zum Verweilen ein. Bezahlt wird mit EZ-Link-Card (erhältlich für 10 $ im 7-Eleven neben dem Kartenschalter auf Level 1 in Block G). Auf den Kartenautomaten gelegt, werden automatisch 5 $ abgebucht.

SINGAPORE CITY GALLERY MUSEUM
Karte S. 238 (www.ura.gov.sg/gallery; URA Bldg, 45 Maxwell Rd; Mo–Sa 9–17 Uhr; M Tanjong Pagar) In dieser interaktiven Stadtplanungsausstellung werden die für Singapur geplanten Entwicklungen vorgestellt. Sie zeigen, wie ernst es der Regierung damit ist, Land zu gewinnen und Wohntürme zu erstellen. Interessant ist das 11 x 11 m große Modell der Innenstadt, das zeigt, wie Singapur aussehen wird, wenn die Projekte realisiert sein werden.

WAK HAI CHENG BIO TEMPLE TAOISTISCHER TEMPEL
Karte S. 240 (Ecke Phillip & Church St; M Raffles Place) Der Name dieses Tempels bedeutet „Tempel der ruhigen See", was daran erinnert, dass die Wellen hier einst ans Ufer schlugen. Chinesische Teochew-Immigranten pilgerten damals hierher und dankten für die gute Überfahrt, zunächst an einem kleineren, 1826 erbauten Schrein, dann im heutigen Tempel, der in den 1850er-Jahren entstand. Es herrscht eine stille Atmosphäre, gigantische Weihrauchspiralen glühen auf dem leeren Vorhof und an den Innenwänden bilden Reliefs Szenen aus der chinesischen Oper ab.

SENG WONG BEO TEMPLE TAOISTISCHER TEMPEL
Karte S. 240 (113 Peck Seah St; 8 bis 17.30 Uhr; M Tanjong Pagar) Versteckt hinter

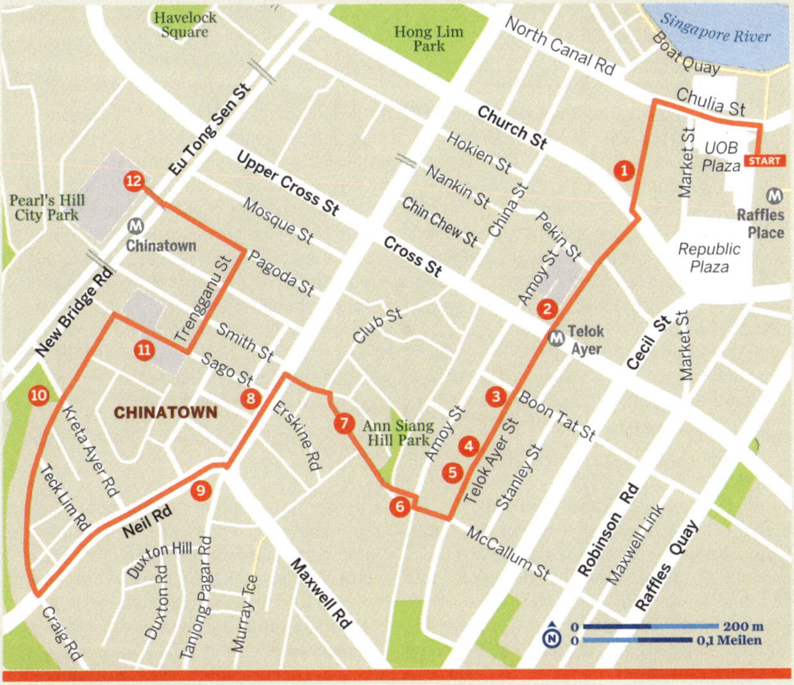

Stadtspaziergang **Chinatown**

START MRT-STATION RAFFLES PLACE
ZIEL PEOPLE'S PARK PLAZA
LÄNGE/DAUER 2,5 KM; 2½ STD.

Von der MRT-Haltestelle Raffles Place läuft man zunächst auf der Chulia Street Richtung Westen, anschließend auf der Phillip Street Richtung Süden bis zum **1 Wak Hai Cheng Bio Temple** (S. 76). Auf der anderen Seite der Church Street folgt man der Telok Ayer Street bis zum **2 Ying Fo Fui Kun**, einem zweistöckigen Gebäude (1822). Noch heute wird es von Singapurs Hakka-Chinesen benutzt. An der Ecke zur Boon Tat Street liegt der **3 Nagore Durgha Shrine** (1828–1830), eine von Chulia-Muslimen aus Südindien erbaute Moschee. In der Nähe befindet sich der **4 Thian Hock Keng Temple** (S. 76) und die **5 Al-Abrar-Moschee** (1850).

Dann geht es rechts in die Amoy Street mit dem **6 Siang Cho Keong Temple** im Haus Nr. 66. Links vom Eingang befindet sich ein „Drachenbrunnen", in den man eine Münze werfen und sich etwas wünschen kann. Gleich in der Nähe führt ein kleiner Torbogen zum Ann Siang Hill Park. Dort gehen Fußwege zum höchsten Punkt von Chinatown und zur **7 Ann Siang Road**. In einigen dieser Häuser waren einst Clubs untergebracht– bemerkenswert sind einige Jugendstilfassaden (Nr. 15, 17 und 21). Dann geht es links in die South Bridge Road zum **8 Buddha Tooth Relic Temple** (S. 76). An der Ecke von South Bridge Road, Neil Road und Tanjong Pagar Road befindet sich die dreieckige **9 Jinriksha Station**, einst ein Depot für Laufrikschas. Von der Neil Road biegt man in die Keong Saik Road ab. An der Kreuzung mit der Kreta Ayer Road steht der hinduistische **10 Layar Sithi Vinygar Temple** (1925). Sein fünfstufiger *gopuram* über dem Eingang entstand 2007.

Der Keong Siak Road folgend, stößt man bald auf den **11 Chinatown Complex** (S. 79), wo man günstig essen kann, oder man folgt der Trengganu Street, biegt links in die Pagoda Street und geht über die Fußgängerbrücke am Ende zum **12 People's Park Complex** (S. 87) für eine Reflexzonenmassage.

ABSTECHER

BABA HOUSE

Zu Fuß gut erreichbar liegt westlich von Chinatown entlang der Neil Road das **Baba House** (Karte S. 240; ☎6227 5731; www.nus.edu.sg//cfa/museum; 157 Neil Rd; ⏰1-stündige Führungen Mo 14, Di 18.30, Do 10, Sa 11 Uhr; Ⓜ Outram Park) GRATIS, eines der besterhaltenen Baudenkmäler der Peranakan-Kultur in Singapur. Das schöne, zweistöckige blaue Haus wurde von einem Mitglied der Familie, die einst darin lebte, an die National University of Singapore (NUS) überschrieben. Die NUS renovierte das Haus im Stil von 1928, als es nach Aussagen der Familie am schönsten war. Stilmöbel aus der Zeit finden sich neben Familienfotos und Gebrauchsgegenständen; alles verbindet sich zu einem wunderbaren Einblick in das Leben einer wohlhabenden Peranakan-Familie vor etwa hundert Jahren in Singapur. Das Baba House kann nur während der einstündigen Führungen, die jeden Montag, Dienstag, Donnerstag und Samstag stattfinden, besichtigt werden, doch diese Führungen sind ausgezeichnet und kostenlos. Vorausreservierung ist ein Muss – am besten telefonisch, da auf E-Mails leider nicht immer geantwortet wird.

roten Pforten liegt unweit der MRT-Haltestelle Tanjong Pagar dieser von Touristen selten besuchte Tempel. Er ist dem chinesischen Stadtgott geweiht, der nicht nur für das Wohlergehen der Metropole sorgt, sondern auch die Seelen der Toten in die Unterwelt führt. Er ist zudem der einzige Tempel in Singapur, der noch Geisterhochzeiten abhält und so Eltern hilft, für früh verstorbene Kinder Hochzeiten im Jenseits zu arrangieren.

ESSEN

★ YA KUN KAYA TOAST — CAFÉ $

Karte S. 238 (www.yakun.com; 01-01 Far East Sq., 18 China St; Kaya Toast-Set 4,20 $; ⏰Mo–Fr 7.30–19, Sa & So 8.30–17:30 Uhr; Ⓜ Telok Ayer) Der Retro-Coffeeshop gehört heute zwar einer Kette an, ist aber dennoch eine Institution – ideal, um den Tag wie die Einheimischen zu beginnen. Ihre Spezialität ist cremige *kaya* (Kokosbutter) auf Toast, gestippt in ein weiches Ei (mit schwarzem Pfeffer und ein paar Tropfen Sojasauce), dazu starken *kopi* (Kaffee).

Von den Plätzen im Freien lässt sich das Treiben der Menschen in den Straßen aufs Beste beobachten.

JING HUA — CHINESISCH $

Karte S. 238 (☎6221 3060; 21–23L Neil Rd; Gerichte 3–10 $; ⏰Do–Di 11.30–15 und 17.30–21.30 Uhr; Ⓜ Chinatown) Unter den Halogen-Leuchten sitzen weit mehr Einheimische als Touristen an den Resopal-Tischen. Zur Auswahl steht ein überzeugendes Repertoire nordchinesischer Gerichte wie Schweinefleisch-Klöße, Nudeln mit Schweinehack und Sojabohnenpaste oder Pfannkuchen aus Rote-Bohnen-Paste. Am besten schmeckt die chinesische Pizza, ein in Fett ausgebackener Fladen belegt mit gehackten Garnelen, Schweinefleisch und Krabben mit Frühlingszwiebeln. Nur Barbezahlung.

TONG HENG — BÄCKEREI $

Karte S. 238 (285 South Bridge Rd; Snacks ab 1,40 $; ⏰9–22 Uhr; Ⓜ Chinatown) Für den kleinen Hunger zwischendurch bietet sich diese gut eingeführte Bäckerei an: Gebäck, Tartes und Kuchen nach Art der südchinesischen Provinz Guangdong. Einheimische stürzen sich auf die *egg tarts*, doch die leicht angeschmorte Perfektion der *char siew su* (ein Blätterteig mit gegrilltem Schweinefleisch) ist geschmacklich auch nicht zu verachten.

LIM CHEE GUAN — SNACKS $

Karte S. 238 (www.limcheeguan.com.sg; 203 New Bridge Rd; Pork Bak Kwa 300 g 13,20 $; ⏰9–22 Uhr; Ⓜ Chinatown) Beste Adresse für *bak kwa* (gegrilltes, eingemachtes Schweinefleisch): Das 1938 gegründete Lim Chee Guan ist spezialisiert auf dünne Scheiben Rauchfleisch, die auf dem Grill zu köstlich-rauchigen Snacks mit der richtigen Mischung von Süße, Salzigkeit und Bissfestigkeit karamellisiert werden. Zum chinesischen Neujahrsfest kann die Wartezeit bis zu acht Stunden betragen.

Es gibt zwei weitere Filialen in der Stadt, eine davon gegenüber dem **People's Park Complex** (Karte S. 238; 01-25 People's Park Complex; Pork Bak Kwa 500g 25 $; Ⓜ Chinatown).

★LUCHA LOCO MEXIKANISCH $$

Karte S. 238 (www.luchaloco.com; 15 Duxton Hill; ⌚Di–Do 16–22.15, Fr 16–23, Sa 18–22 Uhr; Gerichte 8–20 $; Ⓜ Outram Park, Tanjong Pagar) Attraktive Kunden, flirtende Barkeeper und pikante mexikanische Küche sorgen jeden Abend für lebhaftes Ambiente in dieser *taquería* mit Gartenbar. Die Ceviche, Tostaditas und *elotes* (Mais in Mayonnaise und Cotija-Käse gerollt) machen schon süchtig, doch die frisch und reichhaltig belegten Tacos sind absolut unwiderstehlich. Keine Reservierung möglich.

★MOMMA KONG'S MEERESFRÜCHTE $$

Karte S. 238 (☎6225 2722; www.mommakongs.com; 34 Mosque St; Hauptgerichte ab 20 $; ⌚Di–So 17–22 Uhr; 📶; Ⓜ Chinatown) Das kleine, flippige Momma Kong's wird von zwei jungen Brüdern und einem Cousin betrieben, die auf Krabben spezialisiert sind. Auf der eng beschriebenen Speisekarte stehen zahlreiche leckere und glutamatfreie Krabben-Klassiker. Phänomenal schmecken die Chilikrabben mit ihrer unvergleichlich pikanten Sauce. Eine Portion Krabben und vier riesige, frische *mantou* (chinesische Brötchen) reichen locker für zwei Personen.

Im Gegensatz zu anderen Chilikrabbenlokalen sind die Preise hier fest, die Kombigerichte sind preiswert und zur Happy Hour (17–19.30 Uhr) gibt es gute Biere. Zwei

DIE BESTEN HAWKER CENTER

Neuankömmlinge in Singapur sollten sich kurz in die Benimmregeln einlesen und dann gleich zu einem der Hawker Center gehen, in denen man gut und günstig essen kann. Die Preise liegen bei 3 bis 6 $ für ein Hauptgericht.

Maxwell Road Hawker Centre, (Karte S. 238; Ecke Maxwell & South Bridge Road; Gerichte ab 2,50 $; ⌚je nach Stand; 🖉; Ⓜ Chinatown) Chinatowns touristischstes Hawker Centre ist ganz gut für Anfänger und wird am besten mittags besucht. Empfehlenswert hier sind Reis-Porridge von **Zhen Zhen Porridge** (Stand 54; Gerichte ab 2,50 $; ⌚5.30–14.30 Uhr) und duftender Hühnchenreis von **Tian Tian Hainanese Chicken Rice** (Stand 10; Hühnchenreis 3 $; ⌚Di–So 11–20 Uhr).

Chinatown Complex (Karte S. 238; 11 New Bridge Rd; Gerichte ab 2,50 $; ⌚je nach Stand; Ⓜ Chinatown) Eine Alternative zur touristisch aufgemotzten „Chinatown Food Street" bietet dieses unweit gelegene Labyrinth für Insider und Gourmets. Es lohnt sich, 25 Minuten auf den *mixed claypot rice* bei **Lian He Ben Ji Claypot Rice** (Stand 02-198/199; Gerichte 2,50–20 $, *claypot rice* 15–20 $; ⌚Fr–Mi 16–22 Uhr) zu warten, und das gehaltvolle, nussige Satay von **Shi Xiang Satay** (Stand 02-79; Satay ab 5 $; ⌚Fr–Di 16–20.30 Uhr) ist umwerfend. Nervennahrung bietet die Ten Tonic Ginseng Chicken Soup bei **Soup Master** (Stand 02-05; Suppen 3,20–11 $; ⌚10–20.30 Uhr).

Hong Lim Food Centre (Karte S. 240; Ecke South Bridge Rd & Upper Cross St; Gerichte ab 3 $; ⌚je nach Stand; Ⓜ Chinatown) Unbedingt probieren sollte man *char kway teow* (gebratene Reisnudeln) von **Outram Park Fried Kway Teow** (Block 531A, Stand 02-18; Gerichte 3 $; ⌚Mo–Sa 6–16.30 Uhr) und das Hokkien-Gericht *chang* (Schweinsklößchen mit Pilzen, Esskastanien und gesalzenem Ei) von **Hiong Kee Dumplings** (Block 531A, Stand 02-37; Klößchen 1,30–3,30 $; ⌚Mo–Sa 8.30–19.30 Uhr). Meeresfrüchte-Liebhaber stehen Schlange bei **Tuck Kee Ipoh Sah Hor Fun** (Stand 02-40; Gerichte 3–6 $; ⌚Mo–Sa 11–15 Uhr) für Langusten und Garnelen in *hor fun* (gebratene Bandnudeln mit Meeresfrüchten).

Lau Pa Sat (Karte S. 240; 18 Raffles Quay; Gerichte ab 4 $, Satay ab 0,60 $; ⌚24 Std., je nach Stand; Ⓜ Telok Ayer, Raffles Place) *Lau pa sat* bedeutet auf Hokkien „alter Markt", was auch passt, denn die stilvolle Eisenkonstruktion – 1894 von Glasgow nach Singapur verschifft – ist bis heute erhalten. Ein echtes Wunder geschieht gegenüber, wenn sich die Boon Tat Street verwandelt in die **Satay Street** (Karte S. 240; Boon Tat St; Satay etwa 0,60 $ pro Spieß; ⌚Mo–Fr 19–1 Uhr, Sa & So 15–1 Uhr), mit Tischen überall, Bierverkäuferinnen und rauchigen Satay-Ständen.

Tage im Voraus buchen (drei Tage für Freitag und Samstag).

SARNIES CAFÉ $$

Karte S. 238 (☎6224 6091; www.sarniescafe.com; 136 Telok Ayer St; Sandwiches & Salate 13,50–16,50 $, Wochenend-Brunch 15,90–25,90 $; ⏰Mo–Fr 7.30–21.30, Sa & So 9–16 Uhr; Ⓜ Telok Ayer) Üppige *sarnies* (britischer Slang für Sandwiches) schmecken Anzugträgern und Hipstern gleichermaßen in diesem trendigen Aussie-Café. Frische landwirtschaftliche Erzeugnisse werden in Kombigerichten wie gegrillten Auberginen und Hummus verarbeitet, in Steaks vom Weiderind mit karamellisierten Zwiebeln. Gourmet-Suppen und Salate sind ebenso köstlich, und zum Wochenend-Brunch gehört hausgemachter Räucherspeck. Kaffee aus der hauseigenen Rösterei schmeckt am besten im eindrucksvollen Espresso Martini von Sarnies.

PS CAFE INTERNATIONAL $$

Karte S. 238 (www.pscafe.com; 45 Ann Siang Rd; Hauptgerichte 19–36 $; ⏰Restaurant Mo–Fr 11.30–22.30, Sa & So 9.30–22.30 Uhr; Bar geöffnet Mo–Do & So bis 0.30, Fr & Sa bis 2 Uhr; Ⓜ Chinatown) Von der schwarzen Marmorbar im Erdgeschoss bis zur gestärkten Tischwäsche im Speisesaal oben, den Chesterfield-Sofas und Dior-gekleideten Damen, ist kolonialer Glamour in dieser himmlisch schattigen Oase immer in. Bei verführerisch leichten Gerichten wie Big Nihon Salad (mit Soja-mariniertem Lachs) oder zartem Miso-Kabeljau lässt es sich gut über den Gatten oder das Hauspersonal stöhnen.

Bei den beliebten Wochenend-Brunchs fließen Domaine Chandon oder Hausweine nach Belieben. *Cincin, darling.*

BLUE GINGER PERANAKANISCH $$

Karte S. 240 (☎6222 3928; www.theblueginger.com; 97 Tanjong Pagar Rd; Hauptgerichte 12–38 $; ⏰12–14.15 & 18.30–21.45 Uhr; Ⓜ Tanjong Pagar) Das elegante Blue Ginger ist eines der wenigen Lokale in Singapur, das die scharf-sauren Gerichten der Küche der Peranakan anbietet, welche Einflüsse aus der chinesischen und malaiischen Küche verbindet. Besonders empfehlenswert sind *kueh pie tee* (geriebene Bambussprossen und Rüben mit Shrimps in gebackenen *pie-tee*-Schälchen garniert), *sambal terong goreng* (scharf gebratene Auberginen) und hervorragend abgeschmecktes Nonya-Fischkopf-Curry. Vorausbuchung empfohlen.

RED STAR CHINESISCH $$

(54 Chin Swee Rd; Yum-Cha-Teilchen 3–8 $; ⏰7–15 & 18–22.30 Uhr; Ⓜ Chinatown) In dem klassischen Yum-Cha-Restaurant nach Hongkong-Art ziehen resolute Bedienerinnen ihre Rollwägen durch das Lokal und bieten Leckeres zum Frühstück oder Mittagessen. Aufhorchen sollte man bei Pork Bao und Mango-Salat, Letzteres ein in Fett ausgebackenes Teilchen gefüllt mit Krabbenfleisch und Mango-Sauce. Zu finden in einem der alten HDB-Wohnblocks und nur durch eine alte Neon-Leuchtreklame an der Straße markiert.

DEPARTMENT OF CAFFEINE CAFE $$

Karte S. 238 (DOC; ☎6223 3426; www.deptofcaffeine.com; 15 Duxton Rd; Mahlzeiten 15–18 $; ⏰Mo & Di 10.30–19.30, Do & Fr 10.30–22.30, Sa & So 9.30–19.30 Uhr; Ⓜ Tanjong Pagar) Nicht nur der cremig-nussige Kaffee schmeckt hier besonders gut, sondern auch die ständig neuen Gerichte aus marktfrischen Produkten. Am Morgen gibt es hausgemachte Müsli, zum Lunch gesunde Brokkoli vom Holzofengrill mit Chili und Knoblauch oder aber saftige Hähnchen gewürzt mit Zitronensumach und Zatar und zum Nachtisch oder Kaffee ein Stück Honig- und Lavendelkuchen.

THE FLYING SQUIRREL JAPANISCH $$

Karte S. 238 (www.theflyingsquirrel.com.sg; Stand 01-02, 92 Amoy St; Lunch 16–38 $, Hauptgerichte 13–36 $; ⏰Mo–Do 11–22, Fr & Sa bis 23 Uhr; 📶; Ⓜ Telok Ayer) Das kleine Lokal versteckt sich in einer Lane, die von der Amoy Street abzweigt. Wer es findet, wird mit köstlich frischer japanischer Küche belohnt, in einem angenehm coolen Dekor von Ziegelmauern, LED-Leuchten und Designer-Stühlen. Bento-Boxen sind mittags populär, während die Abendkarte komplexere Gerichte wie den Wagyu Burger anbietet: Fleischküchlein aus Brot und Rindfleisch, die in der Pfanne angebraten und in leckerer Rotweinsauce gegart werden.

Von 14.30 bis 18 Uhr werden nur Getränke (auch sehr guter Kaffee) und Süßes angeboten. Zum Abendessen ist Reservierung empfohlen.

★**DING DONG** SÜDOSTASIATISCH $$$

Karte S. 238 (www.dingdong.com.sg; 23 Ann Siang Rd; Gerichte 12–25 $, Menüs 55 & 79 $; ⏰Mo–Do 12–14.30 & 18–22.30, Fr 12–14.30 & 18–23.30, Sa 18–23.30 Uhr) Von den grafischen Kacheln an der Bar bis hin zu den akribisch gemisch-

KOPI-KULTUR

Kaum etwas ist typischer für Singapur, als in einem *kopitiam* (Coffeeshop) abzuschalten und aus einem dicken Becher traditionellen *kopi* (Kaffee) zu trinken. Sein charakteristischer Geschmack entsteht durch die Zubereitungsart der Bohnen: Sie werden mit Zucker und Margarine geröstet, und daraus entsteht ein dunkler, starker, karamellisiert schmeckender Kaffee. *Kopi* wird entweder schwarz oder mit einem Schuss Kondensmilch getrunken. Bei der Bestellung gilt es also, die folgenden Begriffe im Kopf zu haben. Die Begriffe lassen sich übrigens auch auf *teh* (Tee) anwenden.

Kopi Kaffee mit gezuckerter Kondensmilch. Zucker fehlt, dafür verleiht die Kondensmilch dem Kaffe die notwendige Süße.

Kopi-O Schwarzer Kaffee mit Zucker.

Kopi-O kosong Schwarzer Kaffee ohne Zucker (*kosong* ist malaiisch für Nichts oder Null).

Kopi-C Kaffee mit Dosenmilch und Zucker (das C steht für Carnation, eine beliebte Dosenmilchmarke).

Kopi-C kosong Kaffee mit Dosenmilch, aber ohne extra Zucker.

Kopi peng Geeister Kaffee mit gezuckerter Kondensmilch.

Kopi gao Wörtlich „dicker" Kaffee (entspricht etwa einem doppelten Espresso).

Kopi poh Ein „leichter" Kaffee.

ten Cocktails und den neuen Gerichten mit südostasiatischen Aromen wird hier genau aufs Detail geachtet. Sehr fein schmecken die Scallop Ceviche mit frischer Kokosnuss, Heu-geräuchertes Pork Bao oder säuerlich-knusprige Wagyu-Short-Ribs in rotem Curry. Für Unentschiedene empfehlen sich die preiswerten Feed-Me-Menüs. Reservierung erforderlich.

AUSGEHEN & NACHTLEBEN

Club Street und die angrenzende Ann Siang Road sind das Zentrum von Singapurs boomender Bar-Szene. Beide Straßen sind Freitag und Samstag ab 19 Uhr für den Verkehr gesperrt. Südlich von Chinatown bieten die Stadtteile Tanjong Pagar und Duxton Hill eine ständig expandierende Anzahl von Insider-Cafés und Bars, und die Hawker Center von Chinatown sind immer gut für ein schnelles Bier.

★ TIPPLING CLUB — COCKTAILBAR

Karte S. 238 (☎6475 2217; www.tipplingclub.com; 38 Tanjong Pagar Road; ⌚Mo–Fr 12–24, Sa 18–24 Uhr) Der Tippling Club macht das Mixen von Cocktails zur hohen Kunst, mit einer Kreativität und Kunstfertigkeit, die jeden Abstinenzler vom gewählten Pfad abbringen könnte. Die besten Plätze sind an der Bar, hinter der Profis unter von der Decke hängenden Flaschen aus seltenen und kostbaren Tropfen wunderbare Drinks kreieren wie den Smoky Old Bastard, eine Zubereitung aus Whisky, Flügeltabak- und Zitrusrauch.

Das angrenzende Restaurant ist sehr renommiert, aber sehr teuer.

JIGGER & PONY — COCKTAILBAR

Karte S. 238 (101 Amoy St; ⌚Mo–Do 18–1, Fr & Sa 18–3 Uhr; Ⓜ Telok Ayer) Die einstige Kunstgalerie ist heute eine coole, dunkle Cocktailbar. Jigger & Pony ist bekannt für seine klassischen und längst vergessenen Drinks. Die Barkeeper arbeiten mit japanischer Akribie und kreieren *aperitivi* wie den Cocchi Cooler (Cocchi Americano, Sodawasser und flambierte Orangenschalen) und den besten Negroni jenseits von Turin.

Die knusprigen Bruschette und weitere Snacks passen gut zu den Drinks.

JEKYLL & HYDE — COCKTAILBAR

Karte S. 240 (www.49tras.st; 49 Tras St; ⌚Mo bis Do 18–24, Fr & Sa 18–1 Uhr; Ⓜ Tanjong Pagar) Tagsüber ein ordentliches Nagelstudio und nachts eine Killer-Cocktail-Lounge: Jekyll & Hyde hat zwei vollkommen unterschiedli-

KREATIVE WOHNBLOCKS IN EVERTON PARK

Im Erdgeschoss der großen Wohnblocks (HDBs) sitzen meist nur ältere Frauen und Männer, die ein Schwätzchen halten und auf kreischende Kinder aufpassen. Im Wohnkomplex Everton Park, der an den trendigen Stadtteil Tanjong Pagar angrenzt, sieht man dagegen eher Anhänger der Kaffee-Gourmet-Bewegung „Third Wave Coffee" sowie Design-Jäger. Angelockt durch billigere Mieten, hat sich hier in den letzten Jahren eine Handvoll Jungunternehmer etabliert und den Wohnblock zu einem coolen Treffpunkt gemacht.

Am umsatzstärksten ist **Nylon Coffee Roasters** (Karte S. 240; ☎6220 2330; www.nyloncoffee.sg; 01-40, 4 Everton Park; ⌚Mo & Mi–Fr 8.30–17.30, Sa & So 9–18 Uhr; Ⓜ Outram Park, Tanjong Pagar). Ein kleines Stehcafé mit Rösterei und dem Renommee, fantastische, jahreszeitlich zusammengestellte Kaffeemischungen und beeindruckende Kaffeesorten anzubieten. Es wird von einem sehr entgegenkommenden Team von Kaffeefanatikern geleitet, das sich gern mit der Kundschaft über die letzte Kaffee-Einkaufstour (sie kaufen direkt von den Kaffeeanbauern) oder die Vorteile der Stempelkanne unterhält. Neben Espresso wird gerne die Methode Clever Dripper verwendet, die die unterschiedlichen Kaffeenoten besser zur Geltung bringt.

Wir empfehlen **The Redundant Shop** (Karte S. 240; redundantshop.com; Block 5, 01-22A Everton Park; ⌚Di–Sa 11–20, So bis 17 Uhr; Ⓜ Outram Park, Tanjong Pagar), ein Warenlager seltener Labels – sowohl lokaler als auch internationaler Indie-Labels – für Design-Experten. Im Angebot sind elegante Lederbörsen und verrückte Uhren von Singapur-Designern, lustige Socken aus Kalifornien, oder auch mal ein glänzender Helm für eine antike Vespa.

Everton Park ist von der MRT-Station sehr gut zu Fuß erreichbar (etwa 500 m). Der Eingang liegt an der Cantonment Road, genau gegenüber der sieben Türme der Pinnacle@Duxton Wohnanlage.

che Gesichter – lebhafte Hinterzimmer-Bar und höfliches Fassadengeschäft. An beiden Orten werden wunderbare Mixgetränke serviert, wie der Mr. Bean, eine verführerische Mischung aus Sojaquark, Wodka, Kaya, Butterscotch-Likör und Frangelico.

CUFFLINK CLUB COCKTAILBAR

Karte S. 238 (http://thecufflinkclub.com; 6 Jiak Chuan Rd; ⌚Mo–Do 17–1, Fr 15–2, Sa 18–2 Uhr; Ⓜ Outram Park) Herr über diese hübsche, maskuline Cocktailbar ist der Brite Joel Fraser, der sein Metier in Melbournes berühmtem Der Raum und Singapurs avantgardistischem Tippling Club erlernt hat. Die noble Herkunft zeigt sich in der spielerischen Sicherheit köstlicher säuerlicher Drinks genannt Whom The Bell Tolls, einer Weiterentwicklung von Hemingways Daiquiri, serviert mit einem Papierflieger aus einer Seite von Hemingways namensgebendem Roman *Wem die Stunde schlägt*. Selbst die Toiletten sind sehenswert.

BREEZE DACHTERRASSENBAR

Karte S. 238 (www.thescarlethotel.com; Scarlet Hotel, 33 Erskine Rd; ⌚Mo–Do 17–1 Uhr, Fr & Sa bis 2, So bis 23 Uhr; 📶; Ⓜ Chinatown) Auf dieser angenehmen Dachterrasse über dem Scarlet Hotel lässt sich ein köstlicher, gemütlicher Drink weitab vom Lärm der Menschenmenge genießen. Dekoriert mit tropisch-bunten Stoffen und rot blühenden Helikonien, bietet Breeze das ideale Ambiente für stille Gespräche, romantische Blicke oder einfach eine kühle Brise mit Blick auf die Skyline.

Ô BATIGNOLLES WEINBAR

Karte S. 238 (2 Gemmill Lane; ⌚Mo-Fr 12–24, Sa 11–24, So 11–23 Uhr; 📶; Ⓜ Telok Ayer) Französisches Flair und *joie de vivre* bietet dieses nette Eckbistro, das von einem französischen Pärchen geführt wird. Hier entspannen Anwälte und Frankophile aus aller Welt bei einem guten, aber auch preiswerten Glas altem Wein; dazu gibt es *assiettes de charcuterie* und Leute-Beobachten an der Club Street.

THE GOOD BEER COMPANY BIERSTAND

Karte S. 238 (11 New Bridge Rd, 02-58 Chinatown Complex; ⌚Mo–Sa 18–22 Uhr; Ⓜ Chinatown) Dieser Bierstand verleiht dem Hawker

Center Chinatown Complex einen coolen Touch mit einem sehr eindrucksvollen Angebot von Flaschenbieren – vom einheimischen Jungle bis zum belgischen Trappistes Rochefort. Ein paar Stände weiter befindet sich das **Smith Street Taps** (Karte S. 238; 02-062, Chinatown Complex, 11 New Bridge Rd; ⌚Di–Sa 18.30–22.30 Uhr), das von einem netten Typen geführt wird und eine ständig wechselnde Auswahl handwerklich gebrauter und Premium-Biere bietet.

FRY BISTRO — DACHTERRASSENBAR

Karte S. 238 (☎8418 5995; www.facebook.com/FryBistro; 96B Club St; ⌚Mo–Mi 17–1, Do–Sa bis 3 Uhr Ⓜ Chinatown) Das einfache Dachterrassen-Bistro mit den aufgestapelten Bierkästen wird von den Menschenmassen in der Club Street kaum wahrgenommen. Deshalb sitzt man hier auch so gemütlich beisammen zum Trinken und für lange Gespräche. Die Atmosphäre ist entspannt, die Musik gut und der Blick auf die Skyline genauso faszinierend wie in den eleganteren Bars.

OXWELL & CO — BAR

Karte S. 238 (www.oxwellandco.com; 5 Ann Siang Rd; ⌚Di–Sa 10 Uhr bis spät; Ⓜ Chinatown) Hahnenkampf-Poster an den Wänden, einfache Holzbänke und nackte Kupferrohre – fehlen eigentlich nur noch Planwagen vor der Tür. Es fehlt dagegen nicht an Anzugträgern, die jeden Abend die Krawatte lockern und weniger bekannte Biere oder gute Weine schlucken und Schmackhaftes genießen, wie z. B. organische eingelegte Oliven oder britische Klassiker wie Yorkshire-Pudding, neu interpretiert.

Das Neonzeichen „Nosh" weist eine Treppe hinauf, wo der von Gordon Ramsay protegierte Mark Sargeant moderne britische Küche nach Marktangebot bietet. Reservierung einige Tage vorher erforderlich.

TANTRIC BAR — LGBT

Karte S. 238 (78 Neil Rd; ⌚So–Fr 20–3, Sa 20–4 Uhr; Ⓜ Outram Park, Chinatown) Zwei Bars im Gebäude und zwei palmengesäumte Innenhöfe machen Singapurs beliebtesten Schwulentreffpunkt aus. Besonders Freitag- und Samstagnacht geht es hier heftig zur Sache zwischen gestylten Einheimischen, interessierten Expats und Zugereisten, die hier zu Hits von Kylie, Gaga und Katy Perry tanzen und flirten. Der Mittwochabend ist für Schluckspechte besonders attraktiv: zwei Martinis kosten dann nur 20 $.

1-ALTITUDE — DACHTERRASSENBAR

Karte S. 234 (www.1-altitude.com; Level 63, 1 Raffles Pl; Eintritt einschl. 1 Drink 30 $; ⌚18 Uhr bis spät; Ⓜ Raffles Place) Extreme Altitude wäre ein passenderer Name für die höchste Freiluftbar 282 m hoch über der Straße. Der Blick auf Singapur von dort oben ist unvergleichlich, doch die Qualität der Drinks kann nicht mithalten. Am besten fein anziehen, oben Fotos schießen und dann den Abend in einer anderen Bar verbringen, wo die Drinks besser sind.

LA TERRAZA — DACHTERRASSENBAR

Karte S. 238 (www.screeningroom.com.sg; Level 4, Screening Room, 12 Ann Siang Rd; ⌚Mo–Do 18–1, Fr & Sa bis 3 Uhr; Ⓜ Chinatown) La Terrazza thront über einem kleinen Kino, dem Screening Room, und bietet interessante Ausblicke auf die Stadt, beschwipste Expats und mittelgute Cocktails. Für hörbare Konversation empfiehlt sich ein Besuch früh am Abend oder in der Woche. Wer Lärm und Gedränge mag, für den sind Freitag und Samstag genau richtig. Tischreservierungen per E-Mail oder Telefon, am besten zwei Tage im Voraus.

TEA CHAPTER — TEEHAUS

Karte S. 238 (www.teachapter.com; 9–11 Neil Rd; ⌚Teehaus So–Do 11–22.30, Fr & Sa bis 23 Uhr; 📶; Ⓜ Chinatown) Königin Elizabeth und Prinz Philip kamen 1989 für ein Tässchen Tee vorbei, und für eine Gebühr von 10 $ kann man an ihrem Tisch sitzen. Sonst werden 8 $ pro Person verlangt, und dafür gibt es Tee nach Wahl bis zu diesem Preis. Die Auswahl ist ausgezeichnet, und das Personal ist gerne bereit, zu zeigen, wie der Tee richtig zubereitet und geschlürft wird.

Im angrenzenden Geschäft ist eine wundervolle Auswahl an Souvenir-Teegeschirr erhältlich (etwa 120 $). Tipp: Mit dem Kauf von Einzelstücken bekommt man ein Set für weniger als 60 $.

PLAIN — CAFÉ

Karte S. 240 (www.theplain.com.sg; 50 Craig Rd; ⌚Mo–Fr 7.30–17.30, Sa & So bis 19.30 Uhr; Ⓜ Tanjong Pagar) Schlichte Innendekoration, ordentlich gestapelte Zeitschriften und ein Gemeinschaftstisch im Scandi-Stil: Im Plain fühlen sich Hipsters wohl bei australischem Genovese-Kaffee, ganztägig guten Frühstücksoptionen (ab 4 $) und köstlichem Süßgebäck wie Limonen-Zitronen-Tartes. Freundlicher Service bei entspannter Atmosphäre.

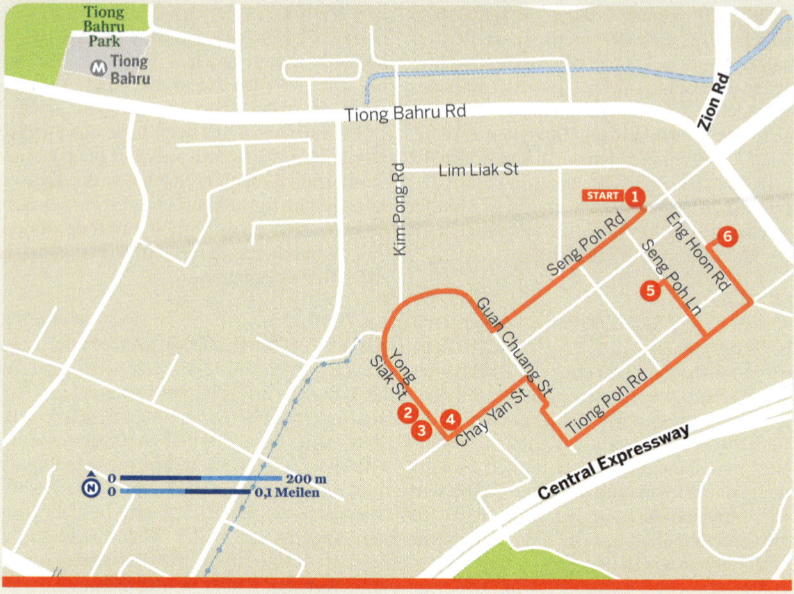

Lokalkolorit

Ein gemütlicher Morgen in Tiong Bahru

Am Wochenende bietet sich ein Morgenspaziergang durch Tiong Bahru an, drei Haltestellen hinter Raffles Place an der west-östlichen MRT-Linie (grün). Das Viertel mit seinen niedrigen Gebäuden besitzt nicht nur hippe Boutiquen, Bars und Cafés. Es ist Singapurs erstes soziales Wohnungsbauprojekt, und die Jugendstilhäuser ohne Aufzug sind heutzutage unerwartete architektonische Schätze.

❶ Zum Markt

Das **Tiong Bahru Market & Food Centre** (83 Seng Poh Rd; ⏲8 Uhr bis spät, je nach Stand; Ⓜ Tiong Bahru) bleibt seinen Traditionen treu, bis hin zur orangen Außenfarbe. Ein Gang durch die Straßenmärkte weckt den Appetit, bevor man zum Hawker Center nach oben geht und sich dort *shui kueh* (gedämpfte Reiskuchen mit Würfeln aus eingelegten Radieschen) bei **Jan Bo Shui Kueh** (02-05 Tiong Bahru Market & Food Centre; Shui 1,20–3,30 $; ⏲6.30–22.30 Uhr) bestellt.

❷ Büchersuche

BooksActually (www.booksactually.com; 9 Yong Siak St; ⏲Mo 11–18, Di–Fr 11–21, Sa 10–21, So 10–18 Uhr; Ⓜ Tiong Bahru) ist eine der coolsten, unabhängigen Buchhandlungen Singapurs, mit einem guten Angebot an Literatur und Sachbüchern. Schöne Kinderbücher gibt es bei **Woods in the Books** (www.woodsinthebooks.sg; 3 Yong Siak St; ⏲Di–Sa 11–20, So 11–18 Uhr; Ⓜ Tiong Bahru) drei Türen weiter.

❸ Mutig und schön

Designer-Geschäft **Strangelets** (www.strangelets.sg; 7 Yong Siak St; ⏲Mo–Fr 11 bis 20, Sa & So 10–20 Uhr; Ⓜ Tiong Bahru) bietet schöne und ungewöhnliche Objekte aus aller Welt: interessant gestalteten Schmuck, Lampen und Tische, aber auch retro-inspirierte Radios, duftende Seifen und Rucksäcke wie in den 1970er-Jahren.

❹ Ein seltsamer Vogel

Ursprünglich ein Pop-up-Concept-Laden (heute da, morgen weg), ist **Nana & Bird** (www.nanaandbird.com; 01-02, 79 Chay Yan St; ⏲Di–Fr 12–19, Sa & So 11–19 Uhr; Ⓜ Tiong Bahru) inzwischen auf der ganzen Insel bekannt für freche, unabhängige Mode und Zubehör für Frauen, wie z. B. die Singapur-Labels Aijek und By Invite Only, oder das ungarische Label Dori Tomssanyi. Der **flagship store**

RENEE TING ©

Präsentation bei Books Actually

(01-65, 59 Eng Hoon St; ⏲Di–Fr 12–19, Sa & So 11–19 Uhr; ⓂTiong Bahru) führt auch Kindermode.

❺ Vintage-Klassik

An der Spitze der Vintage-Läden ist **Fleas & Trees** (01-10, 68 Seng Poh Lane; ⏲Di–Do 18–22, Fr–So 10–22 Uhr; ⓂTiong Bahru), geführt von Terrence Yeung und Bella Koh, die eklektische Haushaltswaren, spielerische Kleidung und Schmuck zusammenstellen, ganz zu schweigen von super-coolen Büchern und Zeitschriften aus aller Welt.

❻ Eine französische Affäre

Der Bäcker Gontran Cherrier, durch und durch Franzose, verführt in seiner coolen **Tiong Bahru Bakery** (☎6220 3430; www.tiongbahrubakery.com; Stand 01-07, 56 Eng Hoon St; Gebäck ab 3 $, Sandwiches & Focaccias ab 8 $; ⏲8–22 Uhr; ⓂTiong Bahru) die Besucher auf französische Art – Liebe geht nun mal durch den Magen. Mandel-Brioches sind nur ein Beispiel für die Backwaren, Sandwiches sind mit besten Zutaten belegt. Dazu gibt es den Kaffee von Common Man Roasters.

YIXING XUAN TEAHOUSE TEEHAUS

Karte S. 238 (www.yixingxuan-teahouse.com; 30/32 Tanjong Pagar Rd; ⏲Mo–Sa 10–21, So bis 19 Uhr; ⓂTanjong Pagar) Der frühere Banker und heutige Teelieferant Vincent Low steckt hinter diesem Unternehmen. Gerne erklärt er Besuchern alles Wissenswerte über chinesischen Tee und die hohe Kunst des Teetrinkens. Bei ihm lässt sich eine Teezeremonie mit Verkostung buchen (20 $, 45 Min.).

☆ UNTERHALTUNG

CHINESE THEATRE CIRCLE CHINESISCHE OPER

Karte S. 238 (☎6323 4862; www.ctcopera.com; 5 Smith St; Show & Snacks 25 $, Show & Abendessen 40 $; ⏲Fr–Sa 19–21 Uhr; ⓂChinatown) Die vom gemeinnützigen Opernensemble organisierten Teehausabende geben einen wunderbaren, informellen Einblick in die Geheimnisse der chinesischen Oper. Jeden Freitag und Samstag um 20 Uhr zeigen kostümierte Darsteller nach einer kurzen Einführung einen 45-mimütigen Ausschnitt aus einem klassischen Werk. Bei Vorausbuchung gibt es um 19 Uhr optional ein chinesisches Essen.

KYŌ CLUB

Karte S. 238 (www.clubkyo.com; B1-02, Keck Seng Tower, 133 Cecil St; ⏲Mi & Do 21–3, Fr & Sa bis 5 Uhr; ⓂTelok Ayer, Raffles Place) Einst eine langweilige Bank, und heute ein pulsierender Hotspot: Die ausgedehnte Spielwiese im japanischen Stil enthält die längste Bar der Welt, Hübsches zum Anschauen und heiße DJs, die gute Electro, House, Funk oder Disco auflegen. Genau das Richtige für ein wenig Unterhaltung unter der Woche.

ALTIMATE CLUB

Karte S. 234 (☎6438 0410; Level 61, 1 Raffles Pl.; Eintritt 45 $; ⏲Mi–Sa 22–4 Uhr; ⓂRaffles Place) Futuristisches Ambiente in Singapurs neuestem Top-Club: Zwei Stockwerke unter der Dachterrassenbar 1-Altitude (S. 83) befindet sich dieser Nachtclub mit einem fantastischen Mix aus digitalen Installationen, 3-D-Projektionen und virtuellen Avatars, ganz abgesehen von Top-DJs. Die ganze Super-High-Tech spiegelt sich im Preis: Vorausbuchung absolut notwendig, der Eintritt von 45 $ beinhaltet zwei Drinks, und wer einen Tisch reserviert, muss einen Mindestumsatz generieren.

SCREENING ROOM KINO

Karte S. 238 (www.screeningroom.com.sg; 12 Ann Siang Rd; Ⓜ Chinatown, Telok Ayer) Wer es sich gerne auf einem gemütlichen Sofa bequem macht und alte Filme guckt, kommt hier auf seine Kosten. Es werden Filme wie *On the Town* oder *Sex, Lies and Videotape* auf eine ausfahrbare Leinwand projiziert. Beim Kauf von Getränken oder Speisen an der Theaterbar im Wert von 15 $ (plus Bedienungsgeld und MWSt.) ist der Eintritt dazu noch frei.

Nach dem Film geht es in die Dachterrassenbar La Terraza, wo man bei ein paar anregenden Drinks die wunderschöne Aussicht genießt.

SINGAPORE CHINESE ORCHESTRA KLASSISCHE MUSIK

Karte S. 238 (☎ 6557 4034; www.sco.com.sg; Singapore Conference Hall, 7 Shenton Way; Ⓜ Tanjong Pagar) Führt das ganze Jahr über klassische chinesische Konzerte auf, die mit traditionellen Instrumenten wie *liuqin, ruan* und *sanxian* gespielt werden. Konzerte werden an unterschiedlichen Veranstaltungsorten abgehalten, gelegentlich mit Jazz, japanischen und malaiischen Interpreten.

TABOO LGBT

Karte S. 238 (www.taboo.sg; 65 Neil Rd; ⌚ Mi & Do 20–2, Fr 22–3, Sa 22–4 Uhr; Ⓜ Outram Park, Chinatown) Nach ein paar köstlichen Drinks im Tantric geht es dann weiter an der Straße gegenüber auf dem Tanzboden des immer noch beliebtesten Schwulen-Tanzclubs der Stadt. Zu sehen gibt es die üblichen Tänzer mit nacktem Oberkörper, anhängliche Frauen und regelmäßig scharfe Themennächte. Hinweis: Mittwoch- und Donnerstagabend ist nur die Lounge zum Chillen geöffnet.

TOY FACTORY PRODUCTIONS THEATER

Karte S. 238 (☎ 6222 1526; www.toyfactory.com.sg; 15A Smith St; Ⓜ Chinatown) Das innovative zweisprachige Theaterensemble (Englisch und Mandarin), dessen Ursprünge im Puppentheater liegen, ist heute für seine interkulturelle Zusammenarbeit und anspruchsvollen Aufführungen in verschiedenen Veranstaltungsorten der Stadt bekannt. Es produzierte Singapurs berühmteste transsexuelle Satire über Singapurs Männer, *The Penis Society*. Damit stellt sich unweigerlich die Frage: Ist Singapur steril? Und die antwortet Lautet: Ha!

SHOPPEN

Das Viertel um die Pagoda Street ist zum Touristentreffpunkt geworden, doch zwischen den Buden von T-Shirt-Verkäufern und Schnellkalligrafen gibt es interessantere Läden und Galerien, die von Gegenwartskunst bis zu antiken Möbeln und von traditioneller chinesischer Medizin bis hin zu Insider-Modemarken aus Singapur, Sydney und Kopenhagen alles zu bieten haben.

★ UTTERLY ART KUNST

Karte S. 238 (☎ 9487 2006; www.utterlyart.com.sg; Level 3, 20B Mosque St; ⌚ unterschiedlich, meist Mo–Sa 12–20, So bis 17.30 Uhr; Ⓜ Chinatown) Die winzige, freundliche Galerie im oberen Stockwerk bietet Gegenwartskunst von Künstlern aus Singapur, den Philippinen und Kambodscha. Meist sind es Gemälde, aber gelegentlich auch Skulpturen und Keramiken zum Preis von 50 bis etwa 1400 $ (je nach Ausstellung). Die Öffnungszeiten sind recht unregelmäßig.

TONG MERN SERN ANTIQUES ANTIQUITÄTEN

Karte S. 240 (51 Craig Rd; ⌚ Mo–Sa 9–17.30 Uhr, So 13.30–17.30 Uhr; Ⓜ Outram Park) Eine wahre Schatzkiste voll verstaubter Möbel, Bücher, Schallplatten, Holzschnitzereien, Porzellan und mehr, das von Singapur-Nostalgie zeugt. Ein Spruchband über der Tür verkündet: „Wir kaufen Schrott und verkaufen Antiquitäten. Einige Dummköpfe kaufen, andere verkaufen." Also: Augen auf!

WILLOW UND HUXLEY MODEACCESSOIRES,

Karte S. 238 (www.willowandhuxley.com; 20 Amoy St; ⌚ Mo–Fr 9–20, Sa 11–15 Uhr; Ⓜ Telok Ayer) Lebhafte und interessante Independent-Labels wie das australische Finders Keepers und Bec & Bridge, Dänemarks spaßiges Design Baum und Pferdgarten, und Sienna Millers ureigenes Twenty8Twelve. Schmuck wird angeboten, außerdem eine kleine Auswahl legerer, strandkompatibler Herrenbekleidung der australischen Marke TCSS und New Yorks Onia und Psycho Bunny.

FAR EAST LEGEND ANTIQUITÄTEN, KUSTHANDWERK

Karte S. 238 (233 South Bridge Rd; ⌚ 11.30–18.30 Uhr; Ⓜ Chinatown) Der kleine und überfüllte Laden bietet interessante Möbel, Lampen, Kunsthandwerk, Statuen und Kunstobjekte aus ganz Asien. Im Angebot sind Schnupftabakdosen aus feinem Porzellan, aber auch Mao-Büsten aus Keramik. Der Eigentümer lässt gerne mit sich handeln.

EU YAN SANG CHINESISCHE MEDIZIN

Karte S.238 (www.euyansang.com.sg; 269 South Bridge Rd; Laden Mo–Sa 8.30–19 Uhr, Klinik Mo, Di, Do & Fr 8.30–18, Mi 9–18, Sa 8.30–19.30 Uhr; M Chinatown) Dies ist Singapurs beliebtestes und kundenfreundlichstes Geschäft für chinesische Medizin mit exotischen Produkten wie Affen-Magensteinpulver gegen Verschleimung oder Liu-Jun-Zi-Pillen gegen Feuchte. Im Angebot finden sich aber auch Kräutertees, Suppen und Öle. In der Klinik nebenan kann man einen chinesischen Arzt zu Rate ziehen (den Pass mitbringen).

YONG GALLERY ANTIQUITÄTEN

Karte S. 238 (260 South Bridge Rd; 10–19 Uhr; M Chinatown) Der Eigentümer ist Kalligraf und verkauft in der Galerie zahlreiche Exemplare seiner eigenen Werke. Daneben gibt es Schmuck, Produkte aus echter Jade und Antiquitäten sowie erschwinglichere Geschenke wie dekorative Buchzeichen, chinesische Fächer und Uhren. Der Laden ist so vollgestopft, dass es allein schon Spaß macht, nur ein bisschen rumzustöbern ohne zu kaufen.

YUE HWA CHINESE PRODUCTS KAUFHAUS

Karte S. 240 (www.yuehwa.com.sg; 70 Eu Tong Sen St; So–Fr 11–21, Sa bis 22 Uhr; M Chinatown) Die Fassade des sechsstöckigen Kaufhauses, das sich auf chinesische Produkte spezialisiert hat, erinnert an Shanghai. Im Erdgeschoss gibt es Medizinen und Kräuter, Kleidung und Kissen. Auf dem Weg zum fünften Stock kommt man an Seidenstoffen, Nahrungsmitteln und Tees, Kunstgewerbe und Haushaltswaren vorbei und endet schließlich in einer unübersichtlich vollgestopften Möbelabteilung.

AKTIVITÄTEN

PEOPLE'S PARK COMPLEX SPA

Karte S. 238 (1 Park Rd; 9–23 Uhr, je nach Verkaufsstand; M Chinatown) Der einzige Grund, diese alte chinesische Mall aufzusuchen, ist für eine preisgünstige Massage (am besten die gut besuchten). Empfehlenswert ist **Mr Lim Foot Reflexology** (Karte S. 238; 03-53 & 03-78 People's Park Complex; 30 Min. Fußreflexzonenmassage 15 $; 10–23 Uhr; M Chinatown), bei dem ständig chinesische und malaiische Seifenopern am Fernseher laufen.

Mutige können Fischteich-Fußbäder probieren, in denen kleine Fische Hautpartikel direkt von den Füßen abknabbern.

FOOD PLAYGROUND COOKING COURSE

Karte S. 240 (9452 3669; www.foodplayground.com.sg; 4A Craig Rd; dreistündige Klassen ab 99 $; Mo–Sa 9.30–12.30 Uhr; M Tanjong Pagar) Wer die hervorragende Küche in Singapur genießt, mag sie vielleicht auch kochen lernen. Die fantastisch praktische Kochschule unterrichtet Kulturelles und Praktisches, erklärt Singapurs multikulturelle Zusammensetzung und lässt klassische Gerichte wie laksa, *nasi lemak* und gebratene *kway teow* kochen. Der Unterricht dauert normalerweise drei Stunden und kann außerdem an bestimmte Diätanforderungen angepasst werden.

OJAK LALI MASSAGE

Karte S. 240 (9489 3799, 6341 1875; 02-79 People's Park Centre 101 Upper Cross St; 1 Std. Körpermassage 38 $; 10–19.30 Uhr; M Chinatown) Im People's Park Centre (nicht zu verwechseln mit dem People's Park Complex nebenan) untergebracht ist diese kleine, einfache Massagepraxis, die auf javanische Massage spezialisiert ist. Sie ist billig und daher auch viel besucht, weshalb man insbesondere für eine Nachmittagsanwendung einen Termin ausmachen sollte.

Little India & Kampong Glam

LITTLE INDIA | KAMPONG GLAM | BUGIS

Highlights

❶ Raus aus den Flipflops und ran an die scharfen Snacks beim legendären **Lagnaa Barefoot Dining** (S. 95) in Little India, wo einem das Wasser im Mund zusammenläuft.

❷ Die Suche nach dem perfekten Duft in der Parfümerie **Sifr Aromatics** (S. 101), einem besonderen Laden im bunten Angebot des orientalischen Viertels Kampong Glam.

❸ Der Kauf eines Saris im **Tekka Centre** (S. 100) und anschließend ein Snack in einem der quirligsten Hawker Center Little Indias.

❹ Eine *puja* (Gebetsstunde) im **Sri Veeramakaliamman Temple** (S. 90) miterleben: Er ist Little Indias stimmungsvollster Hindu-Tempel.

❺ Ein paar Margaritas zum feuchtfröhlichen Einstieg ins quirlige Nachtleben entlang der Haji Lane, mit dem Auftakt im mexikanischen Bar-Restaurant **Piedra Negra** (S. 97).

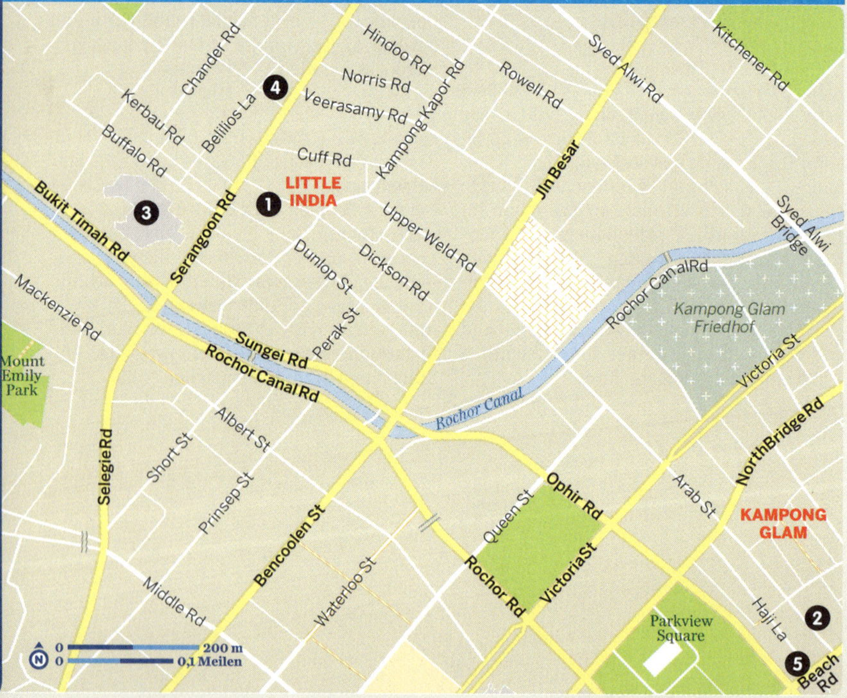

Mehr Details siehe Karte S. 242.

Little India & Kampong Glam erkunden

Little India besteht aus einem bunten, duftgeschwängerten Gassengewirr zwischen Serangoon Road und Jalan Besar. Am besten erlebt man die Lanes, wenn man sie zu Fuß erkundet. Shoppen und Tempelbesuche sind hier angesagt, Hauptattraktion ist aber das authentische Essen.

Auch in Kampong Glam isst man hervorragend – malaysisch, orientalisch, italienisch oder chinesisch. Die Gegend wird oft auch einfach Arab Street genannt. Das Viertel bietet eine interessante Mischung aus muslimisch geprägter Lebensart und jazzigem Ambiente. Die Kulisse besteht aus einem Durcheinander aus Bilderbuchmoscheen, Slowfood-Cafés und trendigen Boutiquen. Abends bietet es viele Möglichkeiten zum Ausgehen, sei es in Cocktailbars, Shisha-Cafés, Livemusik-Kneipen oder in den Lokalen der Seitenstraßen.

Lokalkolorit

➡ **Essen hautnah erleben** Bei den Indern wird vieles mit den Fingern gegessen. Die Hände werden vor und nach dem Essen gewaschen. Wichtig: Nur die rechte Hand darf beim Essen benutzt werden.

➡ **Südindisches Frühstück** Das Frühstück im Hotel wird schnell langweilig. In den vielen Garküchen Little Indias wird dagegen leckeres südindisches Frühstück mit *dosa* (papierdünnen Linsenmehl-Pfannkuchen), *idly* (luftigen runden fermentierten Reiskuchen) oder *uttapam* (dicken, herzhaften Reispfannkuchen) serviert.

➡ **Bollywood-Filme** Bei dem bunten, quirligen Leben in Little India ereilt einen schnell das Bollywood-Fieber. Dann hilft nur noch der schnelle Abstecher in die Rex Cinemas (S. 99, um in den Genuss eines indischen Blockbusters zu kommen, mit viel Gesang und Tanz.

An- & Weiterreise

➡ **MRT** Die Haltestelle Little India liegt direkt am Tekka Centre. Von den Haltestellen Bugis und Farrer Park aus gelangt man zu Fuß dorthin. Bugis liegt Kampong Glam am nächsten. Ab 2016 wird es zwischen den Haltestellen Little India und Bugis durch die Verlängerung der Cityline 2 eine Direktverbindung geben.

➡ **Bus** Linie 65 fährt von der Orchard Road zur Serangoon Road. Vom Colonial District aus fahren die Busse 131 und 147 die Stamford Road entlang. Nach Kampong Glam fährt Linie 7 von der Orchard Road zur Victoria Street (an der Stamford School aussteigen). Vom Colonial District fahren die Busse 130, 133, 145 und 197 bis zur Victoria Street, die Busse 100 und 107 verkehren entlang der Beach Road vom Raffles Hotel zur Bussorah Street.

Top-Tipp

Sonntags sieht Little India am quirligsten und indischsten aus. Viele Arbeiter haben nur an diesem Tag der Woche frei, vor allem die indischen Hilfsarbeiter. Dann hat man in den Straßen den Eindruck, der halbe Subkontinent tummle sich hier.

Gut essen

- Lagnaa Barefoot Dining (S. 95)
- Cicheti (S. 96)
- Zam Zam (S. 95)
- Gandhi Restaurant (S. 93)
- Nan Hwa Chong Fish-Head Steamboat Corner (S. 96)

Mehr Details siehe S. 93. ➡

Nett ausgehen

- Bar Stories (S. 97)
- Piedra Negra (S. 97)
- Artistry (S. 97)
- BluJaz Café (S. 99)
- Bellwethers (S. 97)

Mehr Details siehe S. 96. ➡

Angenehm shoppen

- Sifr Aromatics (S. 101)
- Haji Lane (S. 101)
- Tekka Centre (S. 100)
- Tuckshop & Sundry Supplies (S. 101)

Mehr Details siehe S. 100. ➡

SEHENSWERTES

Little India

SRI VEERAMAKALIAMMAN TEMPLE
HINDUISTISCHER TEMPEL

Karte S. 242 (141 Serangoon Rd; 5.15–12.15 & 16–21.15 Uhr; Ⓜ Little India) Dieser der Göttin Kali geweihte Shiva-Tempel ist der bunteste und geschäftigste in Little India. Kali, blutrünstige Gattin Shivas, war eine beliebte Göttin in Bengalen, der Heimatregion der Arbeiter, die diesen Tempel 1881 erbauten. Darstellungen von Kali im Tempel zeigen sie mit Totenköpfen bekränzt, während sie ihren Opfern die Eingeweide herausreißt, aber auch genau so friedlich zusammen mit ihren Söhnen Ganesh und Murugan. Während der vier täglichen *puja* (Gebetsstunden) ist in der Regel am meisten los. Wer Glück hat, gerade dann anwesend zu sein, sollte sich immer bewusst machen, dass der Tempel eine Kultstätte und keine Touristenattraktion ist.

SRI SRINIVASA PERUMAL TEMPLE
HINDUISTISCHER TEMPEL

(397 Serangoon Rd; 5.45–12 & 17–21 Uhr; Ⓜ Farrer Park) Der 1855 erbaute Tempel ist Vishnu geweiht, der markante 20 m hohe *gopuram* (Turm) wurde erst 1966 ergänzt. Im Inneren stehen Plastiken von Vishnu, seinen Gefährten Lakshmi und Andal sowie von seinem Reitvogel Garuda. Hier startet der große Umzug anlässlich des Thaipusam-Festivals. Das Fest gedenkt des Geburtstags von Gott Murugan, des jüngsten Sohnes von Shiva und Parvati, bei dem Murugan von seiner Mutter eine *vel* (Lanze) überreicht bekommt, damit er einen Dämonen besiegt.

SRI VADAPATHIRA KALIAMMAN TEMPLE
HINDUISTISCHER TEMPEL

(555 Serangoon Rd; So–Do 6–12 & 16.30–21, Fr & Sa 6–12.30 & 16.30–21.30 Uhr; Ⓜ Farrer Park, Boon King) Kaliamman, der Zerstörerin des Bösen, wurde dieser Tempel geweiht. Im Jahr 1870 entstand zunächst nur ein kleiner bescheidener Schrein, Ende der 1960er-Jahre erfolgte dann die Umwandlung in das schöne, farbenfrohe Gebäude, das man heute bewundern kann. Die Schnitzarbeiten – besonders innen in der *Vimana*-Kuppel – gehören zu den schönsten Tempelkunstwerken Singapurs.

INDIAN HERITAGE CENTRE

Mit der Eröffnung des **Indian Heritage Centre** (Karte S. 242; www.indianheritage.org.sg; Ecke Campbell Lane & Clive St; Ⓜ Little India), eines 12-Millionen-Dollar-Projekts, wird 2015 das indische Kulturerbe Singapurs anhand von Artefakten, Karten, Archivmaterial und Multimedia-Displays effektvoll präsentiert. Neben den fünf Sälen für Dauerausstellungen wird der kubistische Kulturtempel auch ein Besucherzentrum sowie einen Dachterrassengarten und Aktionsflächen beherbergen. Das Gebäude selbst ist eine auffällige Hommage an die Moderne. Während bei Tageslicht irisierende Lichtreflexe überwiegen, erstrahlt nachts hinter seiner transparenten Fassade ein farbenprächtiges, fein abgestimmtes Wandbild.

LEONG SAN SEE TEMPLE
BUDDHISTISCHER TEMPEL

(371 Race Course Rd; 7.30–17 Uhr; Ⓜ Farrer Park) Dieser relativ schlichte Tempel wurde 1917 errichtet und ist Kuan Yin (Guanyin) geweiht. Hier findet ein erstaunlich aktives religiöses Leben statt, intensiver als in vielen größeren Tao-Tempeln Singapurs. Der Name bedeutet übersetzt „Drachenberg-Tempel“, und so finden sich in den schön geschnitzten Holzbalken Darstellungen von Schimären, Drachen, Blumen und Menschen. Zu Fuß erreicht man den Tempel, wenn man auf der Serangoon Road nach Norden geht. Gegenüber der Beatty Road biegt man links in einen reizvoll verzierten Torbogen ein, auf dem die chinesischen Schriftzeichen für Tempel (寺山龍)) angebracht sind. Der Tempel liegt am Ende der Gasse.

SAKYA MUNI BUDDHA GAYA TEMPLE
BUDDHISTISCHER TEMPEL

(Tempel der 1000 Lichter; 366 Race Course Rd; 8–16.30 Uhr; Ⓜ Farrer Park) Gegenüber vom Leong San See Temple steht der Sakaya Muni Buddha Gaya Temple, auch bekannt als „Tempel der 1000 Lichter“. Er wird beherrscht von einer 15 m hohen und 300 t schweren sitzenden Buddha-Statue. Umgeben ist der Buddha von einer kunterbunten Versammlung von Gottheiten, u. a. von Kuan Yin (Guanyin), chinesische Göttin der

Stadtspaziergang Little India

START MRT-STATION FARRER PARK
ZIEL TEKKA CENTRE
LÄNGE/DAUER 2,7 KM; 1½ STUNDEN

Ab der MRT Haltestelle Farrer Park geht es nördlich auf der Race Course Road zum 1 **Tempel der Tausend Lichter** (S. 90). Im Inneren des Tempels ragt eine 15 m hohe Buddha-Statue auf. Gleich auf der gegenüberliegenden Straßenseite fällt der Blick auf die farbenprächtige Fassade des taoistischen 2 **Drachenberg-Tempels Leong San** (S. 90). Die gegenüberliegende Straße führt zur quirligen Serangoon Road. Auf dieser Route geht es südwärts weiter zum markanten 3 **Sri Srinivasa Perumal-Tempel** (S. 90), Singapurs erstem Tempel für Hindus, die ihren Gott Vishnu verehren. Der dort erteilte Segen erleichtert auch das Feilschen um Schnäppchen im weiter südlich gelegenen Einkaufszentrum 4 **Mustafa Centre** (S. 101). Überquert man die Straße, so steht man vor der 5 **Angullia-Moschee**, die bei den Gastarbeitern aus Bangladesch beliebt ist. Weiter südlich sollte man einen kurzen Blick in den 6 **Sri Veeramakaliamman-Tempel** (S. 90) werfen, Little Indias wichtigster hinduistischen Tempel; danach geht es weiter auf der Veerasamy Road. An der Kampong Kapor Road angelangt, biegt man rechts ab zur 7 **Methodistenkirche Kampong Kapor** (1929); dahinter links geht es einmal links in die Upper Weld Road und rechts weiter in die Perak Road. Auf Höhe der Dunlop Street biegt man links ab, um die eigenwillige 8 **Moschee Abdul Gafoor**, eine Symbiose aus arabischer und viktorianischer Architektur, zu bewundern. Über dem Haupteingang prangt eine einzigartige Sonnenuhr, deren 25 Strahlen mit arabischen Schriftzeichen verziert sind. Dann geht es wieder zurück entlang der 9 **Dunlop Street** mit ihren kunterbunten Läden. Nach dem Überqueren der Serangoon Road geht es auf der Kerbau Road in Richtung 10 **Tan House** weiter, einer Apotheke, in der sich verschiedene Farben und Formen spiegeln. Eine Gasse führt zur Buffalo Road. Buffalo Road und Kerbau Road erinnern an eine Zeit, als sich hier ein Viehstall an den anderen reihte. Hungrige finden leckere und günstige Snacks im legendären 11 **Tekka Centre** (S. 100).

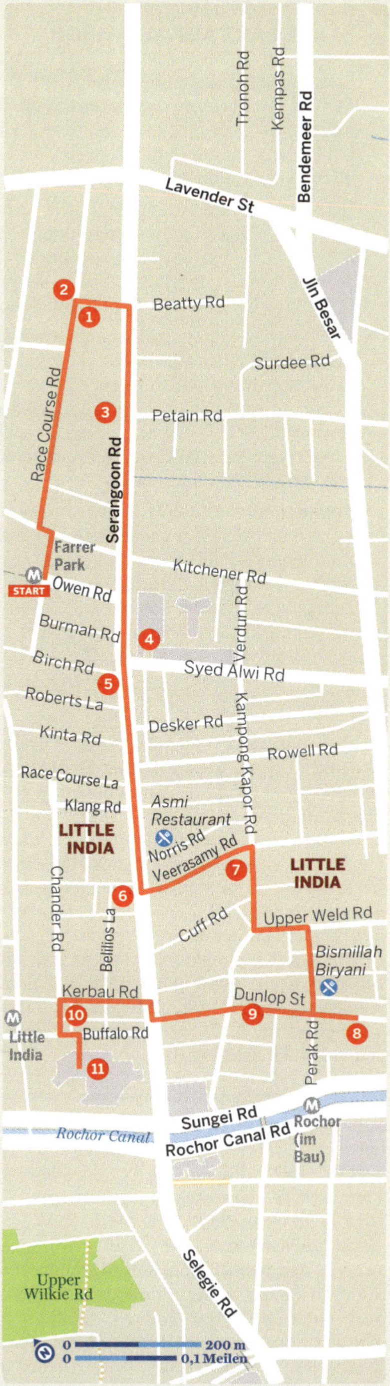

STREET-ART AUF ASIATISCH

Sein Name verrät schon die Herkunft: Der aus Litauen stammende Graffiti-Maestro **Ernest Zacharevic** (www.zachas.com) wird oft auch als „malaiischer Banksy" bezeichnet, weil seine originelle Sprühmalerei wie vom britischen Vorbild inspiriert wirkt. Mit Penang hat der Mittzwanziger Zacharevic seine Wahlheimat gefunden und damit auch den Mittelpunkt seines künstlerischen Schaffens.

Seine dadaistisch verspielte Graffiti-Kunst mit interaktivem Charakter hat inzwischen eine weltweite Fangemeinde gefunden. Zacharevics Werke, die vom norwegischen Stavanger bis Singapur Häuserwände zieren, leben von ihrem witzigen Beiwerk; so etwa verwendet der Künstler für seine Kompositionen alte Fahrräder und Holzstühle, ja integriert sogar das natürlich wachsende Moos in den Mauerritzen.

Auf einem kleineren Graffiti gegenüber der wunderschönen Malabar-Jama-At -Moschee sind Kinder abgebildet, die quietschvergnügt auf dahinrollenden Einkaufswagen herumturnen. Zur Rechten springt ein Junge wie ein Teufelchen aus einer Schachtel und schlägt einen Salto. Weiter südwärts an der Ecke Victoria Street/Jln Pisang ist ein überlebensgroßes Girlie zu sehen, wie es ein Löwenbaby streichelt, das friedlich vor sich hindöst. Diese drei fantasievollen Comic-Graffiti sind nicht die einzigen Hingucker in der ganzen Stadt.

Ein weiteres emblematisches Schablonen-Graffiti ist im Viertel Katong östlich von Little India zu bestaunen: Das Mammutwerk **Die Lanzenreiter** (Karte S. 246; Ecke Everitt Road & Joo Chiat Tce) zeigt zwei täuschend echte Knappen im Aufbruch zu einer Schlacht, im Galopp auf dem Rücken grellbunter Pferde dahinreitend. Das Fresko à la Don Quijote ist voller Schalk und Schelmenhaftigkeit. Ganz in der Nähe befindet sich ein markantes Figuren-Trio: Auf drei Pollern hat der Künstler die Bandit Minions verewigt – die Superhelden aus dem DC-Comics-Universum.

Gnade, und von den Hindu-Göttern Brahma und Ganesh. Den Eingang flankieren gelbe Tiger als Symbole für Schutz und Lebenskraft.

Hinter dem Tempeleingang ist linker Hand ein riesiger Fußabdruck Buddhas in Perlmutt zu sehen, umgeben von 108 glücksverheißenden Zeichen (um ihn von 2 m langen Fußabdrücken anderer Provenienz zu unterscheiden). Es soll sich dabei um eine Kopie des Fußabdrucks auf dem Adam's Peak in Sri Lanka handeln. Der Tempel wurde 1927 von einem thailändischen Mönch gegründet.

Kampong Glam

SULTAN MOSQUE — MOSCHEE

Karte S. 242 (www.sultanmosque.org.sg; 3 Muscat St; Sa–Do 9–12 & 14–16, Fr 14.30–16 Uhr; M Bugis) Singapurs größte Moschee scheint den abenteuerlichen Märchen aus *1001 Nacht* nachempfunden zu sein: Dem von einer goldenen Kuppel gekröntem Bauwerk liegt ein geheimnisvoller Zauber zugrunde, der von seiner sarazenischen Architektur ausgeht. 1825 wurde sie mit finanzieller Unterstützung von Raffles und der Britischen Ostindien-Kompanie gebaut. Der Unterstützung zugrunde lag ein Abkommen von Raffles mit dem Sultan von Singapur: Dieser sicherte ihm im Gegenzug weiterhin die Herrschaft über das Gebiet zu. 1928 wurde die ursprüngliche Moschee durch das heutige großartige Bauwerk ersetzt. Interessanterweise stammte der Bauplan von einem Architekten aus Irland, der für dasselbe Büro arbeitete, welches auch das Raffles Hotel entwarf.

Da es sich um eine aktive Moschee handelt, darf man sie nur außerhalb der Gebetsstunden besichtigen. Nicht-Muslime werden gebeten, die Gebetshalle überhaupt nicht zu betreten, alle Besucher müssen zudem angemessen gekleidet sein (Umhänge und Capes am Eingang erhältlich). Gläubige zu fotografieren sollte man tunlichst unterlassen!

MALAY HERITAGE CENTRE — MUSEUM

Karte S. 242 (6391 0450; www.malayheritage.org.sg; 85 Sultan Gate; Erw./Kind unter 6 Jahren

4 $/Eintritt frei; ⌚ Di–So 10–19 Uhr; Ⓜ Bugis) Das Gebiet von Kampong Glam war vor der Ankunft von Raffles die Residenz des malaiischen Königshauses: Der *istana* (Palast) wurde von 1836 bis 1843 für den letzten Sultan von Singapur, Ali Iskander Shah, errichtet. Heute ist das Malay Heritage Centre ein Museum. In den erst vor Kurzem neu gestalteten Ausstellungsräumen lässt sich die malaiisch-singapurische Kultur und Geschichte erkunden, von den Anfängen der Zuwanderung von Händlern bis hin zur Entwicklung des malaiisch-singapurischen Films, Theaters, der Musik und des Verlagswesens.

Geführte Touren finden dienstags und freitags immer um 11 Uhr statt (Eintritt frei), während im Rahmen besonderer Veranstaltungen malaiische Filme gezeigt werden. Das gilt z. B. für das kostenlose Openair-Kino. Das aktuelle Kino- bzw. Veranstaltungsprogramm steht auf der Website des Museums.

MALABAR MUSLIM JAMA-ATH MOSQUE — MOSCHEE

Karte S. 242 (www.malabar.org.sg; 471 Victoria St; ⌚14.30–16 & 17–18.30 Uhr; Ⓜ Lavender). Unübersehbar ist die Malabar Muslim Jama-Ath Mosque, ein auffälliges Bauwerk nicht nur wegen der goldenen Kuppel, sondern auch wegen des beeindruckenden Innenraums, der komplett mit schön geometrisch angeordneten, blauen Kacheln ausgekleidet ist. Sie ist die einzige Moschee der Insel, die den Malabar-Muslimen aus dem südindischen Staat Kerala gewidmet ist. Baubeginn war 1956, doch aufgrund von Finanzierungsproblemen wurde sie erst 1963 eröffnet. Die Ausstattung mit den prachtvollen Kacheln wurde sogar erst 1995 abgeschlossen, nach dem Motto „Besser spät als nie".

HAJJAH FATIMAH MOSQUE — MOSCHEE

Karte S. 242 (4001 Beach Rd; Ⓜ Nicoll Highway, Lavender) 1846 erbaut, wurde diese Moschee nach Hajjah Fatimah, einer Malaiin aus Melaka, benannt, die hier einst gewohnt hat. Die Moschee ist architektonisch ungewöhnlich und einmalig: Sie wirkt eher britisch als orientalisch, dazu kommt ein schiefes Minarett, das um 6 ° von der Senkrechten abweicht: Ähnlich wie der Schiefe Turm von Pisa steht auch dieses Bauwerk auf einem instabilen sandigen Boden. Ein charakteristisches Element ist das Kuppeldach mit eingefassten Buntglasscheiben.

Bugis

KUAN IM THONG HOOD CHO TEMPLE — BUDDHISTISCHER TEMPEL

Karte S. 242 (178 Waterloo St; ⌚6–18.30 Uhr; Ⓜ Bugis) Chinesische Räucherstäbchen mit Orakelfunktion, die glücksbringenden *chien tung*, sind in einem der bestbesuchten Tempel Singapurs keine Mangelware. Die Chancen auf das große Glück sollen hier zum Besten stehen, so die Überzeugung der Gläubigen, die in Scharen herbeiströmen. Der buddhistische Tempel ist der Gnadengöttin Kuan Yin (Guanyin) geweiht, täglich tummeln sich hier Pilger.

Vor dem Tempel vertreiben Blumenhändler ihre Waren, während ein Stück weiter die Straße aufwärts ehrfürchtig am bronzenen Bauch der Buddhafigur Maitreya gerieben wird, weil das eine extra Portion Glück bescheren soll. Im Zeichen eines gottseligen Pragmatismus, wie er in Singapur gang und gäbe ist, sammeln sich Gläubige auch im farbenprächtigen **Sri Krishnan Hindu Temple** (Karte S. 242; 152 Waterloo St) nebenan zum Gebet.

ESSEN

Little India

GANDHI RESTAURANT — SÜDINDISCH $

Karte S. 242 (29 Chander Rd; Gerichte ab 2 $, Menüs ab 4 $; ⌚11–23 Uhr; Ⓜ Little India) Eine Art Bahnhofsgaststätte mit Kantinenatmosphäre, etwas nachlässigem Service und bescheidener Inneneinrichtung. Dafür ist das Essen aber ganz ausgezeichnet. Zum schmackhaften *thali* gibt es *dosa* (papierdünne Pfannkuchen aus Linsenmehl) oder *uttapam* (dicke, herzhafte südindische Reispfannkuchen mit fein gehackten Zwiebeln, grünen Chilis, Koriander und Kokosnuss). Die Hände werden üblicherweise am Waschbecken hinten im Lokal gewaschen.

SANKRANTI — INDISCH $

Karte S. 242 (100 Sayed Alwi Rd; Hauptgerichte ab 8 $; Mo–Do 11.30–16 & 18–24, Fr–So 11.30–24 Uhr; Ⓜ Little India) In und um Little Indias Einkaufszentrum Mustafa Centre, das rund um die Uhr geöffnet ist, lockt ein vielfältiges Gastronomieangebot an guten Restau-

TEKKA CENTRE

In Little Indias berühmtestem Hawker Center, dem **Tekka Centre** (Karte S. 242; Ecke Serangoon Rd & Buffalo Rd; Gerichte 2–10 $; ⌚7–23 Uhr; 🖉; Ⓜ Little India) wird an den Verkaufsständen Hühnchenreis auf Hainan-Art und *nasi goreng*, ein indonesisches Reisgericht, verkauft. Diese Gerichte findet man auch in anderen Gastronomiezentren quer durch Singapur, hier liegt der Schwerpunkt jedoch auf indischem Essen, d. h. es gibt jede Menge Biryanis, Tandooris und Lamm-Currys.

Ein Besuch bei **Ah-Rahman Royal Prata** (Karte S. 242; Stand 01-248; Murtabak 4–8 $; ⌚7–22 Uhr, jeder 2. Mo geschl.) lohnt sich, denn die *murtabak* (herzhaft gefüllte Pfannkuchen) sind hier sogar noch besser als die bei Zam Zam – einfach unglaublich gut. Wer dem Koch beim Backen zusieht, meint, einen Künstler bei der Arbeit vor sich zu haben.

rants. Das Sankranti hat sich auf die Regionalküche des südindischen Bundesstaates Andhra Pradesh spezialisiert. Ohne Frage ist das Lokal die Nummer eins im ganzen Umkreis. Die umfangreiche Speisekarte enthält auch Gerichte aus Nordindien sowie eine schöne Auswahl an *thalis*, darunter das kulinarische Special Sankranti mit zehn unterschiedlichen Gerichten.

ANANDA BHAVAN INDIISCH, VEGETARISCH $

Karte S. 242 (www.anandabhavan.com; Block 663, 01-10 Buffalo Rd; Menüs ab 6–9 $; ⌚7–22.30 Uhr; 🖉; Ⓜ Little India) Eine Spitzenauswahl an verschiedenen südindischen Frühstücksvarianten mit *idly* und *dosa* (auf der Speisekarte hier *thosai*). Dazu gibt es preiswerte *thalis*, die zum Teil auf Bananenblättern serviert werden. In Little India existieren mehrere ebenso günstige Franchise-Filialen. Weitere Ableger in Little India finden sich in der Serangoon Road 58 und in der Syed Alwi Road 95 sowie am Flughafen Changi im Terminal 2.

JAGGI'S PUNJABI-INDISCH $

Karte S. 242 (34-36 Race Course Rd; Gerichte 2,50–5 $; ⌚Mo–Do 11.30–15.30 & 17.30–22.30, Fr bis 22.45, Sa & So 11–16 & 17.30–22.45 Uhr; 🖉; Ⓜ Little India) Eines der wenigen authentischen Lokale, die im Gegensatz zu den vielen überteuerten touristischen indischen Restaurants an der Race Course Road ohne viel Schnickschnack auskommen. Trotz der Kantinenatmosphäre lohnt sich eine Einkehr, denn das Essen schmeckt hervorragend und das Lokal ist bei den Einheimischen zu Recht beliebt. An der Selbstbedienungstheke wird per Fingerzeig ausgewählt, bis das individuelle Menü komplett zusammengestellt ist, dann drückt man dem Chef das Geld in die Hand und sucht sich mit seinem Tablett einen Tisch in guter Gesellschaft.

AZMI RESTAURANT (NORRIS ROAD CHAPATI) INDISCH-ISLAMISCH $

Karte S. 242 (Norris Rd Chapati; 1 Norris Rd; Gerichte 1–5 $, Chapati 0,80 $; ⌚7.30–22.30 Uhr; Ⓜ Little India) Ein beliebtes kleines Ecklokal ohne Allüren mit den wohl besten ofenfrischen Chapatis in Little India. Zur Auswahl am Büffet stehen mehrere Currys, zu denen man Chapatis bestellt, um den Teller damit sauber zu wischen. Als Sitzgelegenheiten dienen Plastikstühle (d. h. keiner der Gäste trägt hier Sonntagskleidung). Getränke können an einem separaten Getränkekiosk bestellt werden, der in einer Ecke des Gastraums von Chinesen betrieben wird.

USMAN PAKISTANISCH $

Karte S. 242 (Ecke Serangoon Rd & Desker Rd; Gerichte 1–16 $; ⌚11–2 Uhr; Ⓜ Little India) Das winzige Lokal ist mit einer ganzen Batterie an Mehl- und Zwiebelsäcken dekoriert. Hier gibt es Gerichte mit samtcremigem *paneer*, handgemachtem indischen Rahm-Frischkäse aus Kuhmilch. Am besten schmeckt der *pulak paneer* in Kombination mit cremigem Spinatfond. Linsengerichte wie das Dhal gibt es oft schon ab 1 $! Was auch immer auf den Teller kommt: Das frisch gebackene *naan* (Fladenbrot aus dem Tandoori-Ofen) gehört als i-Tüpfelchen unbedingt dazu.

AZMI RESTAURANT INDISCH-ISLAMISCH $

Karte S. 242 (43 Dunlop St; Snacks ab 0,50 $; ⌚8–20 Uhr; Ⓜ Little India) Die kleine Garküche neben der Abdul Gaffoor Mosque füllt sich schnell um die Gebetszeit herum, die Gäste stehen dann Schlange bis auf die

Straße hinaus. Kleine Portionen *samosas* (ausgebackene Teigtasche mit Gemüse- oder Fleischfüllung) und *pakoras* (Gemüse in Kichererbsenteig ausgebacken), die mit der Hand gegessen werden, gibt es für 1,20 $, dazu gesüßten Tee oder Kaffee.

MOGHUL SWEET SHOP SÜSSSPEISEN **$**

Karte S. 242 (48 Serangoon Rd; Süßigkeiten ab 1 $; ⌚9.30–21.30 Uhr; Ⓜ Little India) Wer es auf die Süßspeisen des indischen Subkontinents abgesehen hat, ist in der winzigen Naschkatzen-Oase Moghul genau am richtigen Platz. Schleckermäulern sind hier keine Grenzen gesetzt. Unwiderstehlich sind u. a. *gulab jamun* (frittierte Teigbällchen in Zuckersirup), *rasmalai* (Quarkbällchen in Kardamom-Rahm-Sauce) und *barfi* (Mandelmilchkonfekt mit Pistazien, Schokolade ... und Karotten).

★ LAGNAA BAREFOOT DINING INDISCH **$$**

Karte S. 242 (☎6296 1215; www.lagnaa.com; 6 Upper Dickson Rd; Gerichte 6–20 $; ⌚11.30–22 Uhr; 📶; Ⓜ Little India) In dem lässigen Barfuß-Lokal kann jeder seine individuelle Auswahl auf der Schärfe-Skala treffen: Stufe 3 heißt leicht scharf, Stufe 4 sehr scharf und alles was darüber liegt, grenzt an bewundernswerte Tapferkeit. Welche Stufe auch immer in Frage kommt, das Fingerfood in 1A-Qualität aus den nördlichsten und südlichsten Regionen des indischen Mutterlands ist ein kulinarischer Genuss. Gespeist wird entweder im Parterre wie gewohnt auf Stühlen sitzend oder auf Bodenkissen im oberen Stockwerk. Wer sich ob der Fülle des Angebots mit der Auswahl schwer tut, sollte einfach mal das berühmte Schmetterlingsfisch-Curry von Küchenchef Kaesavan probieren.

Selbst leicht scharfe Gerichte sind ohne Lassis oder rahmige Beilagen schon eine Herausforderung und bürgen für Lagnaas Chili-Renommee. Wer sich an Stufe 6 heranwagt, darf sich auf eine Einladung zum monatlichen Vollmond-Chili-Event freuen. Wer das überlebt, bekommt sein Essen auf Rechnung des Hauses.

ANDHRA CURRY SÜDINDISCH **$$**

Karte S. 242 (41 Kerbau Rd; Gerichte 5,50 bis 24,50 $; ⌚Mo–Fr 11.30–15.30 & 18–22.30, Sa & So 11.30–22.30 Uhr; 🖉; Ⓜ Little India) In einem farbenfrohen Ladenhaus hat sich dieses Lokal auf Gerichte aus dem südindischen Bundesstaat Andhra Pradesh spezialisiert. Sauber und effizient organisiert, schließt es die Lücke zwischen den spottbilligen, bodenständigen Garküchen von Little India und den mondänen, etwas überteuerten populären Touristenrestaurants. Die Spezialität des Hauses sind Hyderabad-Biryani, aber auch die Tandoori-Fleischgerichte schmecken sehr gut. Die abwechslungsreichen vegetarischen *thalis* sind günstig.

COCOTTE FRANZÖSISCH **$$$**

Karte S. 242 (☎6298 1188; www.restaurant-cocotte.com; 2 Dickson Rd; Hauptgerichte ab 34 $; ⌚So, Mo, Mi & Do 12–14 & 18–21.30, Fr & Sa 12–14.30 & 18–22 Uhr; Ⓜ Little India, Bugis) Das Gourmetrestaurant hat sich durch und durch der französischen Küche verschrieben, bis hin zu den Fruchtsäften. Unbedingt probieren sollte man *escargot gougères* (Weinbergschnecken im Käse-Blätterteigmantel), *crepinettes* mit zartem Schweinefleisch, Kalbsgeschnetzeltem und Salbei oder das *poulet rôti,* ein ganzes Backhähnchen mit Saisongemüse und deftigem Bratenfond.

Kampong Glam

★ ZAM ZAM MALAIISCH **$**

Karte S. 242 (699 North Bridge Rd; Martabak ab 5 $, Gerichte 6–20 $; ⌚7–23 Uhr; 📶; Ⓜ Bugis) Das Zam Zam gibt es schon seit 1908, also scheinen die Leute zu wissen, worauf es ankommt. Trotzdem sind sie nicht selbstzufrieden geworden – die Kunden werden immer noch von draußen hereingelockt, und in der Küche werden mit Verve leckere *martabak* gezaubert. Die Spezialität des Hauses sind die herzhaften Pfannkuchen; sie kommen gefüllt mit Lamm, Hühnchen, Rindfleisch, Wild oder sogar mit Sardinen auf den Tisch. Die Portionen sind riesig, also wohldosiert bestellen!

WARONG NASI PARIAMAN MALAIISCH, INDONESISCH **$**

Karte S. 242 (☎6292 2374; 738 North Bridge Rd; Gerichte 2,60–5 $; ⌚Mo–Sa 7.30–14.30 Uhr; Ⓜ Bugis) Auf den ersten Blick wirkt dieser Imbissstand an der Straßenecke unscheinbar, aber das hier gekochte *nasi padang* grenzt an einen kulinarischen Mythos. Unbedingt probiert haben sollte man die *belado* (Makrele in Chili-Zwiebel-Essig-Sud geschmort), köstliches *rendang* (Rindfleisch) oder *ayam bakar* (Grillhähnchen mit Kokossauce). Es empfiehlt sich, schon gegen 11 Uhr da zu sein, um 13 Uhr ist das meiste schon ausverkauft.

★**CICHETI** ITALIIENISCH **$$**

Karte S. 242 (☎6292 5012; www.cicheti.com; 52 Kandahar St; Pizzen 17–25 $, Hauptgerichte 25–38 $; ⏲Mo–Fr 12–15 & 18.30–23, Sa 18.30–23 Uhr; Ⓜ Bugis) Der lässige Italiener gehört zur derzeit angesagten Slow-Food-Szene, italienische Trendgerichte werden mit handverlesenen Zutaten frisch vom Markt zubereitet. Hier geht man abends schick zum Essen aus und lässt sich von kunstfertigen, jungen *pizzaioli* und einem zuvorkommenden Personal verwöhnen. Zu den besonderen Gaumenfreuden zählen hier Holzofenpizzas, hausgemachte Pasta-Spezialitäten und Highlights auf der Abendkarte wie *polpette di carne grana* (geschmorte Fleischbällchen mit Parmesanraspeln). Wer hier am Freitag- und Samstagabend speisen möchte, sollte früh genug einen Tisch reservieren! Nicht vergessen: noch Platz aufheben für eines oder mehrere der interessanten Desserts, sei es für die geeiste Crème brûlée mit kandierten Speckstreifen oder ein Schüsselchen erfrischendes Kräutergelee mit einem Schuss Grappa.

NAN HWA CHONG FISH-HEAD STEAMBOAT CORNER CHINESISCH **$$**

Karte S. 242 (812-816 North Bridge Rd; Fish Steamboats 20 $; ⏲16.30–0.30 Uhr; Ⓜ Lavender) Wer einmal die Singapurer Spezialität Fish-Head-Steamboat probieren möchte, sollte es hier tun. Der Fischkopf wird in einem auf Holzkohle erhitzten, großen Topf mit dampfender Brühe auf den Tisch gebracht, ähnlich wie bei einem Fondue. Der Sud ist mit *tee po*, dem Aroma einer getrockneten Seescholle, gewürzt. Im Sud lassen sich zahlreiche Spezialitäten wie Fisch, Meeresfrüchte oder auch Fleischspießchen garen. Und auch wenn es nicht so lecker klingt, im Fischkopf verbirgt sich zartes Fleisch. Ein Steamboat reicht für drei bis vier Personen und kann mit Reis oder anderen Beilagen für weitere Personen gestreckt werden. Für die Fischkopfbrühe eignen sich verschiedene Fischarten, jedoch wird bevorzugt der etwas fleischigere Red Snapper mit wenig Gräten verwendet.

SYMMETRY CAFÉ **$$**

Karte S. 242 (www.symmetry.com.sg; 9 Jalan Kubor; Brunch 16–24 $; ⏲Mo 10.30–21, Di–Do 10.30–23, Fr 10.30–24, Sa 9–24, So 9–21 Uhr; 📶; Ⓜ Bugis) Das Brunch-Lokal mit Garagenatmosphäre ist wie gemacht für Jam-Sessions. Das Ambiente mit Indie-Touch wird vom rostigen Look der Deckenbalken und willkürlich gesetzten Lichtquellen bestimmt. Für den Wochenend-Brunch sollte man unbedingt reservieren. Zu dem unwiderstehlichen kulinarischen Angebot zählen farcierte Krapfen mit Pilzcreme, Schinkencroissants und leckere, beidseitig gebratene Spiegeleier mit Schweinswürstchen, geräucherten Paprika, Kirschtomatensauce und zartem Spinat.

Bugis

QS269 FOOD HOUSE HAWKER **$**

Karte S. 242 (Block 269B Queen St; ⏲variierende Öffnungszeiten an den Ständen; Ⓜ Bugis) Das Food House gleich eher einer „heimlichen Fressgasse“, in der es immer laut und überfüllt zugeht; einige Imbissstände haben Kultstatus. Wer eine preisgekrönte Kokos-Curry-Suppe von **Ah Heng Curry Chicken Bee Hoon Mee** (Karte S. 242; Stand 01-236; Gerichte ab 4 $; ⏲Sa–Do 8–17 Uhr) schlürft, kommt ordentlich ins Schwitzen. Probierenswert auch das Angebot vom kultigen **New Rong Liang Ge Cantonese Roast Duck Boiled Soup** (Karte S. 242; Stand 01-235; Gerichte ab 2,50 $; ⏲7–20 Uhr). Dort gibt es Gerichte mit knusprig-saftigem Entenfleisch, für das selbst Feinschmecker weite Wege quer durch die Stadt auf sich nehmen.

AUSGEHEN & NACHTLEBEN

Für ein feucht-fröhliches Kneipen-Hopping ist Kampong Glam besser aufgestellt als Little India. Die Ausgehszene konzentriert sich in und um die verkehrsfreie Haji Lane. Dort finden sich alle möglichen lässigen Lokale für Schluckspechte. In einigen Bars finden Jam-Sessions mit improvisierter Livemusik statt. In anderen Locations kann man sich seinen ganz individuellen Cocktail mixen lassen. Wer sich mit billigem Fusel einen Schwips antrinken will, dem bleibt immer noch ein Bierchen in den Hawker Centers (Markthallen und Essstände unter freiem Himmel).

Little India

BELLWETHERS

BAR

Karte S. 242 (www.bellwethers.com.sg; 120 Desker Rd; ⌚Di–Do 17–23.30, Fr 17–1, Sa 11–1, So 11–23 Uhr; 📶; Ⓜ Farrer Park) Die pfiffige Bar bringt frischen Wind in die unkonventionelle Ausgehszene von Little India. An einem der Ölfasstische, die vor dem Lokal im Freien stehen, kann man bei einem Bier vom Fass, Whisky oder einem anderen alkoholischen Getränk richtig gut abschalten, und die Snacks schmecken auch prima, wie etwa die gegrillte mit Schinkenspeck umwickelte Aubergine. Daneben gibt es auch noch größere Gerichte, meist mit Fleisch. Happy Hour ist täglich bis 21 Uhr!

PRINCE OF WALES

PUB

Karte S. 242 (www.facebook.com/POW.Little.India; 101 Dunlop St; ⌚So–Do 8.30–1, Fr & Sa 8.30–2 Uhr; Ⓜ Little India) Besonders Australier lieben dieses pub-ähnliche Hangout-Lokal in Little India, zu dem eine nette Backpacker-Pension gehört. Ein kleiner Biergarten, ein paar Bildschirme mit Sportsendungen und ein Billardtisch tragen zur lässigen Atmosphäre bei. Mehrmals in der Woche spielt Livemusik. Zum Eventprogramm gehören außerdem die Quiznacht am Mittwoch (ab 20 Uhr) und die Sonntags-Session inklusive Barbecue (15.30–19.30 Uhr) sowie Jam-Sessions (ab 16 Uhr).

ZSOFI TAPAS BAR

DACHTERRASSENBAR

Karte S. 242 (www.tapasbar.com.sg; 68 Dunlop St; ⌚Mo–Do 10–1, Fr & Sa 10–2, So 16–24 Uhr; Ⓜ Little India) Im Mittelpunkt steht hier nach wie vor die großzügige Dachterrasse – eine wunderbare, ungewöhnliche Location in diesem Stadtteil und längst kein Insidertipp mehr. Die Drinks sind etwas überteuert, doch es werden kostenlos Tapas dazu gereicht, damit man nicht gleich umfällt, wenn die Rechnung kommt.

Kampong Glam

ARTISTRY

CAFÉ

Karte S. 242 (☎6298 2420; www.artistryspace.com; 17 Jln Pinang; ⌚Di–So 10–19 Uhr; 📶; Ⓜ Bugis) Fantastischer Kaffee, wechselnde Kunstausstellungen und häufige Veranstaltungen außerhalb der normalen Öffnungszeiten (After-Hours-Events). Das Spektrum reicht von Livemusik mit Tanz bis hin zu Cocktailempfängen. Artistry ist eine zeitgemäße Version des Kunstsalons, der Gelegenheit zum intellektuellen Austausch bietet. Dazu passen entsprechende Getränke wie Bio-Bier und Cidre und frisch zubereitete innovative Fusion-Küche (bis 17 Uhr) wie etwa die vorzüglichen BRB (Pfannkuchen mit Heidelbeeren, Ricotta und Speck). Ein schönes Detail mit Seltenheitswert: Die Café-Theke, die Barhocker und der Stammtisch sind aus recyceltem Holz aus Geylang Serang gefertigt, einem malaiischen Dorf, das einst in der Geylang Road lag.

BAR STORIES

COCKTAILBAR

Karte S. 242 (☎6298 0838; www.barstories.com.sg; 55/57A Haji Lane; ⌚So–Do 15–1, Fr & Sa 15–2 Uhr; Ⓜ Bugis) Gegen Ende der Woche sollte man besser einen Platz reservieren; denn die verhältnismäßig kleine Cocktailbar im Obergeschoss ist sehr beliebt. Wer Glück hat, bekommt noch einen Sitzplatz in der Bar, wo emsige Baristas aufs Geratewohle und ganz nach Lust und Laune ihrer Gäste individuelle Cocktails mixen, die herrlich schmecken.

PIEDRA NEGRA

BAR

Karte S. 242 (www.piedra-negra.com; Ecke Beach Rd & Haji Lane; ⌚Mo–Do 12–24, Fr 12–2, Sa 17–2 Uhr; Ⓜ Bugis) Ein vibrierendes Ambiente macht dieses mexikanische Lokal zu einem ausgezeichneten Treff an jedem beliebigen Abend der Woche: sexy Latin-Rhythmen, grandiose Wandmalereien und Tische im Freien direkt an der Haji Lane, die sich gut zum Leute beobachten eignet. Die Frozen Margaritas oder Shakes schmecken klasse, Burritos, Quesadillas, Tacos und weitere mexikanische und Tex-Mex-Spezialitäten sind köstlich und machen satt.

MAISON IKKOKU

CAFÉ, COCKTAIL BAR

Karte S. 242 (www.maison-ikkoku.net; 20 Kandahar St; ⌚Café: Mo–Do 9–21, Fr & Sa 9–23, So 9–19 Uhr, Bar So–Do 16–1, Fr & Sa 9–2 Uhr; 📶; Ⓜ Bugis) Ausgestattet mit Lederpolster-Sitzbänken im Chesterfield-Stil setzt das japanische Café Maison Ikkoku auf die „dritte Kaffeerevolution" mit schonender Röstung: Zum Brauen eines Third-Wave-Kaffees gehören verschiedenste Kaffeekocher wie die Chemex-Karaffe, Kaffee-Syphons, das Woodneck-Brühgerät mit Stofffilter, French Press (Kaffeepresse), AeroPress-Kaffeebereiter und der traditionelle Espressokocher. Die Karte bietet ganz ordentliche Snacks, Salate, Kuchen und

Lokalkolorit: Ein Nachmittag in Jalan Besar

Einst war Jalan Besar eine Zentrum für Baumärkte und Boxkämpfe, inzwischen aber hat sich die Gegend gemausert. Heute verströmt das Viertel mit seinen historischen Gebäuden und zahlreichen Cafés und Bars lässiges Singapur-Flair. Gleich nordöstlich von Little India findet man in diesem dicht bebauten Quartier zahlreiche Slow-Food-Cafés und Indie-Läden mit originellem asiatischem Design.

❶ Mittagessen im Suprette

Wer Gaumenfreuden frönen will, kann im **Suprette** (☎6298 8962; www.suprette.com; 383 Jln Besar; Gerichte 10–45 $; ⊙Mo, Mi & Do 7.30–15 & 18–22.30, Di & Fr 7.30–15 & 18–24, Sa 7.30–16 & 18–24, So 7.30–16 & 18–22.30 Uhr; ; 65, 145, 857, Ⓜ Farrer Park) köstlich speisen und auch feine Sachen mit nach Hause nehmen. Frühstück gibt es bis 14.30 Uhr, am Wochenende bis 15.30 Uhr. Zu empfehlen ist das saftige *shakshuka* (pochierte Eier mit scharfer Tomatensauce, Fetakäse und Merguez), dazu ein pfiffiger Orangensaft-Cocktail namens „Topless in Church".

❷ Peranakan-Stil in Vollendung

Zwischen Jalan Besar und Sturdee Road an der Petain Street befindet sich eine Reihe doppelstöckiger Balkonhäuser mit **Terrassen**, die noch aus den 1920er-Jahren stammen. Diese Art der Ornamentik ist auch als „später Shophouse-Stil" bekannt.

❸ Stilvolles Design

Hinter dem leuchtend gelben Ladeneingang bietet der Designladen **Konzepp** (shop.konzepp.com; 129 Tyrwhitt Rd; ⊙Di–So 12–20 Uhr; Ⓜ Lavender) originelle Kleidungsstücke, hauptsächlich für modebewusste Männer. Sie finden hier subversive Singapur-T-Shirts, lässige Kapuzenpullover und freche Bademode, dazu eine Fülle pfiffiger Accessoires: Designerschmuck, Lederwaren und Hyper-Grand-Uhren, eine Hausmarke.

❹ Kaffeegenuss im Baumarkt

Chye Seng Huat Hardware (www.cshhcoffee.com; 150 Tyrwhitt Rd; ⊙Di–Fr 9–19 Uhr, Sa & So bis 22 Uhr; Ⓜ Lavender), eine der originellsten Kaffeeröstereien Singapurs, lädt hier zum ultimativen Kaffeegenuss ein. Wie wäre es mit einem Schluck Nitro Black Matter, einem malzigen, kalt gebrauten Kaffee mit Kohlensäure, der aus dem Zapfhahn fließt? In den Räumen der Rösterei finden Kaffee- und

THEGENERALCO.SG ©

Cleveres Design der Tyrwhitt General Company

Latte-Macchiato-Workshops statt (www.papapalheta.com/education/classes).

5 Singapur-Design
Direkt über dem Baumarkt Chye Seng Huat Hardware befindet sich der Designschmuckladen **Tyrwhitt General Company** (http://tyrwhittgeneralcompany.com; 150A Tyrwhitt Rd; ⌚Di–So 11–19 Uhr; Ⓜ Lavender). Im hauseigenen Atelier werden Schmuck, Kunstobjekte und modischer Schnickschnack von Hand gefertigt. Der asiatische Touch des Sortiments ist unübersehbar. Auf der Website stehen die aktuellen Termine der im Haus veranstalteten Workshops (u. a. Lederhandwerkskurse etc.).

6 Kuchen- & Strudel-Highlights
Hier kommen alle Naschkatzen dieser Welt auf ihre Kosten. Zu den süßen Highlights im **Windowsill Pies** (Karte S. 242; ☎9004 7827; http://windowsillpies.sg; 78 Horne Rd; Kuchenstücke 7–8 $; ⌚Di–Do 11–21.30, Fr 11–21.30, Sa 10–22.30, So 10–21.30 Uhr; Ⓜ Lavender) gehören u. a. der Kürbiskuchen mit Bourbon-Sahne und der göttliche Himbeerkuchen mit Zitronenfüllung und samtiger Baiserhaube.

mi musubi, ein sushi-ähnlicher hawaiianischer Snack mit gewürztem Schinkenbelag.

In der oberen Etage befindet sich die Cocktailbar, in der man bei einem der kunstvoll zubereiteten Getränke den herrlichen Ausblick auf die goldene Kuppel der Sultansmoschee genießen kann.

☆ UNTERHALTUNG

☆ Little India

REX CINEMAS KINO
Karte S. 242 (http://tickets.rexcinema.com.sg; 2 Mackenzie Rd; Kinokarten 15 $; Ⓜ Little India) Wo laufen eigentlich die Bollywood-Blockbuster, die überall in Little India auf Werbeplakaten zu sehen sind? Natürlich in den Rex-Kinos! Das traditionsreiche Lichtspielhaus zeigt Filme aus ganz Indien, meist mit englischen Untertiteln.

WILD RICE THEATER
Karte S. 242 (☎6292 2695; www.wildrice.com.sg; 65 Kerbau Rd; Ⓜ Little India) Singapurs heißeste Theatertruppe hat ihre Basis in der Kerbau Road, tritt aber überall in der Stadt (und im Ausland) auf. Die Aufführungen reichen von Possen bis Politik, wobei die Truppe gern Dinge aufs Korn nimmt, über die in Singapur sonst diskret geschwiegen wird.

☆ Kampong Glam

BLUJAZ CAFÉ LIVEMUSIK
Karte S. 242 (www.blujaz.net; 11 Bali Lane; ab 6 $; ⌚Mo–Do 12–1, Fr 12–2, Sa 16–2 Uhr; Ⓜ Bugis) Die unkonventionelle Jazzkneipe gehört wahrscheinlich zu den besten Möglichkeiten, mitten in Singapur einen Livemusik-Abend zu erleben. Neben den regelmäßig stattfindenden Jam Sessions treten auch Blues- und Rockbands auf.

Auf der Website findet man das aktuelle Eventprogramm bzw. den Spielplan. So gibt es heiße Nächte mit DJs, die Funk, Rythm & Blues und Retro-Musik auflegen. Mittwochs finden im Rahmen der Kabarett-Nacht (Talk Cock) immer Open-Mic-Sessions statt, bei denen jeder einmal zum Mikrofon greifen darf.

BIAN'S CAFE PEKINGOPER

Karte S. 242 (www.singopera.com.sg; 01-27 Sultan Plaza, 100 Jln Sultan; Eintritt 10 $; ⌚Mo–Fr 11–19 Uhr; Ⓜ Bugis) Jeden Donnerstagnachmittag (15–18 Uhr) kann man das originelle Café besuchen und sich über kurzweilige Kostproben chinesischen Operngesangs freuen. Manchmal werden Gäste sogar aufgefordert, mitzumachen. Karaoke mal anders ... In den Räumlichkeiten befindet sich auch das etwas großspurig betitelte **Singapore Chinese Opera Museum** (Karte S. 242; 100 Jln Sultan; Eintritt 5 $; ⌚Di–So 11–19 Uhr), ein Peking-Opern-Museum, das die Geschichte dieser Kunstform von ihren Ursprüngen bis heute dokumentiert.

☆ Bugis

BUGIS+ EINKAUFSPASSAGE

Karte S. 242 (www.bugis-plus.com.sg; 201 Victoria St; Ⓜ Bugis) Die futuristische Einkaufspassage ist ganz nach dem Geschmack der sogenannten *millenials* designt, die sich hier über Bildschirme von Konsumbotschaften einlullen lassen.

Leidenschaftliche Fans von Computerspielen treffen sich im **St. Games** (Karte S. 242; www.stgamescafe.com; 03-16/17 Bugis+; ⌚So–Do 11.30–21.30 Uhr, Fr & Sa bis Mitternacht), im **Garena Stadium** (Karte S. 242; http://stadium.garena.com; 03-19, Bugis+) oder im nostalgischen Spieletempel **Arcadia** (Karte S. 242; 05-04/05 Bugis+; ⌚So–Do 11–23, Fr & Sa 11–1 Uhr) für eSports und Gaming. Eine weitere Möglichkeit ist die Teilnahme an einer themenorientierten Karaoke-Session im **K Suites** (Karte S. 242; www.ksuites.com.sg; 03-18 Bugis+). Auf Ebene 4 der Einkaufspassage befinden sich unzählige flippige Esslokale in der Gastronomiewelt der Food Courts.

HOOD LIVEMUSIK

Karte S. 242 (www.hoodbarandcafe.com; 201 Victoria St, 05-07 Bugis+; ⌚5Mo & Di 17–1, Mi–Fr 17–3, Sa 12–3, So 12–1 Uhr; Ⓜ Bugis, City Hall) In der Einkaufspassage Bugis+ lockt das Hoods mit seiner Straßenkunst-Dekoration ein junges Publikum an, das sich im Rahmen nächtlicher Jam-Sessions bei Auftritten origineller Bands trifft. Besonders interessant sind die „Saturday Original Sessions", ein Talentschuppen für angehende Musiker, die unbedingt ihr Know-how unter Beweis stellen wollen - sei es als Sänger oder Songwriter.

SINGAPORE DANCE THEATRE TANZTHEATER

Karte S. 242 (☎6338 0611; www.singaporedancetheatre.com; 07-02/03, 201 Victoria St; Ⓜ Bugis) Hier ist das führende Tanztheater Singapurs zu Hause. Die Fans schwärmen von seinem klassischen Ballett-Repertoire und den zeitgenössischen Tanzaufführungen, die zumeist in den Theatres on the Bay (S. 69, auch Esplanade-Theater genannt) stattfinden. Die fantasievolle Konzerthalle in der Bucht von Singapur ist ein architektonisches Meisterwerk in Form zweier riesiger Durianfrüchte, die von der Bevölkerung oft auch als „Fliegenaugen" bezeichnet werden. Ein echtes Highlight ist das „Ballett unter dem Sternenhimmel" im Fort Canning Park (S. 58), dass im Juli stattfindet (siehe Website mit aktuellem Spielplan).

SHOPPEN

In den Straßen von Little India kann man gut einkaufen – die Läden sind Schatztruhen voller Kunst, Antiquitäten, Stoffen, Nahrungsmitteln und Musik. In Kampong Glam ist das Warenangebot sogar noch vielfältiger und gemischter – zum Einkaufen von Textilien, Teppichen und Parfüms für jeden noch so individuellen Geschmack bietet sich die Arab Street an. Wer auf der Suche nach Indie-Mode ist, DVDs oder die angesagtesten Accessoires erstehen will, wird in der Haji Lane oder in der Bali Lane fündig.

Little India

TEKKA CENTRE BEKLEIDUNG

Karte S. 242 (Ecke Serangoon Rd & Buffalo Rd; ⌚10–22 Uhr; Ⓜ Little India) Im Obergeschoss über dem geschäftigen Hawker Center werden indische Stoffe und Saris verkauft, einige Schneiderateliers bieten Maßanfertigungen an. Ein indisches Outfit lässt sich hier am günstigsten erstehen. Die Ware ist zwar mit Preisen ausgezeichnet, Handeln ist dennoch möglich.

NALLI BEKLEIDUNG

Karte S. 242 (www.nallisingapore.com.sg; 10 Buffalo Rd; ⌚Mo–Sa 10–21.30, So 10–19.30 Uhr; Ⓜ Little India) Wer einen Sari in bester Baumwollqualität oder in reiner Seide erstehen will, sollte diesen kleinen Laden in der Buffalo Road aufsuchen. Baumwoll-Saris gibt es schon ab 30 $, die Preise für die wunderschönen Seiden-Saris, die hauptsächlich im Obergeschoss zu finden sind, liegen zwischen 100 und 1000 $.

SIM LIM SQUARE COMPUTER, EINKAUFSPASSAGE

Karte S. 242 (www.simlimsquare.com.sg; 1 Rochor Canal Rd; ⌚11–20 Uhr; Ⓜ Bugis) Sim Lim ist bei Computer-Freaks bekannt für seine riesige Auswahl an günstigem Zubehör. In den Ständen stapeln sich Platinen, Soundkarten, Spielekonsolen, Laptops und Kameras. Wer sich auskennt, kann manches Schnäppchen machen, alle anderen werden eher über den Tisch gezogen. Auf jeden Fall sollte man hart feilschen.

MUSTAFA CENTRE KAUFHAUS

Karte S. 242 (www.mustafa.com.sg; 145 Syed Alwi Rd; ⌚24 Std.; Ⓜ Farrer Park) Das geschäftige, rund um die Uhr geöffnete Mustafa Centre in Little India zieht Schnäppchenjäger, die meist vom Subkontinent kommen, magisch an. Hier gibt es so gut wie alles zu günstigen Preisen: Elektronik, auffallenden Goldschmuck, Schuhe, Handtaschen, Koffer und Reisetaschen sowie Schönheitspflegeprodukte. Ein großer Supermarkt bietet eine breite Palette an indischen Lebensmitteln. Sonntags ist es hier fast schon zu voll.

Kampong Glam

★ **SIFR AROMATICS** PARFÜMERIE

Karte S. 242 (www.sifr.sg; 42 Arab St; ⌚Mo–Sa 11–20.30, So 11–17 Uhr; Ⓜ Bugis) Das Duftlabor mit Zen-Ambiente gehört dem Parfümeur Johari Kazura. Zu seinen exquisiten Kreationen zählen u. a. das betörende East (50 ml für 140 $), in dem sich arabisches Oud, Rosenessenzen, Amber und Orangenblüten (Neroli) miteinander vermischen. Die Preise bewegen sich zwischen 85 und 3000 $ pro 50-ml-Flacon, während Vintage-Parfümfläschchen für 60 bis 2000 $ zu haben sind. Wer sich einen individuellen Duft komponieren lassen will, sollte einige Tage vorher seinen Parfümerie-Besuch ankündigen.

TUCKSHOP & SUNDRY SUPPLIES MODE, ACCESSOIRES

Karte S. 242 (25 Bali Lane; ⌚Mo–Sa 11–21, So 12–18 Uhr; Ⓜ Bugis) Eine Hommage an die Kultur der amerikanischen Arbeiterklasse: Die superlässige Männermode besteht aus robustem Gewebe und Accessoires in einer breiten Auswahl, inklusive Designerbrillen, Körperpflegeprodukten und in eigener Werkstatt gefertigten Lederwaren. Hier kann man seinen Bestand an Holzfällerhemden, Sweatshirts und die etwas rareren Denim-Jeans der Marken Iron Heart (Japan) und Red Cloud (China) aufstocken.

LITTLE SHOPHOUSE KUNSTHANDWERK

Karte S. 242 (43 Bussorah St; ⌚10–17 Uhr; Ⓜ Bugis) Die traditionelle Peranakan-Perlenarbeit ist wohl eine aussterbende Kunst, die in diesem kleinen Laden an der netten Bussorah Street aber noch gepflegt wird. Die günstigsten Stücke gehen für ca. 300 $ über die Ladentheke. Das Design der farbenfrohen Hausschuhe geht auf Robert Sng zurück, seine Schwester Irene ist für

HIPPE HAJI LANE

Die **Haji Lane** (Karte S. 242; Haji Lane; Ⓜ Bugis), eine schmale Gasse mit pastellfarbenen Häusern, verläuft parallel zur traditionellen Arab Street. Ein Streifzug durch diese Straße ist ein Muss, will man die einzigartigen Boutiquen und die winzigen Cafés entdecken, von denen aus sich gut Leute beobachten lassen.

Die Boutique **Dulcetfig** (Karte S. 242; www.dulcetfig.com; 41 Haji Lane; ⌚Mo–Do 12–21, Fr & Sa 12–22, So 12–20 Uhr; Ⓜ Bugis) lässt Frauenherzen höher schlagen: Dort finden begeisterte Bloggerinnen lässige Singapur-Mode, schicke Klamotten und Accessoires aus aller Welt, z. B. hochkarätige Vintage-Taschen und Schmuck.

Wer sich einen sagenhaften Cocktail genehmigen will, ist im himmelblau dekorierten Künstlertreff **CAD Cafe** (Karte S. 242; http://cad.sg; 24 Haji Lane; ⌚Di & Mi 8–22, Do & Fr 8–24, Sa 10–24, So 10–22 Uhr; Ⓜ Bugis) genau richtig. Das namengebende Akronym setzt sich zusammen aus Coffee, Art und Design. Hier sollte man sich ein süßes, ofenfrisches handgemachtes Gebäck bestellen, das im Rahmen des Bread Project hergestellt wird – einer Ökoinitiative mit Kultstatus.

die Perlenstickerei zuständig. In jedem Paar Schuhe stecken zwei Monate mühevollster Detailarbeit; deswegen sind sie auch nicht gerade günstig. Neben der Perlenkunst umfasst das Sortiment auch noch Peranakan-Teesets, Geschirr, Vasen, Handtaschen und Schmuck.

STRAITS RECORDS MUSIK

Karte S. 242 (24A Bali Lane; ⌚Mo–Fr 15–22, Sa 14–22, 14–20 Uhr; Ⓜ Bugis) Bei Straits, einem der wenigen alternativen Musikgeschäfte in Singapur, gibt es Hip-Hop-, Hardcore- und Reggae-CDs, außerdem alte Schallplatten, T-Shirts und Bücher. CDs von Bands aus Singapur verkaufen sich ab 10 $.

Bugis

BUGIS JUNCTION EINKAUFSPASSAGE

Karte S. 242 (200 Victoria St; ⌚10–22 Uhr; Ⓜ Bugis) Zwei Straßenzüge mit Ladenhäusern wurden mit einem Glasdach verbunden und klimatisiert. Typisch für diese Einkaufspassage ist die Präsenz einiger Boutiquen mit nachgemachter Markenmode. Bugis Junction zieht ein junges Publikum an (Teenager und Twens). Modeschmuck ist günstig, außerdem gibt es hier noch die begehrten *kawaii* (made in Japan) als Sammlerstücke, außerdem raffinierte City-Rucksäcke und Courier Bags für den Laptop. Zu den international bekannten Labels zählen **Muji** und eine kleine Filiale des Buchladens **Kinokuniya**.

BUGIS STREET MARKET MARKT

Karte S. 242 (www.bugis-street.com; Victoria St; ⌚11–22 Uhr; Ⓜ Bugis) Dort, wo sich früher einmal Singapurs notorisches Rotlichtviertel befand – hier tummelten sich einst Soldaten auf Sonderurlaub, Gaming-Freaks und Transvestiten – lockt nun ein lebhafter Straßenmarkt. Hier findet man Kleidung, Schuhe und Accessoires, außerdem Nagelstudios, Imbissbuden und als Gruß aus der Vergangenheit auch einen Sex-Shop.

Etwas Ausgefallenes findet sich in der oberen Etage: Im winzigen **Good Old Days** (Karte S. 242; Shop CSL/D4, Ebene 2; ⌚12–22 Uhr) wird Mode, Handtaschen, Schmuck und Retro-Krimskrams aus den 1960er- bis 1990er-Jahren verkauft.

AKTIVITÄTEN

Little India

AYURVEDA-ZENTRUM AMRITA MASSAGE

Karte S. 242 (☎6299 0642; www.amrita.com.sg; 11 Upper Dickson Rd; 30 Min. Massage ab 35 $; ⌚Mo–Sa 9–21, So 8–15 Uhr; Ⓜ Little India) Wem die energiegeladene Atmosphäre in Little India zu Kopf steigt, kann sich in diesem unprätentiösen Massage-Studio auf indische Art mit einer Ayurveda-Massage nach einer Behandlungsmethode der traditionellen indischen Medizin verwöhnen lassen. Zur Auswahl stehen die Udvarthanam-Massage (mit Kräutersalbe und Peeling für bessere Mikrozirkulation der Haut) und die sehr beliebte Abhyangam-Massage mit fein abgestimmten medizinischen Ölen.

Kampong Glam

HOUNDS OF THE BASKERVILLES RASUR & TÄTOWIERLADEN

Karte S. 242 (☎6299 1197; 24 Bali Lane; Halbschnitt/Ganzschnitt/Rasur 15/38/35 $; ⌚Mo–Sa 11–22 Uhr; Ⓜ Bugis) Tätowierte Bohemiens, Retro-Mobiliar, eine ganze Batterie an Rasiergerätschaften und Espressokocher obendrein: In ganz Singapur gibt es keinen einzigen Laden, in der Tradition und Moderne eine so perfekte Symbiose eingehen. Im nostalgisch-avantgardistischen Barbier- & Tattoo-Laden kann man sich ganz spontan einen Kahlschlag verpassen lassen oder die Haut mit einem auffallenden Tattoo aufmöbeln.

Rosman, ein begnadeter Tattoo-Künstler, ist ein Meister seines Fachs und bekannt für seine farbenprächtigen Batikmuster.

Orchard Road

Highlights

❶ Das superschicke Mega-Einkaufsparadies **ION Orchard** (S. 111), die Nummer 1 in Singapurs Konsumwelt.

❷ Ein Besuch des **Tanglin Shopping Centre** (S. 111): Hier findet man indische Antiquitäten, orientalische Teppiche und historische Landkarten.

❸ In der **Emerald Hill Road** (S. 106) verwandelt sich der Kaufrausch vor einer prächtigen historischen Kulisse schnell in einen gemütlichen Einkaufsbummel.

❹ Ein exklusiver Restaurantbesuch in Singapurs hochgelobtem Gourmet-Tempel **Iggy's** (S. 109).

❺ Für Bodenständige bietet sich ein traditionelles Singapur-Frühstück im **Killiney Kopitiam** (S. 106) an. Dort treffen sich auch Einheimische bei *kaya* (Toast mit Kokoskonfitüre) und einer Tasse starkem *kopi* (Kaffee).

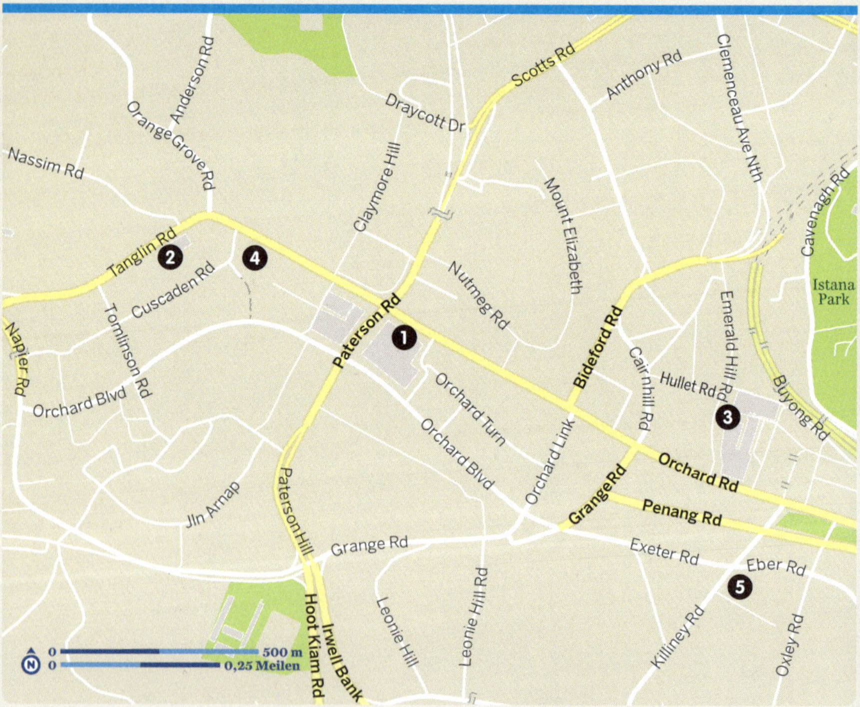

Mehr Details siehe Karte S. 248.

Die Orchard Road erkunden

Wer alle Einkaufspassagen und Geschäfte rund um die Orchard Road erkunden will, bräuchte fast eine Woche. Besser ist es, sich vorab auf www.orchardroad.org schlau zu machen. Die meisten Einkaufspassagen öffnen erst um 10 Uhr vormittags. Wer zu früh dran ist, der hat den perfekten Vorwand, um bei Killiney Kopitiam (S. 106) auf ein reichhaltiges Frühstück inklusive starkem Kaffee einzukehren oder in bester Slow-Food-Manier im Providore (S. 108), Wild Honey (S. 108) oder Kith Cafe (S. 109) die Zeit genussvoll zu überbrücken.

Ein Besuch in den Einkaufspassagen hat immer den gleichen Effekt: Nach einer Weile sehnen sich die erschöpften Füße nach einer Pause, z. B. mit einer schnellen Fußmassage im Lucky Plaza (S. 113) oder in einem der hochkarätigen Luxus-Spas im näheren Umkreis.

Gegen 17 Uhr lockt die Happy Hour mit supergünstigen Drinks, sei es in den Cafés und Bars entlang der Orchard Road oder in den Seitenstraßen wie der Emerald Hill Road mit ihren historischen Gebäuden.

Lokalkolorit

- **Menschenmassen** „Shoppen" ist in Singapur eine Art Volkssport – die Einkaufspassagen an der Orchard Road können daher extrem überlaufen sein. Wer das Getümmel meiden will, sollte gegen 10 Uhr da sein, um zumindest anfangs gemütlich stöbern zu können.
- **Food Courts** Das kulinarische Angebot reicht quer durch Asien mit einer bunten Vielfalt an landestypischen Gerichten, meist frisch vor den Augen der Gäste zubereitet und immer weitaus günstiger als in irgendeinem Restaurant. In den klimatisierten Hawker Centers fehlt es auch nie an den Klassikern der Regionalküche.
- **Frischluft** Die klimatisierten Einkaufszentren sind gut und schön, wer zwischendurch Frischluft braucht, kann in der Bar Canary (S. 110) eine Pause einlegen.

An- & Weiterreise

- **MRT** Die Orchard Road besitzt drei Metro-Bahnhöfe: Orchard, Somerset und Dhoby Ghaut. Die Metro ist daher das beste Fortbewegungsmittel.
- **Bus** Die Buslinie 7 verbindet die Orchard Road mit der Victoria Street (nach Kampong Glam). Buslinie 65 verkehrt zwischen Orchard Road und Serangoon Road (nach Little India). Die direkteste Verbindung zwischen Orchard Road und Chinatown bietet die Buslinie 190. Nach Dempsey Hill und Holland Village verkehren die Buslinien 7 oder 106 ab Penang Road, Somerset Road oder Orchard Boulevard gleich südlich der Orchard Road.

Top-Tipp

Kaum zu glauben, aber nur 2 km vom Labyrinth der Einkaufszentren der Orchard Road entfernt befindet sich ein Regenwald auf dem Gelände des zauberhaften **Botanischen Gartens** (Karte S. 250). Wer sich also nach einer grünen Oase sehnt, schnappt sich am besten Bus 7 oder 174 ab der Metrohaltestelle Orchard (Ausgang auf den Orchard Boulevard). Von da sind es dann nur noch 10 bis 20 Gehminuten.

Gut essen

- Iggy's (S. 109)
- Takashimaya Food Village (S. 107)
- Paradise Dynasty (S. 107)
- Buona Terra (S. 109)
- Straits Kitchen (S. 109)

Mehr Details siehe S. 106. ➡

Nett ausgehen

- Ice Cold Beer (S. 111)
- Néktar (S. 110)
- Bar Canary (S. 110)
- KPO (S. 110)
- Providore (S. 108)

Mehr Details siehe S. 110. ➡

Angenehm shoppen

- ION Orchard Mall (S. 111)
- Robinsons (S. 112)
- Tanglin Shopping Centre (S. 111)
- Reckless Shop (S. 112)
- On Pedder (S. 112)

Mehr Details siehe S. 111. ➡

SEHENSWERTES

EMERALD HILL ROAD ARCHITEKTUR

Karte S. 248 (MSomerset) Es lohnt sich, den Einkaufsbummel für eine Weile zu unterbrechen, um durch die Emerald Hill Road zu stromern, wo einige der schönsten Peranakan-Häuser Singapurs vom Ende des 19. Jhs. erhalten geblieben sind. Die meisten haben eine Terrasse oder Balkone, viele wurden hervorragend saniert. Besonders sehenswert ist das Haus Nr. 56: Es stammt aus dem Jahr 1902 und gehört zu den frühesten Bauten in diesem Viertel. Beeindruckend ist auch die Zeile mit den Häusern Nr. 39 bis 45, die durch ungewöhnlich breite Vorderfronten und imposante Eingangsbereiche im chinesischen Stil auffallen. Die Häuser Nr. 120 bis 130 sind vom Art-déco-Stil geprägt und wurden 1925 gebaut. In Emerald Hill am Ende der Orchard Road befinden sich dicht gedrängt einige Bars in renovierten Shophouses im Peranakan-Stil; dort auszugehen ist superschick und sehr angesagt.

ISTANA PALAST

Karte S. 248 (www.istana.gov.sg; Orchard Rd; Parkanlagen & Palast 2 $; ⌚8.30–18 Uhr, nur an den fünf „Tagen der offenen Tür"; MDhoby Ghaut) Als Sitz des Präsidenten von Singapur wurde das Istana zwischen 1867 und 1869 als Government House unter britischer Regentschaft erbaut: ein neoklassizistischer Prachtbau mit strahlend weißer Front auf einem 16 ha großen Areal. Fünfmal jährlich findet ein „Tag der offenen Tür" statt: Am Tag der Arbeit (1. Mai), am Nationalfeiertag (7. Aug.), während des chinesischen Neujahrsfestes (Jan. oder Feb.) sowie an den Feiertagen Diwali (Okt. oder Nov.) und Hari Raya Puasa (bzw. Eid-ul Fitr, letzter Tag des Ramadan; wechselnder Termin).

Nur an diesen genannten Tagen haben Besucher die Möglichkeit, auf dem Gelände des 9-Loch-Golfplatzes herumzuspazieren, die wunderschönen Gartenterrassen zu genießen und zwischendurch einen Blick in die Empfangsräume zu werfen. Normalerweise kommt man nicht näher an den Palast heran als bis zu den gut bewachten Toren an der Orchard Road.

CATHAY GALLERY MUSEUM

Karte S. 248 (www.thecathaygallery.com.sg; 2. Stock, The Cathay, 2 Handy Rd; ⌚Mo–Sa 11–17 Uhr; MDhoby Ghaut) GRATIS Filmfreaks werden beim Besuch des Kinomuseums ins Schwelgen geraten. Es befindet sich im ersten Wolkenkratzer Singapurs. Die Exponate geben Einblicke in die Erfolgsstory der Familie Loke, die als frühe Pioniere das Filmbusiness in Singapur und Malaysia mitprägten und die Cathay Organisation gründeten. Zu sehen sind außerdem alte Filmplakate, Kameras und Programme, die das Goldene Zeitalter der singapurischen Kinowelt dokumentieren.

TAN YEOK NEE HOUSE ARCHITEKTUR

Karte S. 248 (101 Penang Rd; MDhoby Ghaut) Nahe der Orchard Road (Ecke Penang Road) wurde 1885 das Tan Yeok Nee House als Stadthaus eines reichen Kaufmanns errichtet. Es ist das einzige in Singapur erhaltene Beispiel eines traditionellen chinesischen Herrenhauses. Heute gehört es zum asiatischen Campus der Graduate School of Business der University of Chicago. Der Gebäudekomplex ist nicht öffentlich zugänglich, aber immerhin kann man die schöne Dachverzierung von außen bewundern und vom Eingang aus einen Blick in den ruhigen Innenhof werfen.

ESSEN

KILLINEY KOPITIAM CAFÉ $

Karte S. 248 (67 Killiney Rd; Gerichte 2–7 $; ⌚Mo & Mi–Sa 6–23, Di & So 6–18 Uhr; MSomerset) Das originelle Café mit den weißen Wandfliesen, dem irisierenden Lichtdesign und einer Speisekarte mit Insiderwitzen und Aphorismen hat Schule gemacht. Inzwischen gibt es mehrere Franchising-Filialen von Hongkong über Bali und Malaysia bis nach Australien. Das Killiney in Singapur ist hingegen immer noch *der* In-Treff par excellence, wo es ein typisches Metropolen-Frühstück mit *kaya* (Toastbrot mit Kokosmarmelade), weich gekochten Eiern und starkem cremigen Kaffee gibt. Wer erst etwas später eintrudelt, kann verschiedene Varianten von Chicken Curry, Laksa oder *nasi lemak* (Kokosreis und getrocknete Sardellen mit scharfen Gewürzen im Bananenblatt) probieren. Zum Dessert gibt es drei süße Dim-Sum-Varianten.

MUSTARD INCIDENT AMERIKANISCH $

Karte S. 248 (B1 Tangs Orchard, 310 Orchard Rd; Hotdogs 9–10 $; ⌚Mo–Do & Sa 10.30–21.30, Fr 10.30–23, So 11–20.30 Uhr; MOrchard) Ob Würstchen, Gewürze oder Saucen – an

DIE BESTEN FOOD COURTS

Wer sich in den Einkaufszentren der Orchard Road bis ins Untergeschoss durchgewühlt hat, findet dort meist einen Food Court, d. h. eine Gastronomielandschaft mit verschiedensten Ständen, Theken und offenen Garküchen, die frisch zubereitete und günstige Gerichte aus aller Welt servieren. Die besten Food Courts sind folgende:

Food Republic (Karte S. 248; Level 4, Wisma Atria, 435 Orchard Rd; Gerichte 6–10 $; ⏲So bis Do 10–22, Fr & Sa 10–23 Uhr; Ⓜ Orchard) Nun gut, dieser Food Court befindet sich zwar nicht im Souterrain, das Gastronomiekonzept jedoch ist das Gleiche: Im Food Republic stehen traditionelle Straßenhändlergerichte zur Auswahl, wie man sie in den typischen Hawker Centers findet, zu Preisen, die sich wirklich jedermann leisten kann. Unter den Köstlichkeiten sind auch koreanische, japanische, indische, thailändische und indonesische Spezialitäten. Zuerst gilt es inmitten des Menschenandrangs einen Sitzplatz zu ergattern, dann heißt es geduldig Schlange stehen. Emsige Bedienungen schieben ihren Getränkewagen vor sich her oder bieten den Gästen Dim Sum (kleine Appetithäppchen) an.

Takashimaya Food Village (Karte S. 248; B2 Kaufhauskomplex Takashimaya, Ngee Ann City, 391 Orchard Rd; Snacks ab 1 $; ⏲10–23 Uhr; Ⓜ Orchard) Das „Gastronomiedorf" Takashimaya ist ein raffiniertes kulinarisches Universum. Das weitläufige „Food Village" befindet sich im Untergeschoss eines großen Kaufhauskomplexes. Die Klassiker sind Highlights der japanischen, koreanischen und asiatischen Spitzenküche. Unbedingt probieren sollte man *soon kueh* (taiwanesische Teigtaschen mit Bambussprossen, Süßkartoffeln, getrockneten Pilzen, Karotten und getrockneten Garnelen), außerdem das köstliche japanische Nudelgericht am Tsurukoshi-Stand, wo die Udons (cremeweiße Nudeln mit weicher elastischer Konsistenz) unwiderstehlich lecker sind.

diesem winzigen Hotdog-Stand im Souterrain des Kaufhauses Tang wird im Zeichen der Slow-Food-Welle alles handgemacht. Ein regelrechter Scharfmacher ist das legendäre Frankenstein-Sandwich (mit Würstchen aus Schweine- und Rindfleisch, durchwachsenem Speck, Chiligewürz, Knoblauchsauce und extrascharfer Sauce). Wer es milder bevorzugt, sollte einmal das Chicago-Hotdog mit frischen Tomatenwürfeln probieren. Im Getränkesortiment befindet sich eine Handvoll amerikanischer und europäischer Micro-Biere. Das Sitzplatzangebot ist eher knapp und spartanisch: schlichte Edelstahlbänke, weiter nichts.

GELATERIA ITALIA — EISDIELE $

Karte S. 248 (B4-K1 ION Orchard, 2 Orchard Turn; Eis ab 5,40 $; ⏲11–22.30 Uhr; Ⓜ Orchard) In der sagenhaften Eisdiele kommen alle Schleckermäuler voll auf ihre Kosten. Die Eistheke befindet sich im hintersten Winkel des Einkaufszentrums ION Orchard. Zu den besten Sorten zählt u. a. das Schokopralinen- und Pistazieneis, das auch wirklich nach Pistazie schmeckt. Der Grund: Das handgemachte Eis enthält nur natürliche Zutaten ohne künstliche Aromen oder Konservierungsstoffe. Auch die Farbe ist echt, also frei von chemischen Zusätzen.

★ TIM HO WAN — CHINESISCH $$

Karte S. 248 (01-29A/52 Plaza Singapura, 68 Orchard Rd; Gerichte ab 3,80 $; ⏲Mo–Fr 10–22, Sa & So 9–22 Uhr; Ⓜ Dhoby Ghaut) Seit der bekannte Dim-Sum-Spezialist Tim Ho Wan aus Hongkong mit einem Michelin-Stern ausgezeichnet wurde, werden die Warteschlangen vor seinen Lokalen in Singapur immer länger (nach 20.30 Uhr geht es etwas schneller). Wie beim Original muss man auch hier zunächst ein Bestellformular ausfüllen und fein säuberlich die Kästchen ankreuzen. Und auch wenn die Qualität im Vergleich zum Original etwas nachgelassen hat (die Singapurer Filialen müssen viele ihrer Zutaten importieren), wird immer noch nach den gleichen Rezepten gekocht. Mit hervorragendem Ergebnis. Unbedingt probiert haben sollte man die süßen Brötchen mit gegrilltem Schweinefleisch und die riesigen Garnelen-Klößchen.

PARADISE DYNASTY — CHINESISCH $$

Karte S. 248 (www.paradisegroup.com.sg; 2 Orchard Turn, 04-12A ION Orchard; Gerichte 7–23 $; ⏲Mo–Fr 11–21.30, Sa & So 10–21.30 Uhr; Ⓜ Orchard) Mitarbeiter im Corporate-Identity-Look und mit Headsets sorgen dafür, dass die Gäste mühelos zu ihrem Platz finden. Das beliebte Dim-Sum-Lokal wirkt wie ein schmaler Korridor, der Weg zum Tisch führt an einer verglasten Küche vorbei. Hier kann man den chinesischen Köchen zuschauen, wie sie Nudeln mit der Hand langziehen und die Teigklößchen in siedend heißem Wasser langsam aufsteigen lassen. Am besten schmecken die originalgewürzten *xiao long bao* (Suppenravioli), die ohne Frage die taiwanesischen Dim Sum im legendären Din Tai Fung noch übertreffen. Weitere kulinarische Highlights neben diesen samtweichen Wunderklößchen sind u. a. *la mian* (handgezogene Nudeln) mit buttergelb geschmortem Schweinebauch.

KITH CAFE
CAFÉ **$$**

Karte S. 248 (☎6338 8611; kith.com.sg; 9 Penang Rd; Gerichte 6–24 $; ⏱Di–So 8–22 Uhr; 📶✍; Ⓜ Dhoby Ghaut; 📶) Das Kith Café punktet in vielerlei Hinsicht. Es hat schon früh geöffnet, während viele Cafés in Singapur noch vor sich hindämmern. Drahtlos Surfen im Internet ist hier gratis möglich, dazu liegt eine Auswahl an interessanten Zeitschriften aus. Der Kaffee (mit Sojamilch!) ist gut bekömmlich, das Essen ist frisch und fein gewürzt. Frühstück gibt es den ganzen Tag hindurch, die Auswahl reicht von feinstem Müsli über opulente Eiergerichte bis hin zu Salaten und Sandwiches.

Das Einzige, was nervt, ist der laute Straßenverkehr gleich hinter dem schattigen Patio im Freien.

TAMBUAH MAS
INDONESISCH **$$**

Karte S. 248 (☎6733 2220; www.tambuahmas.com.sg; B1-44 Paragon, 290 Orchard Rd; Hauptgerichte 7–25 $; ⏱11–22 Uhr; 📶; Ⓜ Somerset) Das kleine indonesische Lokal im Untergeschoss des Paragon ist noch so etwas wie ein Geheimtipp. Es liegt etwas versteckt inmitten des weitläufigen Schlaraffenlands. Im Tambuah Mas treffen sich indonesische Expats bei kulinarischen Leckerbissen aus ihrer Heimat.

Das Ambiente dieser Slow-Food-Adresse ist hell und modern, die Preise sind für die Orchard Road geradezu moderat. Hier gibt es wahrscheinlich das beste *rendang* (scharfes indonesisches Rindscurry mit Kokossauce) in ganz Singapur. Wer gegen Ende der Woche (Do–Sa) hier zu Abend essen will, sollte früh erscheinen, denn eine Reservierung ist nicht möglich.

WASABI TEI
JAPANISCH **$$**

Karte S. 248 (05-70 Far East Plaza, 14 Scotts Rd; Gerichte 10–28 $; ⏱Mo–Fr 12.30–15 & 17.30–21.30, Sa 12.30–16.30 & 17.30–21.30 Uhr; Ⓜ Orchard) Resopal-Theke und Holzvertäfelungen erinnern an die 1970er-Jahre. Ohne Bargeld läuft hier gar nichts, Kreditkarten werden nicht akzeptiert. Die kleine feine Sushi Bar mit Retro-Flair fühlt sich allerdings bis heute wie ein Geheimtipp an. Dem chinesischen Koch kann man vom Tresen aus über die Schulter schauen. Er beweist, dass man nicht unbedingt in Japan geboren sein muss, um rohen Fisch schmackhaft zuzubereiten. Ein Hinweis noch: Das neuere Sushi-Restaurant nebenan kann das Original nicht ersetzen!

BODEGA Y TAPAS
TAPAS-BAR **$$**

Karte S. 248 (esmirada.com; 442 Orchard Rd; Tapas 7–19 $, Hauptgerichte 22–44 $; ⏱Mo–Sa 12–1, So 12–24 Uhr; Ⓜ Orchard) An der belebten Kreuzung von Orchard Road, Tanglin Road und Orange Road bietet das moderne Bistro mit Tapas-Bar Spanien-Feeling inklusive rhythmischer Gitarrenmusik. Es fließt reichlich Rotwein und die Tapas sind nicht nur eine Augenweide, sie schmecken auch hervorragend! Bei den großzügigen Portionen wird man locker mit drei Tapas-Schälchen satt. Pure Gaumenfreude mit einfachen Aromen: Der iberische Schinken ist butterweich, die Knoblauchgarnelen kommen brutzelnd auf den Tisch, inklusive frischem Baguette zum Auftunken der leckeren Knoblauchsauce.

Besonders attraktiv sind die Getränke-Specials mit tageszeitlich wechselndem Angebot. Die Hauptgerichte haben oft einen italienischen, französischen oder griechischen Einschlag.

PROVIDORE
CAFÉ **$$**

Karte S. 248 (☎6732 1565; www.theprovidore.com; 02-05 Mandarin Gallery, 333A Orchard Rd; Gerichte 8,50–26,50 $; ⏱9–22.30 Uhr; 📶; Ⓜ Somerset) Ganz oben in der Mandarin Gallery lockt am Ende der Außen-Rolltreppe das Providore, ein cooles Gute-Laune-Café mit hübscher Inneneinrichtung: weiße Wandkacheln, dezent gesetztes Industriedesign, Regale voller Delikatessen wie in der Speisekammer eines Gourmets. Hier trifft man sich auf eine Latte Macchiato mit cremigem Milchschaum oder durchforstet die Speisekarte nach allerlei Köstlichkeiten, angefangen bei Bio-Müsli zum Frühstück über Pfannkuchen-Spezialitäten bis hin zu Gourmetsalaten und -sandwiches. Als kulinarischer Hit gilt der megaleckere Cheeseburger mit Langustenfleisch. Der Wochenend-Brunch ist besonders beliebt (nicht nach 11 Uhr aufkreuzen!).

WILD HONEY CAFÉ **$$**

Karte S. 248 (www.wildhoney.com.sg; 03-02 Mandarin Gallery, 333A Orchard Rd; Frühstück 12–24 $; ⌚ 9–21, Fr & Sa bis 22 Uhr; ✎; Ⓜ Somerset) Das imposante Gebäude mit seinen falschen Backsteinwänden und den offen liegenden Rohren erinnert an die Architektur in New Yorks ehemaligem Industrieviertel Tribeca. Das Frühstückslokal lädt den ganzen Tag über zu einem üppigen Frühstück mit Variationen aus allen möglichen Ländern ein: So gibt es ein tofureiches kalifornisches Frühstück genauso wie das würzige tunesische *shakshouka*. Zur Wahl stehen außerdem verschiedene Muffins und Kuchen, Gourmet-Sandwiches und frisch gerösteter Kaffee. Am Wochenende sollte man besser schon vor 9.30 Uhr eintrudeln, später bildet sich oft eine Warteschlange. Eine weitere größere Filiale befindet sich im Einkaufszentrum Scotts Square in einer Seitenstraße der Orchard Road.

DIN TAI FUNG CHINESISCH **$$**

Karte S. 248 (www.dintaifung.com.sg; B1-03/06 Paragon, 290 Orchard Rd; Brötchen ab 1,20 $, Dim Sum ab 7,30 $; ⌚10–23 Uhr; Ⓜ Somerset) Inzwischen gibt es mehrere Din-Tai-Fung-Filialen quer über die Insel verteilt. Die traditionelle taiwanesische Restaurantkette war die erste, die in Singapur Fuß fasste. Ihr Schwerpunkt liegt auf ravioliähnlichen Teigtaschen, den Dim Sum. Freunden der asiatischen Küche läuft allein bei der Erinnerung an die köstlichen Nudelspezialitäten Jahre später noch das Wasser im Munde zusammen. Ein absolutes Highlight mit Kultstatus sind die *xiao long bao* (Suppenravioli). Auch die Wantan-Suppe mit Garnelen und Schweinefleisch sollte man einmal probieren. Jasmintee gibt es zu allen Gerichten gratis dazu.

★IGGY'S INTERNATIONAL **$$$**

Karte S. 248 (☎6732 2234; www.iggys.com.sg; Level 3, Hilton Hotel, 581 Orchard Rd; 3-Gänge-Mittagsmenü 85 $, Abendmenüs 195–275 $; ⌚Mo–Fr 12–1.30 & 19–21.30, Sa 19–21.30 Uhr; ✎; Ⓜ Orchard) Das dunkle, luxuriöse Design verströmt ein angenehmes Ambiente und verspricht ein Geschmackserlebnis der besonderen Art. Küchenchef Akmal Anuar zaubert italienisch-japanische Kreationen, denen kaum einer widerstehen kann. Sie sind eine wahre Augenweide und Gaumenfreude! Besondere kulinarische Highlights sind z. B. Burrata, eine Spielart des klassischen Mozzarella mit dickflüssigem, cremigem Kern und mit Ingwer garniert, oder auch die hauchdünnen Vermicelli mit knallroten, knackig-frischen Red-Fire-Garnelen. Die Küche ist einfach himmlisch.

BUONA TERRA ITALIENISCH **$$$**

Karte S. 248 (☎6733 0209; www.scotts29.com/buonaterra; 29 Scotts Rd; 3-, 4-, 5-, 6-Gänge-Menüs 88/108/128/148 $; ⌚Mo–Sa 18–22.15 Uhr; Ⓜ Newton) Die Einrichtung des hübschen italienischen Restaurants wirkt sehr schlicht: zehn weiß gedeckte Tische, sonst nichts. Denis Lucchi, der lombardische Küchenchef, kreiert elegante, moderne Gerichte mit außergewöhnlichen Zutaten wie z. B. hausgemachte Pappardelle mit Kobe-Kalbsrippchen, Morcheln und Fontina-Käsesauce. Seine rechte Hand ist der Sommelier Gabriele Rizzardi aus der Emilia-Romagna. Die Weinkarte lockt mit kostspieligen, sehr edlen Weinen wie etwa dem 2011er „Feudi del Pisciotto" oder dem „L'eterno Pinot Noir"! Am Freitag- und Samstagabend ist eine Reservierung unabdingbar.

STRAITS KITCHEN HAWKER CENTER **$$$**

Karte S. 248 (☎6738 1234; www.singapore.grand.hyattrestaurants.com/straitskitchen; Grand Hyatt, 10 Scotts Rd; Mittags- und Abendbüfett 45/55 $; ⌚Mo–Fr 12–14.30 & 18.30–22.30, Sa & So 12.30–15 & 18.30–22.30 Uhr; Ⓜ Orchard) Im Vergleich zu den traditionellen Hawker Centers mit klassischen Imbissständen wird hier im Grand Hyatt eine glamouröse Version geboten. Die hochgeschätzten Büfetts sind bei Einheimischen wie Ausländern gleichermaßen beliebt.

Wer in die Geheimnisse der Regionalküche eintauchen will, findet hier sämtliche Klassiker zum Probieren: Die Bandbreite reicht von Satay-Spezialitäten und Laksa (Suppe aus Kokosmilch und Tamarinde) über *char kway teow* (gebratene Reisnudeln) bis hin zu *rendang* (indonesisches Rindscurry mit Kokossauce) und *martabak* (ein indisches Snack-Gebäck, das ursprünglich aus dem Jemen stammt). Wer zuerst kommt, mahlt zuerst! Am Anfang sind die Büfetts noch gut bestückt und man kann sich günstig satt essen. Bestimmte Getränke sind in der Pauschale enthalten, Extrawünsche sind dann unverhältnismäßig teuer. Am Wochenende sollte man für das Abendbüfett vorab Plätze reservieren.

AUSGEHEN & NACHTLEBEN

Shoppen ist Schwerstarbeit und macht so richtig durstig. Wie gut, dass es in und nahe der Orchard Road viele Orte zum „Auftanken" gibt. Das Bier fließt hier nicht gerade zum Schnäppchenpreis (bis auf eine nennenswerte Ausnahme), doch es gibt jede Menge lässige Cafés und günstige Happy-Hour-Drinks. Günstiges Bier wird in den vielen Food Courts der Einkaufszentren entlang der Orchard Road ausgeschenkt.

NÉKTAR — BAR

Karte S. 248 (nektar.com.sg; 31 Scotts Rd; ⏲Mo bis Fr 17–1, Sa 17–2 Uhr; Ⓜ Newton) Das Néktar steht für koloniales Flair mit einladendem Ambiente und sagenhaften Cocktails. Im ruhig gelegenen Patio kann man sich in einen der bequemen Korbsessel zurücklehnen und einen Martini genießen, der vielleicht nach bitterer Schokolade und Cointreau schmeckt. Dafür ist hier der Trinkspaß zugegebenermaßen auch kostspieliger als anderswo – allerdings macht das die romantische Kulisse wieder wett. Eine wohltuende Oase der Ruhe abseits der reizüberfluteten Orchard Road. Auch beim Bier gibt es einige interessante Varietäten. Wer vom Alkoholkonsum hungrig wird, bestellt sich im Songs of India nebenan etwas zum Essen – und verzehrt es einfach hier.

BAR CANARY — BAR

Karte S. 248 (www.parkhotelgroup.com/orchard/dining/bar-canary; Park Hotel Orchard, 270 Orchard Rd; ⏲So–Do 12–1, Fr & Sa 12–2 Uhr; Ⓜ Somerset) Kanariengelbe Sofas, tropisches Blattwerk und der abendliche Verkehrslärm, der sich hier oben mit kreischendem Vogelgezwitscher vermischt, machen den Aufenthalt in der Bar Canary zu einem herrlichen Erlebnis an der frischen Luft – hoch über dem alltäglichen Wahnsinn der Orchard Road. Hier trifft man sich am späten Abend auf einen Drink in schickem, stimmungsvollem Ambiente und lässt sich von einem zuvorkommenden Personal verwöhnen. Geschickt platzierte Ventilatoren fächeln angenehme Frischluft zu. Wer einen Platz bei der legendären Ladies' Night am Mittwoch ergattern will, bucht am besten sechs Wochen im Voraus. Bei einem Eintrittspreis von 35 $ fließt der Schampus von 19.30 bis 21 Uhr gratis, danach kosten die Drinks die ganze Nacht hindurch nur die Hälfte. Der Eingang befindet sich in der Bideford Road.

KPO — BAR

Karte S. 248 (www.imaginings.com.sg; 1 Killiney Rd; ⏲Mo–Do 16–1, Fr 16–2, Sa 18–2 Uhr; Ⓜ Somerset) Zwar ist das KPO längst nicht mehr der In-Treff für alle, die sehen und gesehen werden wollen, jedoch bietet die originelle Bar nach wie vor das passende Ambiente zum Chillen, insbesondere auf der Dachterrasse. Die Abkürzung KPO verweist auf den Umstand, dass sich die Kneipe an der Kreuzung von drei Straßen befindet: Killiney Road, Penang Road und Orchard Road.

Das Lokal im ehemaligen Postgebäude verströmt tropisches Flair. Das erfrischend moderne Raumkonzept basiert auf einer gelungenen Begrünung, die mit schlichten Betonwänden und Holzverkleidungen kombiniert wird. Die Preise sind verhältnismäßig günstig; zu den besten Gerichten aus der Bistroküche zählt *karaage,* die japanische Version des Brathähnchens (in Sojasauce marinierte Hähnchenstücke).

CUSCADEN PATIO — BAR

Karte S. 248 (B1-11 Ming Arcade, 21 Cuscaden Rd; ⏲Mo, Mi & Do 15–1, Di 15–2, Fr & Sa 15–3 Uhr; Ⓜ Orchard) Die etwas angestaubte Souterrain-Bar mit kleinem Innenhof unter freiem Himmel wäre nichts Besonderes, wären da nicht das superfreundliche Personal und die supergünstigen Getränke. Ihretwegen ist die Bar genau so beliebt wie die schicken Bars in der Orchard Road. „Rabatt auf ein Bier" heißt im Klartext: Für knappe 6 $ kann man eine ganze Maß Bier (San Miguel) hinunterschütten. An Dienstagabenden gehen ganze Kannen für 13 $ über die Theke. Ein echtes Schnäppchen! Das gesparte Geld kann man dann alternativ in die superleckeren Chicken Wings investieren.

TWG TEA — TEEHAUS & TEELADEN

Karte S. 248 (www.twgtea.com; 02-21 ION Orchard, 2 Orchard Turn; ⏲10–22 Uhr; Ⓜ Orchard) Die hochkarätige Tee-Oase bietet über 800 verschiedene Single-Estate-Teesorten (alle Blätter stammen ausschließlich aus einer Tee-Plantage) sowie Blends (Teemischungen) aus aller Welt. Zur Wahl stehen verschiedenste Varietäten – typische englische Frühstückstees genauso wie luxuriöse Five-O'Clock-Tees wie etwa der Da Hong Pao aus der südostchinesischen Küstenprovinz Fujian. Besucher können die verschiedenen

AUSGEHEN IN DER EMERALD HILL ROAD

Die Emerald Hill Road ist zweifellos eine der besten Gegenden für eine Kneipentour als Kontrastprogramm zu den geschäftigen Einkaufszentren und Restaurantketten rund um die Orchard Road – eine friedliche Wohngegend mit vielen Bars und Cafés, die in den wunderbar restaurierten, 100 Jahre alten Peranakan-Häusern (Shophouses) Platz gefunden haben. In den After-Work-Stunden herrscht hier reges Treiben; denn hier können gestresste Büromenschen an der frischen Luft bei einem Glas Bier oder Wein bis 22 Uhr abschalten. Danach verlagert sich alles nach drinnen, damit die Anwohner ihre Ruhe haben.

Während die Tapas-Bar **Que Pasa** (Karte S. 248; www.quepasa.com.sg; 7 Emerald Hill Rd; ⌚Mo–Do 13.30–2, Fr & Sa 13.30–3 Uhr, So 17.30–2 Uhr; Ⓜ Somerset) nach wie vor mit ihrem authentischen Ambiente und der ausgezeichneten Weinkarte überzeugt, steht die Bierkneipe **Ice Cold Beer** (Karte S. 248; 9 Emerald Hill Rd; ⌚So–Do 7–2 Uhr, Fr & Sa bis 3 Uhr; Ⓜ Somerset) ganz oben auf der Ausgeh-Hitliste. Allein schon die raffinierte Neonbeleuchtung macht so richtig Laune. Lautes Gegröle und Sauforgien gehören zum Standardprogramm dieser Absacker-Location. Außerdem kann man sich mit Dart und Billard vergnügen oder sich von aufreizenden Pin-up-Girls an der Wand ablenken lassen. Die Zielgruppe ist gemischt, man muss aber keine 20 oder 30 Jahre jung sein, um sich hier wohlzufühlen. Die Happy Hour geht von 17 bis 21 Uhr; besonders voll wird es immer am Freitagabend.

Sorten vor Ort probieren und dazu Makronen naschen. Der Rosenduft des *bain de roses* ist einfach göttlich! In der unteren Etage befindet sich ein weiterer Teeladen.

BAR ON 5 BAR

Karte S. 248 (Mandarin Orchard, 333 Orchard Rd; ⌚So–Do 11–1, Fr & Sa 11–2 Uhr; Ⓜ Somerset) Die verführerische Hotelbar gehört zu den besten Happy-Hour-Adressen Singapurs: Hier bekommt man herrlich milde Martini-Varianten mit fruchtigem Aroma schon für unter 10 $. Puristen können aber auch einen klassischen Dry Martini ordern. Cocktails zum Sonderpreis gibt es zwischen 17 und 21 Uhr. Das Publikum besteht hauptsächlich aus Yuppies, die musikalische Bandbreite reicht von ABBA bis Rhythm & Blues à la Rihanna.

SHOPPEN

ION ORCHARD MALL EINKAUFSZENTRUM

Karte S. 248 (www.ionorchard.com; 2 Orchard Turn; ⌚10–22 Uhr; Ⓜ Orchard) Ein Konsummagnet in der Orchard Road ist das futuristische ION, ein immer gut besuchtes, aber nie überfülltes Einkaufszentrum. Die Aufteilung der Etagen ist gut konzipiert, das Haus erhebt sich direkt über der Metrostation Orchard. Im Souterrain findet man hauptsächlich Streetwear-Labels wie Zara oder Uniqlo, in den oberen Etagen die teureren Modelabels. Auch das Gastronomieangebot ist breit gefächert und reicht von Food-Court-Snacks bis hin zu noblen Restaurantgerichten. Im 56-stöckigen Wolkenkratzer nebenan, dem ION Sky (Ticketschalter auf Ebene 4; Kind/Erw. 8/16 $; ⌚10–12 & 14–20 Uhr), befindet sich ganz oben eine Galerie mit Rundumblick.

PARAGON EINKAUFSZENTRUM

Karte S. 248 (www.paragon.com.sg; 290 Orchard Rd; ⌚10–21 Uhr; Ⓜ Somerset) Selbst wer keine American Express Gold Card besitzt, kann unauffällig so tun als ob. Zu den Luxus-Labels zählen Burberry, Hermès, Jimmy Choo und das Singapur-Label **Raoul** (www.raoul.com; 02-49 Paragon; ⌚10–21 Uhr). Die Marke steht für erstklassige Herrenmode aus feinstem Tuch sowie pfiffige, schwungvolle Damenbekleidung, angefangen bei elegant geschnittenen Hosen bis hin zu Cocktailkleidern. Außerdem vertreten sind hochwertige Marken wie Banana Republic, G-Star Raw und Miss Selfridge.

TANGLIN SHOPPING CENTER EINKAUFSZENTRUM

Karte S. 248 (www.tanglinsc.com; 19 Tanglin Rd; ⌚9.30–21 Uhr; Ⓜ Orchard) Das gibt's nur hier in der Orchard Road: Das Einkaufszentrum hat sich auf asiatische Kunst spezialisiert und ist *der* Ort schlechthin für den Kauf von Teppichen, Schnitzarbeiten, exotischen Wohnaccessoires, Schmuck, Gemälden, Möbeln und dergleichen.

Nicht weniger faszinierend ist **Antiques of the Orient** (www.aoto.com.sg; 02-40 Tanglin Shopping Center; ⌚Mo–Sa 10–18, So 11–16 Uhr), ein bekannter Antiquitätenladen mit einem Angebot an wunderbaren alten Fotochromdrucken, Fotografien und historischen Landkarten, auf denen Singapur und ganz Asien im Detail dargestellt ist. Besonders beeindruckend sind die farbenprächtigen botanischen Zeichnungen, die einheimische Künstler im Auftrag des britischen Generalmajors William Farquhar anfertigten. Von 1819 bis 1823 war der Kunstfreund erster britischer Resident von Singapur und stand im Dienste der East India Company.

ROBINSONS
KAUFHAUS

Karte S. 248 (www.robinsons.com.sg; 260 Orchard Rd; ⌚10.30–22 Uhr; Ⓜ Somerset) Das imposante, lichtdurchflutete Kaufhaus gehört mit Sicherheit zu den besten Einkaufsadressen der Stadt. Das Sortiment besteht aus frecher, origineller Mode mit hohem Trendfaktor. Die ausgewogene Mischung reicht von Labels wie Chloé, Coach und Dior bis hin zu weniger bekannten Marken wie der südkoreanischen Modemarke Brownbreath oder Markenware aus Dänemark bzw. Italien. Neben Kleidung und Klimbim findet man auch noch allerlei Schönes wie duftende Claus-Porto-Seifen oder klassisches Design aus Dänemark.

RECKLESS SHOP
MODE

Karte S. 248 (www.recklessericka.com; 02-08/09 Orchard Central, 181 Orchard Rd; ⌚11–21.30 Uhr; Ⓜ Somerset) Die junge Modedesignerin Afton Chan, ein echtes Nachwuchstalent, überrascht Modebegeisterte mit originellem, kreativem Design zu erschwinglichen Preisen. Insgesamt drei Labels stehen für unterschiedliche weibliche Zielgruppen: Odd steht für modische Streetwear (unteres Preissegment), die Marke Still setzt auf gepflegten Business-Look mit klarer Linie (mittleres Preissegment). Das namengebende Label Reckless Ericka hingegen verkörpert – wie der Name schon vermuten lässt – „rücksichtlos freche" Mode mit fantasievollen, avantgardistischen Details: Es kombiniert klassische Schnitte mit fotografischen Mustern oder Comic-Motiven.

ON PEDDER
SCHUHE, ACCESSOIRES

Karte S. 248 (www.onpedder.com; Scotts Square, 6 Scotts Rd; ⌚10–22 Uhr; Ⓜ Orchard) Auch wer nicht unbedingt auf hochwertige Schuhe und Taschen steht, wird vom On-Pedder-Sortiment begeistert sein! Denn das fast schon skurrile Design ist hochkreativ. Der originelle Laden hat sich auf die ausgefallensten Stücke führender Designer spezialisiert: So findet man hier die High Heels von Charlotte Olympia, deren hohe Absätze einer konisch zugespitzten Eiswaffel gleichen und die bestickten Clutches von Olympia Le-Tan, die in Buchform daherkommen. Unter den Accessoires begeistert ausdruckstarker Schmuck mit Showcharakter, der sich genauso gut in einer modernen Galerie machen würde.

Eine weitere Filiale befindet sich im Einkaufszentrum **Ngee Ann City** (Karte S. 248; ☎6835 1307; 02-12 P/Q, Ngee Ann City, 391 Orchard Rd; ⌚10–21.30 Uhr; Ⓜ Orchard).

ROCKSTAR
MODE

Karte S. 248 (www.rockstarsingapore.blogspot.com.au; 22 Orchard Rd; ⌚11.30–21.30 Uhr; Ⓜ Dhoby Ghaut) Im Rockstar findet man alle größeren unabhängigen Labels. Das Sortiment besteht aus junger, spritziger Mode – Klamotten, Schuhe und Accessoires. Männer finden hier schrullige Hemden, aber auch Espadrilles, Frauen alles von sexy Party-Klamotten und dem „kleinen Schwarzen" über aufreizende Bademode bis hin zu trendigen Turnschuhen in knallbunten Farben und originellem Schmuck mit witzigen Details.

Eine weitere Filiale befindet sich im Kinokomplex **Cathay Cineleisure** (Karte S. 248; 03-08, Cathay Cineleisure Orchard, 8 Grange Rd; ⌚12–22 Uhr; Ⓜ Somerset).

NGEE ANN CITY
EINKAUFSZENTRUM

Karte S. 248 (www.ngeeanncity.com.sg; 391 Orchard Rd; ⌚10–21.30 Uhr; Ⓜ Orchard) Im gigantischen, siebenstöckigen Einkaufskomplex könnte man tagelang in Konsumrausch verfallen. Von außen ist es ein abweisendes Gebäude aus nüchternem Granit, unterbrochen von bräunlichem Marmor und erinnert dadurch an ein Mausoleum. Drinnen jedoch herrscht ein Gerangel um die besten Plätze. Da konkurrieren z. B. dicht nebeneinander internationale Luxus-Labels mit der legendären Buchhandlung **Kinokuniya** (www.kinokuniya.com.sg; 03-10/15 Ngee Ann City; ⌚10–21.30 Uhr), dem zweitgrößtem Buchladen Südostasiens, und dem japanischen Kaufhaus Takashimaya. Einer der besten Food Courts der Orchard Street befindet sich ebenfalls hier: das Takashimaya Food Village, ein kulinarisches Universum der Extraklasse.

VERWÖHNPROGRAMM NACH DEM EINKAUFSBUMMEL

Wenn einem das Ellbogengedränge und Geschleppe von Einkaufstaschen zu viel wird, und einem zudem der Konsumrausch zu Kopf steigt, dann heißt es nur noch: abschalten und entspannen in einer der erstklassigen Wellnessoasen in dieser Gegend. Wer in den hochkarätigen Spas noch einen Platz ergattern will, sollte besser einen Tag im Voraus buchen. Mit ein bisschen Glück schafft man es aber auch ohne Reservierung.

➡ Supergünstig und schön lässig ist die Fußreflexzonenmassage bei **Tomi Foot Reflexology** (Karte S. 248; B1-114, Lucky Plaza, 304 Orchard Rd; 30 Min. 30 $; ⌚10–22 Uhr; Ⓜ Orchard) im Souterrain des etwas angestaubten Lucky Plaza, eines Einkaufszentrums aus den 1980er-Jahren. Ja richtig! Da hängt Sting an der Wand; sogar der Popstar wusste schon um die wohltuende Wirkung einer gezielten Druckmassage.

➡ Etwas nobler ist das **Spa Esprit** (Karte S. 248; www.spa-esprit.com; 05-10, Paragon, 290 Orchard Rd; 60 Min. Massage ab 118 $; ⌚10–21 Uhr; Ⓜ Somerset), ein trendiges Spa mit Kosmetikabteilung im Kaufhaus Paragon. Frische Inhaltstoffe, die in der Region gewonnen werden, und die Anwendung von CPTG-Therapieölen gehen hier Hand in Hand. Die Verwendung pflanzlicher Ölessenzen gehören standardmäßig zu den angebotenen Beautybehandlungen wie etwa der herrlichen Ganzkörpermassage „Back-to-Balance" zur energetischen Reharmonisierung (90 Min. 235 $).

➡ An der Orchard Road gleich ums Eck befindet sich das **Remède Spa** (Karte S. 248; ☎ 6506 6896; www.remedespasingapore.com; St. Regis Hotel, 29 Tanglin Rd; 60 Min. Massage ab 180 $; ⌚9–22 Uhr; Ⓜ Orchard) im St. Regis Hotel. Hier sollen angeblich die besten Masseurinnen ganz Singapurs buchstäblich Hand anlegen. Die Wet Lounge – eine Wellnessparadies ganz in Marmor, mit Dampfbad, Sauna, Eisbrunnen und Whirlpools – bietet den idealen Auftakt zu einem intensiven Spa-Erlebnis mit herausragenden Beautybehandlungen wie etwa der 90-minütigen Hot-Stone-Massage mit wärmenden Jadesteinen (290 $).

➡ Anspruchsvolle VIP-Ladies schwören auf die Geschichtspflegebehandlungen im **Damai Spa** (Karte S. 248; ☎ 6416 7156; www.singapore.grand.hyatt.com/hyatt/pure/spas; Grand Hyatt, 10 Scotts Rd; 60 Min. Gesichtspflegebehandlung ab 160 $, 60 Min. Massage ab 150 $; ⌚10–22 Uhr; Ⓜ Orchard). Sämtliche Gesichtsbehandlungen (60 Min., 160 $) im Luxus-Spa des Grand Hyatt Hotel sind individuell auf den Hauttyp abgestimmt. Das Angebot reicht von der emblematischen Gesichtsmassage „Damai Orchid Facial" (90 Min., 220 $) bis hin zu Anti-Aging-Behandlungen mit Promifaktor, inklusive Hightech-Kosmetik (60 Min. ab 240 $).

WISMA ATRIA — EINKAUFSZENTRUM

Karte S. 248 (www.wismaonline.com; 435 Orchard Rd; ⌚10–22 Uhr; Ⓜ Orchard) Unter den fast 100 Läden und Boutiquen auf fünf Etagen sind auch Flagschiff-Läden von Coach und TAG Heuer sowie eine große Filiale der japanischen Kaufhauskette Isetan vertreten. Verführerisch ist auch das Angebot etwa im Hongkonger Concept Store **i.t** (www.itlabels.com.sg; 435 Orchard Rd, 03-15, Wisma Atria; ⌚10.30–22 Uhr) mit lässiger Avantgarde-Mode für Frauen und Männer.

Zu den besten Schlemmeradressen zählen das Food Republic (S. 107) und eine Filiale der taiwanesischen Gourmet-Restaurantkette Din Tai Fung.

Eine unterirdische Passage führt zum ION Orchard bzw. zur Metrostation Orchard.

313@SOMERSET — EINKAUFSZENTRUM

Karte S. 248 (www.313somerset.com.sg; 313 Orchard Rd; Ⓜ Somerset) Das neue und sehr beliebte Somerset 313 hat eine hervorragende Lage über der gleichnamigen MRT-Station und bietet einen coolen Mix an Modeboutiquen für junge Leute, darunter beliebte Lifestyle-Marken wie Uniqlo, Zara, Cotton On, Aldo und Muji. Außerdem findet man hier den stets gut besuchten Apple Store EpiCentre sowie verschiedenste Cafés und Restaurants.

WHEELOCK PLACE — EINKAUFSZENTRUM

Karte S. 248 (www.wheelockplace.com; 501 Orchard Rd; ⌚10–22 Uhr Ⓜ Orchard) Hier gibt es mehr als nur ein paar Spas und Schönheitskliniken mit Lasertechnologie. Gepflegte Geschäftskleidung kann man sich

EINKAUFSLEITFADEN

Wo ist was zu finden? Kommt ganz darauf an, was man sucht! Die folgende tabellarische Übersicht hilft.

SCHWERPUNKT	BESTE ADRESSEN
Hochwertige Mode	ION Orchard, Hilton Shopping Gallery, Paragon, Ngee Ann City, **Mandarin Gallery** (Karte S. 248 www.mandaringallery.com.sg; 333A Orchard Rd; ; MSomerset, Orchard)
Modische Streetwear	313@Somerset, ION Orchard, Wisma Atria
Junge Mode	**Cathay Cineleisure Orchard** (Karte S. 248; www.cineleisure.com.sg; 8 Grange Rd; MSomerset), **The Cathay** (Karte S. 248; 2 Handy Rd; MDhoby Ghaut), **313@Somerset, Orchard Central** (Karte S. 248; www.orchardcentral.com.sg; Ecke Orchard & Killiney Rd; 11–23 Uhr; MSomerset), **Far East Shopping Centre** (Karte S. 248; 545 Orchard Rd; MOrchard)
Kindermode	Forum, Paragon
Schuhe	**Scotts Square** (Karte S. 248; 6 Scotts Rd), Wisma Atria, **Far East Plaza** (Karte S. 248; www.fareast-plaza.com; 14 Scotts Rd; 10–22 Uhr; MOrchard)
Schönheitspflege & Kosmetik	Ngee Ann City, ION Orchard
Uhren & Schmuck	ION Orchard, Mandarin Gallery, Wisma Atria, Paragon
Antiquitäten, Kunsthandwerk, Möbel	Tanglin Shopping Centre, **Park Mall** (Karte S. 248; 9 Penang Rd; MDhoby Ghaut)
Bücher	Ngee Ann City

bei **Benjamin Barker** (www.benjaminbarker.com.au; 02-11 Wheelock Place; 11–21.30 Uhr) zulegen, er verkauft feine Hemden, Anzüge und Accessoires. Wer lässigeres Outfit aus Melbourne bevorzugt, greift zur australischen Marke **Crumpler** (02-06, Wheelock Place; 10.30–21 Uhr). Das weltweit bekannte Label steht für freches Taschendesign, z. B. strapazierfähige Laptop-Hüllen, Kurier- und Reisetaschen.

Frauen, die sich gerne auffällig und asymmetrisch kleiden, finden im Singapurer **Saturday** (B2-04, Wheelock Place; 10–22 Uhr) originelle Stücke ganz nach ihrem Geschmack. Das Gebäude ist mit dem ION Orchard und der Metrostation durch eine unterirdische Passage verbunden.

PLAZA SINGAPURA

EINKAUFSZENTRUM

Karte S. 248 (www.plazasingapura.com.sg; 68 Orchard Rd; 10–22 Uhr; MDhoby Ghaut) Das weitläufige Plaza Singapura lockt mit verschiedensten Labels der britischen Kaufhauskette Marks & Spencer, der US-Kosmetikmarke Kiehl's aus New York und dem australischen Designladen Smiggle mit allerlei Schnickschnack fürs Büro, Taschen, Thermosflaschen und Lunchboxen.

Zu den gastronomischen Highlights zählte eine Filiale des legendären Hong Konger Restaurants Tim Ho Wan (S. 107), mit kulinarischem Schwerpunkt auf feinen Teigtaschen wie Dim Sum.

Das Gebäude beherbergt außerdem einen Kinokomplex, verschiedene Spielzeugwarengeschäfte und Comic-Läden, auf die besonders Teenies abfahren.

HILTON SHOPPING GALLERY

EINKAUFSZENTRUM

Karte S. 248 (www.hiltonshoppinggallery.com; 581 Orchard Rd; Mo–Sa 10–19.30, So 10.30–18 Uhr; MOrchard) Rolex, Alexander Wang, Stella McCartney, Issey Miyake, Lanvin und 3.1 Phillip Lim – das sagt eigentlich schon alles. Auf den zwei Etagen der Hilton-Passage ist alles vereint, was die Haute Couture zu bieten hat. Hier kann man sehnsuchtsvoll vor den Schaufenstern verharren, von teuren Klamotten träumen oder auch seine Portokasse plündern, je nachdem …

FORUM
EINKAUFSZENTRUM

Karte S. 248 (www.forumtheshoppingmall.com.sg; 583 Orchard Rd; ⌚10–22 Uhr; Ⓜ Orchard) Das angenehm ruhige, lichtdurchflutete Forum bietet statt der bekannten Labels lieber dezentere Kleidung. Verspielte, avantgardistische Kleidungsstücke finden Frauen bei **Tsumori Chisato** (www.tsumorichisato.com; 01-30-34 Forum), während freche Klamotten und Schuhe für Jungs und Mädels im **Club 21** (www.club21global.com; 01-07/09 Forum; ⌚Mo–Sa 10–19.30 Uhr, So bis 18 Uhr) zu finden sind. Die Etage darüber bietet Designermode für Kinder und hochwertiges Spielzeug.

EXOTIC TATTOO
TATTOO-STUDIO

Karte S. 248 (☎6834 0558; www.exotictattoopiercing.com; 04-11, Far East Plaza, 14 Scotts Rd; ⌚Mo–Sa 12–20, So bis 18 Uhr; Ⓜ Orchard) Besucher, die nach einem Tattoo-Studio mit ganz bestimmter Ausrichtung suchen, sollten diesen Laden einmal aufsuchen. Hier nämlich stammt alles aus der Meisterhand von Sumithra Debi, kurz Su genannt. Sie ist eine der seltenen Tattoo-Virtuosen in Singapur und die Urenkelin von Johnny Two-Thumbs, einem der wohl legendärsten Tattoo-Künstler Singapurs. Neben den Kunstwerken aus Tinte werden zusätzlich noch Piercings durchgeführt.

Der Osten von Singapur

GEYLANG | KATONG/JOO CHIAT | EAST COAST PARK | CHANGI & PASIR RIS

Highlights

❶ Zunächst eine Fahrrad- oder Inlinertour durch den **East Coast Park** (S. 120) und sich dann irgendwo niederlassen, die Schiffe beobachten und die Atmosphäre genießen.

❷ Die prachtvolle Architektur der **Peranakan Terrace Houses** (S. 118) mit ihren wunderhübschen pastellfarbenen Außenwänden und ausgefeilten Stuckarbeiten in Katong begutachten.

❸ Einen Bummel durch die zahllosen gastronomischen Einrichtungen in **Katong/Joo Chiat** unternehmen.

❹ Die reiche Kultur der Peranakan im **Katong Antique House** (S. 119) entdecken.

❺ Sich in den Abendstunden in Geylangs kultigem **No Signboard Seafood** (S. 122) an Pfefferkrabben laben und dabei einfach nur Leute beobachten.

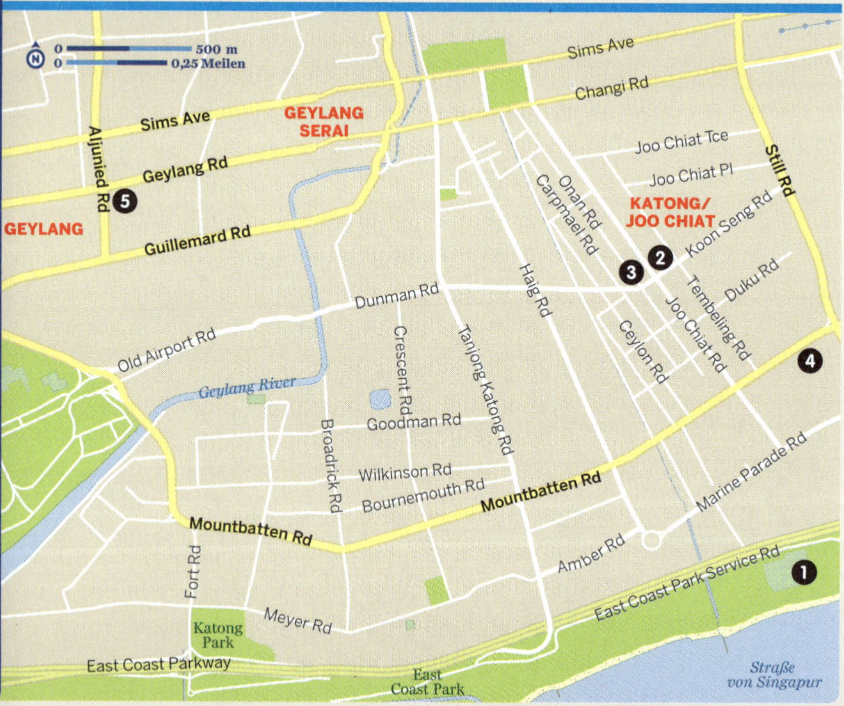

Details siehe Karten S. 245 und 246.

Den Osten Singapurs entdecken

Obwohl die östlichen Stadtviertel einen Großteil der Insel ausmachen, werden sie weniger von Touristen wahrgenommen als das Stadtzentrum. Das ist wirklich schade, weil sie lebendig und dynamisch sind und die Kultur Singapurs viel besser widerspiegeln. In nächster Nähe zur City befindet sich der Geylang District, der als Rotlichtviertel berüchtigt ist, zugleich aber jede Menge Tempel und Moscheen birgt. Die Esslokale üben in ihrer Vielfalt ebenfalls eine große Anziehungskraft aus.

Weiter östlich liegt Katong (auch bekannt als Joo Chiat), ein malerisches Stadtviertel mit Shophouses, das in den letzten Jahren seine Bestimmung als spirituelles Kernland der Singapurer Peranakan-Bevölkerung gefunden hat. An Katong grenzt der East Coast Park an.

Auf jeden Fall sollte man die östlichsten Regionen der Stadt, Changi und Pasir Ris, aufsuchen. Hier befindet sich das Changi Museum & Chapel, ein Wasserpark für Kinder sowie die Anlegestelle für die Bumboote in die ländliche, fahrradfreundliche Oase Pulau Ubin.

Lokalkolorit

- **Essen** Katong ist das kulinarische Zentrum Singapurs. Hier gibt es alles, von Laksa, über vietnamesisches, mexikanisches, ja sogar amerikanisches Grillgut. Einheimische essen auch gerne in Geylang, das für seinen Froscheintopf *(frog porridge)* berühmt ist.
- **Sehen und gesehen werden** Einheimische strömen wegen des fantastischen Essens nach Geylang, aber viele kommen hierher, um die Prostituierten zu begaffen. Mit seinen neonfarbenen Motorrollern gehört dieses Viertel zu den wilderen Seiten Singapurs.
- **East Coast Park** Er ist wie der gemeinsame Hinterhof aller Bewohner von East Coast. Hier können Touristen sich zu den Einheimischen gesellen und am Strand grillen, Fahrrad fahren und Wassersport betreiben.

An- & Weiterreise

- **MRT** Der Osten wird vom MRT nicht gut versorgt. Aljunied ist die Metrostation, die Geylang am nächsten liegt; ab Paya Lebar und Eunos geht es im Norden bis Joo Chiat. Pasir Ris hat einen eigenen Bahnhof.
- **Bus** Die Buslinien 33 und 16 fahren quer durch Geylang bis ins Zentrum von Joo Chiat; die Linie 14 fährt von der Orchard Road bis zur East Coast Road. Bus 12 fährt von der Victoria Street zur East Coast Road; Bus 36 hat dasselbe Ziel, aber von der Bras Basah Road aus. Linie 2 fährt von der MRT-Station Tanah Merah nach Changi Village.
- **Taxi** Bestes Verkehrsmittel zum East Coast Park.

Top-Tipps

Da Katong und Geylang die kulinarischen Zentren von Singapur sind, kommen und gehen die Restaurants hier sehr schnell. Die neuesten und besten Restaurants finden sich mit Hilfe einheimischer Blogs zum Thema Essen.

Die schönsten Attraktionen

- Changi Museum & Chapel (S. 119)
- Peranakan Terrace Houses (S. 118)
- Sri Senpaga Vinayagar Temple (S. 119)
- Katong Antique House (S. 119)

Mehr Details siehe S. 118.

Gut essen

- No Signboard Seafood (S. 122)
- Smokey's BBQ (S. 124)
- East Coast Lagoon Food Village (S. 125)
- Long Phuong (S. 124)
- Chin Mee Chin Confectionery (S. 122)

Mehr Details siehe S. 121.

Nett ausgehen

- Sunset Bay Garden Beach Bar (S. 126)
- Coastal Settlement (S. 125)
- Coachman Inn (S. 120)
- Cider Pit (S. 125)

Mehr Details siehe S. 125.

SEHENSWERTES

Geylang

AMITABHA BUDDHIST CENTRE BUDDHISTISCHES ZENTRUM
(☎6745 8547; www.fpmtabc.org; 44 Lorong 25A; ⌚Di–So 10.30–18 Uhr; Ⓜ Aljunied) Inneren Frieden findet man im siebenstöckigen Tibetan Buddhist Centre; dort gibt es Dharma- und Meditationskurse (auf der Website steht ein Terminplan) sowie Veranstaltungen anlässlich religiöser Feste. Die Meditationshalle oben, mit rot-goldenem Stoff ausgekleidet, ist öffentlich zugänglich und birgt eine Fülle von schönen Statuen und anderen Devotionalien. Wer auf Gebetsfahnen, Spinnräder und andere spirituelle Gegenstände aus ist, findet sie in dem Laden im vierten Stock.

PU JI SI BUDDHIST RESEARCH CENTRE BUDDHISTISCHES ZENTRUM
(☎6746 6211; www.pujisi.org.sg; 39, Lorong 12; Ⓜ Aljunied) Dieses viergeschossige spirituelle Kultgebäude ist teils Bildungseinrichtung, teils Haus der Anbetung und hat Meditationsräume, eine buddhistische Bibliothek und eine schier unerschöpfliche Quelle der Ruhe. Mit dem Aufzug kann man zum Dachgarten hochfahren, sich am Wunschbrunnen niederlassen und über die Ewigkeit nachsinnen.

Katong/Joo Chiat

PERANAKAN TERRACE HOUSES ARCHITEKTUR
Karte S. 246 (Koon Seng Rd & Joo Chiat Pl.; 🚌16, 33, Ⓜ Eunos) Abseits der Joo Chiat Road liegen diese beiden Straßen mit den außergewöhnlichsten Peranakan-Terrassenhäusern Singapurs, die mit Stuckdrachen, Vögeln, Krabben und wunderschön glasierten Fliesen verziert sind. *Pintu pagar* (Schwingtüren) an der Front des Hauses sind ein weiteres charakteristisches Merkmal. Sie lassen frische Luft herein, ohne die Privatsphäre im Innern zu stören. Nachdem diese Häuser in den 1980er-Jahren immer mehr zu verfallen drohten, stellte die Regierung sie schließlich unter Denkmalschutz und ver-

GEYLANG: ROTLICHT UND HEILIGE STÄTTEN

All diese lästigen Gerüchte über Geylang als „Fleischmarkt" voller Bordelle, Abschleppkneipen, anrüchiger Hotels und Gassen mit leichten Mädchen aus ganz Südostasien sind absolut zutreffend. Wenn man nachts auf den Straßen unterwegs ist, kommt man sich schnell vor, als befinde man sich auf den anrüchigen Straßen von Patpong in Bangkok.

Aber so seltsam es auch anmuten mag, Geylang ist mit seinen riesigen Sakralbauten, Moscheen und Gassen voller Religionsschulen, Schreinen und Tempeln auch eines der spirituellen Zentren der „Löwenstadt". Wer sich einen Tag Zeit nimmt, um die *lorongs* (Gassen) zwischen Sims Avenue und Geylang Road von Norden nach Süden zu erkunden, wird überraschend zauberhafte Einblicke gewinnen.

Zu den vielen recht interessanten Seitenstraßen gehört die von Bäumen gesäumte **Lorong 27**, eine schmale Straße voller farbenfroher Schreine und Tempel. In der **Lorong 24A** erklingt religiöser Gesang – in vielen renovierten Shophouses sind kleinere buddhistische Gemeinschaften untergebracht. Die umwerfend schöne **Lorong 34** ist voller restaurierter und unrestaurierter Shophouses in verschiedenen Farbnuancen, aber auch einige farbenfrohe Schreine und Feuerschalen, in denen Weihrauch verbrannt wird, gibt es hier.

Geylang ist zudem der Inbegriff der Gastronomieszene. Sowohl an der Geylang Road als auch an der Sims Avenue laden preiswerte, leckere, zwanglose heimische Esslokale zum Verweilen ein. Hier kann man den Bummel mit einem Essen, wie von Mutter gekocht, abrunden.

Man kommt am besten mit der Metro hierher und steigt in Aljunied aus. Von da geht es zu Fuß in südlicher Richtung an der an der Aljunied Road entlang weiter. Ab der Geylang Road kann man ost- oder westwärts abbiegen. Alle *lorongs* zweigen von der Geylang Road ab.

fügte deren prompte Restaurierung, sodass ihr Wert rasch auf je 2,5 Mio. $ in die Höhe schnellte.

SRI SENPAGA VINAYAGAR TEMPLE TEMPEL
Karte S. 246 (19 Ceylon Rd; ⌚6.30–13.30 & 18.30–21 Uhr; 🚌10, 12, 14, 32, 40) Sri Senpaga Vinayagars Inneres ist mit farbenfrohen religiösen Kunstwerken ausgestattet, die durchweg in verschiedenen Sprachen beschriftet sind. Der Tempel gehört zu den schönsten Hindu-Tempeln Singapurs. Ein weiteres Merkmal ist das *kamala paatham,* ein behauener Granitstein, wie er sich in bestimmten alten Hindu-Tempeln findet. Die Krönung des Ganzen ist das Dach des inneren Allerheiligsten, das ganz mit Gold überzogen ist.

KATONG ANTIQUE HOUSE MUSEUM
Karte S. 246 (☎6345 8544; 208 East Coast Rd; ⌚11–18.30 Uhr, allerdings nur nach Vereinbarung; 🚌10, 12, 14, 32, 40) Das Katong Antique House ist teils Geschäft, teils Museum und wird vom Eigentümer Peter Wee, einem Mitglied der ethnischen Gruppe der Baba Peranakan, in vierter Generation mit viel Liebe betrieben. Peter ist ein bekannter Kenner von Geschichte und Kultur der Peranakan und verwöhnt die Besucher beim Stöbern durch die faszinierenden Antiquitäten, Artefakte und anderen Kunstobjekte der Peranakan gerne mit Geschichten und Anekdoten. Eigentlich ist es nur nach Vereinbarung geöffnet, aber manchmal ist es auch einfach so für die Öffentlichkeit zugänglich (einfach ausprobieren!).

GEYLANG SERAI NEW MARKET MARKT
Karte S. 246 (1 Geylang Serai; ⌚8–22 Uhr, wechselnde Einzelstände; Ⓜ Paya Lebar) Dieser pulsierende Markt ist passenderweise von der hübschen Dorfarchitektur *(kampong)*

HIGHLIGHTS
CHANGI MUSEUM & CHAPEL

Obwohl Changi Museum and Chapel seit 2001 nicht mehr an der ursprünglichen Stelle des Changi Prison stehen, bleiben sie immer noch eine mächtige Ode an die alliierten Kriegsgefangenen im Zweiten Weltkrieg, die hier schrecklich unter den einmarschierten Japanern leiden mussten. Ihre Geschichten werden durch Fotos, Briefe, Zeichnungen und andere faszinierende Kunstwerke illustriert. Die zerfetzten Schuhe eines Zivilisten erweisen sich als unerwartet bewegend, während ein winziges Morsegerät, das in einer Streichholzschachtel versteckt war, Zeugnis ablegt vom Einfallsreichtum der Gefangenen.

Das Museum beherbergt eine Nachbildung der berühmten Changi-Wandmalereien, die vom Kriegsgefangenen Stanley im alten Kriegsgefangenenlazarett angefertigt wurden; die Originale befinden sich unter Verschluss im Block 151 des nahe gelegenen Changi Army Camp. Das Herzstück des Museums ist eine Nachbildung der ursprünglichen Kapelle von Changi, die von den Insassen zur Anbetung und als Zeichen von Solidarität gebaut wurde. Hinter dem Altar befindet sich ein Kreuz an der Wand, das aus Patronenhülsen gefertigt ist und an dem die Besucher Andenken wie weiße Kreuze, rote Mohnblumen, handgeschriebene Notizen und farbige Papierkraniche hinterlassen.

Auf dem Weg zum Changi Village fährt die Buslinie 2 von der Victoria Street oder der MRT-Station Tanah Merah am Museum vorbei. An der Bushaltestelle 97201, die auch mit „opp. Changi Chapel Museum" beschriftet ist, steigt man aus.

NICHT VERSÄUMEN

- Audioguide
- Historische Kunstwerke
- Changi-Wandmalereien
- Nachbildung einer Kapelle

PRAKTISCH & KONKRET

- Karte S. 245
- ☎6214 2451
- www.changimuseum.com
- 1000 Upper Changi Rd N
- freier Eintritt, Audioguide Erw./Kind 8/4 $, Führung 12/8 $
- ⌚9.30–17 Uhr, letzter Einlass 16.30 Uhr

ABSTECHER

FERNER OSTEN: CHANGI VILLAGE

Changi Village (Karte S. 245; 🚌2, dann Ⓜ Tanah Merah) ist eine erfrischende Oase am äußersten Ende der Nordostküste Singapurs und fernab der Hektik der Innenstadt. Bei einem Spaziergang durch die Gegend lässt sich ein entspannteres Singapur entdecken, in dem ärmellose T-Shirts, Bermudashorts und Flipflops (die Standardkluft der waschechten Singapurer) den Look bestimmen, und die Menschen weniger den Anblick von *ang moh* (Europäern) gewöhnt sind. Die Atmosphäre ist hier eher dörflich, und beim Einkaufsbummel kommt man mit wirklich günstigen Klamotten, Batiken, Stoffen aus Indien und Elektrogeräten nach Hause.

Die Anreise hierher ist recht simpel. Man nimmt die Metro, die die Ost-Westachse versorgt und steigt an der MRT-Station Tanah aus. Von dort kutschiert einen der Bus der Linie 2 direkt ins Zentrum von Changi Village. Unterwegs geht es noch an den interessanten schwarz-weißen, kolonialzeitlichen Bungalows an der Loyang Avenue vorbei, bevor diese Strecke dann im lebendigen und berühmten Changi Village Hawker Center (S. 125) endet.

Alternativ schnappt man sich an einem der Verleihstände im East Coast ein Fahrrad und radelt die 18 km lange Strecke, die durch ruhige Strandparkabschnitte führt, dann nördlich die Changi Coast Road entlang (ein Paradies für Flugzeugfans) und schließlich westlich am Changi Beach entlang, wo im Zweiten Weltkrieg Tausende von Singapurern hingerichtet wurden.

Zum Baden lädt Changi Beach nicht gerade ein, denn die Meeresbrandung spült verschmutztes Wasser aus der Meerenge von Johor an Land, aber es gibt immerhin einen schönen Sandstreifen für einen romantischen Spaziergang. Am Wochenende kommen viele Einheimische zum Picknicken und Grillen hierher, aber unter der Woche ist es hier beinahe menschenleer.

Neben dem Busterminal oberhalb vom Changi Beach befindet sich der Changi Point Ferry Terminal (S. 213), von wo aus die Bumboote zur nostalgischen Pulau Ubin ablegen. Dies ist der schönste Tagesausflug von Singapur aus. Direkt jenseits des Fährterminals beginnt der Changi Point Coastal Walk, ein geruhsamer 2,2 km langer Plankenweg durch Mangroven, über einen Sandstrand und die grünen Grundstücke der regierungseigenen Ferienvillen.

Der Weg führt zum Privatgelände des Changi Sailing Club, dessen öffentliches Restaurant mit Bar **Coachman Inn** (Karte S. 245; www.csc.org.sg; 32 Netheravon Rd, Changi Sailing Club; ⏲10–22 Uhr) zu einem Bier mit Blick auf hübsche Jachten und Pulau Ubin einlädt. Vom Segelclub sind es nur 750 m auf der Netheravon Road zum Gartenlokal Coastal Settlement (S. 125) mit seinem leckeren Kaffee, Essen und üppigem Garten.

Wer mit dem Fahrrad unterwegs ist, braucht vom CycleMax im East Coast Park zur Changi Village, einschließlich Mittagessenspause ungefähr vier Stunden.

inspiriert und befindet sich im Zentrum des malaiischen Viertels von Singapur. Das Erdgeschoss ist mit Ständen vollgepackt, die so ziemlich alles verkaufen, was man sich vorstellen kann, angefangen von tropischen Früchten über malaiische CDs, Stoffe und noch vieles mehr. Oben ist das beliebte Hawker Center (große ostasiatische Garküche) untergebracht. Hier reihen sich malaiische und indische Stände aneinander. Ein idealer Ort, um eine schöne Portion *pisang goreng* (frittierte Bananen) und *bandung* (Milch mit belebendem Rosenextrakt) zu verspeisen.

East Coast Park

EAST COAST PARK PARK

Dieser 15 km lange Küstenstreifen ist ein Park, den die Einheimischen zum Schwimmen, Windsurfen, Wakeboarden, Kajakfahren, Picknicken, Fahrrad- und Inlinerfahren und natürlich zum Essen nutzen. Hier findet man sich im Wind wiegende Kokospalmen, Wäldchen, eine Lagune, Wassersportclubs und exzellente Esslokale.

Die beste Möglichkeit, einen Nachmittag in Singapur zu verleben, ist es, sich ein Fahrrad an Kiosken wie **CycleMax** (Karte S. 246; www.facebook.com/cyclemax.sg; 01–03, 1018 East Coast Parkway; Leihgebühr 6 $ für 2 Std.; ⏲Mo–Fr 9–21, Sa bis 22, So 8–21 Uhr) zu leihen, die Meeresbrise zu genießen, die Containerschiffe auf dem Wasser zu beobachten und alles mit einem Essen am Strand abzurunden.

Der East Coast Park beginnt am Ende der Tanjong Katong Road in Katong und endet am National Sailing Centre in Bedok, in der Nähe der Metrostation Tanah Merah. Mit dem Changi Beach Park ist er durch das Coastal Park Connector Network (PCN) verbunden, einen 8 km langen Verbindungsweg – einen sogenannten *park connector* – entlang der Changi Coast Road, neben der Landebahn des Flughafens. Am westlichen Parkende führt der Fahrradweg direkt weiter bis nach Geylang und endet schließlich am Kalang River.

Die Buslinie 401 verkehrt nur an Wochenenden ab dem Busbahnhof Bedok Bus Interchange vor der Metrostation Bedok und führt direkt zum East Coast Park. An Werktagen fährt der Bus 197 ab Bedok – an der Marine Promenade Road muss man den Busfahrer bitten, anzuhalten, um aussteigen zu können. Von da sind es noch 250 m zu Fuß weiter südlich. Eine unterirdische Passage führt bis in den Park hinein.

⊙ Changi & Pasir Ris

PASIR RIS PARK — PARK

Karte S. 245 (Pasir Ris Dr. 3; Ⓜ Pasir Ris) Dieser friedliche, 71 ha große Park am Meer erstreckt sich einige Kilometer an der Nordostküste entlang und liegt nur wenige Gehminuten von der MRT-Bahnstation Pasir Ris entfernt; er bietet viele Attraktionen für Familien. Man kann sich Fahrräder oder Inliner leihen oder zu Fuß über Holzstege durch ein 6 ha großes Mangrovengebiet laufen – am besten wenn Ebbe ist, damit man dann die kleinen Krabben durch den Schlick trippeln sehen kann. Kinder lieben das Ponyreiten bei den **Gallop Stables** (Karte S. 245; ☎6583 9665; www.gallopstable.com; 61 Pasir Ris Green; 20-minütiger Ritt 45 $; ⏲Di–So 9.30–11.30 & 14.30–18.30 Uhr). Hier muss man aber im Voraus reservieren.

An der Ostseite des Parks liegt das Einkaufszentrum **Downtown East** (Karte S. 245; www.downtowneast.com.sg; Ecke Pasir Ris Dr. 3 & Pasir Ris Close; ⏲10–22 Uhr; Ⓜ Pasir Ris): ideal, um ein bisschen zu essen. Alternativ kann man auch in eine der Bars im Park selbst gehen.

LOYANG TUA PEK KONG TEMPLE — TEMPEL

Karte S. 245 (20 Loyang Way; Ⓜ Bedok, dann 🚌9) Dieser moderne Tempel ist mit großen Holzschnitzereien, wirbelnden Drachen und Hunderten von farbenfrohen Götter- und Heiligenstatuen geschmückt und verkörpert den Zugang zur Spiritualität der Singapurer Bevölkerung, weil hier drei Religionen unter einem großen Dach vereint sind – Hinduismus, Buddhismus und Taoismus. Es gibt sogar einen Schrein, der Datuk Kung gewidmet ist, einem Heiligen des malaiischen Mystizismus und chinesischen Taoismus. Auf dem Weg nach Changi Village ist dies ein lohnender Abstecher, der abseits der normalen Touristenpfade liegt. Mit dem Bus 9 zur Loyang-Valley-Wohnanlage fahren.

ESSEN

Ostsingapur besitzt nicht nur eine reiche Geschichte, Kultur und Architektur, sondern bietet auch außergewöhnliche Gaumenfreuden, von den multikulturellen Gerichten in Katong/Joo Chiat bis zu den hervorragenden Meeresfrüchten im East Coast Park. Hartgesottene Zeitgenossen stürzen sich vielleicht eher todesmutig ins anrüchige und berüchtigte Nachtleben von Geylang, wo es einige tolle Lokale inmitten der Prostituierten- und Freierszene gibt. Für wagemutige Gourmets interessant sind auch die Stinkfruchtstände am Wegesrand.

Geylang

SHI SHENG FROG PORRIDGE — CHINESISCH $

(235 Geylang Rd; ⏲11.45–3.45 Uhr; 🚌2, 51, Ⓜ Kallang) Obwohl es mittlerweile viele Konkurrenten bei der Zubereitung der beliebtesten Grundnahrungsmittel gibt, ist dieses Lokal im Stil einer typischen Garküche *der* Ort, um einen klassischen Froscheintopf (*frog porridge*) zu probieren. Der Eintopf nach kantonesischer Art ist hier wunderbar weich und breiig, und die typische *Kung-bao*-Soße ist gut gewürzt und in drei Schärfegraden erhältlich. Es werden

nur ganz frische Frösche für die Zubereitung verwendet, sodass das Fleisch hier nicht alt, sondern garantiert frisch ist.

126 EATING HOUSE — CHINESISCH $

(126 Sims Ave.; Gerichte 3–15 $; 24 Std.; 2, Aljunied) Plastikstühle, Wandfliesen aus den 1970er-Jahren und dröhnende Klänge aus der anrüchigen Bar nebenan: In diesem Lokal in Geylang muss man einfach gewesen sein. Die Speisekarte ist mal so, mal so, aber gut sind die Knödel, Tintenfischsambalgarnelen, der geschmorte Schweinebauch und ein leckerer *otak-otak* (gegrillte Fischfrikadelle), der grober ist als die sonst übliche breiige Variante.

ROCHOR BEANCURD — DESSERT $

(745 Geylang Rd; Teigstangen 1 $, Tofu/Sojaquark ab 1,20 $; 24 Std.; ; Paya Lebar) Im Rochor Beancurd, einem winzigen Unterschlupf mit großem Ruf, kann man das Essen mit einer süßen Geschmacksnote abrunden. Die Leute pilgern aus der ganzen Stadt hierher, um ein Schüsselchen des unglaublich frischen, weichen Sojaquarks (auch warm zu bekommen) zu essen. Dazu noch frittierte Teigstangen zum Eintunken – einfach himmlisch! Erwähnenswert sind auch noch die Eiertörtchen.

★ NO SIGNBOARD SEAFOOD — MEERESFRÜCHTE $$

(www.nosignboardseafood.com; 414 Geylang Rd; Gerichte ab 15 $, Krabben pro Kilo 60 $; 12–1 Uhr nachts; Aljunied) Es fing alles mit einem namenlosen Hawker-Stand an, und war von da an „No Signboard", zu Deutsch: „ohne Schild" – doch schon bald legte Ong Kim Hoi einen Senkrechtstart hin und die Beliebtheit ihrer Meeresfrüchte-Snacks machte sie zu einer reichen Frau. Inzwischen besitzt sie sechs Restaurants und es geht weiter aufwärts. Neben dem Krebsfleisch mit weißem Pfeffer gibt es auch herrliche Hummergerichte, Meerohren und weniger bekannte Gerichte wie Ochsenfrosch. Weitere Filialen in Singapur gibt es im East Coast Seafood Centre, Esplanade – Theatres on the Bay und im VivoCity.

Katong/Joo Chiat

CHIN MEE CHIN CONFECTIONERY — BÄCKEREI $

Karte S. 246 (204 East Coast Rd; 2 Stückchen Kaya-Toast & Kaffee 3 $; Di–So 8–16.30 Uhr; ; 10, 12, 14, 32, 40) Bäckereien im alten Stil wie das Chin Mee Chin verschwinden immer mehr von der Bildfläche und sind

INSIDERWISSEN

DURIAN: KÖNIGIN UNTER DEN (STINKENDEN) FRÜCHTEN

Durianfrüchte werden in Singapur ungerechtfertigter Weise kritisch beurteilt. Sie sind in allen öffentlichen Verkehrsmitteln fast gänzlich verboten, besonders in den Zügen des MRT. Nur wenige Hotels lassen ihre Gäste mit einer Stinkfrucht herein, und jedes Einkaufszentrum, das etwas auf sich hält, verbannt sie ebenfalls. Warum? Ganz einfach: Sie stinken. Sie stinken sogar, bevor die beeindruckende stachelige Schale entfernt ist. Und wenn sie erst einmal geöffnet wurde: puh! Und dennoch gilt die Durianfrucht in ganz Südostasien als Königin der Früchte (besonders wegen ihrer Größe und der kronenartigen Stacheln). Unheimlich viele Singapurer lieben diese Frucht, sodass man sie eigentlich ein Mal probiert haben muss. Schmeichler sagen, dass der Geschmack des saftigen, matschigen Fruchtfleisches an Vanillepudding mit einer Spur von Mandelaroma erinnert. Andere äußern sich weniger höflich.

Hineinzubeißen ist eine recht klebrige Angelegenheit, sodass man dabei am besten gleich eine große Tüte dabei hat, um die Abfallprodukte direkt entsorgen zu können. Wenn der Gestank der Frucht noch an den Fingern haften bleibt, sollte man sie am besten in ein Glas Cola tauchen: Angeblich kann Cola den Gestank mildern.

Durianfrüchte gibt es in ganz Singapur auf Märkten und an Straßenständen zu kaufen, doch wenn man die Frucht auch essen möchte, sollte man sich in den Vorzeigeladen **Durian Culture** (www.durianculture.com; 77 Sims Ave.; 24 Std.; 2, 13, 67, Kallang) begeben. Er liegt in Geylang, und der Geschäftsführer Wei Sang (er kann bereits allein vom Äußeren die Qualität der Frucht beurteilen) wird jedem Kunden bei der Auswahl helfen und zeigen, wie man die Frucht richtig isst. Ganz einfach.

daher für viele ältere Einwohner Singapurs wie eine Reise in die Vergangenheit. Was ihren besonderen Charme ausmacht, sind der mosaikähnlich gemusterte Fußboden, Holzstühle und geschäftige Tantchen, die *kopi* (Kaffee) ausschenken. Eines der wenigen Frühstückscafés, die noch eigenen *kaya* (Kokosnussmarmelade) machen. Es empfiehlt sich auch, noch einiges an Gebäck mitzunehmen.

MARINE PARADE FOOD CENTRE HAWKER CENTER $

Karte S. 246 (Block 84, Marine Parade Central; Gerichte ab 3 $; ⌚wechselnde Stände; 🚌15, 31, 36, 196, 197) In diesem langjährigen Hawker Center dauert die Qual der Wahl unter Umständen länger als der Verzehr der Mahlzeit selbst. Besonders empfehlenswert ist der Stand **Mr Wong's Seremban Beef Noodles** (Karte S. 246; Stand 01-184; Nudeln ab 3,50 $; ⌚12–19 Uhr), dessen malaiische Gerichte mit dicker Bratensauce, *Bee-Hoon*-Nudeln, Rindfleischscheiben, gesalzenem Gemüse und knusprig gerösteten Erdnüssen ein intensiver, scharf-saurer Genussrausch sind. Man sollte die trockene Variante bestellen und einen Schuss Chilisauce für den extra Kick drauftun.

328 KATONG LAKSA PERANAKAN $

Karte S. 246 (www.328katonglaksa.com.sg; 51/53 East Coast Rd.; Laksa ab 4,50 $; ⌚8–22 Uhr; 🚌10, 14) Unter den vielen Laksa-Ständen ist dieser zweifelsohne der beste. Das namensgebende Gericht ist eine Schale mit dünnen Reisnudeln in einer leichten Currybrühe aus Kokosmilch und vietnamesischem Koriander. Oben drauf schwimmen Shrimps und Muscheln. Die Suppe wird von etwas ruppigem Personal serviert. Dazu noch *otak-otak* – hmm, einfach köstlich!

Eine weitere Filiale befindet sich in der East Coast Road 216/218.

PENNY UNIVERSITY CAFÉ $

Karte S. 246 (www.pennyuni.com; 402 East Coast Rd; Gerichte 4,50–15 $; ⌚Di–Do 8.30–18, Fr & Sa bis 24, So bis 21 Uhr; 📶🍴; 🚌10, 14, 155, 196) Kaffeeliebhaber werden dieses pulsierende, locker-lässige Café der neuen Schule mögen; es ist eins der wenigen Spezialitätencafés an der East Coast. Hier kann man sich in einer Sitzecke oder am Gemeinschaftstisch niederlassen, einen Milchkaffee schlürfen und die Speisekarte nach frischen, neuartigen Speisen durchsuchen, wie das griechische Joghurt mit Vanillegeschmack und Müsli oder die fantastischen türkischen Eier (verlorene Eier auf geschlagenem Joghurt mit scharfer marokkanischer Harissasoße und Oregano).

Das Personal ist freundlich; es gibt ein Regal mit flottem Lektüreangebot.

TIAN TIAN CHICKEN RICE CHINESISCH $

Karte S. 246 (443 Joo Chiat Rd; Gerichte ab 4 $; ⌚Di–So 10.30–21.30 Uhr; 🚌16, 33) Fans der Gründungsfiliale in der Maxwell Road werden unweigerlich auf Meckermodus umschalten, aber eigentlich gibt es an dem östlichen Außenposten der berühmtesten Hainan-Imbisskette wirklich nichts auszusetzen: zart gekochtes Hühnchenfleisch, über duftendem Reis serviert mit der besten Chilisauce überhaupt. Aber bitte nicht zu viel davon essen, damit auch noch ein wenig Platz für das Schweinehack à la Hainan übrig bleibt.

LE CHASSEUR CHINESISCH $

Karte S. 246 (Block 27, Eunos Rd 2; Gerichte ab 5 $, Reis im Tontopf ab 11 $; ⌚11.30–15 & 17.30 bis 21.30 Uhr; Ⓜ Eunos) Empfehlenswert ist diese luftige, für die Region typische Garküche (Hawker Center), wo es das preiswerte Le Chasseur mit dem stadtbesten Reis und Hühnchen aus dem Tontopf gibt. Hier schmeckt er wunderbar rauchig, hat ein gutes Gewicht und eine gute Konsistenz, ohne Geschmacksverstärker, Konservierungsmittel oder Farbstoffe. Mal abgesehen vom Reis aus dem Tontopf gibt es auch noch andere empfehlenswerte Gerichte, wie knusprige Schweinehaxen und saftig gegrillten Tintenfisch.

Um hierher zu gelangen, verlässt man die MRT-Bahnstation Eunos durch den Nordausgang, geht auf dem Eunos Crescent in nördlicher Richtung und dann an der Eunos Avenue 5 links. An der Eunos Road 2 geht es wieder links, dann liegt das Hawker Center nach 80 m auf der rechten Seite. Alternativ kann man auch direkt durch den Häuserkomplex am Eunos Court gehen, um dann auf den Eunos Crescent zu stoßen.

112 KATONG FOOD-COURT $

Karte S. 246 (www.112katong.com.sg; 112 East Coast Rd; Gerichte aus der Garküche 3–10 $; ⌚10–22 Uhr; 🚌10, 14, 16, 32, 40) Im obersten Stock dieses modernen Shopping Centers findet sich die hervorragende Food-Court-Kette Food Republic, wo es die Klassiker der Garküche gibt: *popiah* (Frühlingsrollen), *char kway teow* (pfannengerührte

Reisnudeln) und eine Fischbällchensuppe, und das alles in klimatisierter Räumlichkeit. Hier gibt es ebenfalls das Knödelrestaurant **Din Tai Fung** (Karte S. 246; 112 East Coast Rd, Stand 01-04, 112 Katong; Knödel ab 7,30 $), mit Kultstatus, am besten bekannt für die himmlischen *xiao long bao* (Suppenklößchen).

★SMOKEY'S BBQ AMERIKANISCH $$

Karte S. 246 (☎6345 6914; www.smokeysbbq.com.sg; 73 Joo Chiat Pl.; Hauptgerichte 17–35 $; ⏲Di–Do & So 14–23.30, Fr & Sa bis 24 Uhr, Essen ab 16.30 Uhr; 📶; 🚌16, 33, Ⓜ Eunos) In diesem legendären amerikanischen Grillrestaurant geht es lebhaft zu und man fühlt sich sofort ins amerikanische Alabama versetzt. Der Inhaber ist aus Kalifornien und macht alle Trockenmarinaden nach geheimen Rezepten selbst; das Fleisch wird über Hickoryholz aus den USA geräuchert. Beginnen sollte man mit den würzigen Chicken Wings (das Blauschimmelkäse-Dressing ist himmlisch), dann geht es weiter mit leicht gebratenem Räucherfleisch wie etwa den absolut zarten Rippchen, bei denen sich das schmackhafte Fleisch beinahe von selbst vom Knochen löst.

Die gereichten Portionen sind typisch amerikanisch, also riesig, sodass man auf jeden Fall einen guten Hunger mitbringen und die fetten, handgeschnittenen Pommes weglassen sollte. Einmal vom Essen abgesehen, bietet das Smokey's BBQ auch eine solide Auswahl an interessanten Bier- und Cidresorten. An Wochenenden, besonders für den Abend, sollte man immer im Voraus reservieren.

LOWER EAST SIDE MEXIKANISCH $$

Karte S. 246 (☎6348 1302; 19 East Coast Rd; Quesadillas & Burritos 10–15 $, drei Tacos 18 $; ⏲12–23 Uhr; 🚌10, 12, 14, 32, 40) Die Stühle hängen hier von der Decke herab, Holztische vom Sperrmüll und sexy Latino-Musik: Dieser coole, lässige Taco-Schuppen zieht ganz verschiedene Leute an, und alle wollen hier ein bisschen mexikanisches Flair erleben. Hier kann man superleckere Tacos essen, wie z. B. den Spitzenreiter *tilapia* (Fischfilet, Tomate, Zwiebel, Koriander, rote Paprika und Kapern), oder sich für prall gefüllte, saftige Burritos entscheiden. Besondere Angebote gibt es zur Happy Hour bis 20 Uhr.

Von Freitag bis Sonntag sollte man zum Abendessen vor 19 Uhr da sein oder vorher reservieren.

LONG PHUONG VIETNAMESISCH $$

Karte S. 246 (159 Joo Chiat Rd; Gerichte 6–22 $; ⏲11–23 Uhr; 🚌33, Ⓜ Eunos) Gelbe Plastikstühle, leicht abzuwischende Tische und ein Personal, das die Bestellungen laut durch das Lokal ruft: Das bodenständige Long Phuong serviert das beste vietnamesische Essen von ganz Singapur. Der *pho* (vietnamesische Nudelsuppe) ist einfach fantastisch, denn die wohlduftende Brühe hat genau die richtige Süße. Außerdem gibt es eine Auswahl von Klassikern, die einem das Wasser im Munde zusammenlaufen lassen, darunter der Mangosalat und das sehr beliebte *sò huyet xào sa te* (Muscheln mit Satay). Nur Barzahlung.

ROLAND RESTAURANT MEERESFRÜCHTE $$

Karte S. 246 (☎6440 8205; www.rolandrestaurant.com.sg; Block 89, 06-750 Marine Parade Central; Gerichte ab 10 $, Krabben um die 60 $ pro Kilo; ⏲11.30–14.15 & 18–22.15 Uhr; 🚌15, 31, 36, 196, 197) Nach Rolands Angaben hat seine Mutter Mrs. Lim in den 1950er-Jahren die kultige Chilikrabbe erfunden. Jahrzehnte später hat Roland nun seine eigenes großes Restaurant mit Chilikrabben von einer Qualität, die schon den ehemaligen Premierminister Goh Chok Tong am Nationalfeiertag hierher gelockt haben. Die Krabben sind fleischig und süß, und die Sauce ist viel milder als in vergleichbaren Restaurants. Das ist auch was für Leute, die es nicht so scharf mögen.

Man beginnt das Essen am besten mit dem leckeren dampfgegarten goldenen Tofu – zarter Tofu, gefüllt mit Krabben und Shrimppaste und oben drauf noch gesalzene Eierdotter. Das Restaurant liegt etwas versteckt auf einem Parkdeck.

ENG SENG RESTAURANT MEERESFRÜCHTE $$

Karte S. 246 (247-249 Joo Chiat Pl.; Gerichte ab 15 $; ⏲Di–Do 16.30–21 Uhr; Ⓜ Eunos) Die Schwarzpfefferkrabbe ist hier so gut, dass die Einheimischen (a) sich hier gerne über eine Stunde anstellen, um sie bestellen zu können und (b) sogar noch froh darüber sind, wenn sie dann auf nicht gerade freundliche Art und Weise gesagt bekommen, wie viele bzw. wenige sie überhaupt bestellen dürfen. Die klebrige, honigartige Pfeffersoße ist es wert, das Abendessen mal auf 16.30 Uhr vorzuverlegen. Als empfehlenswerte Beilage sollte man den pfannengerührten chinesischen Brokkoli bestellen, der passend bissfest ist und wunderbar schmeckt.

FATBOY'S THE BURGER BAR AMERIKANISCH **$$**
Karte S. 246 (www.fatboys.sg; 465 Joo Chiat Rd; Burger 12–20 $; ⌚Mo–Do 16–24, Fr–Sa 12–24 Uhr; 🚌10, 14, 16, 32, 40) Herausragend ist in diesem Restaurant der Royale mit Käse und der vegetarische Big Bello, eine saftige Komposition aus gegrillten Portobello-Champignons und Paprikas, Ananas, karamellisierten Zwiebeln, Monterey-Jack-Käse und geräucherter Chipotlesauce. Man kann sich auch seine eigenen Burger zusammenstellen. Dazu gibt es Malzgetränke in verschiedenen Geschmacksrichtungen, darunter Erdnussbutter, zerbröseltes Oreo und, nur für Erwachsene, Kahlua oder Baileys. Eine wahre Wonne!

East Coast Park

EAST COAST LAGOON FOOD VILLAGE HAWKER CENTER **$**
Karte S. 246 (1220 East Coast Parkway; Gerichte ab 3 $; ⌚8–21 Uhr; 🚌10, 196) Es gibt nur wenige Hawker Centers, die sich einer besseren Lage erfreuen. Hier können Strandgäste barfuß zu den Ständen gehen und sich Satay-Spieße, Krabben oder die einzigartigen Singapurer Satay-Spieße *bee hoon* von **Meng Kee** am Stand 17 abholen. Dort bildet sich allerdings immer eine Schlange. Günstiges Bier und Wein (!) gibt es dort auch.

LONG BEACH MEERESFRÜCHTE **$$$**
Karte S. 246 (☎6445 8833; www.longbeachseafood.com.sg; East Coast Seafood Centre, 1018 East Coast Parkway; Gerichte 10–80 $; ⌚So–Fr 11–15 & 17–24, Sa bis 1 Uhr; 🚌401, 13, 16) Dieser Imbiss ist auf der ganzen Insel wegen seiner Schwarzpfefferkrabbe berühmt. Dazu nimmt man frittiertes *yu-tiao* (frittiertes Gebäck) mit gehacktem Krabbenfleisch und Garnelen sowie etwas *sambal kang kong* (scharfer Wasserspinat).

Changi & Pasir Ris

CHANGI VILLAGE HAWKER CENTRE HAWKER CENTER **$**
Karte S. 245 (2 Changi Village Rd; Gerichte ab 3 $; ⌚10.30–23.30 Uhr; Ⓜ Tanah Merah, dann 🚌2) Dieses Esszentrum hat wohl das malaiischste Essen ganz Singapurs. Die Einheimischen kommen wegen einer einzigen Spezialität hierher – das *nasi lemak* (wohlduftender Kokosreis mit gegrilltem Hühnchen oder Fisch, gegrillten Sardellen und Samabal-Chili). Blogger streiten sich unentwegt darüber, welcher Stand nun der beste ist, dabei strömen die meisten zum ursprünglichen **International Nasi Lemak** (Stand 01-03; *nasi lemak* 3–4,50 $).

Einen süßen Abschluss findet das Mahl bei **Mei Xiang Goreng Pisang** (Stand 01-51; Snacks ab 0,70 $; ⌚10–21 Uhr), der besonders wegen seiner herrlich knusprigen, frittierten Bananen berühmt ist.

COASTAL SETTLEMENT CAFÉ **$$**
Karte S. 245 (☎6475 0200; www.thecoastalsettlement.com; 200 Netheravon Rd; Hauptgerichte 16–24 $, Pizzas 21–23 $; ⌚Di–So 10.30 bis 24 Uhr, letzte Bestellung 21.30 Uhr; 🚌29) Diese Mischung aus Café, Bar und Restaurant ist in einem schwarz-weißen Bungalow im Kolonialstil untergebracht und eignet sich besonders gut zum Faulenzen. Innen ist es wie in einem Secondhandladen der Hipster, voller modernistischer Möbel und die seltsame Vespa und die Schränkchen sind vollgestopft mit nostalgischem Krimskrams. Vernünftige Gerichte sind meist Klassiker wie dünne Pizzas und *rendang* (scharfes Kokosnusscurry) oder ein leckerer Wagyu-Beef-Cheeseburger. Vegetarische Gerichte gibt es nur wenige.

Die frischen Säfte sind himmlisch und der Kaffee ist erste Sahne. Freitag bis Sonntag ist es hier sehr voll, dafür ist es in der Woche eine recht ruhige, friedliche Oase.

CHARLIE'S CORNER INTERNATIONAL **$$**
Karte S. 245 (01-70 Changi Village Hawker Centre, 2 Changi Village Rd; Gerichte 6–32 $; ⌚Di–So 11.30–24 Uhr; Ⓜ Tanah Merah, dann 🚌2) Hier gibt es zwar wechselnde Stände, aber Charlie's ist und bleibt so etwas wie eine feste Institution. Es gibt endlos viele Biersorten und eine lange Liste mit Gerichten wie dem viel gerühmten Fish & Chips, Chili Dog und Charlie's Burger. Die Preise sind für ein Hawker Center etwas hoch, aber es liegt einfach so günstig, wenn man nach einem Tagesausflug zur Pulau Ubin in die Stadt zurückkehrt.

AUSGEHEN & NACHTLEBEN

CIDER PIT BAR
Karte S. 246 (382 Joo Chiat Rd; ⌚Mo–Fr 17–1, Sa & So 13–1 Uhr; 📶; 🚌16, 33) Cider Pit ist in ei-

nem gesichtslosen Betonbau untergebracht, an dem man sonst leicht vorbeiläuft. Das sollte man aber nicht tun. In dieser Trinkoase gibt es eine große Auswahl an Cidersorten, darunter Pipsqueak Brothers (besonders gut ist Toffee Apple) und gutes Bier, wie Singapore's Jungle und Australia's Little Creatures. Hier ist es preiswert und unkompliziert, ideal für ein unbeschwertes Trinkgelage.

SUNSET BAY GARDEN BEACH BAR BAR

Karte S. 246 (Car Park F2, 1300 East Coast Park; Mo–Do 17–24 Uhr, Fr 17–1 Uhr nachts, Sa 11–1 Uhr nachts, So 11–24 Uhr; 10, 13, 14, 43, 48) Was könnte schöner sein, als sich bei Cocktails oder Bier in einer Strandbar, die von wunderschönen Bougainvilleen bewachsen ist, zu entspannen, während in der Ferne das Brummen der Lastschiffe zu hören ist? Das Essen ist hier leider nur mittelmäßig, sodass man besser schon in der nahe gelegenen East Coast Lagoon Food Village gegessen haben sollten.

UNTERHALTUNG

NECESSARY STAGE THEATER

Karte S. 246 (6440 8115; www.necessary.org; B1-02 Marine Parade Community Bldg, 278 Marine Parade Rd; 12, 16, 36, 196) Seit der Einweihung der neuen Theaterbühne im Jahr 1987 hat der immer noch amtierende künstlerische Leiter Alvin Tan mit dem Singapurer Dramatiker Haresh Sharma zusammengearbeitet und über 60 Werke inszeniert. Die Stücke sind innovativ, hier angesiedelt und durchaus kontrovers. Damit hat sich das Künstlerensemble der Necessary Stage in Singapur auch einen Namen gemacht.

SHOPPEN

KIM CHOO KUEH CHANG ESSEN, KUNSTHANDWERK

Karte S. 246 (www.kimchoo.com; 109 East Coast Rd; 10–21.30 Uhr; 10, 14, 16, 32) In Joo Chiat gibt es Bäckereien und Konditoreien in Hülle und Fülle, aber nur wenige sind so wie das Kim Choo mit seinem nostalgischen Flair. Empfehlenswert sind die traditionellen Ananastörtchen und andere Peranakan-*kueh* (mundgerechte Häppchen) in grellen Farben, und dann geht es weiter in die angrenzende Boutique, um nach den farbenfrohen Keramikarbeiten der Peranakan und nach Kleidung zu schauen. Wer Lust auf die Perlenstickerei der Peranakan hat, kann einen Kurs bei Modedesigner Raymond Wong (350 $ für vier Sitzungen) machen.

RUMAH BEBE KLEIDUNG, KUNSTHANDWERK

Karte S. 246 (113 East Coast Rd; Di–Sa 9.30–18.30 Uhr; 10, 14, 16, 32) Dieses Shophouse gehört seit 1928 Bebe Seet – sie ist die Haus- und Hoflieferantin für alles, was mit der Peranakan-Kultur zu tun hat: traditionelle *kebayas* (Uniformjacken im Nonya-Stil mit dekorativen Litzen) und wunderschöne perlenbesetzte Schuhe, und das alles mit modernem Touch. Wer etwas Zeit und Neigung mitbringt, kann bei Bebe die Perlenstickkunst erlernen.

JOO CHIAT COMPLEX EINKAUFSZENTRUM

Karte S. 246 (1 Joo Chiat Rd; 11–22 Uhr; M Paya Lebar) Eine Shoppingmall der alten Schule voller malaiischer Textilien, Kunsthandwerk, Schmuck und traditioneller Kleidung. Im Joo Chiat Complex ist es besonders während des Hari Raya voll, eines Festes, das am Ende des Fastenmonats Ramadan gefeiert wird. Hier findet man auch Peranakan-*kebayas,* malaiische und indonesische Lebensmittel, aber auch Änderungsschneidereien.

ISAN GALLERY KUNSTHANDWERK

(6442 4278; www.isangallery.com.sg; 42 Jln Kembangan; nur nach Vereinbarung; M Kembangan) Die Galerie von Percy Vatsaloo stellt fein gearbeitetes Kunsthandwerk und außergewöhnlich schöne Textilien aus, die vom Stamm der Isan im nordöstlichen Thailand angefertigt werden. Der Besuch der Galerie ist nur nach Terminsabsprache möglich. Die meisten Exponate sind auch verkäuflich. Percy arbeitet eng mit den Kunsthandwerkern zusammen und die Hälfte des Verkaufserlöses fließt direkt an sie zurück.

TAMPINES MALL EINKAUFSZENTRUM

(www.tampinesmall.com.sg; 4 Tampines Central 5; 10–22 Uhr; M Tampines) Eines von Singapurs größten und meistbesuchten Einkaufszentren mit idealer Lage direkt neben der Metrostation Tampines. Dort kauft Singapurs Mittelklasse ein und stellt damit auch die Hauptzielgruppe. In diesem flaschengrünen Kolossalbau befinden sich eine Filiale des Kaufhauses **Isetan**, ein

Kino sowie mehrere Buchläden. Nebenan gibt es zwei kleinere Einkaufszentren, das **Century Square** und das **Tampines 1**. Letzteres beherbergt Franchise-Ketten und unabhängige Modeboutiquen für ein junges Publikum.

GEYLANG THIAN HUAT SIANG JOSS PAPER

HÖLLENGELD

(503 Geylang Rd; ⌚8–21.30 Uhr; Ⓜ Aljunied) Wer auf den Straßen von Geylang unterwegs ist, sollte mal einen Blick in diesen traditionellen Laden für sogenanntes Höllen- oder Geistergeld werfen. Hier gibt es alles, von riesigen Kassen, Jachten, Häusern bis zu lebensechten Schuhen und stapelweise Geldscheine – alles Dinge auf Papier, die bei Feuerbestattungen mitverbrannt werden, um dem Verstorbenen ein angenehmes Leben nach dem Tode zu bereiten.

SPORT & AKTIVITÄTEN

SKI360°

WASSERSPORT

Karte S. 245 (www.ski360degree.com; 1206A East Coast Parkway; wochentags/an Wochenenden erste Stunde 38/50 $, jede weitere Stunde 16/22 $; ⌚Mo, Di & Do 10–19, Mi & Fr 12–21, Sa & So 9–22 Uhr) Was gibt es Schöneres zur Abkühlung als eine Runde Wasserski, Kneeboard oder Wakeboard und an einem Seil durch die Lagune gezogen zu werden? Gut, man könnte auch einfach nur zum Schwimmen gehen. Am besten geht man wochentags am Morgen, wenn es ganz leer ist. Am Wochenende ist es hier ganz einfach viel zu voll; dann macht es genauso viel Spaß, nur zuzuschauen und mit etwas Schadenfreude darauf zu hoffen, dass jemand auf den Rampen auf die Nase fällt.

An Wochenenden nimmt man Bus 401 von der MRT-Station Bedok. In der Woche fährt auch Bus 197, steigt an der Marine Pde Rd aus und geht durch eine Unterführung.

WILD WILD WET

FREIZEITPARK

Karte S. 245 (www.wildwildwet.com; Ecke Pasir Ris Dr 3 & Pasir Ris Close, Downtown East; Erw./Kind/Familie 19/14/60 $; ⌚1Mo & Mi–Fr 13–19, Sa & So 10–19 Uhr; Ⓜ Pasir Ris) In diesem Wasserfreizeitpark gibt es Planschvergnügen pur. Acht Attraktionen, darunter abenteuerliche Wasserrutschen, ein Wellenbecken und eine riesige, schwindelerregende Wasserrampe. Wer einen wahren Nervenkitzel braucht, geht in den Torpedo, wo man in einer Kapsel 18 m im freien Fall in die Tiefe saust – ein Erlebnis, das man so leicht nicht mehr vergisst. Gott sei Dank gibt es einen Jacuzzi, um die angespannten Nerven wieder zu beruhigen.

Es besteht ein kostenloser Shuttle-Service zwischen der MRT-Bahnstation Pasir Ris und dem Freizeitpark.

Der Norden & das Zentrum von Singapur

Highlights

❶ Ein Spaziergang durch Singapurs feuchtheißen Dschungel im geschützten Asean Heritage Park **Bukit Timah Nature Reserve** (S. 133): Es ist das größte noch bestehende Areal an ursprünglichem Regenwald auf der Insel.

❷ Ein Frühstück mit Kindern bei den Orang-Utans im bezaubernden, üppig-grünen **Zoo von Singapur** (S. 131).

❸ Auf den Spuren von Leoparden und Fledermäusen – bei einer **Nachtsafari** (S. 132) mit dem Pendelzug und zu Fuß.

❹ Der 25 m hohe Treetop Walk im **MacRitchie Reservoir** (S. 132): Hier erlebt man den Regenwald in schwindelerregender Höhe hautnah.

❺ Ein Besuch in **Lorong Buangkok** (S. 133), Singapurs letztem noch bestehenden *kampong* (Dorf) – eine faszinierende Reise in Singapurs Vergangenheit.

Details siehe Karte S. 241.

Top-Tipps

Die Areale um die Schutzgebiete Bukit Timah und den Stausee MacRitchie Reservoir sind zwar nicht einsam und entlegen, aber sie können äußerst heiß und feucht werden. Da es entlang der Wanderwege absolut nichts zu kaufen gibt, sollten Wanderer unbedingt ausreichend Trinkwasser und etwas zum Essen mitnehmen und an eine Kopfbedeckung und Mückenschutz denken.

Abenteuer erleben

- Bukit Timah Nature Reserve (S. 133)
- Stausee MacRitchie Reservoir (S. 132)
- Nachtsafari (S. 132)
- Green Corridor (S. 134)

Mehr Details siehe S. 132.

Ungewöhnliches in Singapur

- Lorong Buangkok (S. 133)
- Kloster Lian Shan Shuang Lin (S. 133)
- Handlebar (S. 135)

Mehr Details siehe S. 132.

Erlebnisse für Kinder

- Der Zoo von Singapur (S. 131)
- Nachtsafari (S. 132)
- Fluss-Safari (S. 134)
- MacRitchie Reservoir (S. 132)

Mehr Details siehe S. 132.

Den Norden & das Zentrum von Singapur erkunden

Dieser wunderbar wilde und herrlich grüne Teil des Stadtstaats bietet so viele Sehenswürdigkeiten, Attraktionen und Unternehmungen, dass ein Kurzbesucher die Qual der Wahl hat.

Wer gerne auf den ausgezeichneten Wanderwegen spazieren will, sollte schon frühmorgens losziehen, wenn die Temperaturen noch angenehm frisch sind. Dann bleibt auch genügend Zeit, den Rest des Tages die Stadt zu erkunden. Der Zoo und die Nachtsafari bieten reichlich Auswahl an Restaurants und Cafés, doch bei anderen Sehenswürdigkeiten ist ein wenig Vorausplanung nötig: Entweder sollte man vorher essen oder ein Picknick mitnehmen (besonders bei einer Wanderung um das MacRitchie Reservoir) oder sich an einer der MRT-Stationen unterwegs mit Snacks eindecken.

Lokalkolorit

- **Green Corridor** Zusammen mit einheimischen Joggern, Naturliebhabern, Beerensammlern, Radfahrern und neugierigen Eichhörnchen einen Teil von Singapurs grünem Korridor entlangwandern, einem eher zufällig entstandenen Naturschutzgebiet und Grüngürtel entlang der alten Singapur-Malaysia-Bahntrasse.
- **Biker Bar** Gitarrenriffs in der Luft, der weite Himmel darüber und über der Meerenge der Blick nach Malaysia: Am nördlichen Rand Singapurs existiert eine ganz unerwartete Bar, der Hardcore-Bikertreff Handlebar (S. 135).
- **Vorstadtgenüsse** In den von Insidern geschätzten Lokalen in Singapurs sozialen Wohnungsbauprojekten kann man lecker essen. Eines der besten ist das Mellben Seafood (S. 135), das für seine scharfen Chilikrabben mit Ei berühmt ist.

An- & Weiterreise

- **MRT** Singapurs Norden und das Zentrum sind über die North–South Line verbunden. Keine der Haltestellen liegt in unmittelbarer Nähe der Naturschutzgebiete, doch alle nahe genug, um von dort aus mit Taxi oder Bus hinzufahren. Ab 2016 wird das Bukit Timah Nature Reserve von der MRT-Station Beauty City aus erreichbar sein, die an der im Bau befindlichen Downtown-Line-Erweiterung liegt.
- **Bus** Bus 170 fährt ab dem Busterminal Queen Street etwa 50 Minuten nach Bukit Timah. Weitere Busse fahren ab den Buszentralen vor den MRT-Haltestellen Toa Payoh und Ang Mo Kio.

LONELY PLANET IMAGES / GETTY IMAGES ©

HIGHLIGHTS
ZOO VON SINGAPUR

Der 28 ha große Zoo von Singapur ist einer der besten weltweit – eine angenehme Zusammenstellung geräumiger Freiluftgehege, frei laufender Tiere und interaktiver Attraktionen. Er erstreckt sich über eine grüne Halbinsel, die in das Upper Seletar Reservoir hineinragt. Ein absolutes Muss!

Begegnung mit Tieren

Im Zoo von Singapur kommt man den berühmten **Orang-Utans** ganz nah. Beim populären **Jungle Breakfast with Wildlife** (Erw./Kind 33/23 $; ⌚9–10.30 Uhr) wird für Besucher in nächster Nähe der Tiere ein großes Frühstücksbüffet aufgetischt. Während der **Fütterung** um 11 und 15.30 Uhr lassen sich Besucher auch gerne mit den Tieren fotografieren.

Weitere Begegnungen sind im **Fragile Forest** zu erwarten, einem gigantischen Biodom, der das Ökosystem des Regenwalds abbildet. Schmetterlinge und Loris, malaysische Flughunde und Ringelschwanzlemuren bewegen sich frei im Gelände. Ein Pfad führt zum Baumkronendach und zu den gemütlichsten Bewohnern, den Faultieren.

In der beeindruckenden Abteilung **Great Rift Valley** lassen sich neben Klippen und einem Wasserfall Mantelpaviane, nubische Steinböcke, Zebramangusten, Schabrackenschakale und Klippdachse beobachten. Nachgebaute äthiopische Dorfhütten geben einen kleinen Einblick in die dortigen harten Lebensbedingungen.

Spaß für Kinder

In der **Rainforest Kidzworld**, einem Netz von Rutschen, Schaukeln, Seilfähren und einem Karussell, können sich die eigenen kleinen Monster so richtig austoben. Zu den weiteren Attraktionen zählen Pony-Reiten, die Fütterung von Nutztieren und ein Planschbecken.

NICHT VERSÄUMEN

- Die Orang-Utans
- Fragile Forest
- Great Rift Valley
- Rainforest Kidzworld

PRAKTISCH & KONKRET

- Karte S. 241
- ☎6269 3411
- www.zoo.com.sg
- 80 Mandai Lake Rd
- Erw./Kind 28/18 $
- ⌚8.30–18 Uhr
- Ⓜ Ang Mo Kio, dann 🚌138

SEHENSWERTES

ZOO VON SINGAPUR ZOO

Siehe S. 131.

MACRITCHIE RESERVOIR PARK

Karte S. 241 (☎1800 471 7300; www.nparks.gov.sg; Lornie Rd; ⊙7–19 Uhr, Treetop Walk Di–Fr 9–17, Sa & So 8.30–17 Uhr; MToa Payoh, dann 🚌157) Zwar ist das MacRitchie Reservoir nicht ganz so wild und exotisch wie das Schutzgebiet Bukit Timah, doch die Landschaft dennoch sehr schön. Die Wanderwege folgen dem Ufer und winden sich durch Urwald, in dem Langschwanzmakaken und riesige Warane zu sehen sind. An der **Paddle Lodge** (☎6344 6337; www.scf.org.sg; Std. 15 $; ⊙Di–So 9–12 & 14–18 Uhr, letzte Ausleihe um 16.30 Uhr; MStadium) gibt es einen Kajakverleih, doch der schöne, 11 km lange Wanderweg (und seine gut beschrifteten Abzweigungen) sind am schönsten. Lohnenswert ist auch der **Treetop Walk** (⊙Di–Fr 9–17, Sa & So 8.30–17 Uhr), dessen Highlight die Überquerung einer 250 m langen Hängebrücke 25 m hoch im Blätterdach ist.

Die Wanderwege führen dann weiter durch den Wald und um das Reservoir herum, teils auf Pfaden, teils auf Holzbohlenwegen.

Die Rundwanderung auf dem Hauptweg dauert 3 Std. Vom **Service Centre** (Karte S. 241) mit Umkleidekabinen und einem kleinen Café unweit der Haltestelle von Bus 157 geht der Rundgang nach rechts (gegen den Uhrzeigersinn um den See). Von dort ist es nicht weit zur Paddle Lodge. Der Treetop Walk beginnt 3 bis 4 km weiter hinten.

KOMBITICKETS

Wer den Zoo von Singapur und die Nachtsafari, die Fluss-Safari oder den Jurong Bird Park besichtigen will, spart Geld mit einem Kombiticket „Park Hopper". Von den vier Attraktionen sind der Zoo und die Nachtsafari die bei Weitem besten; ein Kombiticket für beide Attraktionen kostet Erw./Kind 64/41 $. Die Eintrittskarten sind 30 Tage gültig. Bei einer Online-Vorausbuchung erspart man sich langes Anstehen.

HIGHLIGHTS NACHTSAFARI

Direkt neben dem Zoo, aber vollkommen separat angelegt, befindet sich das Areal der Nachtsafari, in dem über 120 Tierarten leben. Die Gräben und Wälle des Parks verschwinden in der Dunkelheit, auf der Fahrt im elektrischen Pendelzug bekommt man den Eindruck, durch einen Dschungel voll Leoparden, Tigern und Alligatoren zu fahren. Die Atmosphäre verdichtet sich noch, wenn Antilopenherden ganz dicht an der geräuschlos durch das Dunkel fahrenden Bahn vorbeistreifen.

Auf der 45-minütigen Fahrt gibt ein Führer eine gute Einführung in den Park. Am East Lodge Trail können Besucher aussteigen und entlang der Pfade wandern, die zu entlegenen Gehegen führen, die mit der Bahn nicht erreichbar sind. Dazu zählt z. B. die etwas gruselige Voliere mit den Riesen-Flughörnchen, die man durchwandern kann. Kinder lieben die unterhaltsame, gut gemachte 20-minütige Show **Creatures of the Night** (⊙19.30, 20.30 & 21.30, Fr & Sa auch 22.30 Uhr).

Nach der Safari muss spätestens der Bus um 22.35 Uhr erreicht werden, um den letzten MRT-Zug um 23.35 Uhr ab Ang Mo Kio zu erwischen. Alternativ dazu gibt es einen Taxistand vor dem Tor – eine Fahrt zurück zum CBD kostet etwa 20 $.

NICHT VERSÄUMEN

- Elektrobahn-Tour
- East Lodge Walking Trail
- Nachtaktive Tiere

PRAKTISCH UND KONKRET

- Karte S. 241
- www.nightsafari.com.sg
- 80 Mandai Lake Rd
- Erw./Kind 39/25 $
- ⊙19.30–24 Uhr, Restaurants & Geschäfte ab 17.30 Uhr
- MAng Mo Kio, dann 🚌138

LIAN SHAN SHUANG LIN MONASTERY
BUDDHISTISCHES KLOSTER

Karte S. 241 (184E Jln Toa Payoh; ⏲7–17 Uhr; Ⓜ Toa Payoh) Das auch Siong Lim Temple genannte, atemberaubend schöne Kloster wurde 1898 nach dem Vorbild des Xi Chang Shi Tempels in Fuzhou (China) erbaut. Zwei mächtige Tore bilden den Eingang. Rechts davon steht eine siebenstöckige, mit Schnitzereien verzierte Pagode. Schattige Pfade im Inneren des Komplexes führen durch Innenhöfe voller Bonsai-Bäumchen zu den drei Haupthallen des Klosters, von denen die Mahavira Hall die spektakulärste ist.

Links vom Kloster steht der verwitterte **Cheng Huang Temple** (Karte S. 241; ⏲9 bis 17 Uhr), der dem Stadtgott geweiht ist, der für Gerechtigkeit in der Unterwelt sorgt. Die Haupthalle wurde 1912 erbaut, ihre dicken Balken zeigen die Spuren von jahrzehntelangen Weihrauchopfern.

Kloster und Tempel befinden sich etwa 1 km östlich der MRT-Station Toa Payoh – einfach der Beschilderung entlang der Kim Keat Link folgen, dann abzweigen in die Lorong 6 Toa Payoh. Mit dem Bus 238 sind es drei Stationen.

LORONG BUANGKOK
DORF

Karte S. 241 (Lorong Buangkok; Ⓜ Ang Mo Kio, dann 🚌88) Das *kampong* (Dorf) wirkt, als wäre es einer alten Schwarz-Weiß-Fotografie entsprungen. Die Hühner gackern vor den bunten Holzhäusern, Grillen zirpen im Hintergrund, die 27 hier lebenden Familien wirken sehr entspannt – ungewöhnlich für diese Gegend (die monatliche Zahlung von 10 $ hilft wahrscheinlich). Hier sammelt sich Singapurs letzter Widerstand gegen die moderne Entwicklung – man kann ahnen, wie sich das Leben der Menschen vor der Unabhängigkeit und dem dadurch ausgelösten Bau-Boom in Singapur abgespielt haben mag.

Das Areal soll bald neu erschlossen werden, bis jetzt sind die Planierraupen jedoch noch nicht aufgetaucht.

Erreichbar mit Bus 88 ab der MRT-Station Ang Mo Kio in Richtung Pasir Ris; bei Ang Mo Kio Ave 5 (10 Min.) aussteigen, direkt hinter Yio Chu Kang Road. Dieser in Richtung Norden folgen, nach etwa 50 m rechts in den Gerald Drive einbiegen. Nach etwa 200 m rechts in Lorong Buangkok einbiegen. 50 m weiter hinten zweigt ein

HIGHLIGHTS
BUKIT TIMAH NATURE RESERVE

Dieser letzte Rest ursprünglichen Regenwalds liegt nur eine kurze Busfahrt vom Zentrum entfernt. Tiger gibt es hier zwar keine mehr, doch immer noch viele Langschwanzmakaken und Dutzende Vogelarten.

Das 163 ha große Areal bietet fünf gepflegte Wanderwege (35 Min. bis 2 Std. hin und zurück) sowie einen beliebten Mountainbike-Trail (6 km). Karten der farbig gezeichneten Streckenverläufe finden sich auf Holztafeln. Die kürzeste und beliebteste Wanderung ist der direkte Aufstieg zum Bukit Timah, mit 163 m Singapurs höchste Erhebung. Der Rock Path, eine abenteuerliche Klettertour, ist ebenfalls interessant.

Durch die Metro-Erweiterung und sonstige Instandhaltungsarbeiten ist das Naturschutzgebiet bis 2016 nur teilweise begehbar (siehe Website).

Der schnellste Weg dorthin ist Bus 174: An der ersten Haltestelle an der Jln Jurong Kechil aussteigen (wenn der Bus in diese von der Bukit Timah Rd einbiegt). In entgegengesetzter Richtung des Busses auf der Jln Jurong Kechil gehen (der Straßenname ändert sich in BT Timah Link) und an der Jln Anak Bukit links abbiegen. Die erste Straße rechts ist der Hindhede Drive.

NICHT VERSÄUMEN

- Gipfel des Bukit-Timah
- Rock Path
- Langschwanzmakaken

PRAKTISCH UND KONKRET

- Karte S. 241
- ☎1800 471 7300
- www.nparks.gov.sg
- 177 Hindhede Dr
- ⏲6–19 Uhr, Ausstellung im Besucherzentrum 8.30–17 Uhr
- 🚌170, 174

unbefestigter Weg nach links ab, der zum Dorf führt.

MEMORIES AT OLD FORD FACTORY MUSEUM

Karte S. 253 (☎6462 6724; 351 Upper Bukit Timah Rd; Erw./Kind 3/2,50 $; ⏲Mo–Sa 9–17.30, So 12–17.30 Uhr; 🚌170) Die ehemalige Fertigungshalle von Ford Motors ist bekannt als der Ort, an dem die Briten am 15. Februar 1942 Singapur an die Japaner auslieferten. Mit Hilfe von Fotografien, Lebensmittelkarten, Tagebüchern, Zeichnungen von Gefangenen und einer großen interaktiven Karte zeigt das Museum Singapurs drei düstere Jahre unter japanischer Okkupation im Zweiten Weltkrieg. Bus 170 hält hier, direkt hinter dem Schutzgebiet Bukit Timah.

SUN YAT SEN NANYANG MEMORIAL HALL MUSEUM

Karte S. 241 (www.sysnmh.org.sg; 12 Tai Gin Rd; Erw./Kind 4/2 $; ⏲Di–So 10–17 Uhr; Ⓜ Toa Payoh, dann 🚌145) In den 1880er-Jahren erbaut, war dieses staatliche Kulturdenkmal der Hauptsitz des Bündnisses von Sun Yat Sens chinesischer Kulturrevolution in Südostasien. Sie führte zum Sturz der Qing Dynastie und zur Entstehung der ersten chinesischen Republik. Auf seiner Reise durch Asien hielt sich Sun Yat Sen hier kurz auf, auf der Suche nach Unterstützung für sein Anliegen. Das Gebäude ist ein gutes Beispiel einer viktorianischen Kolonialvilla und beherbergt ein Museum mit Exponaten zu Sun Yat Sens Leben und Werk.

Nebenan befindet sich der **Sasanaramsi Burmese Buddhist Temple** (Karte S. 241; 14 Tai Gin Rd; ⏲6–21 Uhr), ein hoch aufragender Bau, der von zwei *chinthes* (löwenähnlichen Skulpturen) bewacht wird und eine wunderschön Buddha-Statue aus weißem Marmor birgt. Sie ist seltsamerweise mit einem „Glorienschein" aus verschiedenfarbigen LED-Lampen dekoriert.

FLUSS-SAFARI NATURSCHUTZGEBIET

Karte S. 241 (www.riversafari.com.sg; 80 Mandai Lake Rd; Erw./Kind 25/16 $, Bootsfahrt Erw./Kind 5/3 $; ⏲9–18 Uhr; Ⓜ Ang Mo Kio, dann 🚌138) Direkt neben dem Zoo von Singapur und der Nachtsafari liegt dieser neue Kassenschlager – ein Tierpark, der die Habitate von sieben weltbekannten Flüssen nachbildet. Die meisten sind nicht gerade überwältigend, doch die Ausstellungen über den

GREEN CORRIDOR

Der Green Corridor ist für Singapur was die High Line für New York ist – eine stillgelegte Bahntrasse, aus der eine Grünfläche für die Stadt wurde. Allerdings ist der Green Corridor relativ verwildert: ein grasüberwachsenes Band, das sich von der alten Bahnstation in Tanjong Pagar im Süden bis an die Grenze zu Malaysia im Norden zieht – durch Vorstädte, Sekundärwald, Wiesen, kleine Farmen und das Wattenmeer.

Die Trasse folgt der ehemaligen Bahnlinie Singapur–Malaysia. Diese wurde Anfang des 20. Jhs. erbaut, um Zinn und Kautschuk von der Malaiischen Halbinsel zum Hafen von Singapur zu transportieren. Das Gelände war bis 2010 in malaysischer Hand, bis schließlich ein Landtausch vereinbart wurde und der Endbahnhof der malaysischen Bahn nach Woodlands im Norden Singapurs verlegt wurde. Dass das durch eine permanente Weiterentwicklung geprägte Singapur plötzlich eine grüne Oase mitten im Stadtstaat bekam, rief eine Bewegung zu deren Erhaltung ins Leben. Starker öffentlicher Druck zwang die Regierung, den Protestierenden zuzuhören, inzwischen sieht es so aus, als bliebe der grüne Korridor quer durch die Insel der Bevölkerung erhalten.

Angesichts der Hitze in Singapur und den im Moment noch nicht vorhandenen Einrichtungen oder Beschilderungen trauen es sich nur die Unerschrockensten, die ganze Strecke zu Fuß oder mit dem Fahrrad zurückzulegen. Die meisten sind schon mit einem gemütlichen Spaziergang entlang einer Teilstrecke glücklich und zufrieden. Eine besonders interessante Teilstrecke beginnt bei der alten Bahnstation Bukit Timah (Zugang von einem Trampelpfad neben der alten Gleisüberführung an der Bukit Timah Rd bei der Rifle Range Rd) nördlich der Hillview Road. Über 3 km führt ein guter Weg an alten, schmiedeeisernen Eisenbahnbrücken vorbei, am dichten Grün des Dschungels der Bukit Timah Nature Reserve entlang. Wanderkarten des Green Corridor können unter www.thegreencorridor.org heruntergeladen werden.

Mekong und die **überfluteten Wälder am Amazonas** sind beeindruckend. In den riesigen Aquarien tummeln sich große Welse und Stachelrochen, Zitteraale, rotbäuchige Piranhas und Seekühe.

Ein weiteres Highlight ist das Gehege im **Giant Panda Forest**, in dem die seltenen roten Pandas und die beiden berühmten schwarz-weißen Pandas des Parks, KaiKai und JiaJia, zu sehen sind.

Kinder lieben die zehnminütige Bootsfahrt **Amazon River Quest Boat Ride** im Stil eines Themenparks, bei dem vorbeiziehende Affen, Wildkatzen und exotische Vögel gezeigt werden. Die Fahrt beginnt gleich spektakulär mit einem großen Platscher. Wer vorne sitzt, sollte vorsorglich Füße und Taschen hochnehmen. Gegen 13 Uhr sind fast alle Bootsfahrten für den Tag ausgebucht, eine Online-Vorbestellung ist daher ratsam.

ESSEN

LOONG FATT TAU SAR PIAH — BÄCKEREI $

Karte S. 241 (☎6253 4584; 639 Balestier Rd; Gebäck ab 1,50 $; ⊙Mo–Sa 8–16.30 Uhr; 🚌131, 166, 167, 851) Die Balestier Road ist bekannt für ihre Bäckereien, die *tau sar piah* anbieten: Das Gebäck, das auf die Art der Hokkien zubereitet wird, ist gefüllt mit salzigem oder süßem Bohnenquark. Die Bäckerei Loong Fatt ist die älteste und beste von ihnen. Hier werden die *tau sar piah* von Hand hergestellt und in altmodischen Öfen gebacken. Das Gebäck ist luftig wie Blätterteig, die Füllung kompakt und saftig.

MELLBEN SEAFOOD — MEERESFRÜCHTE $$

Karte S. 241 (Stand 01-1222 , 232 Ang Mo Kio Ave 3; Chilikrabben für 2 Pers. etwa 40 $; ⊙17–22 Uhr; Ⓜ Ang Mo Kio) Wer nach den besten Chilikrabben fragt, wird von den meisten Einheimischen zu Mellben geschickt, einem modernen, gut besuchten Lokal im Stil der Hawker Center im Erdgeschoss eines unscheinbaren HDB-Blocks. Die Krabben sind groß genug, um ausreichend viel frisches, weißes Fleisch zu liefern, die Sauce ist scharf gewürzt und mit Ei verfeinert. Tische können nur für eine Mahlzeit vor 19 Uhr bestellt werden.

Wem das zu früh ist, der sollte Mitte der Woche kommen, um nicht zu lange anstehen zu müssen. Der Service ist manchmal etwas langsam, daher Geduld mitbringen.

ABSTECHER

BIKER-TREFFPUNKT HANDLEBAR

Die Anreise kann recht anstrengend sein, aber wenn man dort ist, bleibt man gerne länger. **Handlebar** (☎6475 9571; www.handlebaroriginal.com; 57 Jln Menpurong; ⊙Di–Do 17–1, Fr 17–2, Sa 15–2, So 15–1 Uhr; Ⓜ Sembawang, dann Bus 882) ist Singapurs einzige Biker-Bar, die ganz versteckt am Ende einer schmalen Straße durch den Dschungel am Nordrand der Insel liegt. Zwei Hardcore-Biker haben hier einen stilechten Treff eröffnet, mit Rollern nachempfundenen Barhockern, einem Poolbillard-Tisch aus Mustang-Teilen und Hardcore Daiquiris gemixt in Mixern mit Benzinmotor. Die Besucher sind ein entspannter Haufen ganz unterschiedlicher Herkunft, von Autofreaks über Fabrikarbeiter, Hipster und Expat-Familien, die sich hier gerne das bezahlbare Bier auf der Terrasse genehmigen und dazu amerikanische „Cocaine Wings" (würzig gegrillten Hühnerflügel) und Chili-Käse-Fritten bestellen.

PASARBELLA @ THE GRANDSTAND — MARKT $$

Karte S. 241 (www.pasarbella.com; 200 Turf Club Rd; ⊙unterschiedlich, Stände allgemein 9.30–19 Uhr, Restaurants 10–22 Uhr; 🍸; 🚌67, 77, 170, 174, 961, 970) In den trendigen Markthallen auf der ehemaligen Haupttribüne einer Rennbahn vertreibt dieser Bauernmarkt Frisches und Hausgemachtes aus eigener Produktion. Lecker schmeckt die *Al-granchio*-Pasta (Krabbenfleisch) bei **Da Paolo** (www.dapaolo.com.sg; Stand 02-06 K30/31/32; Sandwiches ab 8,50 $, Pasta ab 13 $; ⊙Mo–Do 9.30–20.30, Fr–So 9.30–21.30 Uhr) oder eine Käseplatte im Käsegeschäft **Cheese Ark** (☎9830 3368; Stand 02-K28; Käseplatte für 2 Pers. 20–25 $; ⊙Mo–Do 10–20.30, Fr–So 10–21 Uhr), das eine Auswahl von Produkten kleinerer Hersteller anbietet.

Third-Wave-Kaffee gibt es bei **Dutch Colony Coffee Co** (☎6467 0255; www.dutchcolony.sg; Stand 02-K67/K68; ⊙So–Do 9.30–19, Fr & Sa 9.30–21 Uhr).

Im Prinzip nicht Teil von PasarBella und doch auf der Haupttribüne ist **VeganBurg** (www.veganburg.com; Stand 01-32; Burger ab

5,90 $; ⌚Mo–Fr 11.45–21.30, Sa & So 10.30–21.45 Uhr; ✎), bekannt für seine leckeren veganen Burger.

AUSGEHEN & NACHTLEBEN

MIDDLE ROCK BAR

Karte S. 241 (1382 Ang Mo Kio Avenue 1, Bishan Park; ⌚Mo–Fr 17–1, Sa 17–2, So 17–24 Uhr; 🚌133, Ⓜ Ang Mo Kio) Wiegende Palmen, blinkende Lichter, gemütliche Nischen und Pavillons – nein, das ist nicht Phuket, sondern das bestgehütete Geheimnis Singapurs: eine lässige, entspannte Gartenbar mitten im Bishan Park. Die Musik ist gerade so laut, dass man sich noch unterhalten kann, und an Sonntagen dauert die Happy Hour großzügigerweise von 12 bis 20 Uhr.

BAR BAR BLACK SHEEP PUB

Karte S. 241 (www.bbbs.com.sg; 879 Cherry Ave; ⌚12–24 Uhr; 🚌67, 77, 170, 174, 961, 970) Schwirrende Ventilatoren, Hängelaternen und eine Kundschaft von 30- bis 40-jährigen Biertrinkern in Flipflops: Die Bar Bar Black Sheep ist eine seltsame Mischung aus Freiluft-Pub, in dem nur bar bezahlt werden kann, sowie drei Ständen mit nordindischer, westlicher und Thai-Küche (Letztere ist am besten). Von den vier Filialen in der Stadt soll diese die beste sein.

Holland Village, Dempsey Hill & Botanischer Garten

HOLLAND VILLAGE | DEMPSEY HILL | BOTANISCHER GARTEN

Highlights

❶ Die frische Luft in Singapurs **Botanischem Garten** (S. 139) mit seiner üppigen Vegetation. Auf dem Programm stehen ein Picknick auf dem Rasen, ein Spaziergang durch den Regenwald und ein Bummel durch stille Themengärten.

❷ Ein Streifzug durch die Schönheit und Vielfalt der Orchideenpflanzen im **National Orchid Garden** (S. 139), der sich in einem lauschigen Winkel des Botanischen Gartens befindet.

❸ Die Jagd nach Unikaten in den lässigen **Antiquitätenläden und Galerien** von Dempsey Hill.

❹ Eine Reise nach Bali, ohne die Stadt verlassen zu müssen – in das herrliche balinesische Restaurant **Blue Bali** (S. 141).

❺ Eine Kurzreise in die koloniale Vergangenheit Singapurs: Im von Dschungel gesäumten luftigen **Chopsuey** (S. 141) gibt es Dim Sum und Cocktails.

Details siehe Karte S. 250.

Top-Tipps

Auf der Website des Botanischen Gartens (www.sbg.org.sg) findet man eine detaillierte Liste mit aktuellen Konzerten am Symphony Lake (Eintritt frei). Es lohnt auch, sich über Gratistouren durch den Garten zu informieren. Zum Zeitpunkt der Recherchen fanden die Führungen am Samstagmorgen statt, sicherheitshalber sollte man aber noch einmal nachfragen.

Gut essen

- Chopsuey (S. 141)
- PS Cafe (S. 140)
- Blue Bali (S. 141)
- Halia (S. 141)

Mehr Details siehe S. 140.

Nett ausgehen

- PS Café (S. 140)
- Park (S. 142)
- RedDot Brewhouse (S. 142)

Mehr Details siehe S. 142.

Schön bummeln

- Antiquitäten in Dempsey Hill (S. 142)
- Holland Village Shopping Centre (S. 143)

Mehr Details siehe S. 143.

Holland Village, Dempsey Hill & den Botanischen Garten erkunden

Die herausragendste Sehenswürdigkeit im Viertel ist der Botanische Garten (S. 139), für den man unbedingt einen halben Tag Zeit einplanen sollte.

In Kombination mit einem Picknick wird daraus ein perfekter Ausflug, vor allem mit Kindern. Köstliche Zutaten für das Picknick bieten die Feinkostläden im exklusiven Holland Village oder dem grünen Dempsey Hill. Dort kann man auch nach Antiquitäten stöbern und gleich zu Mittag essen, entweder im Chopsuey (S. 141) oder im PS Café (S. 140) und sich erst danach auf den Weg in den Botanischen Garten machen. Leckeres und spottbilliges Essen gibt es auch an den Ständen des grünen Food Canopy (S. 141) im Botanischen Garten. Abends kann man einen entspannten Spaziergang bis zum Blue Bali (S. 141) machen und dort einen Aperitif und ein Abendessen genießen – oder gleich weiterziehen ins lebhaftere Holland Village, um dort mit den meist recht gut betuchten Expats zu essen und zu trinken.

Lokalkolorit

Joggen Wer seine Laufschuhe dabei hat, kann es den Einheimischen gleichtun und auf einer Joggingrunde durch den Botanischen Garten die Stadtluft aus den Lungen treiben – frühmorgens, wenn die Luft noch kühler ist, oder kurz vor Sonnenuntergang.

Einkaufen Wen die riesigen Einkaufszentren in der nahe gelegenen Orchard Road langweilen, kann alternativ nach Dempsey Hill oder Holland Village spazieren: Hier haben sich viele kleine, unabhängige Läden und Boutiquen angesiedelt.

Genießen Nicht nur die Expats wissen das westliche kulinarische Angebot in Holland Village und Dempsey zu schätzen. Auch wohlhabende Singapurer kommen durch die Türen netter Cafés und gut ausgestatteter Feinkostläden, um sich mit Leckereien einzudecken.

An- & Weiterreise

MRT Sowohl der Botanische Garten als auch Holland Village verfügen über eigene MRT-Haltestellen.

Bus Nach Dempsey Hill kann man vom Botanischen Garten aus zu Fuß laufen oder den Bus nehmen (7, 75, 77, 105, 106, 123 oder 174). Die Haltestelle befindet sich auf dem Orchard Boulevard hinter der MRT-Station Orchard. Zwei Haltestellen hinter dem Botanischen Garten aussteigen, dann nach links gehen. Die Buslinien 75 und 106 sind zwei von mehreren, die zwischen Holland Village und Dempsey Hill unterwegs sind. Zu Fuß sind es nicht einmal 2 km, aber der Spaziergang entlang der Holland Road ist nicht wirklich empfehlenswert.

KEVIN CLOGSTOUN / GETTY IMAGES © / LONELY PLANET IMAGES ©

HIGHLIGHTS
BOTANISCHER GARTEN VON SINGAPUR

Wer Erholung vom Trubel sucht, sollte den Botanischen Garten besuchen, ein stilles Paradies aus sanft geschwungenen Rasenflächen, Themengärten und Seen. Kostenlose Themenführungen finden am Samstag statt (siehe Website). Wer das Glück hat, gerade in Singapur zu sein, wenn eine Oper am Symphony Lake gespielt wird: unbedingt hingehen.

Orchid & Ginger Garden

Die berühmte Orchideenzucht wurde 1928 begonnen, aus ihr ging der heutige **National Orchid Garden** hervor. Auf 3 ha wachsen über 1000 Spezies und 2000 Hybriden, von denen etwa 600 zu sehen sind – die größte Ausstellung tropischer Orchideen weltweit. Neben dem Orchid Garden liegt der 1 ha große **Ginger Garden** mit über 250 Pflanzen aus der Familie der Ingwergewächse. Das Halia (S. 141), das neben dem Blue Bali (S. 141) direkt außerhalb der Gärten liegt, bietet eine der denkwürdigsten kulinarischen Erfahrungen in Singapur.

Alter Regenwald & Swan Lake

Es lohnt sich, einmal die ausgetretenen Pfade zu verlassen und in diesen dichten, ursprünglichen **Regenwald** abzutauchen – er ist älter als der Botanische Garten selbst. Von den 314 Spezies an Regenwaldpflanzen werden inzwischen über die Hälfte in Singapur als selten eingestuft.

An Romantik ist der **Swan Lake** praktisch nicht zu überbieten. Er ist einer von drei Seen im Botanischen Garten, mit einer winzigen Insel voller Nibong-Palmen. Hier leben Höckerschwäne, die aus Amsterdam importiert wurden.

NICHT VERSÄUMEN

- National Orchid Garden
- Regenwald
- Ginger Garden
- Swan Lake

PRAKTISCH & KONKRET

- Karte S. 250
- ☎6471 7361
- www.sbg.org.sg
- 1 Cluny Rd
- Eintritt in die Gärten frei, National Orchid Garden Erw./Kinder 5 $/frei
- 5–24 Uhr, National Orchid Garden 8.30–19 Uhr, letzter Einlass 18 Uhr, Healing Garden Mi–Mo 5–19.30 Uhr, Jacob Ballas Children's Garden Di–So 8–19 Uhr, letzter Einlass 18.30 Uhr
- 7, 105, 123, 174, M Botanic Gardens

SEHENSWERTES

BOTANISCHER GARTEN GARTENANLAGE

Siehe S. 139.

SRI MUNEESWARAN HINDU TEMPLE HINDUISTISCHER TEMPEL

(3 Commonwealth Dr; Ⓜ Commonwealth) Der Tempel ist das vermutlich größte Heiligtum für Sri Muneeswaran in Südostasien. Er wurde 1998 vollendet und ersetzte das ursprüngliche, hüttenartige Gebäude, das 1932 von indischen Eisenbahnarbeitern gebaut worden ist und einer Erweiterung des Queensway weichen musste. Interessanterweise fehlen dem Gebäude die zentralen Säulen im Allerheiligsten, sodass die Gläubigen einen ungehinderten Blick auf die Riten haben. An Sonntagen und Montagen (18–19 und 19–20 Uhr) werden hier freie **Hatha-Yogakurse** abgehalten, außerdem gibt es sonntags einen speziellen Kurs für Kinder (17.30–19 Uhr).

ESSEN

Holland Village gehört zu den Lieblingswohnadressen der Expats. Das Viertel bietet eine ganze Reihe von Restaurants und Cafés, die überwiegend westliches Essen servieren. Das benachbarte Dempsey Hill wirkt weniger städtisch, sondern eher dörflich-kolonial – kein Wunder, immerhin standen hier einst Kasernen der Armee.

Holland Village

HOLLAND VILLAGE MARKET & FOOD CENTRE HAWKER CENTER $

Karte S. 250 (Lor Mambong; Gerichte ab 3 $; ⌚10 Uhr bis spätnachts; Ⓜ Holland Village) Wer die Allerwelts-Restaurants auf der anderen Straßenseite meiden will, kann sich hier unter die Einheimischen mischen und günstiges, leckeres lokales Essen genießen. Eine Reihe von Straßenständen verkauft Reis mit Hühnchen, Nudeln mit Krabben und viele weitere asiatische Klassiker. Und für alle Neulinge in der Szene: Meist gibt es ein praktisches Schild, auf dem die beliebtesten Gerichte aufgelistet sind.

DA PAOLO PIZZA BAR ITALIENISCH $$

Karte S. 250 (www.dapaolo.com.sg; 44 Jln Merah Saga; Pizza 19–29, Pasta 22–28 $; ⌚ Mo–Fr 12–14.30 & 17.30–22.30, Sa & So 11–22.30 Uhr; Ⓜ Holland Village) Die erfolgreiche Kette Da Paolo betreibt allein in dieser Straße zwei Filialen: einen Feinkostladen (Nr. 43) und dieses Bistro mit Sitzmöglichkeiten auf der Terrasse. Expats genießen hier köstliche Pizza mit dünnem Boden, fachmännisch gekochte Pasta und sensationelle warme Brownies mit Erdnussbutter, Karamell und Schokolade. Es gibt ein preiswertes Mittagessen (23 $) und eine „Two-for-one Happy Hour“ von 12 bis 14.30 und von 17.30 bis 19.30 Uhr.

ORIGINAL SIN VEGETARISCH $$

Karte S. 250 (☎6475 5605; www.originalsin.com.sg; Stand 01-62, 43 Jln Merah Saga; Hauptgerichte 24–28 $; ⌚11.30–14.30 & 18–22.30 Uhr; 🍷; Ⓜ Holland Village) Stoffe in lebhaften Farben, frisches Leinen und wunderschöne Stielgläser schaffen einen peppigen Rahmen für ausgeklügelte, fleischlose Gerichte: etwa mit Quinoa gefüllte und gegrillte Paprika oder Moussaka mit Auberginen vom Holzkohlegrill. Das Restaurant liegt in einer Wohnstraße mit vielen Lokalen; unbedingt einen Tisch draußen reservieren.

2AM DESSERT BAR DESSERT $$

Karte S. 250 (www.2amdessertbar.com; 21A Lorong Liput; Gerichte 15–20 $; ⌚ Mo–Sa 18–2 Uhr; Ⓜ Holland Village) Edle Desserts, abgerundet mit Weinen und Cocktails, sind der Hit dieses mondänen Lokals. Auf der Karte stehen zwar auch herzhaftere Dinge wie Hamburger und Rinderbäckchen, aber der eigentliche Publikumsmagnet sind Janice Wongs süße Leckereien, angefangen mit weißer Schokolade mit Basilikum über lila Kartoffelpüree mit Brombeerparfait, Waldfruchtsorbet bis hin zu Lavendel-Marshmallows. Für die Abende von Donnerstag bis Samstag sollte man besser reservieren.

Dempsey Hill

★PS CAFÉ INTERNATIONAL $$

Karte S. 250 (☎9070 8782; www.pscafe.com; 28B Harding Rd; Hauptgerichte 23–36 $; ⌚11.30–15.30 & 18.30–22.30 Uhr; 🍷; 🚌7, 75, 77, 105, 106, 123, 174) Das Café ist eine von Licht durchflutete tropische Oase mit Holzdielen, bodentiefen Fenstern und Terrassentischen, die auf dichtes tropisches Blattwerk blicken. Vom Frühstück bis zum

Abendessen gibt es herrliches und gesundes Essen, seien es nun Fischkroketten Benedict oder ein „Morocco Miracle Stack" aus gebratenen Champignons, gegrilltem Gemüse, geräucherter Aubergine und Couscous. Der Brunch am Wochenende kann nicht reserviert werden, man sollte daher um 10.30 Uhr da sein, um langes Schlangestehen zu vermeiden.

★**CHOPSUEY** CHINESISCH **$$**

Karte S. 250 (☎9224 6611; www.chopsueycafe.com; Block 10, Dempsey Rd; Dim Sum 7–15 $; ⏲ Mo–Fr 11.30–16 & 18.30–22.30, Sa & So 9.30–16 & 18.30–22.30 Uhr, Bar So–Do bis 23, Fr & Sa bis 1 Uhr; 🚌7, 75, 77, 105, 106, 123, 174) Wirbelnde Deckenventilatoren, Songs aus den 1930er-Jahren und elegante Ladys auf Rattanstühlen – das Chopsuey beherrscht den Kolonialstil perfekt. Neben unbedeutenden und neu zusammengewürfelten Versionen alter amerikanisch-chinesischer Klassiker wird mittags die eigentliche Hauptattraktion angeboten: Yum Cha mit herausragenden Gerichten wie Schezuan Tofu, Krabbenbällchen und *san choi bao* (pikantes Hackfleisch, in Blattsalat gehüllt). Die Marble Bar ist für Gäste perfekt geeignet, die alleine essen müssen.

LONG BEACH SEAFOOD MEERESFRÜCHTE **$$$**

Karte S. 250 (☎6323 2222; www.longbeachseafood.com.sg; 25 Dempsey Rd, 01-01; Krebse 1 kg ca. 60 $; ⏲11–15 & 17.30–1.30 Uhr; 🚌7, 75, 77, 105, 106, 123, 174) Das Long Beach Seafood ist in Sachen Meeresfrüchte eine der Spitzen-Restaurantketten Singapurs. Von seinem Sitzplatz auf der Terrasse aus blickt man auf dichten Wald, während man sich seiner Black-Pepper-Crab widmet, die Kultstatus genießt. Das ursprüngliche Long Beach soll das kultige Gericht erfunden haben, die hier servierte Version ist fantastisch gepfeffert.

Botanischer Garten

FOOD CANOPY HAWKER CENTER **$**

(1J Cluny Rd; Gerichte ab 3 $; ⏲7–20 Uhr; Ⓜ Botanic Gardens) Die Ansammlung von Händlerständen liegt außerhalb des Healing Garden im Botanischen Garten. Hier gibt es viele beliebte Gerichte, angefangen von *kaya* (Kokosmarmelade), Toast und *kopi* über gebratene Ente, Ginseng-Hühnersuppe, koreanisches *bibimbap* bis hin zu indischem *rojak*. Das Tom Yam Bee Hoon mit gebratenem Fisch vom „Handmade Noodles"-Stand ist ganz besonders zu empfehlen. Wer mit dem Taxi kommt, kann dem Fahrer sagen, dass es beim Raffles Building liegt.

★**BLUE BALI** INDONESISCH **$$**

(☎6733 0185; www.bluebali.sg; 1D Cluny Rd; Tapas 8–20 $, Hauptgerichte 16–32 $; ⏲ Di–So 15–24 Uhr; 📶; Ⓜ Botanic Gardens) Am Rand des Botanischen Gartens befindet sich das Blue Bali in einem traumhaften Ambiente aus balinesischen Holzpavillons und Hütten auf dem Wasser. Das Personal ist in typisch balinesische Sarongs gehüllt. Das Blue Bali ist die ideale Adresse für einen romantischen Aperitif bei Sonnenuntergang. Dazu am besten Häppchen im Tapas-Stil bestellen, z. B. javanisches Satay, gebratenen, hausgemachten Tofu oder Krabben mit Kürbis und Chili. Snacks lassen sich an den niedrigen Tischen besser essen als die Hauptgerichte. Dazu kommen großartige Happy-Hour-Angebote von 17 bis 20 Uhr.

CASA VERDE INTERNATIONAL **$$**

Karte S. 250 (Singapur Botanic Gardens, 1 Cluny Rd; Mittagessen 9–18 $, Pizza 21–25 $, Abendessen Hauptgerichte 25–30 $; ⏲7.30–21.30 Uhr; 👪; Ⓜ Botanic Gardens) Das familienfreundliche und einladende Restaurant im Botanischen Garten serviert solides westliches Essen – darunter Pasta, Salate und Sandwiches – außerdem Holzofenpizza und eine kleine Auswahl an lokalen Gerichten.

HALIA GEMISCHT/MODERN ASIATISCH **$$$**

Karte S. 250 (☎6476 6711; www.halia.com.sg; Singapur Botanic Gardens, 1 Cluny Rd; Hauptgerichte 28–68 $, Abendessen Menü 88–98 $, English Tea 28 $; ⏲ Mo–Fr 12–16 & 18–22, Sa & So 10–17 & 18–22 Uhr; 🖉; Ⓜ Botanic Gardens) Das stimmungsvolle Halia liegt inmitten der Ingwergewächse des Botanischen Gartens, was sich auch in einer ganzen Reihe ungewöhnlicher Gerichte auf Ingwerbasis spiegelt. Die Gerichte sind gut zusammengestellt (z. B. Spaghettini mit Chili-Krabben oder Stachelrochen mit Parmesan-Mandelkruste). Das Menü an den Werktagen (2/3 Gänge 28/32 $) bietet ein besonders gutes Preis-Leistungs-Verhältnis. Es gibt auch ein vegetarisches Abendmenü. Am Wochenende wird zum Brunch (10–16 Uhr) oder English Tea (15 bis 17 Uhr) eingeladen.

ANTIQUITÄTEN AUS DEMPSEY HILL

Viele der ehemaligen britischen Armeegebäude in Dempsey Hill wurden im Laufe der Jahre in mittlerweile lange etablierte Kunst- und Antiquitätengeschäfte umgewandelt. Hier findet man so ziemlich alles von Teakholzmöbeln über Dekoratives zur Landschaftsgestaltung bis hin zu antiken Artefakten aus Tempeln. Neben den nachfolgend Genannten gibt es auch noch mehr als ein Dutzend andere, ähnlicher Geschäfte, die meist täglich ab etwa 10–18 Uhr geöffnet haben. Siehe auch www.dempseyhill.com für eine komplette Zusammenfassung.

Shang Antique (Karte S. 250; www.shangantique.com.sg; 18D Dempsey Rd; ⏲10.30–19 Uhr; 🚌7, 75, 77, 105, 106, 123, 174) ist auf südostasiatische Objekte spezialisiert, von denen manche etwa 2000 Jahre alt sind, entsprechend fallen die Preise aus. Für alle, die mehr Gefühl für Stil als Erspartes haben, gibt es alle möglichen Dinge für unter 30 $ zu kaufen, von alten Opium-Töpfen bis hin zu wunderschönen Tischläufern.

Pasardina Fine Living (Karte S. 250; 13 Dempsey Rd; ⏲9.30–18.30 Uhr; 🚌7, 75, 77, 105, 106, 123, 174) Hat praktisch alles fürs Haus, was dekorativ und asiatisch ist (und fertigt auch individuelle Möbel an).

Asiatique (Karte S. 250 14A Dempsey Rd; ⏲11–19 Uhr; 🚌7, 75, 77, 105, 106, 123, 174) Verkauft einzigartige Möbelstücke, von denen manche aus versteinertem Holz gefertigt sind.

AUSGEHEN & NACHTLEBEN

Die Lorong Mambong im Holland Village ist abends für Autos tabu und mutiert von der stillen Straße zu einer lebhaften Ausgehmeile voller Bars und Restaurants. Anspruchsvolle Gäste sind mittlerweile weitergezogen in die neuen Bars in Chinatown und Tanjong Pagar; heute kommen die Leute vor allem wegen der Happy-Hour-Angebote nach Feierabend. Dempsey dagegen ist exklusiver und ruhiger, die meisten Leute gehen hier essen. Wer nach dem Abendessen noch etwas trinken will, findet hier auch ein paar Cafés und Bars.

PARK — BAR

Karte S. 250 (Stall 01-01, 281 Holland Ave; ⏲ Di–Do & So 10–24, Fr & Sa 10–2 Uhr; 📶; Ⓜ Holland Village) Holland Villages coolste Bar ist in ehemaligen umgebauten Schiffscontainern im oberen Teil der Holland Avenue untergebracht. Gelbe Industrietische, einfache Shophouse-Fliesen und Glühlampen sorgen für ein entsprechend schickes Ambiente. Man kann draußen sitzen, die Getränkepreise der Bar sind für diesen Teil der Stadt noch passabel. Die Spam Chips (dünn geschnittene, frittierte Fleischstreifen) gehören zu den kleinen und netten Überraschungen, die das Leben so zu bieten hat.

WALA WALA CAFÉ BAR — BAR

Karte S. 250 (www.walawala.sg; 31 Lorong Mambong; ⏲ Mo–Do 16–1, Fr 16–2, Sa 15–2, So 15–1 Uhr; Ⓜ Holland Village) Das ganze Jahr hindurch ist das Wala Wala an den Wochenenden regelmäßig überfüllt (genau genommen eigentlich an fast jedem Abend der Woche). Die Hauptattraktion ist die Livemusik im zweiten Stockwerk, mit Musik zum Warmlaufen von Montag bis Freitag ab 19 Uhr und der Hauptveranstaltung allabendlich ab 21.30 Uhr. Unten kommen Football-Fans dank großer Bildschirme auf ihre Kosten. Wie fast überall in der Gegend stellen die Betreiber abends Tische auf die Straße.

REDDOT BREWHOUSE — MINBRAUEREI/BAR

Karte S. 250 (www.reddotbrewhouse.com.sg; 25A Dempsey Rd; ⏲Mo–Do 12–24, Fr & Sa 12–2, So 10–24 Uhr; 🚌7, 75, 77, 105, 106, 123, 174) In einem stilleren Winkel von Dempsey Hill liegt das RedDot Brewhouse. Hier wird bereits seit Jahren lokales Bier in kleinen Mengen gebraut und auch ausgeschenkt. Auf das hier eher durchschnittliche Essen kann man allerdings getrost verzichten und sich stattdessen voll und ganz auf die Biere konzentrieren, die zum Hintergrundgeräusch kreischender Papageien getrunken werden. Vom Fass gibt es insgesamt neun Biersorten (ab 6 $), darunter das auffällige, mit Blaualgen versetzte grüne Pils. Happy Hour ist von Mittag bis 19 Uhr, das

Bier kostet dann 4 $ der Schoppen und 8 $ das große Glas.

SHOPPEN

EM GALLERY MODE, HAUSHALTSWAREN

Karte S. 250 (☎6475 6941; www.emtradedesign.com; Block 16, 01-04/05 Dempsey Rd; ⏰ Mo–Fr 10–19, Sa & So 11–19 Uhr; 🚌7, 75, 77, 105, 106, 123, 174) Die in Singapur lebende japanische Designerin Emiko Nakamura sorgt mit ihren leichten, plastischen Kreationen dafür, dass Dempseys Damen fantastisch aussehen. Emiko arbeitet u. a. mit Bergstämmen im nördlichen Laos zusammen und entwirft pflanzengefärbte, handgewebte Kunsthandwerksartikel wie Taschen und Kissen. Andere Haushaltswaren sind Keramikwaren der Khmer in limitierter Auflage (zu einem dennoch bezahlbaren Preis) aus Kambodscha oder handgemachtes thailändisches Geschirr.

HOLLAND VILLAGE SHOPPING CENTRE EINKAUFSZENTRUM

Karte S. 250 (211 Holland Ave; ⏰10–20.30 Uhr; Ⓜ Holland Village) Das Holland Village Shopping Centre zieht Expats an, die auf der Suche nach Kunst, Kunsthandwerk, Haushaltswaren und unkonventioneller Mode sind.

Im **Lim's Arts & Living** (Karte S. 250; 211 Holland Ave, 02-01, Holland Village Shopping Centre; ⏰10–20.30 Uhr) kann man wunderbar abtauchen. Hier stehen kitschige Geschenkartikel neben einigen recht guten Fundstücken nebeneinander im Regal, von Keramiken im Peranakan-Stil bis hin zu Cheongsams.

Erschöpft vom Einkaufen? Dann ab zum Erholen in die Nail Spas im dritten Stock.

Der Westen & Südwesten von Singapur

SÜDWESTEN VON SINGAPUR | WESTEN VON SINGAPUR

Highlights

❶ Eine Wanderung von Park zu Park entlang der **Southern Ridges** (S. 146) zum Mount Faber, dann eine Seilbahnfahrt mit spektakulärem Blick auf die Stadt, den Hafen und Sentosa Island.

❷ Ein Kickstart am Sonntagmorgen mit einem leckeren Thai-Brunch im Dschungelrefugium **Tamarind Hill** (S. 150).

❸ Hungrige Papageien in allen Regenbogenfarben auf dem Arm landen lassen im familienfreundlichen **Jurong Bird Park** (S. 147).

❹ Als Vogelbeobachter unterwegs in den Mangroven des **Sungei Buloh Wetland Reserve** (S. 148).

❺ Eine Zeitreise in die 1950er-Jahre beim Besuch von Singapurs altmodischstem Freizeitpark, dem herrlich schrägen **Haw Par Villa** (S. 147).

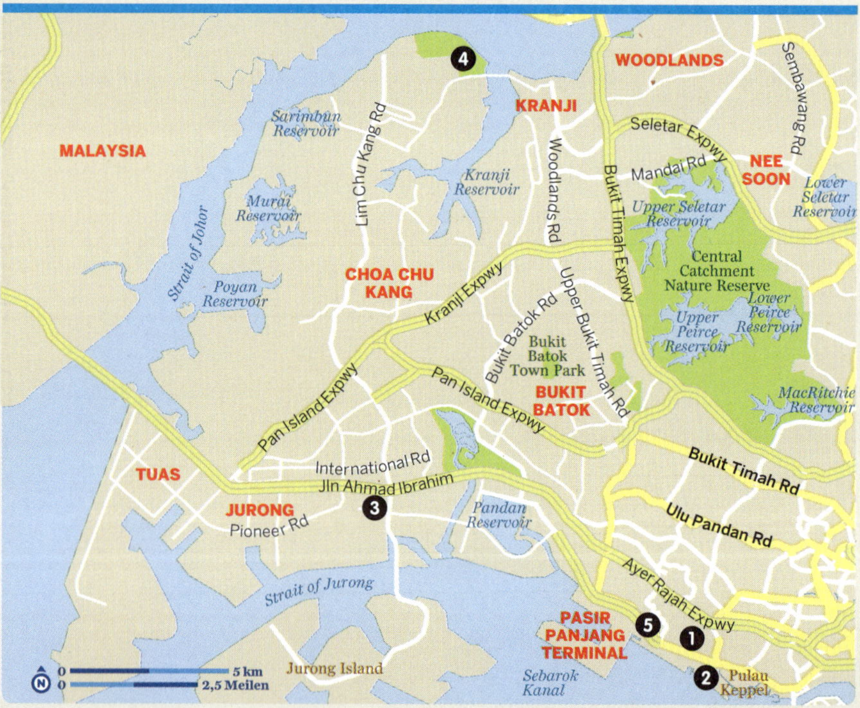

Details siehe Karten S. 252 und S. 253.

Den Westen & Südwesten von Singapur erkunden

Der weitläufige Westen bietet viele Sehenswürdigkeiten, für deren Besichtigung man einige Tage benötigen würde. Das ist aber gar nicht nötig, denn es handelt sich dabei um keine Top-Attraktionen. Die meisten sind skurril oder sehr speziell – so kann man sich leicht heraussuchen, was bequem in die Reisepläne innerhalb Westsingapurs passt, ohne zu viel Fahrtzeit zu verschwenden.

Es lohnt sich diverse Sehenswürdigkeiten an einem Tag zusammenzufassen. Das Science Centre, das Omni-Theatre und Snow City liegen nahe beieinander, während man eine Reihe weiterer Ziele im Nordwesten leicht über die MRT-Station Kranji erreichen kann.

Der Besuch auf dem Mount Faber ist bei Sonnenuntergang mit Sicherheit am schönsten – also am besten abends in die Seilbahn steigen oder in einem Restaurant oder einer Bar einkehren.

Lokalkolorit

Kombi-Tickets Es lohnt sich, für das Science Centre, das Omni-Theatre und Snow City ein Kombiticket zu nehmen. Das Gleiche gilt für den Jurong Bird Park: Man kann ein Kombiticket für den Singapur Zoo und eine Nachtsafari kaufen. Außerdem gibt es Sentosa-Island-Kombinationen, um mit der Seilbahn zu fahren.

Universitätsschätze Die Universitäten Westsingapurs haben einiges an Kultur zu bieten, was vielleicht weniger bekannt ist. Die National University of Singapur beherbergt drei Museen in einem, zu deren Sammlungen Werke von Singapurs künstlerischem Schwergewicht Ng Eng Teng zählen. In der weiter außerhalb gelegenen Nanyang Technological University befindet sich das Chinese Heritage Centre.

Sonnenverwöhnt Im Westen und Südwesten liegen Parks und Naturschutzgebiete – herrliche Ziele für Ausflüge, aber man sollte keinesfalls die Kraft der Sonne in Singapur unterschätzen. Also Sonnencreme, Kopfbedeckung und Wasserflaschen nicht vergessen!

An- & Weiterreise

MRT Die Region ist aufgrund der MRT-Verbindungen gut zugänglich. Einige Stationen heißen genauso wie die Attraktionen selbst. Ansonsten ist alles von Harbour Front, Jurong East, Boon Lay, Chinese Garden, Pioneer und Kranji aus zu Fuß erreichbar.

Bus Für die abgelegenen Sehenswürdigkeiten steigt man vom MRT in den Bus um; die Linien werden jeweils angegeben. Der Kranji Express ist ein Minibus, der die Farmen im Nordwesten ansteuert.

Top-Tipps

Im Westen Singapurs liegen zwei herausragende öffentliche Bäder in Jurong East und Jurong West; man kann also einen halben Tag auf Besichtigungstour gehen und sich die andere Tageshälfte im Pool abkühlen oder die müden Muskeln im Whirlpool entspannen. Beide Bäder sind familienfreundlich und haben erstklassige Ausstattung für Besucher jeder Altersklasse zu bieten – und beide sind verblüffend preisgünstig.

Gut essen

- Tamarind Hill (S. 151)
- Faber Peak (S. 150)
- PeraMakan (S. 149)

Mehr Details siehe S. 149.

Erlebnisse für Kinder

- Jurong Bird Park (S. 147)
- Snow City (S. 152)
- Jurong Swimming Pools (S. 151)
- Singapur Science Centre (S. 148)

Mehr Details siehe S. 146.

Ausflüge in die Natur

- Southern Ridges (S. 146)
- Sungei Buloh Wetland Reserve (S. 148)
- Labrador Nature Reserve (S. 147)
- Kranji Farms (S. 150)

Mehr Details siehe S. 146.

SEHENSWERTES

Der Südwesten

MOUNT FABER PARK & SEILBAHN PARK

(Karte S. 252; www.faberpeakSingapur.com; ⏲Park 8.45–22 Uhr; ⓂHarbourFront) **Mount Faber** (116 m) ist das Herzstück des Mount Faber Park und Höhepunkt des Southern-Ridges-Wanderwegs. Die spektakulärste Art und Weise, dorthin zu gelangen, ist mit der **Seilbahn** (www.Singapurcablecar.com.sg; Erw./Kind hin & zurück 29/18 $; ⏲8.45–21.45 Uhr). Die Bahn verbindet Mount Faber mit HarbourFront und Sentosa – leider werden nur Retourtickets verkauft. Als Alternative kann man auch laufen; es ist ein kurzer, aber steiler Weg abwärts durch Sekundärwald, durchsetzt mit Aussichtspunkten und einigen prachtvollen Bungalows im Kolonialstil.

Wer zu Fuß unterwegs ist, sollte auf jeden Fall genügend Vorrat an Trinkwasser mitnehmen.

REFLECTIONS AT BUKIT CHANDU MUSEUM

Karte S. 252 (www.nhb.gov.sg; 31K Pepys Rd; Erw./Kind 2/1 $; ⏲ Di–So 9–17.30 Uhr; ⓂPasir Panjang) Auf dem Bukit Chandu (Opiumhügel), in einer renovierten Villa aus der Kolonialzeit, befindet sich dieses bescheidene Informationszentrum über den Zweiten Weltkrieg. Es kombiniert Berichte aus erster Hand mit persönlichen Artefakten, Karten und historischem Filmmaterial, um vom brutalen Fall Singapurs zu erzählen.

WANDERUNG AUF DEN SOUTHERN RIDGES

Mount Faber ist durch eine Reihe von Parks mit dem West Coast Park verbunden, die Route wird **Southern Ridges** (Karte S. 252; www.nparks.gov.sg; ⓂPasir Panjang) genannt. Die Region ist leicht zugänglich und eignet sich wunderbar zum Wandern; sie stellt eine weniger große Herausforderung dar als die Touren rund um Bukit Timah oder im MacRitchie Reservoir. Das gesamte Wandernetzwerk erstreckt sich über 9 km, aber die direkte Route vom Kent Ridge Park zum Mount Faber beträgt lediglich 4 km, die zu schaffen sind. Obwohl die Wanderung selbst nicht allzu anstrengend ist, sollte man das feuchtheiße Klima Singapurs berücksichtigen und ausreichend Wasser mitnehmen.

Startpunkt ist der **Kent Ridge Park** (Karte S. 252; Vigilante Dr; ⏲24 Std.). Er liegt in der Nähe des Kriegsmuseums Reflections at Bukit Chandu. Wer Lust hat, kann hoch oben auf dem **Canopy Walk** spazieren, bevor es hügelabwärts weitergeht zum **HortPark** (Karte S. 252; 33 Hyderabad Rd; ⏲24 Std.). Hier gibt es einen Kinderspielplatz und Themengärten mit gewundenen Pfaden und Trittsteinen, die über kleine Bäche führen. Die **Gewächshäuser** sind für die Öffentlichkeit geschlossen; ursprünglich wurden hier Baumaterialien, Kühlsysteme, Temperaturen und Luftfeuchtigkeit für die riesigen Gewächshäuser bei Gardens by the Bay (S. 56) getestet.

Vom HortPark führt eine Brücke hinüber zur Alexandra Road und zu dem überwältigenden Forest Walk, von dem aus sich großartige Ausblicke über das Blätterdach des Dschungels bieten, der den Telok Blangah Hill bedeckt. Der Wanderweg führt schließlich zum **Telok Blangah Hill Park** (Karte S. 252) mit seinem blumenreichen **Terrace Garden**, und weiter zum **Henderson Waves**, einem wellenförmigen Fußweg, der 36 m über dem Waldboden verläuft. Die scherbenartigen Türme, die in der Ferne aufragen, gehören zur Reflections at Keppel Bay, einer Wohnsiedlung, die von Starachitekt Daniel Libeskind entworfen wurde.

Die letzten 500 m hinauf zum Gipfel des **Mount Faber** sind steil, aber dafür wird man oben mit weiteren herrlichen Ausblicken und einer Reihe von Restaurants belohnt. Außerdem bietet sich die verführerische Möglichkeit, mit der Seilbahn zurückzufahren zur HarbourFront und MRT-Station, oder weiter nach Sentosa Island. Es ist aber auch kein Problem, von hier aus nach HarbourFront zu laufen. Ein Pfad führt den bewaldeten Hügel hinab.

Um zum Kent Ridge Park zu gelangen, kann man den MRT nach Pasir Panjang nehmen, die Hauptstraße überqueren und dann etwa 15 Minuten die Pepys Road hinauflaufen bis Reflections at Bukit Chandu. Wer diesen Weg nimmt, kann sich gleich im Eng Lock Koo (S. 149) mit Essen versorgen.

Im Mittelpunkt der Aufmerksamkeit stehen das 1. und 2. Bataillon des Malaiischen Regiments, die beide im Jahr 1942 tapfer aber erfolglos versuchten, den Hügel in der Schlacht von Pasir Panjang gegen die Japaner zu verteidigen.

Zum Museum gelangt man über die MRT-Station Pasir Panjang. Nach dem Aussteigen die Hauptstraße überqueren und etwa 15 Minuten entlang der Pepys Road hügelaufwärts gehen. Neben dem Museum befindet sich der Eingang zum Kent Ridge Park und dem Southern-Ridges-Wanderweg.

NUS MUSEUM — MUSEUM

Karte S. 253 (www.nus.edu.sg/museum; University Cultural Centre, 50 Kent Ridge Cres; ⌚ Di–Sa 10–19.30, So bis 18 Uhr; Ⓜ Kent Ridge dann 🚌 A2 University Shuttlebus) GRATIS Auf dem Campus der **National University of Singapur (NUS)** befinden sich diese drei kleinen Kunstmuseen mit bemerkenswert erlesenen Sammlungen. Alte chinesische Keramiken sowie kunstvolle Bronzearbeiten beherrschen das **Lee Kong Chian Art Museum** im unteren Stockwerk.

Einen Stock höher zeigt die **South and Southeast Asian Gallery** Gemälde, Skulpturen und Textilien der Region. Darüber befindet sich die **Ng Eng Teng Gallery** mit Werken von Ng Eng Teng (1934–2001), einem der wichtigsten Künstler Singapurs, der vor allem für seine figurativen Skulpturen bekannt ist.

Zum Zeitpunkt der Recherchen war noch geplant, das **Lee Kong Chian Natural History Museum** (Karte S. 252; http://lkcnhm.nus.edu.sg; 2 Conservatory Dr; Ⓜ Kent Ridge dann 🚌 A2 University Shuttlebus), einst das Raffles Museum of Biodiversity Research, im April 2015 in einem Neubau wiederzueröffnen. Das Museum befindet sich direkt gegenüber des NUS Museums.

LABRADOR NATURE RESERVE — PARK

Karte S. 252 (www.nparks.gov.sg; Labrador Villa Rd; ⌚ 24 Std.; 🚌 408, Ⓜ Labrador Park) Der Park kombiniert Waldwege, vielfältiges Vogelleben und einen Strandbereich. Vor allem lohnt sich der Besuch des Labrador Parks jedoch wegen der aufrüttelnden **Kriegsrelikte**, die erst in den 1980er-Jahren wiederentdeckt wurden. Zu sehen sind ein paar alte Geschützstellungen sowie die Überreste des Eingangs zu dem alten Fort, das den Hügel bewachte. Die Labrador Secret Tunnels – eine faszinierende Reihe von Versorgungs- und Waffenbunkern – sind, nachdem sie eine Zeit lang geschlossen waren, wieder geöffnet.

HAW PAR VILLA — MUSEUM

Karte S. 252 (☎ 6872 2780; 262 Pasir Panjang Rd; ⌚ 9–19 Uhr, „Zehn Kreise der Hölle"-Ausstellung 9–18 Uhr; Ⓜ Haw Par Villa) GRATIS Die erfrischend skurrile und herrlich kitschige Haw Par Villa stammt von Aw Boon Haw, dem Erfinder des Tiger-Balsams. Er ließ hier zunächst im Jahr 1937 eine Villa für seinen Bruder und Geschäftspartner Aw Boon Par erbauen.

Gemeinsam errichteten die Geschwister dann nach und nach einen Themenpark auf dem Grundstück, der sich der chinesischen Mythologie widmet. Als Ergebnis entstand ein ausgefallener Garten mit grellen Statuen und plastischen Schaubildern, die bekannte chinesische Märchen und Fabeln nacherzählen.

Der absolute Publikumsliebling sind die Zehn Kreise der Hölle – eine Ausstellung über die schaurigen Qualen, die die Sünder in der Unterwelt erwarten.

⊙ Der Westen

JURONG BIRD PARK — ZOO

Karte S. 253 (www.birdpark.com.sg; 2 Jurong Hill; Erw./Kind 25/16 $; ⌚ 8.30–18 Uhr; Ⓜ Boon Lay dann 🚌 194 oder 251) Der Jurong Bird Park ist vielleicht vernachlässigter als seine bekannteren Geschwister Singapur Zoo, Night Safari und River Safari, die der gleichen Gesellschaft gehören. Aber für jüngere Kinder ist und bleibt er ein großartiger Flecken. Etwa 600 Spezies der gefiederten Freunde sind hier zu Hause – darunter auch spektakuläre Aras.

Zu den Höhepunkten gehören die interaktiven High Flyers (11 und 15 Uhr) und die Kings of the Skies (10 und 16 Uhr), außerdem das wundervolle Lory Loft Waldgehege, in dem die Besucher farbenprächtige Loris unterschiedlicher Arten füttern können.

Die Kleineren können im Birdz of Play herumplanschen (11–17.30 wochentags, 9–17.30 Uhr an den Wochenenden), ein Spielbereich mit Planschbecken und einem Laden, der Badekleidung verkauft. Außerdem gibt es eine Trambahn durch den Park, wenn die Kräfte nachlassen.

SUNGEI BULOH WETLAND RESERVE NATURSCHUTZGEBIET

Karte S. 252 (☎6794 1401; www.sbwr.org.sg; 301 Neo Tiew Cres; ⏰7.30–19 Uhr; Ⓜnach Kranji dann 🚌925) GRATIS Dieser ursprüngliche Landstrich aus Schlickwatt, Teichen und Sekundärwald ist ein echtes Paradies für Vogelbeobachter: Hier gibt es Zugvögel, Flussuferläufer und Kiebitze, die sich zu einheimischen Vogelarten wie Reihern, Rohrdommeln, Nektarvögeln und Eisvögeln gesellen. Auch um Warane zu beobachten, ist dies der geeignete Ort. Kostenlose geführte Touren finden jeweils samstags um 9.30 Uhr statt.

Das Schutzgebiet ist eines der wenigen noch bestehenden Mangrovenareale in Singapur. Es gibt drei Wanderwege (zwischen 3 km und 7 km) mit Vogelbeachtungshütten und Aussichtsposten. Die Wege wurden Ende 2014 auf insgesamt sechs verdoppelt: Es ist Teil einer größeren Erweiterung, die auch ein neues Besucherzentrum, ein Café und einen zweiten Eingang auf dem Kranji Way beinhaltet. Achtung: keinesfalls Mückenschutz vergessen!

KRANJI WAR MEMORIAL FRIEDHOF

Karte S. 253 (☎6269 6158; 9 Woodlands Rd; ⏰7–18 Uhr; ⓂKranji dann 🚌160, 170, 960 oder 961) GRATIS Auf dem Kranji War Memorial mit seinen streng angeordneten weißen Grabsteinen und den sanft gewellten Hügeln befinden sich die Gräber Tausender alliierter Soldaten aus dem Zweiten Weltkrieg. Viele der Grabsteine tragen schlicht die Inschrift: „ein Soldat des Krieges 1939–1945“. Sie stehen alle in ordentlichen Reihen auf gepflegten Rasenflächen. Die Wände tragen die Namen von über 25 000 Männern und Frauen, die ihr Leben in Südostasien verloren. Es gibt auch Verzeichnisse, um nach bestimmten Namen zu suchen. Der Friedhof liegt 1 km von der MRT-Station Kranji entfernt und ist zu Fuß von der Haltestelle aus erreichbar.

SINGAPUR SCIENCE CENTRE MUSEUM

Karte S. 252 (www.science.edu.sg; 15 Science Centre Rd; Erw./Kind 12/8 $; ⏰10–18 Uhr; ⓂJurong East) Dieses liebenswert freakige Wissenschaftsmuseum steckt voller Drück-, Zieh- und Drehobjekte, mit denen sich Kinder stundenlang beschäftigen können. Themen sind der menschliche Körper, Aeronautik, optische Illusionen, Ökosysteme, das Universum und Roboter – alles lehrreich und fesselnd präsentiert.

Beim Verlassen der MRT-Station Jurong East nach links abbiegen, die Straße überqueren und an einer Reihe von Buden vorbeigehen, dann die Jurong Town Hall Road überqueren.

TIGER BREWERY BRAUEREI

Karte S. 253 (☎6860 3005; www.tigerbrewerytour.com.sg; 459 Jln Ahmad Ibrahim; Erw./Kind 18/12 $; ⏰Mo–Fr 10, 11, 13, 14, 16 & 17 Uhr; ⓂBoon Lay dann 🚌182) Wer schon die ganze Reise über das Bier dieser Brauerei getrunken hat, hat vielleicht auch Lust zu sehen, wie in dieser Fabrik gearbeitet wird. Die Besichtigungen der Tiger Brewery sind in zwei Teile unterteilt: Der erste Teil besteht aus einer 45-minütigen Führung über das Gelände, inklusive Brauereigebäude und Verpackungshalle; und der zweite Teil ist naturgemäß der eigentliche Höhepunkt dieses Besuchs – 45 Minuten Freibiertrinken in der schicken Tiger Tavern. Touren müssen im Voraus gebucht werden.

CHINESE GARDEN PARK

Karte S. 253 (1 Chinese Garden Rd; ⏰6–23 Uhr; ⓂChinese Garden) Der 13,5 Hektar große, landschaftlich gestaltete Park liegt in der Nähe des Jurong Lake – er eignet sich gut für einen Nachmittagsspaziergang, aber es lohnt sich nicht, extra für eine Besichtigung hinauszufahren. Im Park befinden sich etliche Pavillons, eine siebenstöckige Pagode (geöffnet von 8–19 Uhr), eine eindrucksvolle Ausstellung mit *Penjing* (chinesischem Bonsai; geöffnet von 9–17 Uhr), und einem Japanischen Garten (6–19 Uhr). Das heruntergekommene Land- und Wasserschildkrötenmuseum sollte man am besten meiden.

CHINESE HERITAGE CENTRE MUSEUM

Karte S. 253 (☎6790 6176; http://chc.ntu.edu.sg; Nanyang Technological University, 12 Nanyang Dr; ⏰Mo–Fr 9.30–17 Uhr, Sa 10–17 Uhr; ⓂPioneer dann 🚌179) GRATIS Dieses kleine Museum an der Nanyang Technological University ist zwar kein Muss, lohnt aber einen Besuch, wenn man auf der Suche nach verschollener Kultur ist. Von den drei Ausstellungen sind „Chinese More or Less“ und „From Danmaxi to Xinjiapo: Ceramic and the Chinese in Singapur“ die interessanteren. Die erstgenannte befasst sich mit der chinesischen Diaspora und zeigt außerdem Chinesen in der westlichen Kultur, während die zweite archäologische Artefakte ausstellt, die in und um Singapur gefun-

ABSTECHER

GILLMAN BARRACKS

Einst marschierten hier die Soldaten, heute schlendern Kuratoren herum: Die **Gillman Barracks** (Karte S. 252; www.gillmanbarracks.com; 9 Lock Rd; ⌚unterschiedliche Öffnungszeiten bei den einzelnen Galerien, gewöhnlich Di–Sa 11–19 Uhr, So bis 18 Uhr; Ⓜ Labrador Park) wurden 1936 als britisches Militärlager errichtet und schließlich in einen weitläufigen Kunstaußenposten umgewandelt mit 15 gewerblichen Galerien auf dem grünen Gelände. Es ist eine kultivierte Art und Weise, den Spätnachmittag zu verbringen: Man kann durch freie, wechselnde Ausstellungen mit Werken einiger der begehrtesten Künstler streifen und deren Malerei, Skulptur und Fotografie bewundern.

Zu den Galerien gehört auch der auf Manila konzentrierte **Drawing Room** (www.drawingroomgallery.com; 01-06 Gillman Barracks ; ⌚ Di–Sa 11–19, So bis 18 Uhr), der hauptsächlich zeitgenössische philippinische Künstler ausstellt. Daneben befindet sich New Yorks **Sundaram Tagore** (www.sundaramtagore.com; 01-05, Gillman Barracks; ⌚Di bis Sa 11–19 Uhr, So bis 18 Uhr). Die Galerie ist internationaler orientiert, zu ihren Künstlern gehören die preisgekrönten Fotografen Edward Burtynsky und Annie Leibovitz. Auf der anderen Straßenseite zeigt das italienische **Partners & Mucciaccia** (www.partnersandmucciaccia.net; 02-10 Gillman Barracks; ⌚ Di–Fr 12–19, Sa 11–19, So 11–18 Uhr) hauptsächlich moderne und zeitgenössische italienische Künstler sowie in einer ungewohnten Retrospektive Werke von Marc Chagall und Pablo Picasso. Weiter hügelaufwärts präsentiert das in Berlin ansässige **ARNDT** (www.arndtberlin.com; 01-35 Gillman Barracks; ⌚ Mi–Sa 11–19, So bis 18 Uhr) eine spannende Mischung aus europäischen und asiatischen Künstlern, zu denen der einflussreiche indonesische Maler und Bildhauer Jumaldi Alfi zählt.

Man sollte vorausplanen und einen Tisch bei Gillman's **Naked Finn** (Karte S. 252; www.nakedfinn.com; 01-13 Gillman Barracks; ⌚ Mo–Fr 12–14 & 18–22 Uhr, Sa 12–15 & 18–22.30 Uhr), reservieren, einem angesagten Restaurant bzw. einer Cocktailbar mit wechselnder Speisekarte und phänomenal frischem Fisch und Meeresfrüchten (wenn sie auf der Speisekarte stehen, sollte man sich auf keinen Fall die wunderbar gegrillten Jakobsmuscheln entgehen lassen). Wer nicht reserviert hat, kann einfach sein Glück versuchen – spontane Gäste sind willkommen, aber der Platz ist begrenzt.

Die Galerien sind mit MRT erreichbar: Bei der Haltestelle Labrador Park aussteigen und die Alexandra Road 800 m in nördlicher Richtung hinaufgehen; der Eingang zu den Gillman Barracks liegt auf der rechten Seite. Eine Taxifahrt einfach vom CBD kostet etwa 10 $.

den wurden; einige davon reichen bis ins 14. Jahrhundert zurück.

ESSEN

Neben den hier aufgeführten Restaurants bieten einige der größeren Attraktionen in diesem Teil Singapurs eigene Einkehrmöglichkeiten. Die MRT-Station Jurong East beherbergt zum Beispiel zwei große Schlemmermärkte, und in der MRT-Station Kranji befinden sich einige Restaurants.

ENG LOCK KOO — HAWKER CENTER $

Karte S. 252 (114 Pasir Panjang Rd, Ecke Pepys Rd; Hauptgerichte ab 3 $; ⌚unterschiedliche, individuelle Stände, normalerweise von 5–15 Uhr; Ⓜ Pasir Panjang) Es ist die perfekte Anlaufstelle für ein Frühstück oder Mittagessen auf dem Weg zum Museum Reflections at Bukit Chandu oder auch zum Kent Ridge Park, dem Ausgangspunkt des Southern Ridges Trail: Die kleinen Buden befinden sich innerhalb eines offenen Sitzbereichs und servieren Tee und Kaffee und Klassiker der Straßenstände wie Huhn mit Reis und *Nasi Goreng*.

PERAMAKAN — PERANAKAN $$

Karte S. 252 (www.peramakan.com; L3 Keppel Club, 10 Bukit Chermin Rd; Hauptgerichte 10 bis 24 $; ⌚11.30–14.30 & 18-21.30 Uhr; 📶; Ⓜ Telok Blangah) Dieses Musterbeispiel gutbürgerlicher Baba-Nonya-Küche wird von einem freundlichen Kochenthusiasten betrieben und ist von Joo Chiat hierher gezogen. Die

Klassiker wie *Sambal* (Chilli, Zwiebeln und Krabbenpaste) Tintenfisch und *Rendang* (pikantes Kokoscurry) sind so ausgezeichnet wie immer. Ein Gericht, das man sich nicht entgehen lassen sollte, ist das *Ayam Buah Keluak* (Huhn in gehaltvoller, pikanter Sauce, serviert mit indonesischer Schwarznuss).

FABER PEAK INTERNATIONAL $$

Karte S. 252 (☎6377 9688; www.faberpeakSingapur.com; 109 Mt Faber Rd; Ⓜ HarbourFront, Seilbahn Mt Faber) Die Seilbahnstation zum Mount Faber beherbergt drei Restaurants, die alle einen guten Ausblick aus der Vogelperspektive bieten. Ganz oben steht das auf Yakitori spezialisierte japanische Restaurant **Moonstone** (www.epicurean.com.sg; 109 Mt Faber Rd; Gerichte 4–20 $; ⏲ So–Do 16–00.30 Uhr, Fr & Sa bis 2 Uhr) mit seiner hübschen Veranda.

Interkulturelle Gerichte sowie die Möglichkeit, gemütlich auf der hübschen Terrasse im Freien zu essen, zeichnen das **Faber Bistro** (☎6377 9688; www.mountfaber.com.sg; 101 Mt Faber Rd; Hauptgerichte 13–15 $; ⏲ Mo–Do 15–23, Fr bis 2, Sa 11–2, So 11–23 Uhr; Ⓜ HarbourFront) besonders aus.

Und auch das super-entspannte, familienfreundliche **Spuds & Aprons** (☎6377 9688; 109 Mt Faber Rd; Hauptgerichte 16–38 $; ⏲ So–Mi 11–23, Do bis 00.30, Fr & Sa bis 2 Uhr) bietet seinen Gästen eine internationale Küche, eine Mischung aus lokalen Nudel- und Reisgerichten, gegrillte Sandwiches und herzhafte Hauptgerichte wie saftigen Schweinebauch.

ZU BESUCH AUF SINGAPURS FARMEN

Nur wenige Besucher Singapurs wissen, dass im Nordwesten des Landes eine kleine, aber blühende Agrarindustrie existiert. Hier ist natürlich nicht die Rede von wogenden Wiesen und grasenden Kühen – in Singapur verlangt der begrenzte Raum Farmen, die sich spezialisiert haben: auf biologisches Gemüse, Ziegenmilch, oder Pflanzen, Blumen und Kräuter. Ein Besuch bietet eine erfrischende Abwechslung zum hektischen Großstadtleben.

Die **Kranji Countryside Association** (www.kranjicountryside.com) ist der Zusammenschluss mehrerer Farmer. Sie betreiben einen täglichen Minibus-Service, den **Kranji Express** (MRT-Station Kranji; Erw./Kind 3/1 $; ⏲9–18 Uhr, alle 75 Min.), der eine Schleife von der MRT-Station Kranji fährt und auf seinem Weg viele Farmen besucht, auf denen man Ziegenmilch oder eine Auswahl an Froschfleisch oder Seefisch kaufen, einen Kaffee trinken, zu Mittag essen oder sogar übernachten kann. Eine Unterbrechung ist jederzeit möglich, wenn eine interessante Farm in Sicht kommt; man kann dann einfach den nächsten Bus nehmen. Die im Fahrplan angegebenen Haltestellen ändern sich manchmal, in der Regel halten die Busse aber an folgenden Stationen:

GardenAsia (www.gardenasia.com; 240 Neo Tiew Cres; ⏲Bistro Mi & Do 11–18, Fr & Sa bis 23, So 10–18 Uhr) Ein großes, gut ausgestattetes Gartencenter mit einem zauberhaften Bistro am Wasser.

D'Kranji Farm Resort (www.dkranji.com.sg; 10 Neo Tiew Lane 2; ⏲Restaurant 11–14.30 & 17.30–23 Uhr; Biergarten 16–1 Uhr) Schicke Unterkunft im Villenstil, mit Restaurant und Biergarten.

Bollywood Veggies (www.bollywoodveggies.com; 100 Neo Tiew Rd; Eintritt 2 $, Kranji Express-Passagiere frei; ⏲Mi–Fr 9–18.30, Sa & So 8–18.30 Uhr) Ein sehr beliebter Halt. Man kann durch den ländlichen Garten mit seinen Cashew-, Papaya- und Sternfruchtbäumen schlendern und sich anschließend mit einem schönen und gesunden Essen im Bistro stärken.

Hay Dairies Goat Farm (Karte S. 253; ☎6792 0931; www.haydairies.com.sg; 3 Lim Chu Kang Lane 4; ⏲9–16 Uhr) Hier können frische Ziegenmilch und andere Snacks gekauft werden.

Jurong Frog Farm (Karte S. 253; ☎6791 7229; www.jurongfrogfarm.com.sg; 56 Lim Chu Kang Lane 6; ⏲ Sa & So 9–17.30 Uhr, nach Verabredung nur Di–Fr) Ein wenig heruntergekommen, aber Besucher können hier Froschfleisch probieren.

INSIDERWISSEN

ÖFFENTLICHE SCHWIMMBÄDER

Singapur verfügt über einige wirklich beeindruckende öffentliche Schwimmbäder, die für wenige Dollar erstaunlich viel zu bieten haben. Hier eine Liste der besten:

Jurong East Sports & Cultural Centre (Karte S. 253; ☎6563 5052; 21 Jurong East St 31; Erw./Kind 2/1 $; ⏲ Di, Do & Fr 8–21.30 Uhr, Mi & Sa 6.30–21.30 Uhr, So 14.30–21.30 Uhr; Ⓜ Chinese Garden) Eine gigantische Kombination aus riesigem Wellenbad, Strömungskanal, Wasserrutschen, Planschbecken, Whirlpool und einem Pool von olympischen Ausmaßen. An den Wochenenden ist mit hohem Besucherandrang zu rechnen. Von der MRT-Station Chinese Garden sind es 600 m zu Fuß; in westlicher Richtung den Boon Lay Way entlanggehen, dann rechts in die Jurong East Street 31 einbiegen.

Jurong West Sports & Recreation Centre (Karte S. 253; ☎6515 5332; 20 Jurong West Street 93; Erw./Kind $2/1; ⏲ Mi–Mo 8–21.30 Uhr; Ⓜ Pioneer) Weniger Menschenmassen vergnügen sich in diesem Aquapark in Singapurs entlegenem Westen. Auch hier gibt es einen Strömungskanal, Wasserrutsche und Planschbecken für die Kleinen, einen Whirlpool und zwei 50-m-Becken, eines davon überdacht. Von der MRT-Station Pioneer aus 350 m in westlicher Richtung gehen.

Pasir Ris Sports & Recreation Centre (Karte S. 245; ☎6583 5523; 120 Pasir Ris; Erw./Kind 1,50/1 $; ⏲ Do–Di 8–21.30 Uhr; Ⓜ Pasir Ris) Im Nordosten Singapurs liegt dieses etwa 40-Millionen teuere, spektakuläre Bad mit zwei Wasserrutschen, Plansch- und Übungsbecken, Whirlpool und einem 50-m-Becken. Hier ist es auch an Wochenenden sehr voll. Es befindet sich 300 m nördlich der MRT-Station Pasir Ris auf der Pasir Ris Central.

Toa Payoh Swimming Complex (Karte S. 241; ☎6752 5513; 301 Toa Payoh Lorong 6; Erw./Kind 1,30/0,70 $; ⏲ Mo & Mi–So 6.30–21.30, Di 14.30–21.30 Uhr; Ⓜ Toa Payoh) Eine simple, zufriedenstellende Kombination aus Planschbecken und zwei 50-m-Becken. Die getrennten Tauch- und Wettkampfbecken werden von Singapurs nationalen Wasserballspielern und Tauch- und Synchronschwimmerteams für das Training benutzt. Der Komplex liegt 300 m westlich der MRT-Station Toa Payoh.

In den meisten Bädern kann man mit der EZ-Link-Karte bezahlen. Handtuch mitnehmen und die Öffnungszeiten noch einmal checken, da die Bäder manchmal wegen Wartungsarbeiten geschlossen haben. Siehe www.myactivesg.com.

Lediglich an den Wochenenden befördert der Bus 409 Besucher von der MRT-Station Harbourn Front hier hoch. An alle anderen Tagen muss man allerdings ein Taxi oder die Seilbahn nehmen oder aber hochwandern.

★TAMARIND HILL THAILÄNDISCH **$$$**

Karte S. 252 (☎6278 6364; www.tamarindrestaurants.com; 30 Labrador Villa Rd; Hauptgerichte 20–59 $, So Brunch 60 $; ⏲ Mittag–15 & 18.30–22.30 Uhr; 🚌408, Ⓜ Labrador Park) In einem Bungalow im Kolonialstil im üppigen Labrador Park gelegen, bietet das Tamarind Hill mit seinem eleganten Ambiente herausragendes Thai-Essen. Der Höhepunkt der Woche ist der Sonntagsbrunch (Mittag bis 15 Uhr) mit einem Buffet mit herrlichen kalten Gerichten und Salaten und der Möglichkeit, die warmen Gerichte à la carte zu bestellen (der sautierte Tintenfisch ist unglaublich). Vor allem samstags und sonntags unbedingt reservieren.

AUSGEHEN & NACHTLEBEN

★COLBAR BAR

Karte S. 252 (☎6779 4859; 9A Whitchurch Rd; ⏲ Di–So 11 Uhr–Mitternacht, Küche schließt um 20.30 Uhr; 🚌191) Die unkonventionelle Colbar ist ein ehemaliges britisches Offizierskasino, das in eine Bar umfunktioniert wurde. Hier befindet man sich offensichtlich immer noch in den 1930er-Jahren: Das Geld wird in der Schublade verwahrt, an den Wänden hängen Fotos von Footballteams, und Einheimische entspannen sich hier gerne bei einem kühlen Bier oder einem preisgünstigem Cider auf der weiträumigen Veranda.

Auf der altmodischen Speisekarte fehlt es nicht an Klassikern aus der Kolonialzeit, darunter ein herausragendes Hühnercurry mit gewürfeltem Gemüse und anständigen Pommes frites der alten Schule, alles mit viel Liebe zubereitet von der ehrwürdigen Mrs. Tan.

UNTERHALTUNG

ST JAMES POWER STATION CLUB, LIVEMUSIK

Karte S. 252 (www.stjamespowerstation.com; 3 Sentosa Gateway; ⏲wechselnde Öffnungszeiten, normalerweise von 17 Uhr bis spät; Ⓜ HarbourFront) Das Kraftwerk aus den 1920er-Jahren wurde zu einem Unterhaltungskomplex umfunktioniert. Vor allem unter Einheimischen ist es beliebt.

Zu den Bars und Clubs der St James Power Station gehört die großartige Bar **Peppermint Park** (⏲ Mo–Do 17–3, Fr & Sa bis 4 Uhr), das **Neverland II** (⏲21.30–6 Uhr) mit seiner Mischung aus wummernder Thai Club/Livemusik und die beliebte Karaokebar **Mono** (⏲ So–Do 18–5, Fr & Sa bis 6 Uhr).

Das Mindestalter im Mono liebt bei 18 Jahren; im Neverland II gilt für Frauen als Altersgrenze 21 Jahre und 23 Jahre für Männer.

SINGAPUR TURF CLUB PFERDERENNEN

Karte S. 241 (www.turfclub.com.sg; 1 Turf Club Ave; Level 1 Grandstand & Level 2 Gallop 6 $, Owners' Lounge 30 $; Ⓜ Kranji) Es geht nicht ganz so manisch zu wie beim Rennen in Hongkong; nichtsdestotrotz ist ein Ausflug zum Singapur Turf Club bei den Einheimischen sehr beliebt (unbedingt den Reisepass mitnehmen!). Die Rennen finden normalerweise freitags (18.20–22.50 Uhr) und sonntags (12.50–18.30 Uhr) statt. Es gibt eine zu beachtende Kleiderordnung: keine Shorts oder Unterhemden auf der öffentlichen Haupttribüne; keine Shorts, kragenlosen T-Shirts oder Sandalen in der Owners' Lounge.

OMNI-THEATRE KINO

Karte S. 253 (www.omnitheatre.com.sg; 21 Jurong Town Hall Rd; Erw./Kind 12/10 $; ⏲variiert; normalerweise 12–18 Uhr; Ⓜ Jurong East) Das IMAX-Kino befindet sich neben dem Science Centre und Snow City. Es verfügt über Asiens größte nahtlose Kuppelleinwand und zeigt überwältigende, 45-minütige Dokumentationen.

SHOPPEN

VIVOCITY EINKAUFSZENTRUM

Karte S. 252 (www.vivocity.com.sg; 1 HarbourFront Walk; ⏲10–22 Uhr; Ⓜ HarbourFront) Es ist nicht nur Singapurs größtes Einkaufszentrum – VivoCity bietet außerdem einen seltenen Luxus: offenen Raum. Es gibt einen Kinderspielplatz im Freien auf Level 2 und einen Dachterrassen-„Skypark", in dem die Kleinen in kostenlosen Planschbecken ihren Spaß haben können. Die Mischung der Läden ist im Allgemeinen auf mittlerem Niveau, und es gibt ein großes Golden Village Cineplex.

JEM EINKAUFSZENTRUM

Karte S. 253 (www.jem.sg; 50 Jurong Gateway Rd; ⏲10–22 Uhr; Ⓜ Jurong East) Das Jem liegt im boomenden Jurong East, einem Gebiet, das ein wichtiger Einkaufsknotenpunkt werden soll. Zu den Pächtern gehören Uniqlo und H&M, die japanische Buchhandelskette Kinokunya und das örtliche Kaufhaus Robinsons. Es gibt eine Reihe von Kinderbekleidungsgeschäften auf Level 4, hypermoderne Kinos auf Level 6, und einen unkonventionellen Gastronomiebereich, der dazwischen liegt.

Jem ist mit dem neuen **Westgate** (Karte S. 253; westgate.com.sg; Gateway Dr; ⏲10–22 Uhr; Ⓜ Jurong East) verknüpft, in dem sich das japanische Kaufhaus Isetan und seine fantastische Lebensmittelabteilung im Untergeschoss befindet.

Level 4 beherbergt **Westgate Wonderland**, einen 1020 m2 großen Abenteuerspiellatz für Kinder mit Trocken- und Wasserbereichen und – die Hauptsensation für die Kids – ein 10 m großes Baumhaus.

SPORT & AKTIVITÄTEN

SNOW CITY WINTERSPORT

Karte S. 253 (www.snowcity.com.sg; 21 Jurong Town Hall Rd; Erw./Kind pro 2 Std. 28/23 $, Kombiticket 1 Std. Schnee & Science Centre 18/16 $; ⏲10–18 Uhr; Ⓜ Jurong East) Tiefgekühlt und von der Größe eines Hangars: Mit frostigen

-5 °C bietet Snow City einen drei Stockwerke hohen und etwa 70 m langen Abhang, der über eine futuristische, silberfarbene Luftschleuse im Star-Trek-Stil erreicht werden kann. Jeweils für eine Stunde kann man sich bei Höchstgeschwindigkeit den Abhang hinunterstürzen.

Egal welche Temperaturen draußen herrschen: Alle Besucher müssen lange Hosen (können ausgeliehen werden) und Socken (können gekauft werden) tragen. Die Besucher werden außerdem mit Skianorak und Stiefeln ausgestattet.

RINK EISLAUFEN

Karte S. 253 (www.therink.sg; JCube, 2 Jurong East Central 1; Erw./Kind 14/12 $, mit Schlittschuh-, Handschuh- & Socken-Verleih 21.50/19.50 $; ⏲ Mo–Do & So 10–21.30, Fr & Sa bis 23.45 Uhr; Ⓜ Jurong East) Singapurs erste Eishalle von olympischen Ausmaßen befindet sich im dritten Stockwerk des jugendlichen Einkaufscenters JCube. An Freitagen und Samstagen zwischen 21.45 und 23.45 Uhr schlüpft die Discojugend in ihre Schlittschuhe für das allwöchentliche „Disco on Ice".

Sentosa Island

Highlights

❶ Singapurs gigantischer Vergnügungspark: Die **Universal Studios** (S. 156) sorgen mit Kriegermumien, übellaunigen Dinosauriern und den weltgrößten Achterbahnen für Stimmung bei Groß und Klein.

❷ Ein Besuch im **S.E.A. Aquarium** (S. 157). Im größten Aquarium der Welt leben faszinierende, sonderbare und auch tödliche Wesen.

❸ Ein Ritt auf künstlichen Wellen im **Wave House** (S. 159).

❹ Ein Brunch im trendigen **Kith Café** (S. 158) mit Blick auf ankernde Jachten.

❺ Ein romantischer Abend mit einem eleganten Essen im tropisch-schicken **Cliff** (S. 158).

Details siehe Karte S. 254

Sentosa Island erkunden

Dominiert von seiner Hauptattraktion, den Universal Studios, ist Sentosa im Wesentlichen ein gigantischer Vergnügungspark. Zur Auswahl stehen Fahrgeschäfte, Aktivitäten und Shows. Familien können hier bei einem Tagesausflug eine ordentliche Stange Geld ausgeben (die Besuche im Kasino noch gar nicht mitgezählt). Die Strände sind natürlich gratis und bei Einheimischen wie Touristen sehr beliebt.

Man braucht mindestens einen Tag, um alles zu erleben, was Sentosa so zu bieten hat. Wem das aber zu lang ist, der kann auch einfach nur für einen Vor- oder Nachmittag zum Strand fahren. Manche kommen sogar ausschließlich für einen Drink am Abend auf die Insel. Und ganz sicher gibt es schlechtere Plätze als eine Strandbar auf Sentosa, um den Sonnenuntergang zu genießen.

Lokalkolorit

➜ **Wochenendbrunch** Am Wochenende geht es mit Einheimischen und Expats zum Brunch nach Sentosa Cove. Hier im gehobenen Wohn- und Restaurantbezirk im Osten Sentosas geht es darum, zu sehen und gesehen zu werden. Das Lokal der Wahl ist das Kith Café (S. 158), wo sowohl Kaffee als auch Küche ausgezeichnet sind.

➜ **Poolparty** Auch den Endless Summer (S. 159), Singapurs monatliche Poolparty mit den sonnenverwöhnten Einheimischen, sollte man sich nicht entgehen lassen. Es ist eine ungezwungene Veranstaltung, bei der es nicht an Drinks mangelt, während man den Blick über die Menge schweifen lässt oder zur Abkühlung in den hoteleigenen, wunderbaren Pool springt.

An- & Weiterreise

➜ **Seilbahn** Die Seilbahn fährt vom Mount Faber oder HarbourFront Centre aus nach Sentosa.

➜ **Monorail** Der Sentosa Express (7–24 Uhr) steuert von VivoCity aus drei Stationen auf Sentosa an: Waterfront, Imbiah und Beach. VivoCity ist direkt mit der MRT-Station HarbourFront verbunden.

➜ **Zu Fuß** Von VivoCity aus läuft man einfach zu Fuß über den Sentosa Boardwalk dorthin.

➜ **Bus** Ein Elektrobus, der „Beach Tram", verbindet die drei Strände Sentosas (So–Fr 9–22, Sa 9–23.30 Uhr). Drei farbig gekennzeichnete Buslinien fahren zu den Hauptattraktionen. Bus 1 fährt von 7 bis 22.30 Uhr (So–Fr; Sa bis 24 Uhr), Bus 2 fährt täglich von 9 bis 22.30 Uhr und Bus 3 täglich von 8 bis 22.30 Uhr. Alle Busse starten an der Bushaltestelle direkt östlich der Monorail-Station „Beach". Monorail, Trambahn und Busse sind kostenlos.

Top-Tipp

Sentosa kann an Wochenenden und gesetzlichen Feiertagen sehr voll werden. Die Schlangen und Wartezeiten sind am Wochenanfang normalerweise kürzer. Wenn möglich, sollte man die Tickets schon im Voraus online kaufen, um Zeit zu sparen. Und unbedingt das praktische Faltblatt *Sentosa Island* mitnehmen, das gleich bei der Ankunft an Ständen erhältlich ist.

Die besten Abenteuer

➜ Universal Studios (S. 156)

➜ iFly (S. 159)

➜ Wave House (S. 159)

Mehr Details siehe S. 157. ➜

Gut essen

➜ Cliff (S. 158)

➜ Mykonos on the Bay (S. 158)

➜ Malaysian Food Street (S. 157)

➜ Kith Cafe (S. 158)

Mehr Details siehe S. 157. ➜

Highlights für Familien

➜ Universal Studios (S. 156)

➜ Adventure Cove Waterpark (S. 159)

➜ Songs of the Sea (S. 158)

➜ Skyline Luge Sentosa (S. 159)

Mehr Details siehe S. 157. ➜

HIGHLIGHTS UNIVERSAL STUDIOS

Die Hauptattraktion in Resorts World – die Universal Studios – bietet eine reiche Auswahl an Fahrgeschäften, Shows, Läden und Restaurants. All das hübsch verpackt in Themen rund um die beliebtesten Hollywoodfilme. Die Bandbreite reicht von kleinkindgeeignet bis hin zu nervenzerreißenden Attraktionen.

Fahrten & Achterbahnen

Transformers the Ride, eine ultramoderne Achterbahn, setzt hochauflösende 3D-Animationen ein, um die Besucher in eine fremde Welt zu versetzen, in der sie gegen riesige Roboter kämpfen und sich in Hochgeschwindigkeits-Verfolgungsjagden und schließlich sogar von einem hoch aufragenden Wolkenkratzer stürzen müssen. Es ist eine unglaublich realistische, adrenalinreiche Erfahrung.

Auf die ganz Hartgesottenen warten die **Battlestar Galactica**, die weltgrößten Achterbahnen. Man kann zwischen der HUMAN-Achterbahn zum Hinsetzen und dem CYLON wählen, einer Achterbahn mit Vielfach-Loops und Flips. Eine Achterbahnfahrt in der Halle bietet die **Revenge of the Mummy**, die Hauptattraktion in der Ägyptenabteilung. Die Fahrt ist eine Kombination aus Wirbeln, Abtauchen und Durch-die-Dunkelheit-Hüpfen auf der Suche nach dem Buch des Lebens. Im Gegensatz zu den üblichen Hollywood-Gepflogenheiten endet diese Reise mit einer überraschenden Wendung.

WaterWorld

Fesselnde Stunts und wilde Explosionen werden in der WaterWorld geboten, einer spektakulären Liveshow, die auf dem gleichnamigen Kevin-Costner-Film basiert. Wer einen vernünftigen Sitzplatz haben will, sollte mindestens 20 Minuten vor Show-Beginn dort sein. Und wer bis auf die Haut nassgespritzt werden will, sollte sich ganz nach vorne setzen.

NICHT VERSÄUMEN

- Transformers the Ride
- Battlestar Galactica
- Revenge of the Mummy
- WaterWorld

PRAKTISCH & KONKRET

- Karte S. 254
- www.rwsentosa.com
- Resorts World
- Erw./Kind/Rentner 74/54/36 $
- 10–19 Uhr
- Monorail Waterfront

SEHENSWERTES

UNIVERSAL STUDIOS VERGNÜGUNGSPARK

Siehe S. 156.

★S.E.A. AQUARIUM AQUARIUM

Karte S. 254 (www.rwsentosa.com; Resorts World; Erw./Kind inkl. Eintritt ins Maritime Experiential Museum 38/28 $; ⏲10–19 Uhr; Monorail Waterfront) Im größten Aquarium der Welt gibt es 800 unterschiedliche Arten von Wasserlebewesen. Der ausgedehnte, hochmoderne Komplex bildet 49 maritime Lebensräume nach, die zwischen Südostasien, Australien und Afrika zu finden sind. Der „Open Ocean"-Lebensraum ist besonders spektakulär, seine 36 m lange und 8,30 m hohe Sichtscheibe ist die größte der Welt.

Neben dem Aquarium liegt das interaktive **Maritime Experiential Museum**, das von der Geschichte der maritimen Seidenstraße erzählt.

FORT SILOSO MUSEUM

Karte S. 254 (www.sentosa.com.sg; Siloso Point; Erw./Kind 12/9 $; ⏲10–18 Uhr, Gratisführungen Fr–So 12.40 & 15.40 Uhr; Seilbahn Sentosa) Das britische Küstenfort stammt aus den 1880er-Jahren, als Sentosa noch Pulau Blakang Mati (malaiisch für „die Insel, hinter der der Tod liegt") genannt wurde, und erwies sich während der japanischen Invasion 1942 als ziemlich nutzlos. Dokumentationen, Artefakte und nachgestellte historische Szenen führen die Besucher durch die Geschichte des Forts; es ist unterhaltsam, die unterirdischen Tunnel zu erforschen.

Entworfen wurde das Fort, um einen Angriff vom Meer aus zurückschlagen zu können. Daher mussten auch Silosos schwere Kanonen gedreht werden, als die Japaner im Zweiten Weltkrieg vom malaysischen Festland aus angriffen. Die Briten ergaben sich bald darauf, später wurde das Fort von den Japanern zum Kriegsgefangenenlager umfunktioniert.

IMAGES OF SINGAPORE MUSEUM

Karte S. 254 (www.sentosa.com.sg; Imbiah Lookout; Erw./Kind 10/7 $; ⏲9–19 Uhr; Monorail Beach) Das interaktive Museum setzt Wachsfiguren, Filmmaterial und dramatische Licht- und Soundeffekte ein, um aus der siebenhundertjährigen Geschichte Singapurs zu erzählen. Es beginnt mit Singapurs malaiischen Sultanatstagen, dann zeigen die Exponate den Ausbau zum Hafen- und Handelszentrum, erzählen vom Zweiten Weltkrieg und der anschließenden Kapitulation der Japaner.

> **SENTOSA: EINTRITT & TRANSPORTMITTEL**
>
> Sentosa Island verlangt eine geringfügige Eintrittsgebühr, je nachdem, welches Transportmittel die Besucher wählen. Wer von VivoCity zu Fuß herüberläuft, zahlt 1 $. Für die Fahrt mit dem Sentosa Express Monorail bezahlt man 4 $ (dafür kann die EZ-Link- oder die Nets-Transport-Karte eingesetzt werden). Bei der Anreise mit der Seilbahn (S. 146) ist der Eintrittspreis im Seilbahnticket enthalten.

BUTTERFLY PARK & INSECT KINGDOM SCHMETTERLINGSPARK

Karte S. 254 (www.sentosa.com.sg; Imbiah Lookout, 51 Imbiah Rd; Erw./Kind 16/10 $; ⏲9.30–19 Uhr; Monorail Imbiah) Ein tropischer Regenwald im Miniaturformat: Der Butterfly Park beherbergt über 50 oft bedrohte Schmetterlingsarten, von denen sich beinahe alle im Park selbst vermehren. Zu den Kriechtieren im Insect Kingdom gehören Tausende von Schmetterlingen, Nashornkäfer, Herkuleskäfer (die größten der Welt) und Skorpione.

ESSEN

Ebenso wie die unten aufgeführten Lokale versorgen auch die genannten Strandbars (siehe Kapitel „Ausgehen & Nachtleben") ihre Gäste mit Essen und Trinken. Im Resorts World gibt es Dutzende von Restaurants und Cafés. Die meisten Attraktionen bieten zumindest einen Stand mit Snacks am Eingang, wenn nicht sogar ein richtiges Café-Restaurant.

MALAYSIAN FOOD STREET HAWKER CENTER $

Karte S. 254 (www.rwsentosa.com; Resorts World; Snacks ab 1 $, Gerichte ab 3 $; ⏲Mo–Do 11–22, Fr & Sa 9–23, So 9–22 Uhr; Monorail Waterfront) Mit seiner Nachbildung eines malaysischen Straßenszenarios macht dieses in einem Gebäude gelegene Hawker Center neben den Universal Studios einen etwas gekünstelten Eindruck. Glücklicherweise schmeckt das Essen überhaupt nicht gekünstelt, denn es wird von einigen der besten malaysischen Straßenhändler zubereitet.

MYKONOS ON THE BAY GRIECHISCH $$

Karte S. 254 (☎6334 3818; www.mykonosonthebay.com; 01-10 Quayside Isle, 31 Ocean Way, Sentosa Cove; Tapas 9–27 $, Hauptgerichte 23–45 $; ⌚Mo–Mi 6.30–22.30, Do & Fr 12–14.30 & 18.30–22.30, Sa & So 12–22.30 Uhr; ✎; Monorail Beach, dann 🚍3) An der Sentosa Cove serviert diese am Jachthafen gelegene Taverne griechische Köstlichkeiten, die einen *papou* zum Weinen bringen könnte. Hier kann man im Freien sitzen und sich an perfekt geschmortem, mariniertem Oktopus, Auberginensalat und hausgemachten *giaourtlou* (würzigen Lammwürsten) erfreuen. Gegen Ende der Woche sollte man unbedingt reservieren.

KITH CAFE CAFÉ $$

Karte S. 254 (www.kith.com.sg; 31 Ocean Way, Sentosa Cove; ⌚Mi–Mo 8–22 Uhr; ✎; Monorail Beach, dann 🚍3) Das Café ist die beste von Kiths drei Filialen; es liegt neben den edlen Jachten an der Sentosa Cove. Hier findet man herausragende Kaffeehauskost wie etwa die Blackstone Eggs, englische Muffins mit pochierten Eiern, gebratenen Tomaten, Schinken, gegrilltem Spargel und Sauce hollandaise.

SAMUNDAR INDISCH $$

Karte S. 254 (www.samundar.com.sg; 85 Palawan Beach Walk; Hauptgerichte 8–26 $; ⌚10.30 bis 21 Uhr; ✎; Monorail Beach, dann Sentosa Beach Tram) Das wunderschön gelegene Strandlokal serviert seine Tandoori-Gerichte an Tischen im Freien. Vegetarier können sich freuen: Es gibt 14 fleischlose Hauptgerichte. Die Menüs (bis 17 Uhr) bieten ein gutes Preis-Leistungs-Verhältnis und kosten etwa ähnlich viel wie ein Hauptgericht.

CLIFF INTERNATIONAL $$$

Karte S. 254 (☎6371 1425; www.sentosadining.com.sg; Sentosa Resort, 2 Bukit Manis Rd; Hauptgerichte 28–98 $; ⌚6.30–22 Uhr; Monorail Beach, dann 🚍3) Hoch über dem Palawan Beach (wenn auch die Bäume den Ausblick etwas verdecken) liegt das Cliff direkt am verträumten Pool-Bereich des Luxushotels Sentosa Resort.

Wer sicherstellen will, dass er einen der begehrten Tische am Balkonrand bekommt, sollte zwei Wochen im Voraus reservieren – es ist ein besonders spektakulärer Platz, um die kunstvollen Gerichte mit vorwiegend französischem und italienischem Einschlag zu genießen. Vegetarische Gerichte gibt es nur wenige.

AUSGEHEN & NACHTLEBEN

WOOBAR BAR

Karte S. 254 (www.wsingaporesentosacove.com; W Singapore Sentosa Cove, 21 Ocean Way; ⌚Mo bis Do 8–24, Fr–So 8–2 Uhr; Monorail Beach, dann 🚍3) Die Hotelbar wirkt mit ihren eiförmigen Hängestühlen, den goldenen Fußstützen und Fenstern, die vom Boden bis zur Decke reichen und auf Palmen und Pool hinausblicken, etwas aufgetakelt.

Der „High Tea“ am Nachmittag (ab 58 $ für zwei Personen, ohne Steuern) wird in zierlichen Vogelkäfigen serviert. In der wöchentlich veranstalteten Ladies' Night am Mittwoch (36 $ vor Steuer) wird zwischen 19.30 und 21 Uhr Champagner ausgeschenkt, gefolgt von Drinks zum halben Preis bis Mitternacht.

COASTES BAR

Karte S. 254 (Siloso Beach; ⌚So–Do 9–23, Fr & Sa 9–1 Uhr; Monorail Beach) Das Coastes ist familienfreundlicher als viele andere der Strandlokale; Picknicktische stehen im Sand und Glasveranden am Wasser (20 $). Wer hungrig ist, kann einen Blick in die umfassende Speisekarte werfen, dort finden sich u. a. Hamburger, Pasta und Salate.

TANJONG BEACH CLUB BAR

Karte S. 254 (☎6270 1355; www.tanjongbeachclub.com; Tanjong Beach; ⌚ Di–Fr 11–23, Sa & So 10–24 Uhr; Monorail Beach, dann Sentosa Beach Tram) Normalerweise ist es hier ruhiger als in den Bars am Siloso Beach (außer während des geschäftigen Sonntagsbrunchs). Der Tanjong Beach Club ist ein erinnerungswürdiger Fleck: Abends brennen Fackeln im Sand; es gibt einen kleinen, schicken Pool für die Gäste und einen feurigen Lounge-and-Funk-Soundtrack.

UNTERHALTUNG

SONGS OF THE SEA THEATER

Karte S. 254 (www.sentosa.com.sg; Siloso Beach; Standard/Premiumsitze 15/18 $; ⌚Shows 19.40 & 20.40 Uhr; Monorail Beach) Die anspruchsvolle Show wird rund um ein nachgebautes malaiisches Fischerdorf inszeniert. Sie vermischt Theatralisches im Lloyd-Webber-Stil mit einem beeindruckenden Sound und einer Licht- und Laserausstattung, die satte 4 Mio. gekostet hat.

SPORT & AKTIVITÄTEN

ADVENTURE COVE WATERPARK SCHWIMMEN

Karte S. 254 (www.rwsentosa.com; Resorts World Sentosa; Erw./Kind 36/26 $; ⏲10–18 Uhr; Monorail Waterfront) Die Auswahl an Rutschen in diesem Wasserpark ist etwas begrenzt und eignet sich daher eher für Kinder und Familien. Für abenteuerlustige Erwachsene gibt es die Riptide Rocket, die Pipeline Plunge und das Wellenbad Bluewater Bay.

Im Rainbow Reef können die Besucher zwischen 20 000 Fischen schnorcheln gehen und für einen Aufpreis im Ray Bay zwischen Stachelrochen waten.

Das beliebte Dolphin Island kostet ebenfalls extra. Hier kann man Delfinen in einem Pool sehr nahe kommen. Tierschützer sind von dem Angebot allerdings nicht begeistert, da die Gefangenschaft die Tiere schwächt und anstrengt und die Stresssituation durch den Kontakt mit Menschen noch verschärft wird.

Adventure Cove Waterpark ist vor allem an den Wochenenden und an Feiertagen ziemlich voll, wer kann, sollte den Wasserpark daher unter der Woche besuchen.

WAVE HOUSE SURFEN

Karte S. 254 (www.wavehousesentosa.com; Siloso Beach; 30 Min. Surfen ab 35 $; ⏲ Mo, Di, Do & Fr 10.30–22.30 Uhr, Double Flowrider 11–22 Uhr, FlowBarrel Mo, Di, Do, Fr 13–22, Mi, Sa & So 11–22 Uhr; Monorail Beach) Zwei speziell entworfene Wellenbäder ermöglichen es den Surfern, ihre Gashes und Cutbacks im beliebten Wave House zu üben. Der Double Flowrider eignet sich gut für Anfänger, während das 3 m lange FlowBarrel schon eine größere Herausforderung darstellt. Im Wave House kann man am Strand etwas zu essen und zu trinken kaufen.

SCHWIMMEN SCHWIMMEN

Sentosa bietet drei künstlich angelegte, familienfreundliche Strände, deren Palmen für tropische Tagträume sorgen. **Siloso Beach** (Karte S. 254; Seilbahn Sentosa, Monorail Beach) mit seinen vielen Aktionen, Restaurants und Bars ist der beliebteste. Die kostenlosen Planschbecken am **Palawan Beach** (Karte S. 254; Monorail Beach) eignen sich perfekt für kleinere Kinder, der **Tanjong Beach** (Karte S. 254; Monorail Beach) ist der ruhigste der drei. Drei Bars am Siloso Beach und eine am Tanjong Beach bieten ihren Gästen außerdem kleine Schwimmbecken. Generell gilt: Aus Sicherheitsgründen immer im ausgewiesenen Schwimmerbereich der Strände bleiben.

W STEHT FÜR POOLPARTY

W Singapurs überwältigender Pool bildet das passende Ambiente für die beliebte Poolparty **Endless Summer** (Karte S. 254; www.wsingaporesentosacove.com; W Singapore Sentosa Cove, 21 Ocean Way; inkl. ein Drink 35 $; ⏲14–20 Uhr, erster So im Monat). Normalerweise steigt die Party am ersten Sonntag des Monats und lockt ganz unterschiedliche Besucher an: Einheimische, Expats und Hotelgäste, Hetero- und Homosexuelle, Jüngere und Ältere. Es ist eine herrliche Art und Weise, einen trägen, tropischen Nachmittag zu verbringen. Geboten werden DJ Sets und Livemusik, außerdem gibt es Hot Dogs, Popcorn und Satay. Bei Interesse die Daten auf der Website des Hotels abrufen und buchen.

IFLY HALLEN-FALLSCHIRMSPRINGEN

Karte S. 254 (www.iflysingapore.com; Cable Car Rd; Erw./Kind ab 79/70 $; ⏲ Do–Di 10.30–22, Mi 12–22 Uhr; Monorail Beach) Wer Spaß am freien Fall von 3600 m auf 900 m hat, *ohne* dabei aus einem Flugzeug zu springen, für den ist diese Fallschirmspringhalle genau richtig. Im Preis inbegriffen ist eine Stunde Einweisung, gefolgt von zwei kurzen, aber atemberaubenden Sprüngen in einer vertikalen Windkammer. Am besten auf der Website nach einer Möglichkeit außerhalb der Spitzenzeiten suchen, dann gibt es preisgünstigere Angebote.

SKYLINE LUGE SENTOSA ABENTEUERABFAHRT

Karte S. 254 (www.sentosa.com.sg; Luge & Skyride-Kombi ab 15 $; ⏲10–21.30 Uhr; Monorail Beach) Die Skyride-Sesselbahn vom Siloso Beach zum Imbiah-Aussichtspunkt nehmen, dann auf den Schlitten springen (eine Kreuzung aus Gokart und Schlitten) und mit Familie und Freunden durch Haarnadelkurven und Geraden durch den Wald rasen (Helme werden gestellt und sind Pflicht!). Kinder werden es lieben!

MEGAZIP ZIPLINE

Karte S. 254 (www.megazip.com.sg; Siloso Beach; Zipline Fahrt 39 $; ⌚11–19 Uhr; Monorail Beach) Eine 450 m lange und 75 m hohe Zipline führt vom Imbiah-Aussichtspunkt zu einer kleinen Insel etwas abseits des Siloso Beach. Ein Elektrowagen bringt Abenteuerlustige vom Strand zum Startpunkt hinauf. Hier gibt es auch einen kleinen Abenteuerpark mit einer Kletterwand (19 $) und weitere Angebote.

GOGREEN SEGWAY ECO ADVENTURE TOUR

Karte S. 254 (☎9825 4066; www.segway-sentosa.com; Fun Ride 12 $, 30 Min. Eco Adventure 38 $; ⌚10–20 Uhr; Monorail Beach) Mit den zweirädrigen Gefährten kann man wahlweise einen zehnminütigen „Fun Ride" oder alternativ einen Ausflug zum Strand unternehmen und dort an einem geführten „Eco Adventure Trip" teilnehmen.

Ebenso futuristisch und interessant sind die Elektroräder, die man für 12 $ die Stunde ausleihen kann. Eco-Adventure-Teilnehmer müssen allerdings mindestens 10 Jahre alt sein.

Inseln & Tagesausflüge

Pulau Ubin S. 163

Die wilde Urwaldinsel Pulau Ubin bietet eine Menge interessanter Inselbewohner, staubige Dörfer und vor allem die Möglichkeit, alles mit dem Fahrrad zu erkunden.

Die südlichen Inseln S. 165

Das Insel-Trio liegt gleich südöstlich vor der Küste Sentosas und eignet sich perfekt für einen kurzen Erholungstrip, für Picknicks am Strand und zum Faulenzen unter tropischem Himmel.

Pulau Bintan S. 166

Die All-inclusive-Resorts im Norden der Insel sind besonders bei Expats und wohlhabenden Singapurern beliebt. Im Süden Bintans kann man einen Einblick in authentisches indonesisches Inselleben erhaschen.

Johor Bahru S. 169

Eine knappe Stunde mit dem Bus fährt man von Singapur in die malaysische Stadt Johor Bahru, auch JB genannt. Hier kann man preiswert essen, günstig einkaufen, durch die lebhaften Straßen schlendern oder den Vergnügungspark Legoland besuchen.

Pulau Ubin

Pulau Ubin entdecken

Obwohl Ubin nur eine zehnminütige Bootsfahrt vom Changi Village entfernt liegt, ist die Insel das genaue Gegenteil vom singapurischen Festland. Sie ist perfekt für Outdoor-Liebhaber und Radfahrer, die der Stadt entfliehen wollen.

Die Singapurer schwärmen nostalgisch von Ubins dörflicher Atmosphäre und wer ankommt, erlebt eine Insel mit einem Dschungel voller flinker Eidechsen und seltsamer Schreine, dazu als akustische Kulisse ein chaotisches Durcheinander von Vogelstimmen. Blechdächer glühen in der Sonne, Hühner gackern und hechelnde Hunde lassen sich müde in den Staub fallen, während sich im Wald wilde Schweine vor Besuchern auf quietschenden Leihrädern verstecken. Am besten nimmt man sich einen ganzen Tag Zeit, denn schon die Anreise dauert ein paar Stunden.

Das Beste von Pulau Ubin

➡**Attraktion** Chek Jawa Wetlands (Mangrovensümpfe)

➡**Essen** Pulau Ubin Village

➡**Aktivität** Radfahren

Top-Tipp

Um Müll zu vermeiden, werden auf Pulau Ubin keine gedruckten Karten mehr verteilt. Stattdessen wurden sie auf hölzerne Hinweistafeln gemalt. Wer sie abfotografiert, kann sie unterwegs zur Orientierung benutzen.

An- & Weiterreise

Schon die Anreise nach Pulau Ubin ist abenteuerlich. Zuerst nimmt man die Buslinie 2 von der MRT-Station Tanah Merah (30 Min.) bis zur Endstation Changi Point Ferry Terminal. Von dort aus sind es 10 Min. in einem tuckernden Bumboot nach Ubin (einfach 2,50 $, Fahrrad 2 $). Die kleinen Boote für zwölf Passagiere fahren nur ab, wenn sie voll besetzt sind, was aber nicht lange dauert. Es gibt keine Fahrkarten, man zahlt einfach an Bord.

SEHENSWERTES

PULAU UBIN VILLAGE DORF

Obwohl es eigentlich nicht zu den Touristenattraktionen gehört, ist Pulau Ubins einziges erwähnenswertes Dorf wie eine Zeitkapsel in Singapurs Vergangenheit und unbedingt einen Spaziergang wert. Fischkäfige und Reste von verfallenen Anlegestegen schauen aus dem trüben Wasser, streunende Katzen lauern auf Vögel und zahme Hunde faulenzen auf verschlafenen Straßen.

Das kleine Dorf ist außerdem das Tor zum Inselinneren, Fähranleger, Fahrradverleihe und Pulau Ubins einzige Restaurants befinden sich ebenfalls hier.

RADFAHREN AUF UBIN

Außer zu Fuß (was gar keine schlechte Idee ist) kann man sich nur per Rad auf Ubin fortbewegen. Obwohl viele, die auf dem Weg zum Ketam Mountain Bike Park sind, ihre eigenen Fahrräder mitbringen, gibt es genügend Verleihe im Pulau Ubin Village, die für ein passables Rad 5 bis 12 $ pro Tag verlangen. Unter den Verleihern gibt es keine großen Unterschiede, manche ändern auf Nachfrage spontan ihre Preise. Am billigsten und ehrlichsten ist **shop 31**, bei dem Erwachsenenräder 5 bis 8 $ und Kinderräder 5 $ kosten. Im Preis enthalten sind (auf Nachfrage) Korb, Helm und Schloss.

Karten von der Insel gibt es nur auf Hinweistafeln, die an verschieden Stellen zu finden sind. Wer den Osten und Westen (Achtung: der äußerste Westen ist Sperrbereich) erkunden möchte, muss wegen des unpassierbaren Marschlandes im mittleren Norden der Insel ein Stück auf demselben Weg zurückfahren. Das macht aber nichts, denn die Entfernungen sind kurz.

Auch wenn es auf den Hinweistafeln den Anschein hat, es gäbe eine Abkürzung zwischen den Campingplätzen Noordin und Mama, kann man de facto das Sumpfgebiet Sungai Mamam nicht durchqueren. Man muss auf jeden Fall auf der Hauptstraße zurückfahren.

Pulau Ubin

INSELN & TAGESAUSFLÜGE PULAU UBIN

Pulau Ubin

Sehenswertes (S. 163)

1 Chek Jawa Wetlands D2
2 German Girl Shrine A2
3 Jejawi Tower D2
4 Pulau Ubin Village C3
5 Wei Tuo Fa Gong Temple B2

Sport & Aktivitäten (S. 165)

6 Ketam Mountain Bike Park A2

Schlafen (S. 187)

7 Mamam Beach C2

CHEK JAWA WETLANDS NATURSCHUTZGEBIET

(8.30–18 Uhr) GRATIS Wer nur Zeit für einen Teil der Insel hat, der sollte unbedingt dieses Sumpfgebiet im Südosten der Insel besuchen: Hier führt ein 1 km langer Küstenwanderweg (Holzsteg) über das Wasser sowie durch geschützte Mangrovenwälder zum Jejawi Tower. Vom 20 m hohen Aussichtsturm hat man einen weiten Blick über Küste und Regenwald.

Fahrräder sind im Schutzgebiet nicht erlaubt. Am besten leiht man sich eines mit Schloss und schließt es an den Fahrradständern am Eingang an.

SCHREIN DES DEUTSCHEN MÄDCHENS TAOISTISCHER TEMPEL

Der Schrein in der gelben Hütte neben dem Tamarindenbaum ist eine der sonderbaren Sehenswürdigkeiten der Insel. In der Legende heißt es, dass die kleine Tochter eines deutschen Plantagenbesitzers während des Ersten Weltkriegs auf der Flucht vor den britischen Truppen, die ihre Eltern festnehmen sollten, in einen Steinbruch fiel. Mit der Zeit wurde diese Tochter einer katholischen Familie zu einer taoistischen Gottheit, der einige chinesische Gläubige gute Gesundheit und Glück zuschreiben.

Der Schrein ist voll mit Spielzeug, Opfergaben, Lottoscheinen, Kerzen und verbrannten Papiergaben sowie dem roten Tisch und Stuhl eines Mediums. Man hofft, dass das dem kleinen Mädchen gefällt, denn ihr Geist soll angeblich auch heute noch in der Gegend herumspuken.

WEI TUO FA GONG TEMPLE BUDDHISTISCHER TEMPEL

Der 80 Jahre alte Tempel auf einem Hügel an einem Karpfenteich mit Schildkröten besteht aus mehreren Schreinen, die von einer Vielzahl von Statuetten und Ikonen umgeben sind. Die Menschen hier sehen nicht viele Besucher, deshalb ist es gut möglich, dass man spontan auf einen Tee eingeladen wird.

ESSEN & AUSGEHEN

Nur im Pulau Ubin Village kann man zum Essen einkehren. Von der Fähre aus gesehen links gibt es ein halbes Dutzend Restaurants, die meisten von ihnen befinden sich in Hütten mit Blechdächern. Das Angebot ist überall vergleichbar: Nudeln und Reisgerichte mit viel Fisch und Meeresfrüchten, wobei der Chili-Krebs zu den beliebtesten Gerichten zählt. Mit rund 20 $ pro Person sollte man rechnen. Alles wird vorzugsweise mit einem Tiger Beer hinuntergespült – mit was sonst?

Auf der Jln Endul Senin gibt es ein paar Getränkestände und auch Snacks.

SPORT & AKTIVITÄTEN

KETAM MOUNTAIN BIKE PARK RADFAHREN

Eine Reihe unterschiedlich schwieriger Strecken führt um den Steinbruch Ketam Quarry und die nähere Umgebung. Es ist zwar nicht der atemberaubendste Bike-Park der Welt, aber trotzdem sind angesichts der steilen Hänge, der scharfen Kurven und dem ab und zu problematischen Boden auf den meisten Wegen doch mehr als Anfängerkenntnisse notwendig.

Links neben dem Eingang gibt es einen kleinen Übungsbereich, der Schrein des deutschen Mädchens liegt ebenfalls in der Nähe.

Die südlichen Inseln

Die südlichen Inseln entdecken

Drei weitere beliebte Ausflugsziele sind die winzigen Inseln St John's, Lazarus und Kusu. Alle drei liegen südlich vor Sentosa und eignen sich ideal zum Angeln, Schwimmen und Entspannen. Während am Wochenende recht viel los ist, ist unter der Woche kaum jemand zu sehen – es sei denn, man hat das Pech, mit einer Schulklasse zusammenzutreffen.

Die Inseln sind kaum erschlossen, auf St John's und Kusu gibt es aber zumindest Toiletten. Eine Übernachtung in einem Bungalow ist auf St John's möglich.

Das Beste der südlichen Inseln

- **Attraktion** Kusu Kramats
- **Picknickstelle** Insel Kusu
- **Aktivität** Ein entspannter Tag am Strand der Insel Lazarus (S. 166)

Top-Tipp

Sonntags verkehren die Fähren bis abends. Essen und Getränke vorher kaufen, da es auf den Inseln keine Geschäfte oder Lokale bzw. Stände gibt. In der Marina South Pier haben ein kleiner Lebensmittelladen und ein Imbiss geöffnet.

An- & Weiterreise

Die Southern Islands Ferry (Karte S. 237; www.islandcruise.com.sg; 31 Marina Coastal Dr.; Erw./Kind hin & zurück 18/12 $; ⌚Mo–Fr 10 & 14, Sa 9, 12 & 15, So 9, 11, 13, 15 & 17 Uhr) legt zuerst auf St John's an (30 Min.), bleibt rund eine Stunde und fährt dann weiter nach Kusu (15 Min.). Man kann in St John's bleiben und mit dem Rückfahrticket die nächste Fähre nehmen, allerdings verkehren recht wenige (zwei an Wochentagen, drei samstags, fünf sonntags). Die letzte Fähre legt in Kusu von Montag bis Freitag um 16, samstags um 16.30 und sonntags um 18.15 Uhr ab. Am besten erkundigt man sich auf der Website der Fährgesellschaft nach dem aktuellen Fahrplan, bevor man sich auf den Weg macht. Zur Marina South Pier nimmt man den MRT nach Marina Bay und von dort aus die Buslinie 402.

SEHENSWERTES & AKTIVITÄTEN

INSEL KUSU INSEL

(www.islandcruise.com.sg) Kusu ist die kleinste der drei Inseln und gleichzeitig die hübscheste. In den ideal für ein Picknick geeigneten Landschaftsgärten stößt man auf ein kleines Schutzgebiet für Schildkröten und den farbenfrohen taoistischen Tempel **Tua Pek Kong**. Dahinter liegt der Strand, der mit seinem flachen Wasser besonders für kleine Kinder geeignet ist. All dies ist neu gewonnenes Land, denn die eigentliche Insel Kusu bestand ursprünglich nur aus einem waldbedeckten Felsen. Auf diesem befinden sich die Kusu Kramats, drei malaiische Schreine aus dem 19. Jh. 152 Stufen führen durch Bäume hinauf zu den knallgelben Schreinen. Oft sind dort Gläubige anzutreffen, die für Wohlstand, Harmonie, Gesundheit, Eheglück und (im Falle von kinderlosen Paaren) für Nachwuchs beten.

INSEL ST JOHN'S INSEL

(www.islandcruise.com.sg) Die Insel hat eine bewegte Vergangenheit: In den 1930er-Jahren lag auf ihr eine Quarantänestation für Einwanderer, dann wurde sie als politisches Gefängnis und später als Entgiftungszentrum für Opiumabhängige genutzt. Stacheldraht und Wachtürme sorgen noch immer für eine Gefängnisatmosphäre. Es gibt einen kleinen Strand, der bei Picknickern beliebt ist, und für die Wartungsarbeiter eine winzige Moschee mit Blechdach. Andere kommen, weil sich der ruhige Ort gut zum Angeln eignet.

Auf der Insel gibt es einen Ferienbungalow mit drei Schlafzimmern (Nacht ab 53,50 $). Weitere Infos stehen auf www.sentosa.com.sg unter dem Link „Nature". Zelten ist auf St John's verboten, auch wenn sich nicht alle daran halten.

INSEL LAZARUS INSEL

(www.islandcruise.com.sg) Die quasi unerschlossene Insel mit ihrem Stückchen Dschungel und einem weitläufigen Strand ist mit St John's über einen unattraktiven Betonsteg verbunden. Vom wunderschönen Sandstrand aus sind vereinzelt Luxusjachten zu sehen – und leider auch von der Flut angespülter Müll. Trotzdem ist er ein für Singapur perfekter Strand und ein schönes Fleckchen zum Sonnen.

Pulau Bintan

Pulau Bintan entdecken

Die All-inclusive-Resorts im Norden sind beliebte Ziele für erholungssuchende Städter, nur wenige finden aber den Weg in denraueren Süden der Insel. Doch genau dort liegt der größte Ort (und gleichzeitig das kulturelle Zentrum der Insel), das bodenständige und leicht heruntergekommene Tanjung Pinang. Hier stößt man auf laute, staubige und schlaglöcherreiche Straßen, enge Gassen voller Menschen, Mopeds und Rikschas. Ruhe findet man schließlich in einem der kleinen Cafés.

Etwas ausgeruhter lassen sich anschließend die Marktgassen am nordöstlichen Ende der Jln Merdeka (zwischen Jln Plantar und Jln Gambir) erkunden. Von den kleinen Bootsstegen fahren Bumboote nach Senggarang (mit einer Chinatown auf Pfahlbauten) und Penyengat, einer kleinen ländlichen Insel mit Königsgräbern, Palästen und einer schönen Moschee.

Das Beste von Pulau Bintan

➜ **Attraktion** Masjid Raya Sultan Riao

➜ **Gericht** *Ikan bakar* auf Penyengat

➜ **Essen** Pinang Citywalk (S. 169)

Top-Tipp

Geldwechsler tauschen günstiger und einfacher als Banken, man findet viele auf der Jln Merdeka (vom Fährterminal aus nach links wenden).

An- & Weiterreise

Fähren nach Tanjung Pinang (1½ Std.) fahren von Singapurs Fährhafen Tanah Merah Ferry Terminal ab (Buslinie 35 von der MRT-Station Bedok). Ein siebentägiges Touristenvisum (17 $ oder 10 US$, nur Barzahlung) für die einmalige Einreise nach Indonesien ist bei der Ankunft in Tanjung Pinang erhältlich. Die Ausreisegebühr von 13 000 Rp muss bei der Abreise in Landeswährung bezahlt werden.

Folgende Fährgesellschaften fahren nach Pulau Bintan:

Falcon (☎Singapur 6542 6786; www.indofalcon.com.sg; Erw./Kind einfach 28/23 $, hin & zurück 50/40 $)

Sindo Ferries (S. 214)

Wave Master (☎Singapur 6786 9959; www.streetdirectory.com/berlian-ferries; einfach/hin und zurück 40/50 $)

Gut zu wissen

➜ **Vorwahl** ☎+62 771

➜ **Lage** 60 km von Singapur entfernt

UNTERKÜNFTE AUF BINTAN

Tanjung Pinang sollte man von Singapur aus im Rahmen eines Tagesausflugs besuchen, denn die Hotels des Ortes bewegen sich zwischen spartanisch und furchtbar deprimierend. Wer dennoch über Nacht bleiben will, der bucht am besten eines der besseren Resorts im Norden der Insel.

Bintan Resort Ferries (S. 213) verkehren fünfmal täglich (hin und zurück) direkt zwischen dem Fährhafen Tanah Merah und Bandar Bentan Telani an der Nordküste (sechs- bis siebenmal an den Wochenenden). Die meisten Resorts organisieren einen Zubringer zum Hafen/Hotel, der im Preis inbegriffen ist.

Zusätzlich zu den zwei unten genannten Unterkünften findet man eine umfassende Liste von Hotels auf www.bintan-resorts.com.

Mayang Sari Beach Resort (☎0770 692 505; http://mayang.nirwanagardens.com; Jln Panglima Pantar, Lagoi; Zi. ab 114 US$; ❄📶) Das freundliche Resort mit guten Preisen besteht aus 50 reetgedeckten Chalets in balinesischem Stil, jedes hat seine eigene Veranda. Es hat einen schönen Strand und ein Wellness Center.

Banyan Tree Bintan (☎0770 693 100; www.banyantree.com; Zi. mit Frühstück ab 450 US$; ❄📶🏊) Das grüne und privilegierte Banyan Tree ist berühmt für seinen Wellnessbereich, den langen Strand und die luftigen, leicht erhöht liegenden Gästevillen mit traditionellen indonesischen Akzenten und privaten Pools.

SEHENSWERTES

Tanjung Pinang

Bintans Hauptstadt ist ein historischer Hafen- und Handelsort mit einer nach wie vor blühenden Marktkultur und viel geschäftigem Trubel. Händler aller Art umschwärmen die mit der Fähre ankommenden Besucher. Am besten ignoriert man sie alle. Leider war die Touristeninformation (links neben dem Fähranleger) beim letzten Besuch auf unbestimmte Zeit geschlossen.

CETIYA BODHI SASANA BUDDHISTISCHER TEMPEL

(Jln. Plantar 2) Bei diesem kleinen buddhistischen Tempel am Hafen starten jedes Jahr während des Drachenbootfestivals (5. Tag des 5. Mondmonats) frenetisch bejubelte Drachenbootrennen. Mit etwas Glück wird vielleicht gerade eine chinesische Oper auf der Freilichtbühne gegenüber aufgeführt.

Vom Fährhafen zum Tempel nimmt man die erste Straße links, geht 500 m die Hauptstraße entlang und biegt links in die Jln Pasar Baru (sie wird zur Jln Plantar) ein. Kurz vor dem Wasser biegt man noch einmal links zum Tempel ab. Die Gegend zwischen Jln Plantar und Jln Gambir ist ein faszinierendes Labyrinth aus Gassen und Marktständen.

VIHARA BHATRA SASANA BUDDHISTISCHER TEMPEL

(Jln Merdeka) Drachen schmücken die schön bemalten, nach oben gebogenen Dachvorsprünge dieses chinesischen Tempels. Am Zentralaltar steht die Statue Kuan Yins (Guanyin), der Göttin der Barmherzigkeit. Vom Fährhafen biegt man links ab und läuft bis zum Ende der Straße: Der Tempel steht auf der rechten Seite, an der Kreuzung mit der Jln Ketapang.

SULTAN SULAIMAN BADRUL ALAMSYAH MUSEUM

(Jln Ketapang; ⌚Di–Do, Sa & So 8.30–14.30, Fr 8.30–11.30 Uhr) Das kleine Museum in einem hübschen, von den Niederländern 1918 erbauten Gebäude steckt voller größtenteils chinesischer Artefakte – Münzen, Keramik, Musikinstrumente, Kleidung, Schmuck –, die jedoch leider nicht in Englisch beschriftet sind. Ein altes *caping*, eine Art Keuschheitsgürtel, ist besonders sehenswert. Vom Vihara Bhatra Sasana Temple biegt man rechts ab, das Museum befindet sich dann auf der linken Seite.

Penyengat

Die kleine Insel Penyengat war früher einmal das Herz der Sultanats Riao-Johor und das kulturelle Zentrum des malaiischen Kaiserreichs. Im 16. Jh. flohen die malaii-

BECAK-TOUREN

Penyengat lässt sich durch seine Größe gut zu Fuß erlaufen, mehr Spaß macht allerdings eine Rundfahrt mit dem *becak* (wird „biertschak" ausgesprochen; 1 Std. ca. 30 000 Rp). Vor dem Einsteigen in diese Motorrikscha mit Seitenwagen sollte man unbedingt den Preis mit dem Fahrer aushandeln und deutlich machen, dass man die ganze Insel inklusive Festung sehen will.

schen Sultane nach ihrer Niederlage gegen die Portugiesen in Malakka dorthin und sorgte somit für den Aufschwung der Insel. Heute wohnen hier Indo-Malaien und hakka-chinesische Einwanderer entweder in Pfahlbauten an der Küste oder in farbenfrohen Bungalows im üppig bewachsenen Inselinneren.

Von Tanjung Pinang aus dauert die Bootsfahrt nach Penyengat nur 10 Min., eine einfache Fahrt kostet 6000 Rp pro Person. Da die 15 Personen fassenden Boote erst abfahren, wenn sie voll sind, kann es sein, dass man eine Weile warten muss. Um zum Bootssteg zu gelangen, biegt man links am Fährterminal ab, dann wieder links an der ersten Kreuzung und geht immer die Gasse entlang zum Wasser.

MASJID RAYA SULTAN RIAO MOSCHEE

Die märchenhafte Moschee wurde 1832 erbaut und leuchtet in grünen und gelben Pastelltönen. Bis heute wird sie regelmäßig von Gläubigen aufgesucht. Gäste sind willkommen, sollten sich aber angemessen kleiden (also bedecken) oder die Moschee aus gebührender Entfernung bewundern.

GRABMÄLER & PALÄSTE HISTORISCHE STÄTTEN

Penyengat war einst die Hauptstadt der Sultanats Riao-Johor, überall auf der Insel befinden sich bis heute die auch als Ruinen beeindruckenden Paläste und Grabmäler einstiger malaysischer Herrscher.

Bei einem Rundgang durch Penyengat besonders sehenswert ist die Ruine des immer noch imposanten Palastes **Istana Kantor** und das **Grab von Raja Hamidah** links von der Moschee. Unterwegs auf der Insel stößt man auf viele weitere Erinnerungen an die einstige Herrscherfamilie.

FESTUNG HISTORISCHE STÄTTE

Ganz im Westen der Insel steht die Ruine einer beeindruckenden Steinfestung, die ursprünglich von Sultan Raja Haji im 18. Jh. als Verteidigung gegen niederländische Angriffe gebaut wurde. Ironischerweise wurden die **Kanonen** des Forts in den Niederlanden hergestellt.

Raja Haji verfasste das erste malaiische Grammatikbuch – es erinnert daran, dass die Insel einst eine intellektuelle und religiöse Hochburg war, auf der mehr als 9000 Menschen lebten.

Senggarang

Das überwiegend chinesische Dorf – gegenüber von Tanjung Pinang auf der anderen Seite der Bucht gelegen – wird von kleinen Holzbooten angefahren (einfach pro Pers. 6000 Rp, 10 Min.). Den Abfahrtssteg Plantar 1 findet man, indem man an der Gasse, die zum Anlegeplatz für die Boote nach Penyengat führt, vorbeigeht und an der nächsten Straße links abbiegt.

CHINATOWN CHINESISCHES VIERTEL

Boote auf dem Weg nach Senggarang halten am Steg des chinesischen Viertels. Ganz anders als Singapurs Chinatown ist Senggarang eher eine Wohn- als Geschäftsgegend. Viele Häuser stehen hier auf Pfählen im (sehr verschmutzten) Meerwasser. Die Bewohner sind größtenteils Teochew-Chinesen, die hier seit dem 18. Jh. leben. Es lohnt sich nach den privaten Schreinen Ausschau zu halten, die in den Eingangsbereichen vieler Häuser zu finden sind.

VIHARA DHARMA SASANA BUDDHISTISCHER TEMPEL

Ein dekorativer chinesischer Torbogen bildet den Eingang zu diesem Tempel-Trio mit Blick aufs Meer. Mit ihren reich mit Schnitzereien verzierten Dächern und geschätzten 200 bis 300 Jahren sind die ersten zwei Tempel die ältesten. Hinter ihnen stehen ein modernerer Tempel sowie zwei riesengroße bunte Buddhastatuen.

Man geht einfach den Steg entlang bis zur ersten Abzweigung links und dann bis zum Ende des Holzstegs, biegt rechts ab und läuft so lange, bis man auf festem Boden steht. Von dort aus ist der Torbogen der Anlage zu sehen.

BANYAN TREE TEMPLE BUDDHISTISCHER TEMPEL

Wenn man die Tempelanlage Vihara Dharma Sasana verlässt und geradeaus geht, kommt man bald zu einem kleinen Dorf mit einem besonders ungewöhnlichen Tempel, der vermutlich um 1811 erbaut wurde (dazu von der Hauptstraße rechts abbiegen). Er war ursprünglich das Haus eines wohlhabenden chinesischen Mannes, der angeblich hier begraben liegt. Über die Jahre wurde das Gebäude immer mehr von den Wurzeln eines riesigen Banyanbaumes verschlungen.

Wer will, kann zur Anlegestelle zurücklaufen, ohne zur Tempelanlage zurückgehen zu müssen: Dafür biegt man an der ersten Abzweigung links ab.

ESSEN

Für diejenigen, die zeitig am Morgen auf die Fähre wollen, gibt es im Fährterminal Tanah Merah in Singapur eine Filiale der sehr guten Café-Kette Killiney Kopitiam. Das singapurische Frühstück besteht aus *Kaya*-Toast, weich gekochten Eiern und *kopi;* dazu kommt eine Auswahl an Hauptgerichten. Wer keinen *kopi* mag, für den gibt es auch „westlichen" Kaffee.

Tanjung Pinang

Links neben dem Fährhafen befinden sich gleich ein paar *kedai kopi* (einheimische Cafés), in denen es etwas zu trinken, einen Snack oder *goreng* (Nudeln) zu essen gibt. Am Abend verkaufen Dutzende Stände im ganzen Ort *mie bangka*, eine chinesische Teigtaschen-Suppe nach Hakka-Art. Weitere Delikatessen, die es sich zu probieren lohnt, sind *gong gong (*Schnecken, die mit einem Zahnstocher gegessen werden) und *otak-otak*, kleine in Bananenblättern gegrillte Fischfrikadellen.

PINANG CITYWALK MARKTHALLE $

(Jln Teuku Umar; Gerichte 5000–13 000 Rp; ⌚7–14 Uhr, je nach Stand) Die moderne und luftige Markthalle mit eigener Bühne bietet hygienischere Imbissstände. Das Angebot ist groß und reicht von frischen Meeresfrüchten über *ayam penyat* (gebratenes Huhn in scharfer Sambalsauce) bis zu *nasi lemak* (Kokosreis). Da das Bier hier im Kühlschrank lagert, kann man zum Glück auf Eiswürfel verzichten, die möglicherweise aus verunreinigtem Wasser hergestellt wurden.

Pinang Citywalk liegt hinter dem Vihara Bhatra Sasana Tempel und hat Eingänge auf der Jln Teuku Umar und der Jln Ketapang.

Penyengat

Auf dem Bootsanlegesteg gibt es ein paar kleine Restaurants mit Außenbestuhlung. Man sollte nach *ikan bakar* Ausschau halten, einem leckeren gegrillten Fisch, der mit einem Salat, süßem Chili-Dip und Reis serviert wird. Für eine Portion zahlt man um die 35 000 Rp. Am besten isst man das Gericht wie die Einheimischen mit den Fingern. Das Wasser in den Teekannen auf den Tischen ist zum Händewaschen gedacht.

Senggarang

Ein paar Einheimische haben in ihren Pfahlbauten Restaurants eröffnet, dort bekommt man allerdings nur einfache Gerichte in kleiner Auswahl. Die Alternative sind die kleinen Geschäfte in der Nähe des Banyan Tree Temple, sie verkaufen Snacks.

Johor Bahru

Johor Bahru entdecken

JB (niemand nennt die Stadt bei ihrem vollen Namen) lässt sich leicht an einem Tag von Singapur aus besuchen. Die Stadt ver-

VISUM FÜR MALAYSIA

Deutsche, österreichische und Schweizer Staatsbürger brauchen kein Visum für Kurzaufenthalte in Malaysia, zur Sicherheit aber dennoch rechtzeitig nachfragen. Die Grenzformalitäten sind recht unkompliziert, am Wochenende kann es allerdings zu langen Schlangen kommen. Den Reisepass nicht vergessen!

Johor Bahru

Johor Bahru

Sehenswertes **(S. 171)**
1 Bangunan Sultan Ibrahim ... B2
2 Chinese Heritage Museum ... C3
3 Roufo Gumiao ... C1
4 Royal Abu Bakar Museum ... A3
5 Sri Raja Mariamman Devasthanam ... C2

Essen **(S. 173)**
6 Annalakshmi ... C3
7 Hiap Joo Bakery & Biscuit Factory ... C3
8 Kam Long Fishhead Curry ... C2
9 Night Market ... C2
10 Restoran Huamui ... C2

Ausgehen & Nachtleben **(S. 173)**
11 Roost Juice Bar ... C2

Shoppen **(S. 173)**
12 Johor Bahru City Square ... C1

Schlafen **(S. 187)**
13 Citrus Hotel ... C1

sucht mit allen Mitteln, ihren Ruf als wilder Grenzort abzuschütteln. Neue Projekte westlich des Zentrums, etwa Puteri Harbour und Legoland, zeigen auf, was in der Region zukünftig noch möglich ist.

Das Stadtzentrum hingegen ist nach wie vor das chaotische Gegenteil des fast perfekten Singapur.

Einmal abgesehen vom Legoland gibt es in JB keine großen Touristenattraktionen. Ein Besuch lohnt sich deshalb hauptsächlich wegen der lockeren, bodenständigen Atmosphäre, die in eindrücklichem Kontrast zum zum südlichen Nachbarn Singapur steht.

Am besten kommt man morgens an und frühstückt zunächst entspannt in Cafés wie dem Restoran Huamui im Heritage District. Dann bummelt man durch die farbenfrohen Gassen des Viertels, schaut sich ein paar Tempel oder das Royal Abu Bakar Museum an (sobald es wiedereröffnet wird), bevor man dann einen Bus zum Legoland – einer Attraktion vor allem für Kinder – oder den Johor Premium Outlets nimmt.

Im Puteri Harbour gibt es genug Möglichkeiten zum Abendessen. Ab 2015 soll es Fährverbindungen nach Harbour Front in Singapur geben.

Alternativ bietet sich der Heritage District für eine Kleinigkeit zu essen oder einen Drink in einer der trendigen Bars der Seitengassen an, bevor es mit dem Bus wieder zurück über die Grenze geht.

Das Beste von Jahor Bahru

➡**Attraktion** Royal Abu Bakar Museum

➡**Essen** Kam Long Fish Head Curry (S. 173)

➡**Bar** Roost Juice Bar (S. 173)

Top-Tipp

Eine Einreise nach Singapur am Samstag- und Sonntagabend sollte man vermeiden, da die Grenzübergänge dann meist überlaufen sind.

An- & Weiterreise

Bus Die Anreise nach JB mit dem Bus dauert ca. 1 Std. Am einfachsten geht es mit dem **Causeway Link** (www.causewaylink.com.my; einfach 2,50 $/2,60 RM; ⏲alle 15 bis 30 Min., ca. 6–11.30 Uhr). Es gibt verschiedene Linien: CW2 (ab Busbahnhof Queen St) und CW5 (ab dem Parkplatz des Newton Food Centre, Clemenceau Av North) eignen sich am besten.

Die Fahrkarten werden an der Haltestelle mit dem passenden Kleingeld gekauft. An Singapurs Grenzkontrolle steigt man aus, erledigt alle Formalitäten und nimmt den nächsten Causeway Link nach JB (Fahrkarte nicht verlieren!), wo man durch den malaysischen Kontrollpunkt muss. Dieser befindet sich im Zentrum von JB.

Busse zur KSL City Mall (Linie IM17), nach Puteri Harbour sowie zum Legoland (beide Linie LM1) fahren am Busbahnhof JB Sentral auf Straßenniveau ab. Auf dem Weg zum Legoland sollte man die uniformierten Schwarzmarkt-Kartenverkäufer im Busbahnhof ignorieren und stattdessen die Fahrkarte direkt im Bus (einfach 4,50 RM) kaufen. Eintrittskarten fürs Legoland lassen sich online oder im Park selbst kaufen.

Taxi Ein Taxi vom Stadtzentrum Singapurs nach JB kostet um die 40 $. Außerdem gibt es Gemeinschaftstaxis, die vom Busbahnhof Queen Street abfahren, wenn sie voll sind. Sie kosten 10 $ pro Person.

SEHENSWERTES

ROYAL ABU BAKAR MUSEUM MUSEUM

(☎07-223 0555; Jln. Ibrahim; Erw./Kind 7/3 US$; ⏲Sa–Do 9–17 Uhr) Der großartige Istana Besar war einst der Hauptpalast der königlichen Familie Johors und wurde 1866 vom anglophilen Sultan Abu Bakar im viktorianischen Stil erbaut. Als Museum ist

SCHLAFEN IN JOHOR BAHRU & UMGEBUNG

Thistle Johor Bahru (☎07-222 9234; www.thistle.com; Jln. Sungai Chat; Zi. ab 325 RM; P ❄ @ 📶 🏊) Die vornehmste Unterkunft in Johor Bahru selbst verfügt über Marmorbäder, geschwungene Pools sowie ein helles, frisches und modernes Ambiente. Das Hotel mit Blick auf die Straße von Johor liegt 4 km vom Stadtzentrum entfernt, abseits der Hauptstraße Jln Lingkaran.

Traders Hotel (☎07-560 8888; www.shangri-la.com/johor/traders; Persiaran Puteri Selatan, Puteri Harbour, Nusajaya; Zi. ab 380 RM; @ 📶 🏊; 🚌LM1) Das im trendigen Puteri Harbour 33 km westlich des Zentrums von JB gelegene neue Traders mit 238 Zimmern ist das beste Hotel der Region. Außer einem hauseigenen Wellness Center und einem Infinity-Pool mit Blick auf den Jachthafen bieten die eleganten Zimmer Designermöbel und Marmorbäder. Die suiteähnlichen Premiumzimmer verfügen über ein separates Wohnzimmer. Dazu kommt ein kostenloser Shuttle zum Legoland.

Legoland Hotel (☎07-597 8888; www.legoland.com.my/Hotel; 7 Jln Legoland, Bandar Medini Iskandar; Zi. ab 850 RM; 📶 🏊; 🚌LM1) Das zum gleichnamigen Freizeitpark gehörende Familienhotel liegt 33 km westlich von Jahor Bahru, hat 249 Zimmer und sieht natürlich aus wie ein riesiges Schloss aus Legosteinen. Es verfügt über separate Pools für Kinder und Erwachsene, Diskolicht in den Aufzügen und Zimmer mit drei verschiedenen Themen: Piraten, Abenteuer und Königreich. Die teureren Premiumzimmer haben Aussicht auf den Vergnügungspark.

Citrus Hotel (☎07-222 2888; www.citrushoteljb.com; 16 Jln Station; DZ/FZ ab 150/209 RM; ❄ 📶) Dies ist eine der besseren Unterkünfte im Stadtzentrum. Die Zimmer sind klein, aber hell, und das Personal freundlich. Leider ist das Gebäude sehr hellhörig und das WLAN-Signal unzuverlässig.

ISKANDAR MALAYSIA: ZURÜCK IN DIE ZUKUNFT

Die südlichste Stadt der malaiischen Halbinsel hat ehrgeizige Pläne. Nach ihrer Fertigstellung 2025 soll Iskandar Malaysia – eine Entwicklungsregion, die Johor Bahru einschließt und von Pasir Gudang im Osten bis nach Tanjung Pelepas im Westen reicht – die ganze Region nachhaltig verändern und zwar in eine hochmoderne Metropolregion mit Freihandelshafen.

Das vom maurischen Stil inspirierte Verwaltungszentrum Kota Iskandar wurde 33 km westlich des Zentrums von Johor Bahru von Grund auf neu errichtet. Hier liegt auch Puteri Harbour, ein boomendes Jachtviertel, in dem sich das luxuriöse Traders Hotel sowie Läden, Cafés und Uferrestaurants wie das indische **Olive** (07-509 6617; Puteri Harbour, Nusajaya, UG; Hauptgericht 12–35 RM; 11–23 Uhr; ; LM1) befinden. Im Letzteren gibt es fantastischen *lahori seekh* (ein würziger Lammkebab) und Krabben auf Biryani-Art.

4 km westlich von Puteri Harbour liegt Iskandars erster Freizeitpark: **Legoland Malaysia Resort** (www.legoland.com.my; 7 Jln. Legoland, Bandar Medini Iskandar; Legoland & Legoland Water Park Erw./Kind 150/120 RM; variiert, normalerweise 10–18 Uhr; ; LM1). Zum Resort gehören die Fahrgeschäfte, Achterbahnen und riesigen Legogebäude des Legolandes, die Wasserrutschen und Schwimmbecken des Legoland Water Park sowie das Legoland Hotel. Wer mit kleinen Kindern unterwegs ist, für den lohnt sich ein Tag im Park mit Übernachtung, für alle anderen ist keiner der Parks wirklich den Umweg wert.

Zu Redaktionsschluss war eine direkte Fährverbindung (Erw./Kind 58/43 RM hin & zurück) zwischen Puteri Harbour und Harbour Front in Singapur geplant. Auf www.iskandarproject.com gibt es Infos über die neuesten Entwicklungen.

Die Buslinie LM1 verbindet JB Sentral mit Puteri Harbour (35 Min.) sowie Legoland (45 Min.) über den Busbahnhof Larkin. Ein Taxi vom Zentrum Johor Bahrus zum Legoland kostet ca. 70 bis 80 RM. Vertrauenswürdig sind nur die blauen „Executive Taxis".

er seit 1990 öffentlich zugängig und stellt den unglaublichen Reichtum der Sultane zur Schau. Heutzutage ist es das schönste Museum seiner Art in Malaysia. Die 53 ha große Palastanlage (freier Eintritt) ist wunderschön gestaltet.

Mitte 2014 war das Museum wegen Umbauarbeiten bis auf Weiteres geschlossen.

ROUFO GUMIAO — TAOISTISCHER TEMPEL

(Jln Trus; 7.30–17.30 Uhr) Der kleine, aber stimmungsvolle Tempel ist 130 Jahre alt, er war einst das Zentrum der chinesischen Einwanderergemeinde von JB und wurde von fünf verschiedenen ethnischen Gruppen als Andachtsort für ihre fünf verschiedenen chinesischen Gottheiten genutzt. Obwohl nach der Sanierung von 1995 nur wenig vom ursprünglichen Mauerwerk erhalten blieb, gibt es einige echte Antiquitäten zu sehen.

SULTAN ABU BAKAR MOSQUE — MOSCHEE

(Jln. Gertak Merah) Die Moschee mit ihren fantastischen, weiß gekalkten Wänden und dem blau gefliesten Dach vereint verschiedene Architekturstile, unter anderem den viktorianischen. Die Moschee wurde zwischen 1892 und 1900 errichtet und ist eine der schönsten der Gegend. Leider haben nur Muslime Zutritt.

CHINESE HERITAGE MUSEUM — MUSEUM

(42 Jln. Ibrahim; 10 RM; Di–So 9–17 Uhr) Interessante Exponate bringen Besuchern die Geschichte der chinesischen Einwanderer in der Region näher. So erfährt man beispielsweise, dass die Kantonesen ihre Tischlerfähigkeiten mitbrachten, die Hakkas mit chinesischen Heilmitteln handelten und die Einwanderer aus Hainan ihre Kaffeehaus-Kultur einführten, die bis heute besteht.

SRI RAJA MARIAMMAN DEVASTHANAM — HINDUISTISCHER TEMPEL

(www.rajamariammanjb.com; 4 Jln. Ungku Puan) Der wunderschöne Hindu-Tempel mit kunstvollen Schnitzereien, religiösen Kunstwerken und seinem hohen, bunt bemalten *gopuram* (Turm) als Eingang ist das Herzstück der Hindu-Gemeinde.

BANGUNAN SULTAN IBRAHIM WAHRZEICHEN

(State Secretariat Bldg, Bukit Timbalan) Das majestätisch auf dem Bukit Timbalan thronende Bangunan Sultan Ibrahim wurde von den Architekten Palmer & Turner entworfen und ist eine beeindruckende Mischung aus kolonialem Pomp, islamischen Motiven und Symbolik der Ureinwohner. Das 1942 vollendete Wahrzeichen der Stadt wurde von den Japanern vor deren Angriff auf Singapur als Festung genutzt.

ESSEN & AUSGEHEN

KAM LONG FISH HEAD CURRY MEERESFRÜCHTE $

(Jln. Wong Ah Fook; Curry ab 19 RM; ⌚8–16 Uhr) Das Kam Long mit seiner Café-Atmosphäre, den altmodischen Fliesen, wirbelnden Ventilatoren und langen Schlangen ist für ein einziges Gericht berühmt: sein deftiges, heiß blubberndes Fischkopf-Curry. Der Fisch ist frisch, die Sauce sehr aromatisch und die Garnierung aus *taukee* (dünnem gebratenem Tofu) fantastisch. Aufgrund seiner Beliebtheit muss man mit längeren Wartezeiten rechnen oder bereit sein, einen Tisch mit anderen zu teilen. Aber wen stört das schon bei so leckerem Essen!

HIAP JOO BAKERY & BISCUIT FACTORY BÄCKEREI $

(13 Jln. Tan Hiok Nee; Hefeklöße ab 2,50 RM; ⌚Di–Sa 7–17.30 Uhr) Schon seit 80 Jahren werden in der kleinen Bäckerei typisch chinesische Hefeklöße, Kuchen und Kekse in einem Holzkohleofen gebacken, noch genauso wie ihr Gründer es schon in seiner chinesischen Heimat Hainan gemacht hatte. Das Anstellen für die berühmten Kokosklöße (gefüllt mit süßen Kokosraspeln) und den legendären Bananenkuchen – beides leckere Snacks für hungrige Entdecker – lohnt sich.

NACHTMARKT MALAIISCH $

(abseits der Jln Siu Chin; Gerichte ab 4 RM; ⌚15.30–24 Uhr) Die Stände des Freiluftmarktes säumen die T-förmige Gasse zwischen Jln Siu Chin, Jln Meldrum und Jln Wong Ah Fook und verkaufen verschiedenste regionale Gerichte. Am frühen Abend füllen sich die Straßen mit hungrigen Kunden. Köstliche Nudel- und Reisgerichte gibt es überall, besonders zu empfehlen ist die *sup kambing*, eine leicht scharfe Hammelsuppe, zu der Baguette gereicht wird.

Viele Stände werden von Muslimen betrieben, Bier gibt es daher keines. Frisches Kokoswasser ist die beste Alternative.

RESTORAN HUAMUI CAFÉ $

(131 Jln Trus; Hauptgerichte 6–9 RM; ⌚8–18 Uhr) Das luftige Café mit seinem hübschen Mosaikboden ist bei den Einheimischen sehr beliebt. Auf der Speisekarte findet sich eine Mischung aus malaiischen, indonesischen und chinesischen Gerichten. *Kampong*, gebratener Reis, ist besonders empfehlenswert. Zum Frühstück wird *Kaya*-Toast serviert.

ANNALAKSHMI INDISCH $

(☎07-227 7400; 39 Jln. Ibraham; Preis des Gerichts als Spende; ⌚Mo–Sa 11–15 Uhr; ✎) Ein authentisches vegetarisches indisches Restaurant, das von Freiwilligen des Temple of Fine Arts („Tempel der Bildenden Künste", eine Hindu-Organisation für Kunst und Kultur) betrieben wird. Ihr Motto heißt „Iss, was du möchtest, und bezahle so viel du willst", die Menüs sind festgelegt und das Ambiente ziemlich kultiviert.

ROOST JUICE BAR BAR

(9 Jln Dhoby; ⌚Mo–Sa 12–16 & 18–24 Uhr) Die trendige Retro-Bar mit ihrem lockeren Personal ist in der Altstadt der coolste Ort zum Entspannen. Das Bier kostet nur halb so viel wie in Singapur, die leckeren frischen Fruchtsmoothies werden in Strandeimerchen serviert!

SHOPPEN

Durch die jüngsten Preisanstiege ist das Einkaufen in JB im Vergleich mit Singapur keine so große Schnäppchenjagd mehr wie früher. Die Preise liegen nach wie vor etwas niedriger, die Qualität allerdings ebenfalls.

JOHOR BAHRU CITY SQUARE EINKAUFSZENTRUM

(Jln. Wong Ah Fook; ⌚10–22 Uhr) Das moderne glitzernde City Square im Zentrum beherbergt über 200 Geschäfte, unter ihnen einheimische und internationale Modemarken, Kinos und gute Möglichkeiten zum Essen.

KSL MALL EINKAUFSZENTRUM

(www.kslcity.com.my; 33 Jln. Seladang; ⌚10–22 Uhr) Das KSL ist mit seinen 500 Geschäften JBs größtes Einkaufszentrum. In ihm befinden sich bekannte Ladenketten, Restaurants, Bars, ein Tesco-Supermarkt und Kinos. Vom Busbahnhof Sentral nimmt man die Linie IM17.

JOHOR PREMIUM OUTLETS OUTLET-CENTER (☎www.premiumoutlets.com.my; Indahpura, Kulaijaya; ⏱10–22 Uhr) In diesem erstklassigen Outlet-Center kosten Premiummarken wie Aigner, Coach, Ermenegildo Zegna, Furla, Polo, Ralph Lauren und Tumi 20 bis 60 % weniger als üblich. Auch zu essen gibt es genug, besonders im Imbissbereich.

Die Buslinie JP01 braucht vom Busbahnhof Sentral ca. 1 Std. dorthin. Von Puteri Harbour und Legoland aus nimmt man die Buslinie JBO, die Fahrt dauert rund 45 Min.

Schlafen

Unterkünfte in Singapur sind teuer. Generell haben es Backpacker besser, da Hostelzimmer schon für 20 $ pro Nacht zu haben sind. Neue Mittelklassehotels mit besserer Ausstattung und günstigen Onlineangeboten bringen den Markt in Schwung. Die vielen Luxushotels sind teuer, zählen aber zu den Besten der Welt – von kolonial über romantisch bis architektonisch hochmodern ist alles dabei.

Hostels

Die neueste Welle an trendigen Hostels in Chinatown sowie Little India und Umgebung hat die Hostelszene in Schwung gebracht. Obwohl die Schlafsäle eng werden können, machen neue Stockbetten zusammen mit modernen Badezimmern und netten Aufenthaltsbereichen alles angenehmer. Hostels können am Wochenende schnell ausgebucht sein, besonders die Privatzimmer. Am besten vorher buchen. In Little India gibt es nach wie vor die preiswertesten Hostels.

Hotels

Singapur bietet eine tolle Hotelszene - von Kolonialbauten wie dem Raffles oder dem Fullerton Hotel bis zu trendigen Boutique-Varianten wie Naumi, Wanderlust oder dem New Majestic. Die Standards sowie die Preise sind hoch - im Internet gibt es oft Sonderangebote. Die zentral gelegenen Businesshotels wie das Carlton City sind am Wochenende eine günstigere Alternative, während andere Mittelklasseoptionen wie das Ramada Singapore at Zhongshan Park ihre nicht sehr zentrale Lage mit niedrigeren Preisen und einer guten Ausstattung wett machen.

Apartments

Für mittel- bis längerfristige Aufenthalte bieten sich in Singapur eine Reihe von Wohnungen mit Hausmeisterservice an. Es ist auch möglich, Zimmer zur Untermiete in Privatwohnungen zu mieten oder komplette Privatwohnungen zu nutzen; eine gute Auswahl findet man unter www.airbnb.com. Die Mieten sind hoch. Die Anlaufstelle, um sich nach einer Langzeitunterbringung umzusehen, ist **Singapore Expats** (www.singaporeexpats.com), wo detailliert über die Stadtteile informiert und das Prozedere beschrieben wird. Außerdem gibt es eine Wohnungssuchmaschine. Die Singapur-Version von www.craigslist.org ist eine weitere gute Informationsquelle.

Aktuelle Preise können abweichen

Übernachtungspreise in Mittelklasse- und Spitzenklassehotels ändern sich täglich. Alle, die eine Reise während größerer Veranstaltungen planen, sollten sich dessen bewusst sein. So *verdreifachen* sich die Zimmerpreise beispielsweise während des Formel-1-Nachtrennens! Spitzenklassehotels fügen außerdem ihrem Zimmerpreis ein „Plus Plus" (++) hinzu. Die zwei Plus stehen für Trinkgeld und Mehrwertsteuer, die zusammen 17 % ausmachen. Alle hier genannten Preise waren gültig am Tag des Besuchs und verstehen sich inklusive der ++-Steuer.

Unterkünfte im Internet

Außer einer direkten Buchung über die Webseite des Hotels kann man auch hier buchen:

➡**Asiarooms** (www.asiarooms.com)

➡**Booking.com** (www.booking.com) Benutzerfreundliche Hotel-Website.

➡**Lonely Planet** (http://hotels.lonelyplanet.com) Zimmer können reserviert werden.

➡**HotelsCombined** (www.hotelscombined.com)

➡**Kayak** (www.kayak.com)

GUT ZU WISSEN

Preisspannen

$ unter 100 $

$$ 100 bis 250 $

$$$ über 250 $

Buchen

In der Hochsaison weit im Voraus buchen, besonders während des Formel-1-Rennens. Sogar nur mittelmäßige Hostels sind dann an den Wochenenden ausgebucht.

Trinkgeld

In Hostels wird kein Trinkgeld erwartet. Im Hotel gehört es zum guten Ton, Portiers und Reinigungspersonal einen oder zwei Dollar zu geben.

Ein- & Auschecken

Einchecken kann man normalerweise um 14 und ausgecheckt haben sollte man bis 11 Uhr. Wenn das Hotel nicht voll ist, lohnt es sich nett zu fragen, ob die Zeit des Auscheckens um ein oder zwei Stunden verschoben werden kann. So kann es auch sein, dass das Zimmer schon vor Eincheckzeit fertig ist.

Frühstück

In den Hostels ist ein Frühstück oft inklusive (Toast mit Aufstrichen, Kaffee/Tee). In Mittel- und Spitzenklassehotels ist es je nach Paket und Zimmer im Preis enthalten. Dies wird normalerweise beim Reservieren online mit angegeben.

Klimaanlage

In den meisten Hotels und Hostels gehört die Klimaanlage zum Standard. (s. Klimaanlagen-Symbol).

Top-Tipps

Fullerton Bay Hotel (S. 178) Ein Luxushotel in dem jedes Zimmer Blick auf die Bucht bietet

Parkroyal on Pickering (S. 178) Ein von Singapurs angesagtesten Architekten entworfener, vertikaler Dschungel.

Raffles Hotel (S. 178) Legenden und Romantik charakterisieren nach wie vor Singapurs berühmtestes Hotel.

W Singapore – Sentosa Cove (S. 187) Luxus trifft auf jugendlichen Schwung auf der hedonistischen Insel Sentosa.

Das Beste für jedes Budget

$

Bunc@Radius (S. 182) Unser Favorit unter den trendigen Hostels in der Backpacker-Hochburg Little India.

5footway.inn Project Boat Quay (S. 176) Ein schickes Hostel mit Werken von einheimischen Künstlern und einer tollen Lage am Boat Quay.

Checkers Inn (S. 183) Ein Backpacker-Klassiker, minimalistisch und hochmodern.

$$

Wanderlust (S. 183) Individuell gestaltete Zimmer im faszinierenden Little India.

Park Regis (S. 178) Guter Service, moderne Zimmer und ein Pool nur ein Katzensprung von Chinatown und den Quays.

Holiday Inn Express (S. 184) Eine neue und preiswerte Option, einen Block von der Orchard Road entfernt.

$$$

Fullerton Bay Hotel (S. 178) Ein elegantes Luxushotel direkt in der Marina Bay.

Parkroyal on Pickering (S. 178) Beeindruckende Architektur, Dachgärten und ein horizontloser Pool.

Capella Singapore (S. 187) Pools in Terrassenform, satte Dschungelgärten und schicke Innenbereiche auf Sentosa.

Lebendige Geschichte

Raffles Hotel (S. 178) Ein verschachteltes koloniales Wahrzeichen.

Fullerton Hotel (S. 179) Türme und Anekdoten zieren das ehemalige Postamt.

Hotel Fort Canning (S. 179) Eine elegante Oase umgeben von Parks.

Erlebnisse für Kinder

Marina Bay Sands (S. 180) Das Zuhause des weltbekanntesten Dachpools.

Shangri-La's Rasa Sentosa Resort (S. 188) Badespaß für Kinder inmitten von Sentosas Vergnügungsparks.

W Singapore – Sentosa Cove (S. 187) Individuell gestaltete Luxuszimmer und ein unvergesslicher Pool am Ende von Sentosas Hotelszene.

Die besten Aussichten

Marina Bay Sands (S. 180) Spektakuläre Aussichten auf die Wolkenkratzer des Zentrums und die surrealen Gardens by the Bay.

Fullerton Hotel (S. 179) Romantische Flusspanoramen und Blick auf die spektakuläre Lasershow in Marina Bay Sands.

Ritz-Carlton Millenia Singapore (S. 179) Sicht auf die boomende Skyline und Marina Bay von diesem mehr als erstklassigen Luxushotel.

Unterkünfte

Stadtviertel	Pro	Kontra
Colonial District, Marina Bay & die Quays	Sehr zentrale Lage mit einer guten Verkehrsanbindung. Große Auswahl an Übernachtungsmöglichkeiten von einfachen Backpacker-Hostels bis zu renommierten Luxushotels.	Die billigeren Unterkünfte sind hier oft von mittelmäßiger bis schlechter Qualität und sehr laut.
Chinatown & der CBD	In der Nähe der besten Restaurants. Bietet ein super Nachtleben, viel Kultur, eine gute Verkehrsanbindung und eine großartige Auswahl an Übernachtungsmöglichkeiten, viele davon in restaurierten historischen Geschäftshäusern.	Kann sehr touristisch sein.
Little India & Kampong Glam	Backpacker-Hochburg mit der größten Auswahl an preiswerten Unterkünften. Hat auch hübsche Boutiquehotels. Besitzt eine einzigartige Atmosphäre. Leckeres Essen und gute Verkehrsanbindung.	Für einige ein bisschen zu heruntergekommen. In den Straßen kann es abends sehr laut werden, besonders am Wochenende. Nur wenige Hotels von internationalem Qualitätsstandard.
Orchard Road	An der Schwelle zum Shoppingparadies. Ausgezeichnete Auswahl an Qualitätshotels und international bekannten Hotelketten.	Kaum etwas für Backpacker. Wenig trendige Restaurants und Bars.
Der Osten von Singapur	Ruhig (ist in Singapur eher relativ zu sehen) und in der Nähe des luftigen East Coast Park sowie des Flughafens.	Die MRT fährt nicht bis hierher. Die Sehenswürdigkeiten im Osten liegen weit verstreut, es gibt kein Zentrum an sich.
Der Norden & das Zentrum	Hotels mit guten Preisen bieten mehr fürs Geld. Eine angenehm untouristische Atmosphäre, ausgezeichnete Restaurants und gute Verkehrsanbindung.	Stadtzentrum und Sehenswürdigkeiten sind nicht zu Fuß zu erreichen. Ebenso trendige Restaurants, Bars und Clubs.
Sentosa & die Inseln	Mit Resort-Feeling und leichtem Zugang zu kinderfreundlichen Attraktionen, Stränden und sportlichen Aktivitäten. Ideal für Familien. Ruhiger und einfacher geht es auf den Inseln St John's und Pulau Ubin zu.	Sentosa macht einen künstlichen Eindruck, ohne Charakter. Von hier aus kommt man nur mit Mühe ins Stadtzentrum Singapurs und von den anderen Inseln aus ist es noch schwieriger.

Colonial District, Marina Bay & die Quays

5FOOTWAY.INN PROJECT BOAT QUAY HOSTEL $

Karte S. 234 (www.5footwayinn.com; 76 Boat Quay; B ab 22 $, 2BZ mit Frühstück 76 $; ❄@📶; ⓂClarke Quay) Das direkt am Boat Quay gelegene neue Hostel mit 66 Zimmern ist das beste der vier 5footway.inns in Singapur. Die weiß gestrichenen Schlafsäle gibt es mit zwei, drei oder vier Betten und obwohl sie klein sind (die teureren Zimmer haben Fenster), sind die Zimmer modern und komfortabel mit weißen Stockbetten und praktisch angebrachten Steckdosen direkt neben dem Bett. Auch die Badezimmer sind zeitgemäß, die Rezeption ist rund um die Uhr geöffnet und vom Balkon des schicken Frühstücksraums hat man Aussicht auf den Fluss.

Es gibt keine Gemeinschaftsküche, aber Chinatown mit seinem preiswerten Essen liegt nur eine MRT-Haltestelle entfernt.

★PARK REGIS HOTEL $$

(☎6818 8888; www.parkregissingapore.com; 23 Merchant Rd; Zi. ab 200 $; ❄@📶🏊; ⓂClarke Quay) Die ständigen Sonderangebote des Park Regis lohnen sich, denn sie bieten eine zentrale Unterkunft der gehobenen Mittelklasse zu günstigen Preisen. Die recht kleinen Zimmer sind modern sowie lichtdurchflutet und verfügen außerdem über Sitzplätze am Fenster und warme, orangefarbene Akzente. Das Fitnesscenter ist recht klein ausgefallen, aber dennoch ausreichend und blickt auf den wunderbaren Terrassenpool. Letzterer hat sogar einen Wasserfall und eine Bar.

Das Personal ist wunderbar hilfsbereit und das Hotel liegt in Gehweite der Quays sowie Chinatown.

PARK VIEW HOTEL HOTEL $$

(☎6338 8558; www.parkview.com.sg; 81 Beach Rd; Zi. mit Frühstück ab 152 $; ❄@; ⓂBugis) Dieses Mittelklassehotel liegt zentral neben der Shoppingzone Bugis, aber leider wissen wir nicht, wo der Park geblieben ist. Obwohl alle Zimmer über Badewannen verfügen, haben einige der billigeren keine Fenster. Von den Zimmern sind nicht mehr als eintönige Weiß-, Beige- und Brauntöne zu erwarten – der wahre Wert des Hotels liegt in seiner Lage.

★FULLERTON BAY HOTEL HOTEL $$$

Karte S. 234 (☎6333 8388; www.fullertonbayhotel.com; 80 Collyer Quay; Zi. ab 550 $; ❄@📶🏊; ⓂRaffles Place) Die luxuriöse, moderne Schwester des Fullerton Hotel liegt genau an der Marina Bay. Das Hotel ist lichtdurchflutet, elegant dekoriert und duftet außerdem himmlisch. Die Zimmer mit hohen Decken und Holz- sowie Marmorböden sind stilvoll in warmen Tönen eingerichtet. Die Toilettenartikel in den Marmorbädern sind von Bulgari und durch eine Glasplatte in der Wand hat man einen Blick ins Zimmer, zur Marina Bay und bis zum Horizont. Da einige Zimmer auf das Custom House schauen, verlangt man am besten direkt eins mit Aussicht auf die Marina Bay.

Die Bar auf der Dachterrasse sowie der Pool sind fantastisch und der Afternoon Tea ist der beste der Stadt.

★PARKROYAL ON PICKERING HOTEL $$$

Karte S. 240 (☎6809 8888; www.parkroyalhotels.com; 3 Upper Pickering St; Zi. ab 350 $; ❄@📶🏊; ⓂChinatown) Dramatische Terrassengärten, kleine Vogelkäfig-Hütten direkt im horizontlosen Pool und ein eindrucksvolles Design, das an eine Reisterrasse erinnert. Der bemerkenswerte Newcomer ist das gelungene Werk des einheimischen Architekturbüros Woha, welches bis hin zu den Papierkörben alles bis ins kleinste Detail selbst entworfen hat. Die Zimmer sind hell, frisch und modern mit Naturholz und beruhigenden Grüntönen, hohen Decken und himmlischen Matratzen.

Die Schreibtische sind schön groß und die eleganten Badezimmer verfügen über Glasschiebetüren sowie verschiedene Pflegeartikel des hauseigenen Wellness-Centers St Gregory Spa.

★RAFFLES HOTEL HOTEL $$$

Karte S. 234 (☎6337 1886; www.raffleshotel.com; 1 Beach Rd; Zi. ab 745 $; ❄@📶🏊; ⓂCity Hall) Die Grande Dame des Colonial District hatte in ihrer Zeit schon viele berühmte Persönlichkeiten zu Gast, unter ihnen den Schriftseller Somerset Maugham und den Rockstar Michael Jackson. Es ist ein wunderschönes Hotel, weiß im Kolonialstil mit üppigen grünen Ecken und historischen Bars. Die Zimmer sind passenderweise sehr klassisch und elegant mit geräumigen Wohn- und Empfangszimmern, polierten Holzmöbeln und -böden sowie Verandas

VOR ORT BUCHEN

Ohne Zimmerreservierung nach Singapur zu fliegen, bedeutet nicht, dass man eine Nacht unter der Brücke verbringen muss. Die effizient arbeitende **Singapore Hotel Association** hat Schalter im Flughafen Changi und zwar einen in jeder Ankunftshalle.

Auf ihrer Liste stehen Dutzende Hotels diverser Kategorien, günstige ebenso wie die Zimmer mit astronomischen Preisen des Raffles. Es wird keine Kommission verlangt und man wird über eventuelle Sonderangebote informiert. Über die Website des Hotelverbands lassen sich ebenfalls Hotels buchen.

Selbst wer schon bis zur Orchard Road vorgedrungen ist und noch keine Unterkunft hat, muss nicht im Park schlafen. Das **Singapore Visitors Centre@Orchard** (Karte S. 248; ☎1800 736 2000; www.yoursingapore.com; Ecke Cairnhill Rd & Orchard Rd; ⌚9.30–21.30 Uhr) arbeitet mit den Hotels der Gegend zusammen und informiert Besucher über die besten verfügbaren Unterkünfte und Preise.

und seicht vor sich hin wirbelnden Deckenventilatoren.

Die Lage mitten im Colonial District ist genauso erstklassig: fast alle sehenswerten Viertel Singapurs befinden sich in gut erreichbarer Nähe.

FULLERTON HOTEL
HOTEL $$$

Karte S. 234 (☎6733 8388; www.fullertonhotel.com; 1 Fullerton Sq; Zi. ab 400 $; ❄@📶🏊; Ⓜ Raffles Place) Das wunderbare ehemalige Hauptpostamt Singapurs im Palladio-Stil beherbergt das prachtvolle alte Fullerton mit seinen klassisch eleganten Zimmern, die in gedämpften Tönen gehalten sind. Die preiswertesten Zimmer schauen auf den Innenhof. Es lohnt sich also etwas mehr auszugeben für den privaten „Straits Club" (dabei gehen Frühstück und Abendcocktail aufs Haus) und sich somit in die schöneren Zimmer mit Fluss- und Marinablick hochstufen zu lassen.

Der 25-m-Pool auf der Terrasse lässt einen in Verzückung geraten mit seinem Fluss- und Skylineblick.

HOTEL FORT CANNING
LUXUSHOTEL $$$

Karte S. 234 (☎6559 6770; www.hfcsingapore.com; 11 Canning Walk; Zi. ab 550 $; ❄@📶🏊; Ⓜ Dhoby Ghaut) Das einstige Hauptquartier der britischen Armee ist heute ein Luxushotel inmitten des grünen Fort Canning Parks. Obwohl uns die drei Pools, das herausragende Fitnesscenter und die gratis Kanapees sowie der Aperitif am Abend begeistern, sind die Zimmer die wirkliche Attraktion. Mit hohen Decken und Parkettböden, Chaiselongues von Poltrona Frau, seidenen Kopfenden von Jim Thompson und beruhigenden Naturfarben sind sie wahrhafte Rückzugsorte.

Originale Fenstertüren und Glaswände trennen das Zimmer vom Bad. Letzteres ist ein weißes Marmorwunder mit Sitzbadewanne und großen Fenstern mit Aussicht auf den Park oder die Stadt.

NAUMI
BOUTIQUEHOTEL $$$

Karte S. 234 (☎6403 6000; www.naumihotel.com; 41 Seah St; Zi. mit Frühstück ab 400 $; ❄@📶🏊; Ⓜ City Hall, Esplanade) Das verführerische, neu gestaltete Naumi zeichnet sich durch künstlerische Auftragsarbeiten, verspielte Zitate und einen horizontlosen Pool auf dem Dach mit Blick auf die Skyline aus. Die Standardzimmer in recht schicken neutralen Farbtönen sind zwar klein, aber clever zugeschnitten und verfügen über Bettwäsche aus ägyptischer Baumwolle (Fadendichte 400), eine Nespresso-Maschine und gratis Minibar. Die Duschwand wird durch Umlegen eines Schalters blickdicht und ein dramatisch ausgeleuchteter, freistehender Waschtisch („beauty bar") befindet sich in der Mitte des Zimmers. Die Zimmer des neunten Stocks haben Sicht auf die Stadt.

Die Suiten sind dekadent und wirklich außergewöhnlich. Man muss sich bei der Auswahl zwischen einem von Coco Chanel oder Andy Warhol inspirierten Design entscheiden. Letzteres ist knallbunt und sein Herzstück eine frei stehende runde Badewanne mitten im Zimmer.

RITZ-CARLTON MILLENIA SINGAPORE
LUXUSHOTEL $$$

Karte S. 234 (☎6337 8888; www.ritzcalton.com/singapore; 7 Raffles Av; Zi. ab 420 $; ❄@📶🏊; Ⓜ Promenade) Bei der tollen Konstruktion dieses luxuriösen 5-Sterne-Hotels wurden keine Kosten gescheut, kein Feng-Shui-Experte unbefragt gelassen und keinem Tier Schaden zugefügt. Seine kürzlich aufgefrischten Zimmer sind hell, elegant und beige mit recht großem Schreibtisch, qualitativ hochwertiger Bettwäsche und einer ungehinderten Aussicht auf die Stadt sowie die Marina Bay. Die millionenschwere Kunstsammlung des Hotels umfasst Werke von Hockney, Warhol, Stella und Chihuly. Der Afternoon Tea des Hauses ist herausragend.

MARINA BAY SANDS HOTEL $$$

Karte S. 237 (☎6688 8888; www.marinabaysands.com; 10 Bayfront Av; Zi. ab 420 $; ❄@📶🏊; Ⓜ Bayfront) Das Sands ist Teil des ambitionierten Kasino-/Shoppingkomplexes Marina Bay Sands und bekannt für seinen fantastischen, horizontlosen Pool auf der Dachterrasse, der die drei Gebäude des Hotels überspannt. Die Zimmer sind groß, modern und komfortabel, aber vom Stil her durchschnittlich. Für Kasino- und Shoppingfans ist es eine gute Option, im Internet gibt es die besten Angebote.

SOMERSET BENCOOLEN APARTMENTS $$$

Karte S. 248 (☎6849 4688; www.somerset.com; 51 Bencoolen St; 1-Zimmer-Apt. ab 320 $; ❄@🏊; Ⓜ Dhoby Ghaut) Wenn man in Singapur so richtig auf großer Spur leben will, dann hier. Die komplett möblierten Apartments sind groß und schön, und die raumhohen Fenster geben einen spektakulären Blick frei. Der Pool auf der Dachterrasse ist ein besonders schönes Extra, genauso wie die Fußbodenlämpchen, die einem nach einer langen Nacht sicher den Weg leuchten. Am besten vorher buchen, sonst kommt man auf die Warteliste.

Chinatown & der CBD

Chinatown reitet mit auf der Sanierungswelle alter Geschäftshäuser und bietet einige besonders gute Boutiquehotels in der Mittel- bis Spitzenklasse. Außerdem gibt es hier inzwischen eine stetig wachsende Anzahl an preiswerten, zentral gelegenen Hostels.

HISTORISCHE HOTELS

Das Raffles (S. 178) ist nicht das einzige Hotel mit einer illusteren Vergangenheit. Das Goodwood Park Hotel (S. 185) wurde 1900 gebaut und sieht aus wie ein Schloss am Rhein. Bis 1914 diente es als Sitz des Teutonia Clubs, des Gesellschaftsclubs der deutschen Gemeinde in Singapur. Zu Beginn des Ersten Weltkriegs wurde es als „Feindbesitz" von der Regierung beschlagnahmt. 1918 versteigerte man das Gebäude und benannte es in Club Goodwood Hall um, ab 1919 wurde es dann wieder als Goodwood Park Hotel geführt. Schnell entwickelte es sich zu einem der besten Hotels in ganz Asien.

Während des Zweiten Weltkriegs hielt sich hier das japanische Oberkommando auf. Einige seiner Mitglieder kehrten zu Kriegsende in die Stadt zurück und bekamen in einem Zelt auf dem Gelände ihren Kriegsverbrecherprozess. 1947 wurden 2,5 Mio. $ in die Sanierung des Hotels gesteckt, sodass es in den frühen 1960er-Jahren wieder in altem Glanz erstrahlte. Weitere Verbesserungen in den 1970er-Jahren brachten es auf seinen heutigen Stand.

Das Fullerton Hotel (S. 179) befindet sich im gleichnamigen Fullerton Building mit der auffallenden Säulenfront. Benannt ist es nach Robert Fullerton, dem ersten Gouverneur des Straits Settlement. Zur Zeit seiner Eröffnung 1928 war das 4-Millionen-Dollar-Gebäude das größte in Singapur. Das Hauptpostamt, das drei Stockwerke in Anspruch nahm, hatte zu dieser Zeit mit 100 m den wohl längsten Tresen der Welt. Darüber lag der exklusive Singapore Club, in dem Gouverneur Sir Shenton Thomas und General Percival die Abtretung Singapurs an die Japaner besprachen.

1958 wurde ein sich drehender Leuchtturm auf dem Dach angebracht, dessen Lichtschein noch 29 km entfernt zu sehen war. Nach dem Auszug des Postamts 1996 wurde der gesamte Komplex für einige Millionen Dollar renoviert und 2001 unter allgemeinem Beifall als Hotel wiedereröffnet. Im selben Jahre bekam es den angesehenen Urban Redevelopment Authority Architectural Award verliehen, einen renommierten Preis für Stadtarchitektur.

RUCKSACK INN HOSTEL $

Karte S. 238 (☎6438 5146; www.rucksackinn.com; 52 Temple St; B mit Frühstück ab 22 $; ❄@📶; Ⓜ Chinatown) Begeisterte Backpacker haben am Eingang dieses freundlichen, zweistöckigen Hostels Botschaften hinterlassen. Die Schlafsäle mit Stockbetten aus weißem Metall und ausgefallenen Wandmalereien gibt es entweder mit sechs, acht oder zwölf Betten. Ein weiteres Sechsbettzimmer ist nur für Frauen. Alle Zimmer sind sauber, modern und gemütlich, die Gemeinschaftsbäder haben Regenduschen. Weitere Extras sind iMac-Computer, Xbox- sowie Wii-Konsolen und das Frühstück rund um die Uhr.

5FOOTWAY.INN PROJECT CHINATOWN 1 HOSTEL $

Karte S. 238 (www.5footwayinn.com; 63 Pagoda St; B ab 22 $, 2BZ mit Frühstück 76 $; ❄@📶; Ⓜ Chinatown) Noch eine Niederlassung der schicken Hostelkette 5footway.inn, dieses Mal verteilt auf drei verschiedene Gebäude auf der Pagoda Street im geschäftigen Chinatown. Betonböden, iMac-Computer und bunte Kunstwerke bilden ein trendiges Ambiente, die abgenutzten Wände könnten allerdings einen Neuanstrich vertragen. Die Zimmer sind klein, aber gemütlich (wer gern natürliches Licht hat, der sollte extra ein Zimmer mit Fenster reservieren). Und es gibt hier auch einen Frauenschlafsaal sowie eine kleine Terrasse zum Entspannen im Freien.

FERNLOFT HOSTEL $

Karte S. 238 (☎6323 3221; www.fernloft.com; Unit 92, 2. Stock, 5 Banda St; B mit Frühstück ab 22 $; ❄@📶; Ⓜ Chinatown) Der singapurische Ableger der großartigen Fernloft-Kette wird von der charismatischen Auntie (Tante) Aini betrieben und befindet sich in einem Wohnblock mit Blick auf den Buddha Tooth Relic Temple. Wie in so vielen Hostels in Singapur haben die Schafsäle (inkl. Vierbettzimmer nur für Frauen) keine Fenster. Ansonsten ist alles sauber und ordentlich.

Das Beste ist, dass Chinatown sowie Tanjong Pagars boomende Restaurant- und Barszene zu Fuß zu erreichen sind.

BEARY GOOD HOSTEL HOSTEL $

Karte S. 238 (☎6222 4955; www.abearygoodhostel.com; 66 Pagoda St; B mit Frühstück ab 27 $, 2BZ mit Frühstück 78 $; ❄@📶; Ⓜ Chinatown) Während es im Beary Good Hostel und seinem Bruder dem Beary Nice Hostel auf der Smith Street nur Schlafsäle gibt, hat das größere Beary Best Hostel (auf der nahe gelegenen Upper Cross Road) Zweibettzimmer für diejenigen, die es privater mögen. Alle Beary-Hostels haben knallbunt gestrichene Räumlichkeiten, gratis Ortsgespräche, getrennte Bäder für Frauen und Männer sowie eine rund um die Uhr geöffnete Rezeption.

PILLOWS & TOAST HOSTEL $

Karte S. 238 (☎6220 4653; www.pillowsntoast.com; 40 Mosque St; B mit Frühstück ab 28 $; ❄@📶; Ⓜ Chinatown) Im superfreundlichen Hostel in zentraler Lage gibt es nur Schlafsaalbetten. Obwohl die hölzernen Betten etwas mitgenommen aussehen, sind die Zimmer sauber (Hostelregel: Schuhe aus!). Die Aufenthaltsbereiche sind zwar klein, aber gut gepflegt.

BLISS HOTEL BOUTIQUEHOTEL $$

Karte S. 238 (☎6438 1088; www.blisshotel.com.sg; 62 Upper Cross St; EZ/DZ ab 120/140 $; ❄📶; Ⓜ Chinatown) Das Boutiquehotel zum kleinen Preis liegt genau gegenüber der MRT-Station Chinatown. Die Zimmer sind schick und zeitgemäß mit komfortablen Betten und moderner Ausstattung. Vorsicht wenn man nicht allein ist: Einige Zimmer haben durchsichtige Toiletten- und Duschwände! Diejenigen mit leichtem Schlaf sollten vorsichtshalber Ohrstöpsel dabei haben, da das Hotel ziemlich hellhörig ist.

Der Service des Hauses ist freundlich und professionell.

★AMOY BOUTIQUEHOTEL $$$

Karte S. 238 (☎6580 2888; www.stayfareast.com; 76 Telok Ayer St; EZ/DZ mit Frühstück ab 318/368 $; ❄@📶; Ⓜ Telok Ayer) Nicht viele Hotels haben ihren Eingang in einem historischen chinesischen Tempel. Allerdings ist das Amoy auch keine bloße Unterkunft. Seine orientalische Schönheit ist durchweg von der Geschichte inspiriert: von der Wand der Lobby mit alten singapurisch-chinesischen Nachnamen bis zu den Opiumbetten der raffiniert gestalteten Einzelzimmer. In den eleganten Doppelzimmern findet man Wandschmuck in Gitteroptik und Porzellanwaschbecken im Ming-Stil. Alle Zimmer verfügen über Designerbäder, Nespresso-Maschinen und gratis Minibar.

NEW MAJESTIC HOTEL BOUTIQUEHOTEL $$$

Karte S. 238 (☎6347 1927; www.newmajestichotel.com; 31–37 Bukit Pasoh Rd; Zi. ab

248 $; ❄@📶🏊; Ⓜ Outram Park) Das New Majestic ist nach wie vor eins der besten Boutiquehotels in Chinatown. Seine 30 einzigartigen Zimmer wurden je von einem anderen singapurischen Künstler entworfen und sind mit einer Mischung aus Vintage- und Designermöbeln eingerichtet. Unter den Highlights befinden sich beispielsweise die private Gartensuite, Dachzimmer mit Hochbetten und 6 m hohen Decken, sowie das wunderbare Aquariumzimmer mit einer glasgerahmten Badewanne als Besonderheit.

Alle Zimmer haben Nespresso-Maschinen und Sonderangebote können den Übernachtungspreis bis auf weniger als 300 $ senken. Das ganze Ambiente wird durch einen kleinen, aber hübschen Mosaikpool sowie einen Laden in der Lobby abgerundet, der einheimische Designartikel und schöne Bücher über Singapur verkauft.

SCARLET BOUTIQUEHOTEL **$$$**

Karte S. 238 (☎6511 3333; www.thescarlethotel.com; 33 Erskine Rd; Zi. ab 255 $; ❄@📶; Ⓜ Outram Park) Das neu gestaltete Scarlet bietet ausgezeichneten Service und stilvolle Zimmer nahe der trendigen Bars der Ann Siang Road und der Club Street. Die eleganten Zimmer in Dunkeltürkis oder Gold und Bronze sind mit seidener Tapete, dunklen orientalischen Möbeln und festen Matratzen ausgestattet. Die Premiumzimmer im ersten Stock mit ihren samtenen Chaiselongues sind besonders exklusiv.

Obwohl die Zimmer des ersten Stocks keine Fenster haben, werden sie durch hohe Decken und Oberlicht gut erhellt. Auf der Hotelwebsite sind Zimmer fast immer für 20 % weniger zu haben.

HOTEL 1929 BOUTIQUEHOTEL **$$$**

Karte S. 238 (☎6347 1929; www.hotel1929.com; 50 Keong Saik Rd; EZ/DZ ab 199/219 $; ❄@📶; Ⓜ Outram Park) Obwohl es dieselben Besitzer wie das New Majestic hat und das 1929 auch ganz schön durchgestylt ist, kommt es an seinen großen Bruder nicht heran. Aus wenig Platz in den etwas engen Zimmern wird das Beste gemacht und die farbenfrohe Inneneinrichtung besteht aus Vintage-Designermöbeln (so z. B. Reproduktionen von Eames und Jacobson) sowie bunten Mosaiken.

Die Suiten auf dem Dach haben private Terrassen und mit Aktionspreisen sind einige Zimmer für weniger als 200 $ zu haben. iPads können ausgeliehen werden.

CARLTON CITY HOTEL **$$$**

Karte S. 240 (☎6632 8888; carltoncity.sg; 1 Gopeng St; Zi. ab 280 $; ❄@📶🏊; Ⓜ Tanjong Pagar) Das riesige glänzende Businesshotel im boomenden Viertel Tanjong Pagar bietet 386 elegante, aber einheitliche Zimmer in gedecktem Grau, Braun und Rot. Die Badezimmer sind zwar klein, aber modern und die meisten verfügen über Dusche und Badewanne. Ein Außen- sowie Whirlpool, ein moderner Fitnessraum und eine coole Bar mit Blick auf den Hafen und Sentosa gehören zu den Annehmlichkeiten.

CLUB BOUTIQUEHOTEL **$$$**

Karte S. 238 (☎6808 2188; www.theclub.com.sg; 28 Ann Siang Rd; Zi. ab 470 $; ❄📶; Ⓜ Chinatown) Hinter der weißen Kolonialfassade versteckt sich das helle, vornehme Club. Die 28 großen, minimalistischen Zimmer in Schwarz-Weiß werden durch buntes Stimmungslicht aufgehellt und verfügen über niedrige Betten. Im Haus befinden sich die Dachbar Ying Yang und die Designer-Whiskeybar B28, allerdings trinken und flirten die meisten Gäste anscheinend lieber in den anderen Lokalen des Ann Siang Hill und der Club Street.

Little India, Kampong Glam & Jalan Besar

Das Viertel Little India mit seinem verwegenen Charme und seiner pulsierenden Atmosphäre ist das Herz der Backpacker-Szene. Nordöstlich von Little India ziehen die alternativen Cafés, angesagten Restaurants und kleinen Designerläden Jalan Besars Trendsuchende an.

★BUNC@RADIUS HOSTEL **$**

Karte S. 242 (☎6262 2862; www.bunchostel.com; 15 Upper Weld Rd; B mit Frühstück ab 20 $; ❄@📶; Ⓜ Bugis, Little India) Das frische und saubere Bunc@Radius ist das coolste der neuen, schickeren Backpacker-Hostels der Stadt. Betonböden, Kunst und iMac sowie PC-Computer verleihen der geräumigen Lobby ein hippes Boutique-Ambiente. In den Schlafsälen (mit sechs, acht, zehn oder zwölf Betten) gibt es Einzel- sowie Doppelbetten und jede Matratze steckt in einem Hygienebezug (keine Bettwanzen!).

Außerdem verfügt das Hostel über ein ganzes Stockwerk nur für weibliche Gäste, private Zimmer mit Flachbildfernseher, eine Filmterrasse mit Sitzsäcken sowie eine wunderbare Küche fast im Freien, die zum Kochen einlädt.

HIVE HOSTEL $

(☎6341 5041; www.thehivebackpackers.com; 269A Lavender St; B/EZ/2BZ mit Frühstück ab 21/40/60 $; ❄@📶; ⓂBoon Keng) Nach seiner kürzlichen Renovierung sieht das freundliche Hive am Rande des trendigen Hipster-Viertels Jalan Besar wieder frisch aus. Die Schlafsäle sind eine kühle Kombination aus weißen Wänden, Metallbetten und Betonböden, die modernen Badezimmer verfügen über Regenduschen. Die privaten Zimmer sind preiswert und das gemeinschaftliche Wohn-/Esszimmer gemütlich genug, um sein kostenloses Frühstück dort einzunehmen.

Fünf Gehminuten südlich der MRT-Station Boon Keng.

B88 HOSTEL HOSTEL $

Karte S. 242 (☎6298 0015; www.b88hostel.com; 134 Jln. Besar; B mit Frühstück ab 26 $; ❄@📶; ⓂBugis, Little India) Vom fünfstöckigen 5-Sterne-Hostel mit gemischten und Frauenschlafsälen sind Little India, Kampong Glam und Jalan Besar gut zu Fuß zu erreichen. Alle Zimmer verfügen über einzeln abgetrennte Betten, die an Kojen erinnern und zwei sogar über französische Betten. Nur ein Schlafsaal hat auch Fenster, dort kann es aber schon einmal ganz schön laut werden.

Die Gemeinschaftsbäder sind modern und die coole Küche/Lounge schmücken gemütliche Patchworksessel sowie eine Wandmalerei über singapurisches Essen und Kaffee.

CHECKERS INN HOSTEL $

Karte S. 242 (☎6392 0693; www.checkersinn.com.sg; 46–50 Campbell Lane; B mit Frühstück ab 25 $; ❄@📶; ⓂLittle India) Das helle, geräumige und herrlich unkonventionelle Checkers Inn hat viele Fans. Von den Wänden bis zur Bettwäsche sind die Zimmer schön bunt und es gibt Frauenschlafsäle. Die Gemeinschaftsküche hat eine knallbunte Decke, während die moderne Lounge eher an ein Boutiquehotel als eine Backpacker-Unterkunft erinnert.

FOOTPRINTS HOSTEL $

Karte S. 242 (☎6295 5134; www.footprintshostel.com.sg; 25A Perak Rd; B mit Frühstück ab 25 $; ❄@📶; ⓂLittle India) Ein günstiges und freundliches Hostel in Little India. Die Schlafsäle mit sechs, zehn oder zwölf Betten sind eng, aber hell und sauber, und es gibt extra Schlafsäle für weibliche Gäste. Die Gemeinschaftsbäder sind modern, aber der Aufenthaltsbereich erinnert an einen schlechten Hongkong-Film – Ledersofas, Pastelltöne und Kronleuchter.

★WANDERLUST BOUTIQUEHOTEL $$

Karte S. 242 (☎6396 3322; www.wanderlusthotel.com; 2 Dickson Rd; Zi. ab 170 $; ❄@📶; ⓂBugis) Das Wanderlust beeindruckt mit seinen fantasievollen, individuell gestalteten Zimmern. Von monochromen bis Zimmern mit Comicbuch-Motiven über ausgefallenere Themen wie „Baum" und „Weltraum" ist für jeden etwas dabei. Der Service ist ausgezeichnet und das Frühstück sowie die iPad-Benutzung sind im Preis inbegriffen. Außerdem gibt es eine trendige Bar und ein französisches Bistro.

ALBERT COURT VILLAGE HOTEL HOTEL $$

Karte S. 242 (☎6339 3939; www.stayfareast.com; 180 Albert St; Zi. ab 200 $; ❄@📶; ⓂLittle India) Das wunderbare Hotel im Kolonialstil ist ein umgebautes Geschäftshaus, hat acht Stockwerke und liegt gleich südlich von Little India. Die klassisch gestalteten Zimmer sind groß und verfügen über geschnitzte Holzmöbel, kleine, aber blitzsaubere Badezimmer und entweder einen Ventilator oder eine Klimaanlage. Der Hotelservice ist wirklich erstklassig und im ganzen Haus gibt es WLAN. Wie bei den meisten Hotels findet man die besten Preise stets aktuell online.

PRIVATUNTERKÜNFTE

Obwohl private Kurzzeitunterkünfte in Singapur nach wie vor eine gesetzliche Grauzone sind, bieten Websites wie **Airbnb** (www.airbnb.com) eine Vielzahl an privaten Zimmern und Apartments. Preise für zentral gelegene private Zimmer beginnen ab 60 $ pro Nacht, während eine Einzimmerwohnung mit Küche für weniger als 150 $ pro Nacht zu haben sein kann. Es empfiehlt sich eine Unterkunft nahe einer MRT-Station – so spart man Geld fürs Shoppen, Ausgehen und ein paar extra Massagen.

IBIS SINGAPORE ON BENCOOLEN HOTEL $$
Karte S. 242 (☎6593 2888; www.ibishotel.com; 170 Bencoolen St; Zi. ab 200 $; ❄@📶; Ⓜ Bugis) Das etwas nüchterne Ibis bietet Komfort ohne viel Drum und Dran. Bunte Möbel hellen die Einheitslobby auf und die ziemlich kleinen, auch alle gleich aussehenden Zimmer sind sehr sauber und in hellen Holz- und Pfirsichtönen gehalten. Die Badezimmer sind klein, sauber und modern, und die Hotelgäste haben freien Zugang zum Fitnesscenter California Fitness ganz in der Nähe. Ein schönes Extra ist der kostenlose Zubringerdienst nach Sentosa. Auf der Website des Ibis findet man fast immer Sonderangebote.

KAM LENG HOTEL BOUTIQUEHOTEL $$
(☎6239 9399; www.kamleng.com; 383 Jln. Besar; Zi. ab 90 $; ❄📶; 🚌65, 145, 857, Ⓜ Farrer Park) Hipster trifft auf Kulturerbe im sanierten Retrohotel Kam Leng im neuen In-Viertel Jalan Besar. Auf alt gemachte Wände, verblichene chinesische Schilder, bunte Wandfliesen und modernistische Möbel sorgen für ein Retro-Feeling. Die Zimmer sind winzig und einfach, aber mit Terrazzofußboden und Pastelltönen trotzdem cool. Vorsicht: In den Zimmern auf der Straßenseite kann es laut werden.

Im Kam Leng befindet sich auch das Suprette (S. 98), eins der angesagtesten Restaurants des Viertels.

PERAK HOTEL HOTEL $$
Karte S. 242 (☎6299 7733; www.peraklodge.net; 12 Perak Rd; Zi. ab 150 $; ❄@📶; Ⓜ Little India) Das Perak in einer ruhigen Seitenstraße im Herzen Little Indias vereint eine attraktive weiße Kolonialfassade mit orientalischen Akzenten (wie z. B. Buddha-Statuen) im Inneren. Das Personal ist hilfsbereit und die kleinen, sauberen Zimmer sind mit funktionellen Möbeln eingerichtet und klassisch dekoriert. Die Fugen des Bades könnten mal wieder geschrubbt werden. WLAN gibt es nur in der Lobby, es ist dafür aber kostenlos.

MAYO INN HOTEL $$
Karte S. 242 (☎6295 6631; www.mayoinn.com; 9 Jln. Besar; Zi. ab 100 $; ❄📶; Ⓜ Bugis) Ein Mittelklassehotel ohne Schnickschnack mit freundlichem Personal und einfachen Zimmern mit Ikea-Ausstattung und glänzenden Badezimmern. Die teureren Zimmer (140 bis 200 $) haben ihre eigene kleine Dachterrasse. Frühstück gibt es keines.

Orchard Road

HOLIDAY INN EXPRESS HOTEL $$
Karte S. 248 (☎6690 3199; www.ihg.com; 20 Bideford Rd; Zi. mit Frühstück ab 200 $; ❄@📶; Ⓜ Somerset) Der Newcomer gleich neben der Orchard Road ist frisch und preiswert. Die lichtdurchflutete, moderne Lobby mit verrückten Möbeln und iMac-Computern macht einen fröhlichen Eindruck. Die hellen Zimmer in neutralen Tönen sind geschmackvoll eingerichtet und verfügen über knallgelbe Clubsessel, iPod-Dockstation und kleine Badezimmer mit Duschen in guter Größe. Die hauseigenen gemeinschaftlichen Waschmaschinen und Trockner sind besonders praktisch. Die niedrigsten Übernachtungspreise gibt es von Freitag bis Sonntag.

YORK HOTEL HOTEL $$
Kare S. 248 (☎6737 0511; www.yorkhotel.com.sg; 21 Mount Elizabeth; Zi. ab 200 $; ❄@📶🏊; Ⓜ Orchard) Das große, geschäftige York Hotel hat eine glänzende Lobby, ein großes Restaurant und das alles in angenehmen Beige- und Weißtönen. Die Zimmer sind gemütlich sowie klassisch eingerichtet und die recht kleinen Bäder verfügen über kleine Badewannen. Das Beste am York Hotel sind seine großen Zimmer und die bequeme Nähe zur Orchard Road. Zu den Annehmlichkeiten zählen weiterhin ein kleines Fitnesscenter und ein palmengesäumtes Freibecken sowie ein Whirlpool, der an ein Resort aus den 1980er-Jahren erinnert.

RENDEZVOUS HOTEL HOTEL $$
Karte S. 248 (☎6336 0220; www.stayfareast.com; 9 Bras Basah Rd; Zi. ab 200 $; ❄@📶🏊; Ⓜ Bras Basah, Dhoby Ghaut) Das Rendezvous ist eine gute Mittelklasseoption nahe der Orchard Road, in dessen smarter Lobby dramatische Skulpturen zu sehen sind – ein kleiner Hinweis auf seine Ambition, zum „Kunsthotel" zu werden. Die Braun- und Beigetöne der Zimmer sind allerdings weniger sexy, obwohl alle Räume renoviert und komfortabel sind. Die Matratzen sind schön fest und in den Marmorbädern gibt es Regenduschen. Der Fitnessbereich sowie der Pool sind klein, Letzterer lädt aber trotzdem zum Baden und Erfrischen ein.

Das Hotel punktet hauptsächlich durch seine gute Lage nahe der Orchard Road sowie zu dem MRT-Knotenpunkt Dhoby Ghaut.

ST REGIS
HOTEL $$$

Karte S. 248 (☎6506 6888; www.stregis.com; 29 Tanglin Rd; Zi. ab 400 $; ❄@📶🏊; Ⓜ Orchard) Das St Regis ist einer der Neuankömmlinge in der 5-Sterne-Hotelszene der Orchard Road und mit seiner markanten Fassade, klassischer, französisch wirkender Dekadenz sowie tadellosem Service enttäuscht es seine Gäste nicht. Die Zimmer sind riesig geschnitten und zeichnen sich durch üppige Textilien, geschmackvolle Kunst und Marmorbadezimmer mit freistehender Sitzbadewanne aus. Jedes Zimmer hat einen 24-Stunden-Butlerservice.

Das hauseigene Wellness-Center ist eins der besten in der ganzen Stadt. Für Tennisspieler gibt es sogar eine Tennishalle (gegen Aufpreis).

GOODWOOD PARK HOTEL
HOTEL $$$

Karte S. 248 (☎6737 7411; www.goodwoodparkhotel.com; 22 Scotts Rd; Zi. ab 240 $; ❄@📶🏊; Ⓜ Orchard) Das wundervolle alte Hotel aus dem Jahr 1900 ist wie ein Rückzugsort in eine vergangene Zeit. Die Deluxe-Zimmer im Hauptgebäude sind richtig groß, man möchte es sich hier am liebsten mit einem Buch auf dem Plüschsofa gemütlich machen. Das Anwesen verfügt über zwei schöne Pools und bietet einen sehr freundlichen Service.

SHANGRI-LA HOTEL
LUXUSHOTEL $$$

Karte S. 248 (☎6737 3644; www.shangri-la.com/singapore/shangrila; 22 Orange Grove Rd; Zi. ab 320 $; ❄@📶🏊; Ⓜ Orchard) In das riesige, opulente Hotel auf einer grünen Seitenstraße am Westende der Orchard Road gelangt man durch die vornehmste aller vornehmen Lobbys. Die 6 ha großen tropischen Gärten sorgen für ein üppiges, entspanntes Ambiente und der flache, mit Bougainvilleen umrankte Garden Wing (Gartenflügel) erinnert an ein Resort. Die Zimmer sind groß und elegant, obwohl diejenigen im Tower Wing eigentlich demnächst eine Renovierung nötig hätten.

Im Haus gibt es ein erstklassiges Wellness-Center und einen riesengroßen, geschwungenen Pool.

QUINCY
BOUTIQUEHOTEL $$$

Karte S. 248 (☎6738 5888; www.quincy.com.sg; 22 Mount Elizabeth; EZ/DZ ab 295/355 $; ❄@📶🏊; Ⓜ Orchard) Das schmale, smarte Quincy bietet elegante Zimmer im Armani-Stil mit hellgrauen Wänden und Decken mit indirekter Beleuchtung. Die TV-Bildschirme sind flach, die Matratzen weich und die anthrazitfarben gefliesten Badezimmer mit Pflegeartikeln von Molton Brown ausgestattet. Die Minibar ist gratis und jeder Gast kann sich bis zu zwei Kleidungsstücke am Tag waschen lassen. Der glasumrahmte Pool auf dem Balkon ist fantastisch und in den meisten Onlineangeboten ist das Frühstück enthalten.

FOUR SEASONS HOTEL
HOTEL $$$

Karte S. 248 (☎6734 1110; www.fourseasons.com/singapore; 190 Orchard Blvd; Zi. ab 400 $; ❄@📶🏊; Ⓜ Orchard) Das Four Seasons in einer ruhigen Nebenstraße oberhalb der Orchard Road bietet den so geschätzten Mix aus zentraler Lage und entspannender Ruhe. Die Gemeinschaftsbereiche mit antik wirkenden Möbeln und mit Mosaiken verzierten Aufzügen sind sanft beleuchtet und elegant. Die geräumigen Zimmer bieten eine gedämpfte Atmosphäre und zeichnen sich durch herrlich bequeme Matratzen, fabelhafte Kunstwerke und schöne Marmorbäder mit Tauchbadewanne sowie separater Dusche aus. In den unteren Stockwerken sind die Zimmer an der Cuscaden Road die ruhigsten.

Das Hotel hat außerdem vier Tennisplätze (davon zwei Innenplätze), ein Wellness- sowie ein gut ausgestattetes Fitnesscenter und zwei (allerdings leicht überholt wirkende) Pools.

SINGAPORE MARRIOTT
HOTEL $$$

Karte S. 248 (☎6735 5800; www.marriott.com/sindt; 320 Orchard Rd; Zi. ab 400 $; ❄@📶🏊; Ⓜ Orchard) Seine wunderbar zentrale Lage macht das Marriott zu einem beliebten Nobelhotel. Die stilvollen Zimmer sind geräumig und mit einem Sofa sowie einem Schreibtisch mit Marmorplatte ausgestattet, die Marmorbäder haben große Duschen und die Zimmer am Pool verfügen über eine Terrasse mit Blick auf das großartige Schwimmbecken. Allerdings kann es dort tagsüber ganz schön laut werden. Das WLAN ist nur für Mitglieder des Marriott-Treueprogramms (Beitritt gratis) kostenlos.

Der Osten von Singapur

Der Osten von Singapur umfasst alles östlich der MRT-Station Kallang. Zum Übernachten eignet er sich besonders für diejenigen, die die Stadt der Löwen aus einer

ZU LANGES WARTEN IM FLUGHAFEN?

Wer nur für kurze Zeit in Singapur ist oder endlos auf den nächsten Flug warten muss, für den eignet sich das **Ambassador Transit Hotel** (Karte S. 245; ☎Terminal 1, 6542 5538, Terminal 2, 6542 8122, Terminal 3, 6507 9788; www.harilelahospitality.com; EZ/DZ/3BZ 77/92/115 $;). Die angegebenen Preise gelten für die ersten sechs Stunden und jede weitere Stunde kostet ca. 16,50 $. Die Zimmer haben keine Fenster und es gibt preiswerte Einzelzimmer (47 $, jede weitere Stunde 14 $) mit Gemeinschaftsbad. Das Hotel im Terminal 1 hat ein Freibecken, Terminal 1 und 2 verfügen zudem über Fitnessräume.

Die einzige vornehme Adresse im Flughafen Changi ist das **Crowne Plaza** (Karte S. 245; ☎6823 5300; www.ihg.com; 75 Airport Blvd., Changi Airport; Zi. ab 265 $; @). Das auf Geschäftsleute ausgelegte Hotel ist elegant, hat sein eigenes Wellness-Center und einen opulenten, palmengerahmten Pool. Eine Brücke verbindet das Hotel mit dem Terminal 3, Terminal 1 und 2 sind mit der Sky Train zu erreichen. Durch seine Monopolstellung sind die Preise überteuert.

anderen Perspektive sehen wollen. Man hat leichten Zugang zum East Coast Park mit seiner stets wehenden frischen Meeresbrise und dem Flughafen.

BETEL BOX HOSTEL $

Karte S. 246 (☎6247 7340; www.betelbox.com; 200 Joo Chiat Rd; B 20–25$, DZ 80 $; @; MPaya Lebar) Vom ziemlich engen Hostel sind die vielen erstklassigen Restaurants von Joo Chiat leicht zu Fuß zu erreichen und auch der East Coast Park ist nicht weit weg. Der klimatisierte Aufenthaltsraum bietet billiges Bier, einen Fernseher, DVDs, Videospiele, Computer und sogar einen Billardtisch. Außerdem gibt es Dutzende Reiseführer und eine Buchtauschecke. Das Hostel organisiert zusätzlich fantastische Fahrradtouren und interessante Führungen rund ums Essen.

GRAND MERCURE ROXY HOTEL $$

Karte S. 246 (☎6344 8000; www.mercure.com; 50 East Coast Rd; Zi. mit Frühstück ab 195 $; @; 36) Das beliebte Hotel (der Eingang ist auf der Marine Parade Road) hat eine ausgezeichnete Lage zwischen Katong und dem East Coast Park und ist nur 9 km vom Flughafen entfernt. Die Zimmer in neutralen Tönen sind modern und der Pool sowie das Fitnesscenter sind willkommene Extras. Der gratis Flughafenzubringer ist ein Bonus. Fürs WLAN muss extra bezahlt werden.

VENUE HOTEL HOTEL $$

Karte S. 246 (☎6346 3131; www.venuehotel.sg; 305 Joo Chiat Rd; Zi. ab 99 $; @; 16, 33) Das preiswerte Venue im Herzen von Katong macht einen verblüffenden ersten Eindruck mit seiner dunklen Lobby im Wellendesign. Die Zimmer sind klein, einfach und modern mit bunten Wänden, zeitgemäßen Badezimmern und einer Wahl zwischen normalen oder extra niedrigen Betten. In den Premiumzimmern steht sogar eine Sitzbadewanne am Fußende des Bettes. Es gibt im Venue Hotel weder ein Frühstück noch einen Pool oder einen Fitnessraum, aber wer beschwert sich schon bei den Preisen?

VILLAGE HOTEL CHANGI HOTEL $$

Karte S. 245 (☎6379 7111; www.changivillage.com.sg; 1 Netheravon Rd; Zi. ab 180 $; @; 2) Mit seinem gratis Zubringer ist dieses smarte wenn auch unspektakuläre Hotel gut für diejenigen, die nahe am Flughafen Changi sein wollen. Es ist von wunderschönen Gärten umgeben und vom schönen Pool auf dem Dach hat man einen herrlichen Blick nach Malaysia und Pulau Ubin. Mit Golfplatz, Segelclub, Strandpark und dem ruhigen Changi Village bietet es einen Einblick in ein Stück entspanntes singapurisches Leben.

Der Norden & das Zentrum von Singapur

RAMADA SINGAPORE AT ZHONGSHAN PARK HOTEL $$

Karte S. 241 (☎6808 6888; www.ramada.com; 16 Ah Hood Rd; Zi. ab 180 $; @; 130, 131, 145, 851, MNovena) Das glänzende neue Ramada macht seine leicht unpraktische

Lage mit guten Preisen wett. Eigentlich hat es eine gute Busanbindung und liegt nur einen erlaufbaren Kilometer von der MRT-Station Novena entfernt, von dem es lediglich zwei Haltestellen bis zur Orchard Road sind. Die Zimmer sind einfach, aber stilvoll in warmen Erdtönen sowie mit singapurischer Kunst, bequemen Betten und modernen Badezimmern versehen. Das helle Fitnesscenter ist modern ausgestattet und auch der Pool ist fantastisch.

DAYS HOTEL SINGAPORE AT ZHONGSHAN PARK HOTEL **$$**

Karte S. 241 (☎6808 6838; www.dayshotelsingapore.com; 1 Jln. Rajah; Zi. ab 160 $; 🚌, Ⓜ Novena) Dieses brandneue 3-Sterne-Hotel bietet kleine bequeme Zimmer. Jedes ist auffallend bunt gestrichen, hat einen ausgefallenen, gestreiften Teppichboden, einen LED-Fernseher mit 81-cm-Bildschirm und ein kleines, aber modernes Bad. Es gibt zudem im Hotel einen neu ausgestatteten Fitnessraum und die Aufenthaltsbereiche sind schick und modern. Die Busse der Balestier Road fahren sowohl nach Little India als auch in den Colonial District, die MRT-Station Novena liegt rund 1 km südlich.

Online gibt es die besten Angebote, manchmal fallen die Preise bis auf 112 $ pro Nacht.

Sentosa & die Inseln

Neben den unten aufgeführten Optionen verfügt der grelle Resorts-World-Komplex (www.rwsentosa.com) auf Sentosa über sieben Hotels und Suiteanlagen. Wenn sonst überall voll ist, findet man hier immer ein Zimmer.

MAMAM BEACH CAMPINGPLATZ

Karte S. 164 (Pulau Ubin) GRATIS Auf Pulau Ubin gibt es zwei kostenlose Campingplätze: Noordin Beach (momentan allerdings wegen Erosionsschäden geschlossen) und Maman Beach. Keiner von beiden Plätzen ist besonders idyllisch, aber Maman ist zumindest der nettere und verfügt wenigstens über Toiletten und fließendes Wasser (Achtung: kein Trinkwasser, das bringt man selber mit). Duschen gibt es in der Anlage leider keine.

Am besten am Polizeiposten (rechts neben dem Bootsanleger) anmelden, falls man auf Ubin campen möchte.

ST JOHN'S HOLIDAY BUNGALOW BUNGALOW **$**

(www.sentosa.com.sg/en/nature/southern-islands/st-johns-island; Insel St John's; Bungalow Di–Do 53,50 $, Fr–Mo 107 $; ⏲Sentosa Information Centre 9–20 Uhr) Im Bungalow auf der Insel St John's mit einfacher Küche sowie Kochutensilien kommen bis zu zehn Personen unter. Er kann nur persönlich im **Sentosa Information Centre** im dritten Stock des Vivo City gebucht werden und Reservierungen können lediglich ab zwei Monate vor Anreise getätigt werden. Die Preise verdoppeln sich während der Schulferien.

Auf der Insel gibt es weder Restaurants noch Läden, Essen und Getränke müssen selbst mitgebracht werden.

★CAPELLA SINGAPORE RESORT **$$$**

Karte S. 254 (☎6591 5000; www.capellahotels.com/singapore; 1 The Knolls, Insel Sentosa; Zi. ab 710 $, Villen ab 1200 $; ❄@📶🏊; Monorail Beach) Das Capella ist eins von Singapurs Spitzenhotels, eine eindrucksvolle Mischung aus kolonialer und moderner Architektur mit einem eleganten Wellness-Center, Restaurants, einer Bar und drei kaskadenförmigen Pools eingebettet in üppigen Landschaftsgärten. Die wunderschön gestalteten Zimmer in sanften Erdtönen sind groß und schick, haben breite Doppelbetten und bieten hochmoderne Bäder. Die noch exklusiveren Villen verfügen sogar über eigene Tauchbecken.

Der Service ist ausgezeichnet. Auf der Website gibt es Frühbucherrabatt.

★W SINGAPORE – SENTOSA COVE LUXUSHOTEL **$$$**

Karte S. 254 (☎6808 7288; www.wsingaporesentosacove.com; 21 Ocean Way, Sentosa Cove, Insel Sentosa; Zi. ab 390 $; ❄@📶🏊; Monorail Beach) Das brandneue W mit seinen 240 Zimmern ist momentan eines der angesagtesten Hotels in Singapur. Die Zimmer sind verspielt, ausgefallen sowie geräumig und verfügen über angenehmes Stimmungslicht, Pflanzenmotive und recht große Badezimmer. Von den zehn Zimmerkategorien sind die „Away Rooms" (Wellness-Zimmer) besonders schön, jedes mit seinem privaten Tauchbecken. Der riesige 24-Stunden-Pool mit Bar und Unterwasser-Lautsprechern ist einer der besten Singapurs.

Zu den Extras des Luxushotels zählen ein hochmodernes Fitness- und ein luxuriöses Wellness-Center.

SHANGRI-LA'S RASA SENTOSA RESORT & SPA RESORT **$$$**

Karte S. 254 (☎6275 0100; www.shangri-la.com; 101 Siloso Rd, Insel Sentosa; Zi. ab 400 $; ❄@📶🏊; Monorail Beach) Singapurs einziges Strandhotel ist ideal geeignet für einen Kurzurlaub mit der Familie. Die Zimmer sind in angenehmen Cremetönen und Pistaziengrün gehalten, sind hell, schick und verbreiten eine erfreuliche tropische Atmosphäre. Der Service ist erstklassig und der einladende, kinderfreundliche Poolbereich mit Rutschen führt zum Siloso Beach hinunter.

Das Resort verfügt über nicht weniger als fünf Restaurants und der kostenlose Zubringer ins Stadtzentrum ist besonders praktisch.

Singapur verstehen

Singapur aktuell

Prunkstücke einer umweltgerechten Architektur, ein unglaublicher Park der Superlative, dazu zahlreiche Bars und Restaurants auf Weltniveau: So attraktiv wie heute war Singapur noch nie. Und doch hat der Aufstieg des einstigen Langeweilers zum umschwärmten Star auch seinen Preis: Arbeitskräfte aus vielen Ländern strömen in den Stadtstaat, dessen Infrastruktur mit diesem rasanten Bevölkerungswachstum nicht immer Schritt halten kann. Und Berichte über eine Ausbeutung mittelloser Arbeitsmigranten hinterlassen zumindest einige Flecken auf der glänzenden neuen Oberfläche der Stadt.

Die besten Filme

Ilo Ilo (Anthony Chen, 2013) Die Geschichte eines Jungen aus singapur-chinesischem Hause und seines Hausmädchens von den Philippinen. Der Film gewann 2013 in Cannes eine Goldene Palme.

12 Storeys (Eric Khoo, 1997) Eine düstere Komödie über das Leben verschiedener Personen, die im selben Sozialwohnungsblock wohnen.

881 (Royston Tan, 2007) Bunte und kitschige Musicalkomödie über die *Getai*-Ambitionen (typisch singapurischer Gesang) zweier Freundinnen.

Die besten Bücher

Singapore Story (Lee Kuan Yew, 1999) Wer die offizielle Geschichte des Wunders von Singapur hören will, sollte auf die Originalstimme hören – die Stimme des Mannes, der sich das ganze Ding ausgedacht hat.

Singapore: A Biography (Mark Ravinder Frost und Yu-Mei Balamsingchow, 2010) Abgesehen von dem etwas farblosen Titel ist dies eine gut geschriebene und reich bebilderte Geschichte Singapurs.

Little Ironies: Short Stories of Singapore (Catherine Lim, 1978) Die Doyenne der Literatur Singapurs veröffentlichte zahlreiche Kurzgeschichten. Dies ist ihr erster Band mit Kurzgeschichten.

Baukultur und Nachhaltigkeit

Mit der Eröffnung der Gardens by the Bay im Jahr 2012 ist Singapur seiner Vision von einer „Gartenstadt" einen Schritt näher gekommen; gemeint ist ein modernes Konzept einer nachhaltigen und artenreichen urbanen Siedlung. Die Regierung verfolgt das Ziel, die Energieeffizienz von 2005 bis 2030 um 35 % zu verbessern, und hat deshalb ein Öko-Bewertungssystem für Gebäude eingeführt. Seit 2008 müssen alle Bauvorhaben mit mehr als 2000 m^2 Fläche den Mindestanforderungen dieser *Green Mark* genügen. Gegenwärtig sind bereits über 20 % der Gebäudeflächen in Singapur gemäß diesen Richtlinien zertifiziert. Und da solche Maßnahmen gefördert werden, übernehmen immer mehr Eigentümer Elemente einer ressourcenschonenden Baugestaltung, beispielsweise Sonnenschutz an den Fassaden, hervorkragende Bauteile, Dachgärten, eine effiziente Wasserversorgung oder computergestützte Kontrollsysteme zur Messung der CO_2-Emission.

Eines der besten Beispiele bietet die Shopping-Mall 313@Somerset in der Orchard Road. Der Anteil von Trinkwasser am Verbrauch liegt nur bei 19 %, Bratfette werden recycelt und Fahrstühle werden mit Energiespartechnik betrieben. Noch eindrucksvoller ist das preisgekrönte neue Hotel Parkroyal on Pickering; hier wird Regenwasser gesammelt und aufbereitet, und „hängende Gärten" sorgen für Kühlung.

Streit um Zuwanderer

Singapurs Bevölkerung hat sich von 2,4 Mio. im Jahr 1980 mehr als verdoppelt und lag 2014 bei 5,5 Mio. Verursacht wurde dieses Wachstum zu nicht geringen Teilen durch einen Zustrom ausländischer Arbeitskräfte. In der Tat besteht mittlerweile fast die Hälfte der Bevölkerung aus Einwohnern ohne Staatsangehörigkeit. Nach Aussagen der Regierungspartei PAP (People's Action Party) hat diese Zuwanderung den Hauptbeitrag zum Wirtschaftswachstum geleistet. Immer mehr Singapurern ist diese Zuwanderung aber ein Dorn im Auge: Sie beklagen überfüllte Verkehrsmittel und steigende Lebenshaltungskosten. 2014 erklärten Experten Singapur zur teuersten Stadt der Welt. Die Spannungen zwischen den eigentlichen Singapurern und den Arbeitsimmigranten haben zugenommen. In den sozialen Netzwerken beschwert man sich über die Vorliebe der Regierung für ausländische Fachkräfte; besonders heftig kritisiert man diejenigen, die ganz unten in der Hierarchie der eingewanderten Arbeiter stehen. Spott müssen vor allem eingewanderte Chinesen vom Festland erdulden – wegen mangelnder Umgangsformen und schlechter Englischkenntnisse. Kritisiert werden sie besonders häufig von den in Singapur heimischen Chinesen. Auch Filipinos haben mit Vorurteilen zu kämpfen. Im Juni 2014 wandten sich die Behörden der Philippinen an Singapur mit der Bitte, gegen einen Blog vorzugehen, der unter dem Motto stand: „Filipino-Pest in Singapur – fünf Tipps, das Missfallen zu zeigen, ohne das Gesetz zu brechen". Vier Monate zuvor hatte der britische Bankangestellte Anton Casey die MRT-Pendler als „Arme" bezeichnet und einen Aufschrei provoziert: Er erhielt Morddrohungen, verlor seinen Job und verließ die Stadt. Da viele Singapurer die Zuwanderer für die gestiegenen Kosten in ihrer Stadt verantwortlich machen, reagierten sie empfindlich auf die herablassende Haltung des Briten.

Haushaltshilfen

Zu den „Gastarbeitern" in Singapur zählen auch rund 215 000 Hausmädchen. Einem Bericht des Senders Al-Dschasira zufolge ist in diesem Geschäftszweig Ausbeutung verbreitet. Die Sendung zeigte Mädchen, die wie folgt angeboten wurden: „Mädchen aus Indonesien und von den Philippinen: keine freien Tage, absoluter Niedriglohn". Manche Agenturen vermarkten die Mädchen mit Fotos in arrangierten Arbeitssituationen, und rassistische Klischees sind weit verbreitet. Häusliche Angestellte – von denen tatsächlich viele von den Philippinen, aus Indonesien und Myanmar stammen – geraten durch überhöhte „Vermittlungsgebühren" ihrer Agenturen häufig in eine Schuldenfalle. Auch den über 300 000 Bauarbeitern in Singapur geht es nicht besser. Das Fehlen eines Mindestlohns, verbunden mit hohen Vermittlungsgebühren und mitunter geforderten Schmiergeldzahlungen an Arbeitgeber schaffen eine Spirale der Ausbeutung. Internationalen Beobachtern zufolge war die Wut über diese Zustände der Auslöser für den Aufstand von rund 400 Arbeitern aus Indien und Bangladesch am 8. Dezember 2013. Die Regierung leugnet diese Zustände allerdings und erklärte, die Behandlung der ausländischen Arbeitnehmer habe mit den Unruhen nicht das Geringste zu tun.

Gäbe es nur 100 Singapurer, wären ...

74 Chinesen
13 Malaien
9 Inder
4 Sonstige (Europäer, Amerikaner etc.)

Breitband-Internet

(% der Bevölkerung)

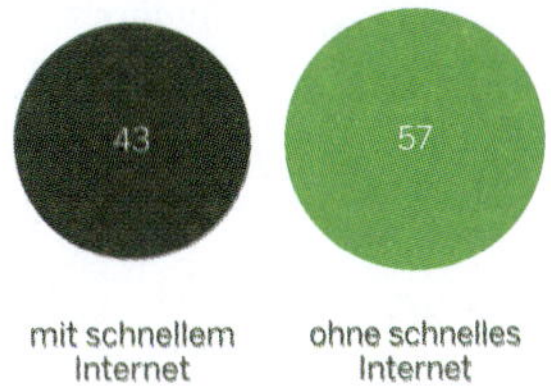

Einwohner pro km²

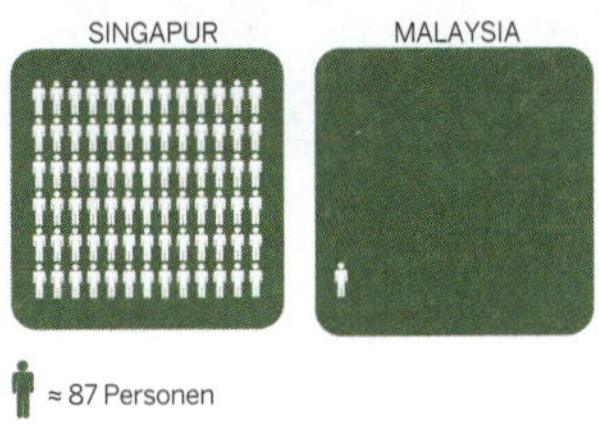

Geschichte

Der Stadtstaat mit dem Löwen im Wappen feiert 2015 den 50. Jahrestag seiner Unabhängigkeit. Diese Jahre sind eine einzige Erfolgsgeschichte: Innerhalb von zwei Generationen hat sich der kleine rote Punkt auf der Landkarte Asiens in eines der stabilsten, sichersten und wohlhabendsten Länder der Welt verwandelt. Die Geschichte Singapurs handelt von Visionen, guter Planung und eiserner Entschlossenheit.

Das vorkoloniale Singapur

Fast jedes Museum in Singapur beschäftigt sich mit der Geschichte der Stadt nach der Kolonialisierung, was einfach daran liegt, dass über die Zeit davor nur wenige gesicherte Fakten bekannt sind. Einer malaiischen Legende zufolge besuchte vor langer Zeit ein Prinz aus Sumatra die Insel Temasek, wo er ein seltsames Tier erblickte, das er für einen Löwen hielt. Dieses gute Omen veranlasste den Prinzen, an dieser Stelle eine Stadt zu gründen, die er Singapura (Löwenstadt) nannte.

1703 beschrieb der englische Händler Andrew Hamilton die Insel als „Ort mit fettem schwarzem Boden und Wäldern, in denen man reichlich Masten für Schiffe und Holz für den Hausbau findet". Der Sultan von Johor, Abdu'l Jajlil Ri'ayat Shah, bot Hamilton die Insel an, doch dieser lehnte ab.

Mindestens seit dem 5. Jh. verkehrten chinesische Handelsschiffe auf ihrem Weg nach China in den Gewässern des heutigen Singapur. In den Aufzeichnungen chinesischer Seeleute wird bereits im 3. Jh. eine Insel namens Pu Luo Chung erwähnt, bei der es sich um Singapur handeln könnte. Anderen Quellen zufolge befand sich bereits im 2. Jh. eine Siedlung auf der Insel.

Das buddhistische Seefahrerreich Srivijaya mit der Hauptstadt Palembang auf Sumatra herrschte zwischen dem 7. und 10. Jh. über die Straße von Malakka. Angriffe rivalisierender Königreiche und das Aufkommen des Islam besiegelten den allmählichen Niedergang Srivijayas. Die Vormachtstellung in der Region übernahm von nun an das Sultanat von Malakka.

Im Jahr 1511 eroberten die Portugiesen Malakka und legten damit den Grundstock für weitere koloniale Landnahmen. Die ebenso ambitionierten Holländer gründeten Batavia (das heutige Jakarta), um die Position Malakkas zu schwächen, das sie ihren europäischen Konkurrenten 1641 schließlich entrissen. Gegen Ende des 18. Jh. machten sich die Briten auf die Suche nach einem geeigneten Hafen an der Straße

ZEITACHSE

300

Chinesische Seeleute verzeichnen die Insel auf Karten und nennen sie Pu Luo Chung, vermutlich abgeleitet vom malaiischen Namen Pulau Ujong („Insel am Ende").

13. Jh.

Ein Prinz der Srivijayan-Dynastie aus Sumatra gründet eine Siedlung auf der Insel und nennt sie Singapura („Löwenstadt"). Später heißt der Ort Temasek, „Stadt am Meer".

um 1390

Nach seiner Absetzung flieht Prinz Parameswara von Sumatra nach Temasek. Er gründet das Sultanat Malakka, für das Temasek ein wichtiger Handelsposten ist.

von Malakka, um die Handelswege zwischen China, der malaiischen Welt und den eigenen Stützpunkten in Indien zu sichern. Als die Franzosen im Jahr 1795 die Niederlande annektierten, nutzten die Briten die Gelegenheit, um die holländischen Besitzungen in Südostasien, inklusive Malakka, an sich zu reißen.

Nach dem Ende der Napoleonischen Kriege willigten die Briten schließlich im Jahr 1818 ein, die Besitzungen wieder an die Niederländer zurückzugeben. So mancher Untertan der britischen Krone war über das Scheitern der britischen Expansionspläne in Südostasien bitter enttäuscht. Einer von ihnen war Stamford Raffles, der Vizegouverneur von Java.

Die Ära Raffles

Für jemanden, der nur kurze Zeit auf der Insel verbrachte, hatte Sir Stamford Raffles erheblichen Anteil an der Entwicklung Singapurs. Sein Name begegnet einem in der Stadt überall, doch sein Einfluss reicht weit darüber hinaus, bloßer Namensgeber für ein paar öffentliche Plätze und Gebäude zu sein.

Die Straßen der Innenstadt ebenso wie die Grenzen der ethnischen Viertel verlaufen auch heute noch weitgehend so, wie Raffles sie angelegt hatte. Auch das Design der klassischen Shophouses – einfache Ziegelbauten mit durchgehender, überdachter Veranda und einem lichtdurchfluteten, luftigen Innenhof – wird ihm zugeschrieben. Vor allem aber hat die Stadt Raffles' Vision eines britisch kontrollierten Handelszentrums in der Region ihren Status als einer der bedeutendsten Häfen der Welt zu verdanken.

Als Raffles Anfang 1819 in Singapur eintraf, war das Johor-Reich geteilt. Nachdem der alte Sultan 1812 gestorben war, hatte sein jüngerer Sohn die Abwesenheit des eigentlichen Thronfolgers Hussein genutzt, um selbst die Nachfolge seines Vaters anzutreten. Die Holländer hatten ein Abkommen mit dem jungen Sultan, Raffles aber sagte Hussein seine Unterstützung zu, erklärte ihn zum Sultan und überzeugte ihn, sich in Singapur niederzulassen.

Der Sultan, so Raffles' Plan, sollte keine eigentliche Macht ausüben, wohl aber die britischen Ansprüche auf die Insel legitimieren. Raffles unterzeichnete außerdem ein Abkommen mit dem hoch angesehenen *temenggong* (obersten Richter) von Johor und brachte ihn in einem Anwesen am Singapore River unter. Im Gegenzug für überschaubare jährliche Zahlungen an Sultan Hussein und den *temenggong* verschaffte sich Raffles so die Erlaubnis, Singapur als Handelsposten zu nutzen. 1824 schließlich kaufte er dem Sultan die Insel ab und Singapur ging in den Besitz der britischen East India Company über.

1613

Portugiesen greifen die auf der Insel gelegene Stadt an und brennen sie nieder. Solange die Portugiesen Malakka beherrschen, fristet Singapura ein Schattendasein.

1819

Auf der Suche nach einem Hafen landet Sir Stamford Raffles auf Singapura und befindet, einen geeigneten Platz zur Sicherung britischer Interessen gefunden zu haben.

1823

Raffles unterzeichnet ein Abkommen mit dem Sultan von Johor, womit die Briten die Kontrolle über einen Großteil der Insel erhalten. Raffles kehrt nach Großbritannien zurück.

1826

Penang, Malakka und Singapur bilden die Straits Settlements. Um den niederländischen Zöllen zu entgehen, siedeln sich zahlreiche Kaufleute im Freihafen Singapur an.

Zusammen mit Penang und Malakka bildete Singapur ein mächtiges Dreigestirn von Handelsstützpunkten, den sogenannten Straits Settlements, die von der East India Company in Kalkutta kontrolliert, aber von Singapur aus verwaltet wurden.

Raffles hatte die brillante Idee, ein nur dünn besiedeltes, malariaverseuchtes Sumpfgebiet in ein brummendes Wirtschaftszentrum zu verwandeln, indem er geschäftstüchtige Glücksritter anlockte und sie hemmungslos Handel treiben ließ. Es dauerte viele Jahrzehnte, bis in die aufstrebende Stadt so etwas wie eine soziale Ordnung einkehrte. Allerdings sind der unternehmerische Geist und der unbedingte Wille zum wirtschaftlichen Erfolg, der bereits die Raffles-Ära prägte, noch heute in Singapur spürbar.

William Farquhar

Oberst William Farquhar, Singapurs erster offizieller Resident, war ein leidenschaftlicher Naturliebhaber. Er beauftragte einheimische chinesische Künstler, wirklichkeitsgetreue Bilder ihrer Flora und Fauna zu malen – insgesamt 477!

Kolonisierung & Besatzung

Singapur unter britischer Herrschaft

Die ersten beiden Besuche Raffles' in Singapur im Jahr 1819 waren nur kurz. Als seinen Handlungsbevollmächtigten und Verwalter setzte er Oberst William Farquhar ein, den früheren Residenten (Vertreter der britischen Krone) in Malakka. Als Raffles drei Jahre später zurückkehrte, boomte die Stadt, in der indes chaotische Zustände herrschten.

Raffles entwarf daraufhin den Stadtplan, der noch heute Bestand hat. Er ließ einen Hügel abtragen, um ein neues Geschäftsviertel anzulegen (den heutigen Raffles Place) und ließ rund um eine andere Erhebung namens Forbidden Hill (heute Fort Canning Hill) Regierungsgebäude errichten.

Seine Neuordnung folgte außerdem der kolonialen Praxis, die Bevölkerung fein säuberlich nach ethnischen Gesichtspunkten aufzuteilen. So entstanden mehrere Zonen: Den Europäern wurde Land im Nordosten des Regierungsviertels (im heutigen Colonial District) zugewiesen, viele von ihnen zogen aber schon bald in die beschaulicheren westlichen Vorstädte um. Die Chinesen konzentrierten sich vor allem an der Mündung und im Südwesten des Singapore River, wo jedoch auch viele Inder lebten (daher der große Hindutempel an der South Bridge Road). Hinduistische Inder ließen sich größtenteils in Kampong Kapor und an der Serangoon Road nieder, Gujarati und andere muslimische Kaufleute in der Gegend rund um die Arab Street, tamilische Muslime betrieben ihre Geschäfte rund um die Market Street. Die malaiische Bevölkerung lebte in erster Linie in den sumpfigen Randgebieten im Norden der Stadt. In groben Zügen existieren diese Zonen noch heute, natürlich sind die Grenzen aber nicht mehr ganz so klar auszumachen.

Trotz ihres Reichtums war die Kolonie ein liederlicher Ort, an dem das Verbrechen blühte, unsägliche hygienische Zustände herrschten

1867

Soziale Probleme und die Unzufriedenheit mit der Verwaltung veranlassen die Briten, die Straits Settlements zur Kronkolonie zu erklären, die nicht länger von Indien aus regiert wird.

1877

Die Briten errichten ein Protektorat in den Straits Settlements, um den von chinesischen Geheimgesellschaften organisierten ausbeuterischen Handel mit Arbeitskräften zu bekämpfen.

1939

Fertigstellung des britischen Marinestützpunkts auf der Insel. Die „Festung Singapur" verfügt nun über das größte Trockendock der Welt und große Treibstoffvorräte für die Navy.

1942

Die Japaner überrennen das auf eine Invasion aus dem Norden nur unzureichend vorbereitete Singapur. Die Alliierten ergeben sich am 15. Feburar.

und wo es von Opiumsüchtigen, von Ratten, Moskitos und Tigern wimmelte. Der Großteil der Bevölkerung fristete ein hartes Dasein; wie hart es war, wird heutigen Besuchern wohl am anschaulichsten im Chinatown Heritage Centre vermittelt.

Raffles strebte danach, mit den verschiedenen *kongsi* zusammenzuarbeiten. *Kongsi* sind Clans – eine Art Mischung aus Geheimbund, Triade und rituell religiöser Bruderschaft –, in denen sich Chinesen in der Diaspora organisierten, um sich gegenseitig, insbesondere auch wirtschaftlich, zu unterstützen. (Viele von ihnen hatten ihren Sitz in der Club Street; ein paar von ihnen sind immer noch dort und halten bis heute der fortschreitenden Gentrifizierung des Viertels stand.) Das Netzwerk der *kongsi* war im 19. Jh. von zunehmender Bedeutung für den großen wirtschaftlichen Erfolg Singapurs, denn die Nachfrage nach Produkten wie Pfeffer, Zinn und Gummi, die von Chinesen gewonnen und von der malaiischen Halbinsel über Singapur ausgeführt wurden, stieg gewaltig.

Allerdings profitierte Singapur von der Wirtschaftskraft der *kongsi* vor allem dank der gewaltigen Einnahmen eines ganz bestimmten Produkts der East India Company, das aus Indien kam und eigentlich für den chinesischen Markt bestimmt war – Opium. Farquhar hatte Singapurs erste Opiumfarm für den heimischen Markt gegründet und bereits in den 1830er-Jahren machten die Steuern und Verkaufserlöse aus dem Opiumhandel beinahe die Hälfte der Einnahmen der Stadt aus. An diesem Zustand änderte sich lange, bis weit ins 20. Jh. nichts. Doch das Britische Empire brachte nicht nur Opiumabhängige hervor; es förderte auch die teils westlich orientierten Ansichten der in den Straits geborenen Chinesen.

Im 19. Jh. wurde es Frauen nur selten erlaubt, China zu verlassen. Also heirateten Chinesen, die sich in den Straits Settlements niederließen, oftmals einheimische Frauen. Dadurch entstand schließlich eine neue Mischkultur, die in Singapur heute als Peranakan (s. S. 200) bekannt ist.

Dem immensen Wohlstand Singapurs konnten auch rapide sinkende Gummipreise in den 1920er-Jahren nichts anhaben. Die Stadt, in der man praktisch über Nacht zum Millionär werden konnte, lockte scharenweise Immigranten an. In den 1930er- und frühen 1940er-Jahren dominierte die Politik die intellektuelle Szene der Stadt. Die Inder beobachteten das Geschehen in der alten Heimat und suchten nach Anzeichen für das Ende der Kolonialherrschaft, während die Chinesen mit großem Interesse den Machtkampf zwischen der Kuomintang (Nationalpartei) und Maos Kommunisten verfolgten. Japans Einmarsch in China in den Jahren 1931 und 1937 stieß bei den Einwohnern Singapurs auf allgemeine Ablehnung.

1942–1945

Singapur wird von den Japanern in Syonan umbenannt. Viele Chinesen werden ermordet, alliierte Gefangene in Changi eingesperrt oder zur Arbeit an der Todeseisenbahn gezwungen.

1945–1959

Die Briten erlangen die Kontrolle über Singapur zurück. Die Straits Settlements werden 1946 aufgelöst, Singapur wird bis 1955 von Räten, dann von einer teilautonomen Regierung geführt.

1959

Angeführt vom Cambridge-Absolventen Lee Kuan Yew erzielt die People's Action Party bei den allgemeinen Wahlen einen Erdrutschsieg und führt eine aggressive Wirtschaftspolitik ein.

1963

Auf Betreiben von Lee Kuan Yew schließt sich Singapur mit Sabah und Sarawak zusammen, um gemeinsam mit Malaya den Staat Malaysia zu bilden.

Im Zweiten Weltkrieg rechneten die Briten eigentlich mit einem japanischen Angriff aus dem Süden, also vom Meer her. Stattdessen überfielen die Japanaer Singapur aus dem nördlich gelegenen Malaysia; die Soldaten kamen zu Fuß und per Fahrrad.

Singapur unter den Japanern

Als General Yamashita Tomoyuki am 15. Februar 1942 mit seinen Truppen einmarschierte, begann damit das dunkelste Kapitel in der Geschichte Singapurs. Für die Briten, die in den 1920er-Jahren einen Marinestützpunkt nahe der Stadt errichtet hatten, bedeutete die Kapitulation eine schwere Demütigung. Für manche Historiker markiert der Fall Singapurs den Punkt, an dem der Mythos der britischen Unbezwingbarkeit zu bröckeln und der Niedergang des British Empire begann.

Die Auswirkungen der japanischen Besatzung auf das kollektive politische und soziale Gedächtnis der Stadt sind nicht zu unterschätzen und zum Teil für das ausgeprägte Sicherheitsdenken im heutigen Singapur verantwortlich. Die Japaner führten ein strenges Regiment. General Yamashita ließ die Kriegsgefangenen auf dem Padang zusammentreiben, von wo aus sie in verschiedene Internierungslager kamen. Viele von ihnen endeten im berüchtigten Lager Changi, andere wurden nach Siam (dem heutigen Thailand) gebracht, um an der „Todeseisenbahn“ zu arbeiten.

Die Japaner starteten außerdem die Operation Sook Ching, um den chinesischen Widerstand auszuschalten. Die chinesischen Bewohner Singapurs wurden aus ihren Häusern gejagt und „geprüft“, woraufhin sie entweder einen „Stempel“ erhielten (eine Markierung auf der Stirn) und entlassen oder aber fortgebracht wurden, um eingesperrt oder exekutiert zu werden (ein Mahnmal am Changi Beach erinnert an das Massaker). Über die Zahl der Todesopfer gibt es unterschiedliche Angaben. Einige Quellen nennen 6000 Tote, andere gehen von mehr als 45 000 aus.

Die Japaner benannten die Insel in „Syonan“ (Licht des Südens) um und tauschten sämtliche Schilder gegen japanische aus. Außerdem stellten sie die Uhren auf Tokio-Zeit um und führten eine eigene Währung ein (die von den Einheimischen abfällig als „Bananengeld“ bezeichnet wurde).

Der Krieg endete mit Japans Kapitulation am 14. August 1945, woraufhin Singapur wieder unter die Kontrolle des British Empire fiel. Zwar wurden die britischen Truppen freudig empfangen, doch die japanische Besatzung hatte das Vertrauen in die frühere Schutzmacht erschüttert. Neue politische Kräfte waren bereits am Werk und der Weg in die Unabhängigkeit war bereitet.

Gedenkstätten aus dem Zweiten Weltkrieg

- *Fort Siloso (Sentosa Island)*
- *Images of Singapore (Sentosa Island)*
- *Reflections at Bukit Chandu (Südwesten von Singapur)*
- *Labrador Nature Reserve (Südwesten von Singapur)*
- *Memories at Old Ford Factory (Zentrum von Singapur)*
- *Kranji War Memorial (Westen von Singapur)*

Die Lee-Dynastie

Falls man überhaupt einem einzigen Menschen für die heutige Position Singapurs danken darf, dann ist das gewiss Lee Kuan Yew.

1964

Bei ethnischen Unruhen zwischen Malaien und Chinesen kommen 36 Menschen ums Leben. Die Beziehungen zwischen der PAP und der malaysischen Regierungspartei verschlechtern sich.

1965

Singapur wird vom malaysischen Parlament in Kuala Lumpur einstimmig aus der Föderation ausgeschlossen. Die Republik Singapur ist geboren.

1971

Die britischen Streitkräfte ziehen sich zurück, was eine Wirtschaftskrise auslöst. Die PAP nutzt die Gelegenheit und beschneidet den Einfluss der Gewerkschaften.

1975

Singapur ist der nach Rotterdam und New York verkehrsreichste Hafen und das drittgrößte Raffineriezentrum der Welt. Zudem werden hier Bohrinseln gefertigt und Erdöl gelagert.

Lee wurde im Jahr 1923 als Straits-Chinese in dritter Generation geboren und erhielt den Namen Harry Lee. Seine Eltern erzogen ihn, wie er selbst eingestand, „zum Ebenbild eines Engländers". Seine Ausbildung erhielt er an der Raffles-Elitehochschule und in Cambridge; daher fiel ihm der Umgang mit den Kolonialherren leicht, aber auch der Umgang mit der Opposition, als Singapur in den 1960er-Jahren unabhängig wurde.

Dabei waren die ersten Jahre keineswegs einfach. Im Jahr 1964 kam es zu ethnisch motivierten Unruhen, und 1965 wurde Singapur aus der Föderation Malaya ausgeschlossen. Daher setzte Lee auf steuerliche Anreize und ein strenges Arbeitsrecht, um ausländisches Kapital ins Land zu locken. Diese Maßnahmen und beträchtliche Investitionen in ein Bildungssystem, das auf der englischen Sprache basierte und dem Arbeitsmarkt qualifizierte Fachkräfte lieferte, begünstigten eine rasante Industrialisierung.

Unter Lees strenger Führung begann die People's Action Party (PAP) außerdem, jegliche ernstzunehmende politische Opposition umgehend auszuschalten. Kritische Berichterstattung in den Medien wurde untersagt und die Stadt in eine disziplinierte und funktionale Gesellschaft nach konfuzianischem Vorbild umgeformt, in der die Erhaltung der bestehenden hierarchischen Strukturen und der sozialen Ordnung über allem steht.

Lee schaffte es, die vermeintlich anarchischen Tendenzen der Singapurer Bevölkerung geschickt im Zaum zu halten. Die Versuche, sämtliche Facetten der Gesellschaft zu steuern, wurden dabei immer abenteuerlicher. So gab es beispielsweise eine Art staatliche (inzwischen wieder eingestellte) Heiratsvermittlungsagentur, um „geeignete" Paare zusammenzubringen.

Das rasche Wirtschaftswachstum füllte die Kassen der PAP und ermöglichte es, gezielt in die Infrastruktur, die Verteidigung, das Gesundheitssystem, die Rentenversicherung und den Wohnungsbau zu investieren. So erreichte Singapur einen gewissen Grad an Wohlstand und Sicherheit, für den es bis heute von zahlreichen Ländern in der Großregion beneidet wird. Der Erfolg der PAP beruht insbesondere auf den Fortschritten im Wohnungsbau und der Stadterneuerung. Inzwischen gibt es in Singapur mehr Wohnungseigentümer als irgendwo sonst wo auf der Welt.

Zwar legte Lee 1990 sein Amt als Premierminister nach 31 Jahren nieder und machte dem gutmütigeren, aber nicht weniger entschlossenen Goh Chok Tong Platz, doch Lee hat noch immer erheblichen Einfluss auf die Regierungspolitik.

„Ich würde selbst noch von meinem Sterbebett aufstehen, wenn ich das Gefühl hätte, es läuft etwas falsch", erklärte Lee 1988.

Eine berühmte TV-Szene aus dem Jahr 1965 zeigt Lee Kuan Yew, der angesichts der Loslösung Singapurs von Malaysia in Tränen ausbricht. Das Ereignis (die Trennung, nicht die Tränen) gilt als Geburtsstunde des heutigen Singapur.

Im August 1958, kurz nachdem die PAP die Regierung übernommen hatte, fand die erste nationale Kampagne des Landes statt. Dabei ging es darum, das Spucken in der Öffentlichkeit zu ächten, eine damals noch weit verbreitete Gewohnheit.

1990

Lee Kuan Yew tritt als Premierminister zurück und übergibt die Amtsgeschäfte an Goh Chok Tong. Lee wird Senior Minister und hat weiterhin die Aufsicht über die Regierungspolitik.

2004

Goh Chok Tong tritt als Premierminister zurück, sein Nachfolger wird Lee Kuan Yews Sohn Lee Hsien Loong. Glücksspiel wird legalisiert, der Bau zweier Kasinos beschlossen.

2011

Die Wahlen markieren möglicherweise eine politische Wende, denn die Regierungspartei PAP verzeichnet mit nur 60 % das schlechteste Ergebnis ihrer Geschichte.

2015

Das alte Rathaus und der ehemalige Oberste Gerichtshof werden als Sitz der spektakulären National Gallery Singapore wiedereröffnet.

Jüngste Vergangenheit & nahe Zukunft

Lee Kuan Yews Sohn Lee Hsien Loong war unter Goh Chok Tong stellvertretender Premierminister und Verteidigungsminister; 2004 zog er dann unangefochten als Amtsinhaber in den Regierungssitz ein.

Lee Hsien Loong steht vor keinen geringeren Aufgaben als einst sein Vater. Die asiatische Finanzkrise ab 1997, der Ausbruch von SARS 2003 und die globale Finanzkrise von 2007 haben die Wirtschaft des Landes durchaus getroffen; erstmals spürten die Menschen, dass sie von Entwicklungen abhängig sind, die sich ihrer Kontrolle entziehen. Wirtschaftlich und finanziell ist Singapur zwar immer noch in einer sehr soliden Position, doch Teile der Produktion wurden mittlerweile von der Insel weg an preiswertere Standorte wie Vietnam und China verlagert. Um dieser Abwanderung zu begegnen, hat die Regierung eine Reihe von Maßnahmen eingeleitet, die die Wettbewerbsfähigkeit des Landes auch in Zukunft sichern sollen.

„Majulah Singapura" (Vorwärts, Singapur) ist die Nationalhymne des Staates.Der Text liegt nur in malaiischer Sprache (Bahasa Melayu) vor. Verfasst wurde die Hymne 1958 von dem in Indonesien geborenen Komponisten Zubir Said, der ein Jahr brauchte, um Text und Musik zu vollenden.

Eine Herausforderung stellt aber auch ein wachsender Widerstand gegen die Regierungspartei PAP dar.Die Partei errang zwar 2006 noch ungefährdet die erwartete Mehrheit, doch die Zustimmung war bereits um 8,6 % gesunken. Damit hatte mehr als ein Drittel der Wahlberechtigten gegen die Amtsinhaber gestimmt. Die nächste Wahl versprach also deutlich mehr Spannung.

Bei den Wahlen des Jahres 2011 zeichnete sich auch durchaus so etwas wie eine Wechselstimmung ab. Nie zuvor seit dem Erringen der Unabhängigkeit (1965) gab es so viele knappe Ergebnisse bei den Parlamentssitzen (94,3 %), die nach strengem Mehrheitswahlrecht vergeben werden. Und die örtlichen Medien, die oft als Sprachrohr der Regierung kritisiert wurden, bemühten sich redlich, die PAP und die Oppositionsparteien einigermaßen ausgewogen zu behandeln. Eine wichtige Rolle bei der Verbreitung von Informationen spielten die sozialen Netzwerke, die früher im Wahlkampf tabu waren. Selbst Premierminister Lee Hsien Loong beteiligte sich an einem Online-Chat (es war sein erster). Und die Zahl der Besucher von Wahlkampfveranstaltungen der Opposition sprengte jeden bisherigen Rahmen.

Die Wahlergebnisse waren dann auch sehr aufschlussreich. Die PAP verlor weitere 6,4 % an Wählerstimmen, sicherte sich aber weiterhin 60,1 % der Stimmen und damit 81 von 87 Parlamentssitzen. Die größten Zuwächse verzeichnete die Arbeiterpartei, die sich der Alltagssorgen der Singapurer annehmen wollte: Löhne, Lebenshaltungskosten, Gesundheitswesen, Wohnraum, öffentlicher Nahverkehr und die immens hohen Ministergehälter. Das Wahlergebnis war für die PAP ernüchternd. Schon kurz nach der Wahl wurden die Einkommen der Minister auch offiziell unter die Lupe genommen – bald darauf traten *Senior Minister* Goh Chok Tong sowie *Minister Mentor* Lee Kuan Yew von ihren Ämtern zurück.

Menschen & Kulturen in Singapur

Singapur ist der ultimative Schmelztiegel. Es hat nicht weniger als vier offizielle Sprachen; hier stehen Moscheen neben hinduistischen und taoistischen Tempeln; hier experimentieren europäische Küchenchefs mit chinesischen Gewürzen und das örtliche Englisch ist mit Wörtern aus dem Hokkien-Chinesischen, dem Tamilischen und dem Malaiischen angereichert. Seit Sir Stamford Raffles 1819 auf der Insel einen Freihandelshafen anlegte, prägten den Ort immer neue Wellen von Einwanderern, von den frühen chinesischen Arbeitern bis zu den Ausländern heutiger Zeit, die hier für große internationale Firmen arbeiten.

Chinesen

Die Knappheit an urbarem Land sowie politische und soziale Unruhen trieben im 19. Jh. viele Chinesen vom Festland in Raffles aufblühende Siedlung, um dort ihr Glück zu suchen. 1840 bestand Singapurs Bevölkerung zu 50 % aus Chinesen, vor allem aus dem südostchinesischen Raum, aus Chaozhou, Hainan und Guangzhou.

Die von Raffles vorgenommene Einteilung von Chinatown anhand der Sprachen verstärkte die Abgrenzung zwischen den einzelnen Dialektgruppen. Und bald war in der Kolonie jede für ihre speziellen Fähigkeiten bekannt. Die Hokkien und Teochew galten als Spezialisten für Handel und Landwirtschaft, die Leute aus Kanton und die Hakka für Handwerk und Bau und die aus Hainan fürs Kochen. Der Hähnchenreis nach Art von Hainan ist Singapurs beliebtestes Gericht und ein Zeugnis für das chinesische Erbe.

In der Löwenstadt werden zwar chinesische Dialekte heute noch immer gesprochen, vor allem unter älteren Chinesen, doch waren die lang anhaltenden Bemühungen der Regierung, Mandarin, das „Hoch-Chinesisch", zu fördern, von Erfolg gekrönt und eine wachsende Zahl der Chinesen Singapurs spricht es jetzt auch zu Hause.

Seit 1921 machen die Chinesen etwa drei Viertel der Bevölkerung der Insel aus und sie üben einen beherrschenden Einfluss auf die Kultur Singapurs aus – vom Einfluss des Feng Shui auf Gebäude wie das Marina Bay Sands und die Suntec City bis hin zu konfuzianischen Prinzipien, die dem patriarchalischen Regierungssystem zugrunde liegen. Ein System, das sich als Zusammenwirken eines wohlwollenden Herrschers und respektvoller Untertanen zeigt.

Die Mehrheit der gebildeten Bevölkerung ist zweisprachig, Englisch und Mandarin sind die gängigsten Sprachen im Alltag. Während in der Schule vorwiegend Englisch gelehrt wird, lernen die Kinder auch ihre Muttersprache, damit sie die Verbindung zu ihren traditionellen Wurzeln nicht verlieren.

Malaiien

Der Anteil an Malaiien – den ursprünglichen Bewohnern der Insel – an der Bevölkerung beträgt zwar nur 13 %, aber sie sind Singapurs zweitstärkste ethnische Gruppe. Bei der Festlegung von Singapurs moderner Identität spielt die malaiische Kultur nach wie vor eine wichtige Rolle: von der Nationalhymne bis zu Straßennamen, Stadtvierteln, Naturschutzgebieten und Inseln.

Während die Mehrheit der singapurischen Malaiien ursprünglich von der Malaiischen Halbinsel stammt, gibt es auch viele, die ihre Wurzeln andernorts haben, etwa auf den Riau-Inseln, auf Java, Sumatra und Sulawesi. Eine kleine Anzahl sind Abkömmlinge aus Ehen zwischen malaiischen Frauen und arabischen oder indischen muslimischen Männern; Letztere wanderten Ende des 19. und im 20. Jh. in Singapur ein.

Sprache und Glaube verbinden die malaiischen Singapurer. Die meisten sind praktizierende Sunniten. Das verdeutlichen auch die vielen gut besuchten Moscheen in malaiischen Vierteln wie Geylang Serai ebenso wie die Beliebtheit von bestimmten Kleidungsbestandteilen wie des *tudung* (Kopftuches) oder der traditionellen *baju kurung* (einer langärmeligen Tunika, die über einem Sarong getragen wird) bei den malaiischen Frauen Singapurs.

Das historische Herz der malaiischen Gemeinde liegt in Kampong Glam, einem Stadtviertel, in dem es zahlreiche Lokale gibt, die die muslimischen Speisevorschriften einhalten und köstlich schmeckende malaiische Klassiker wie *nasi lemak* (ein Kokos-Reis-Gericht) und *asam laksa* (ein säuerlich-würziges Fisch-Nudel-Gericht) servieren, Gerichte, die auch zum allgemeinen Küchenrepertoire Singapurs gehören. In diesem Viertel liegt auch das Malay Cultural Centre and die bedeutende Sultan-Moschee.

Trotz ihres kulturellen Einflusses sah sich die Minderheit im Laufe der Jahre auch Herausforderungen gegenüber, so etwa einem hohen Anteil am unteren Ende der Bildungsskala, Vorurteilen auf dem Arbeitsmarkt und einer zu geringen Vertretung sowohl in der Verwaltung, dem Militär als auch in der Justiz.

Peranakan

Die vor Ort geborenen Peranakan in Singapur sind Abkömmlinge von Einwanderern, die einheimische Frauen heirateten, meist malaiischer Abstammung. Hunderte von Jahren des Zusammenlebens und des Treffens auf fremde und einheimische Sitten haben eine faszinierende Mischkultur geschaffen, die in jüngster Zeit eine Wiederbelebung erfahren hat.

Die Peranakan werden in drei große Gruppen eingeteilt: die Chitty Melaka und Jawi Peranakan stammen von frühen Einwanderern aus Indien ab, während die Straits-Chinesen auf dem chinesischen Festland beheimatet sind. Egal welcher Gruppe sie auch angehören, sie haben sich bis heute einen starken Sinn für ihre Wurzeln und Traditionen bewahrt.

Eine traditionelle Hochzeit der Peranakan ist eine aufwendige zwölftägige Angelegenheit, bei der sich zahlreiche Traditionen aus der chinesischen Provinz Fujian mit einigen malaiischen Bräuchen mischen. Heute finden solche großen Feste nur noch selten statt, obwohl sie in einer gekürzten eintägigen Form ein Comeback erleben.

Die größte Gruppe in Singapur sind die Straits-Chinesen, ein Spiegelbild der allgemeinen Gliederung der Bevölkerung. Der Begriff „Straits Chinese“ entstand in den Gemeinden der ehemaligen Straits Settlements Singapur, Penang und Melaka.

Heute überschneidet sich die Kultur der Chinesen und der Peranakan und es ist manchmal schwierig, sie auseinanderzuhalten. Peranakan-Männer, Babas genannt, und -Frauen, Nonya, sprechen meist einen Dialekt, der Bahasa-Malaiisch, Hokkien-Chinesisch und Englisch mischt, obwohl sich das im Lauf der Zeit gemeinsam mit dem Bildungssystem in Singapur verändert hat. Viele der gegenwärtigen Peranakan sprechen Englisch und Mandarin.

Vom Aussehen her kann man die Peranakan nicht von den Han-Chinesen unterscheiden, doch traditionelle Familien halten noch an ihren Bräuchen und Traditionen fest und sind stolz auf ihr kulturelles Erbe, das im Peranakan Museum und im Baba House hervorragend präsentiert wird.

EXPATS

Menschen, die nicht dauerhaft in Singapur leben, machen fast 40 % der 5,4 Mio. Einwohner aus; im Jahr 2000 waren es erst 25 %.

Viele sind für eine schlechte Bezahlung im Bau- und Dienstleistungsbereich tätig; sie kommen aus China, Süd- und Südostasien. Doch es gibt auch eine große Zahl hoch qualifizierter Fachleute in so verschiedenen Branchen wie Finanzen, Erdöl und Gas, IT Medizin und Forschung, Tourismus und Gastronomie. In Singapur ist jeder vierte Facharbeiter ein Ausländer.

Hier leben allein 40 000 Briten, weitere bedeutende Gruppen bilden Australier, Amerikaner, Franzosen und Japaner. Beliebte Viertel der Expats sind Orchard, Tanglin, Novena, Holland Village, Bukit Timah und die Ostküste.

Es ist eine sehr lebendige Szene, in der kein Mangel an Clubs und Sportvereinen, internationalen Schulen sowie Expat-Zeitschriften und -Websites herrscht. Für viele sind die Vorzüge Singapurs offensichtlich: eine geringe Kriminalitätsrate, relativ geringe Steuern, ein erstklassiges Gesundheits- und Bildungssystem, bezahlbare Haushaltshilfen und fantastische internationale Verbindungen. Weniger attraktiv sind die rasant steigenden Lebenshaltungskosten, die sich noch verstärkt bemerkbar machen, weil zunehmend mehr Firmen ihre Arbeitsverträge für Expats inzwischen deutlich weniger lukrativ gestalten.

Inder

Mit etwas weniger als 10 % der Bevölkerung stellen die Inder die drittstärkste ethnische Gruppe in Singapur. Es ist zwar in Singapur nur eine verhältnismäßig kleine Gruppe, doch es ist eine der größten außerhalb Indiens. Die Treue zu den Sitten und Bräuchen des Mutterlandes zeigt sich im Straßenleben Little Indias ebenso wie in der lebhaften Teilnahme an hinduistischen Festen wie Thaipusam und Diwali.

Eine Reihe von Indern diente ursprünglich als *sepoys* (Soldaten) in der britischen Armee und die Arbeit indischer Gefangener spielte eine bedeutende Rolle in der frühen Baugeschichte der Stadt; mit mühsamer und harter Arbeit rodeten sie Urwald, legten Sümpfe trocken und zogen Bauten hoch, darunter die St Andrew's Cathedral, den Istana-Palast und den Sri-Mariamman-Tempel. Nach Verbüßung ihrer Strafe blieben viele von ihnen in Singapur, nahmen Arbeit an oder eröffneten sogar kleine Firmen. Einige wurden *dhobis* (Arbeiter in Wäschereien), eine Tatsache, die der Name der Dhoby Ghaut MRT-Station noch heute widerspiegelt. Viele Inder aus dem südlichen Teil des Landes erlangten Bekanntheit als *chettiars* (Geldverleiher).

Mehr als die Hälfte der heutigen Inder in Singapur sind Tamilen, die aus der Region Tamil Nadu im südlichen Indien stammen, wo die Hindutraditionen noch große Bedeutung besitzen. Der Rest sind meist Moslems oder Christen, Minderheiten sind Sikhs, Jaina, Buddhisten und Parsen. Eine kleine, meist in England erzogene indische Elite spielte in der Gesellschaft Singapurs schon immer eine bedeutende Rolle, doch der Großteil der Inder gehört der Arbeiterklasse an.

Unbedingt lesen

- *A Peranakan Legacy: The Heritage of the Straits Chinese* (Peter Wee)
- *The Shrimp People* (Rex Shelley)
- *Kebaya Tales: Of Matriarchs, Maidens, Mistresses and Matchmakers* (Lee Su Kim)
- *The Singapore Grip* (JG Farrell)

Eurasier

Wer einen Singapurer mit Namen Clarke, de Souza oder Hendricks trifft, hat es vermutlich mit einem Eurasier zu tun – mit diesem Begriff werden Menschen mit europäischen und asiatischen Vorfahren bezeichnet. In der frühen Kolonialzeit kamen die meisten Eurasier aus dem malaysischen Handelshafen Malakka, der neben Goa, Macau und Ceylon (dem heutigen Sri Lanka) eine bedeutende eurasische Bevölkerung besaß. Diese war darauf zurückzuführen, dass die portugie-

Für jeden HDB-(Housing Development Board) Sozialwohnungskomplex gelten ethnisch bestimmte Quoten, die Singapurs demografische Mischung genau wiedergeben. Diese Quoten sollen „ethnische Enklaven" verhindern.

sischen, niederländischen und britischen Kolonialherren einheimische Frauen geheiratet hatten.

Der gemeinsame christliche Glaube und die gemeinsamen Kulturtraditionen schufen ein festes Band zwischen der britischen herrschenden Klasse in Singapur und der eurasischen Gemeinde der Insel. Viele Eurasier erhielten privilegierte Stellen im öffentlichen Dienst. Das Band lockerte sich, als nach der Eröffnung des Suezkanals vermehrt Europäer kamen und die „Halbeuropäer" aufs Abstellgleis schoben. Ironie des Schicksals: Während der japanischen Besetzung Singapurs im Zweiten Weltkrieg wurden die Eurasier heftig verfolgt, weil sie als „britische Sympathisanten" galten.

Heute leben in Singapur etwa 15 000 Eurasier und die Gruppe spielt eine wichtige Rolle in den Medien und der Unterhaltungsindustrie. Das gemischtethnische Erscheinungsbild der Eurasier fasziniert besonders Werbefachleute, die in ihnen Singapurs multikulturelles Flair verkörpert sehen. Die Mehrheit der modernen singapurischen Eurasier ist britischer Abstammung mit Englisch als Muttersprache.

Architektur

Singapur ist eine architektonische Wundertüte; der Inhalt reicht von blütenweißen Kirchen im Kolonialstil über farbenfrohe Shophouses bis hin zu verblüffenden Meisterwerken zeitgenössischer Architektur. Trotz der Zerstörungswut der 1960er- und 1970er-Jahre ist es der Inselnation gelungen, einige Bereiche mit bedeutenden historischen Gebäuden zu erhalten. Der Kontrast zur kontinuierlich weiterwachsenden Skyline ist hinreißend und dramatisch.

Kolonialstil

Kurze Zeit, nachdem die East India Company ihren Handelshafen an der Mündung des Singapore River anlegte, begannen Zuzügler aus ganz Asien der Stadt ihren architektonischen Stempel aufzuprägen. Die Chinesen bauten Tempel am Meer, wie den Thian Hock Keng Temple, die indischen Hindus fügten eine weitere architektonische Facette hinzu mit Tempeln wie dem Sri Mariamman und die Chulia-Moslems aus Südindien errichteten Schreine wie den Nagore Durgha. Diese frühen Bauten spiegeln meist getreu den Architekturstil des jeweiligen Heimatlandes wider.

Auch die Bauten der europäischen Kolonialherren zeugen von verschiedenen Einflüssen. Der Ire George Drumgoole Coleman – er gilt als führender Architekt aus Singapurs Kolonialzeit – ließ sich von der klassischen Ästhetik des palladianischen Stils inspirieren, den der italienische Architekt Andrea Palladio im 16. Jh. schuf. Coleman besaß großes Geschick im Anpassen des Stils; dorische Säulen, Kolonnaden und Rundbauten verband er perfekt mit großen Veranden und überhängenden Dachtraufen, die sich für das tropische Klima Singapurs besser eignen. Im Colonial District finden sich viele seiner Werke, darunter das Caldwell House in CHIJMES und das Old Parliament House. Das schönste Werk seiner Schaffenszeit ist wohl die Armenische Kirche, deren Vorbild die Gregorskirche in Etschmiadsin ist, die Mutterkirche im nördlichen Armenien.

Coleman, der 1826 Leiter der öffentlichen Bauvorhaben und Landvermesser in Singapur wurde, gab ein gutes Beispiel für andere Kolonialarchitekten ab. Zu ihnen zählten Frater Lothaire und Pater Charles Benedict Nain, die gemeinsam die elegante St Joseph's Institution entwarfen, die heute besser bekannt ist als Singapore Art Museum. Nain schuf auch noch eine Kapelle in CHIJMES, einen Bau von erhabener Eleganz im anglo-französischen gotischen Stil.

Parallel zum Reichtum und der Bedeutung Singapurs nahm im 19. Jh. auch die Pracht seiner Gebäude zu. Einige der schönsten stammen von Major John Frederick Adolphus McNair, darunter das Empress Place Building (in dem sich das Asian Civilisations Museum befindet) und Singapurs früheres Regierungsgebäude, Istana, nicht weit von der Orchard Road. Die Vorliebe für alles Klassische herrschte bis in die ersten Jahrzehnte des 20. Jhs., wie das Fullerton Hotel und der alte Supreme Court beweisen. Letzterer ist das letzte Beispiel für britische Kolonialarchitektur in Singapur. Zur Zeit der Recherche für dieses Buch hieß es, dass die City Hall und das Gebäude des alten Supreme Court 2015 als National Gallery Singapore wiedereröffnet werden sollen – die beiden düsteren Bauten verbunden durch eine überraschend harmonische Dachkonstruktion aus Glas und Stahl. Das Dach und die Galerie sind eine Gemeinschaftsarbeit des französischen Architekturbüros Studio Milou und von CPG Consultants aus Singapur.

Shophouses

Bevor das HDB (Housing Development Board) für bezahlbare, staatlich geförderte Wohnungen sorgte, war das typische Gebäude für Singapur das Shophouse. Dieser lange schmale Haustyp ist auch charakteristisch für andere Hafenstädte wie Penang und Malakka.

Der Begriff „Shophouse" ist eine wörtliche Übersetzung aus dem Chinesischen („tiam chu" in Hokkien, „dian wu" in Mandarin). Der ornamentreichste der vielen unterschiedlichen Stile ist der „Late"-Shophouse-Stil, bei dem die Wände mit verzierten Fenstern, Pilastern und anderen Details geschmückt sind.

In den Shophouses gab es im Erdgeschoss einen Laden oder eine Werkstatt, im Obergeschoss lagen Wohnungen. Oft ragt ein festes Vordach über den Fußweg, diese Konstruktion wird als „five-foot way"-bezeichnet. Das Vordach gab es im südlichen China und in Teilen von Südostasien; festgeschrieben wurde diese Bauform 1822 von Sir Stamford Raffles, als er unter anderen eine Verordnung erließ, dass „alle aus Backstein oder Kacheln gebauten Häuser eine entsprechende Fassade mit einer Arkade von einer gewissen Tiefe besitzen sollen, die nach allen Seiten offen ist und einen freien Durchgang ermöglicht".

Ein fürsorglicher Raffles wollte sicherstellen, dass Fußgänger vor Sonne und Regen geschützt waren. Doch die Ladenbesitzer hatten andere Vorstellungen und schon bald dienten die Arkaden als Vergrößerung der Läden nach draußen. Heute gibt es auf den meisten „five-foot ways" keine Geschäfte mehr, doch wer die Buffalo Road in Little India oder das nördliche Teilstück der Telok Ayer Street in Chinatown entlanggeht, kann sich noch vorstellen, wie schwierig das Vorankommen für Fußgänger war.

Die tragenden Wände zwischen den einzelnen Häuser sind aus solidem Stein gebaut – eine Abweichung von der traditionellen Holzbauweise – und boten nicht nur Tragfähigkeit und Privatsphäre, sondern hinderten auch Brände daran, sich auszubreiten.

Die ersten Shophouses aus dem Jahr 1840 sind einfache, gedrungene zweistöckige Häuser. Verschiedene Stilformen folgten einander: Early, First Transitional, Late, Second Transitional und Art déco. Die Fassaden sind oft mit klassischen Elementen wie Säulen verziert, außerdem mit schönen Kacheln und einem leuchtenden Anstrich – Chinesen, Peranakan und Malaien lieben alle lebhafte Farben. Einige der schönsten noch bestehenden Shophouses säumen die Koon Seng Road und den Joo Chiat Place in Katong ebenso wie die Pertain Road (zwischen Jalan Besar und Sturdee Road) nahe Little India.

Die Shophouses verfügten meist über einen zentralen Innenhof, der nach oben offen ist, sodass Tageslicht ins Haus einströmen kann. In der frühen Zeit wurde hier auch Wasser gesammelt (viele Innenhöfe besaßen offene Zisternen). Bei einigen Haustypen diente eine hohe Rückwand als eine Art Windschutz.

Eine besondere Variante in Singapur war das *chophouse* – einige wiedererrichtete solche Häuser sind im Chinatown Heritage Centre zu sehen. Im Prinzip auf demselben Grundriss basierend wie das verbreitete Shophouse, waren sie so konstruiert, dass sie viele Dutzend, manchmal sogar Hunderte von Bewohnern aufnehmen konnten. Die Stockwerke waren in winzige, dunkle, üble Zellen aufgeteilt und die hohe Dichte an Menschen führte zu extrem armseligen Bedingungen. In Little India gibt es noch einige *chophouses*, beispielsweise an der Desker Road, doch die meisten wurden abgerissen.

BUNGALOWS IN SCHWARZ UND WEISS

Bei diesen Häusern handelt es sich nicht um die ebenerdigen Häuser des Westens, die Bungalows in Singapur sind nach den Häusern im Stil von Bangalore (Südindien) benannt, haben zwei Stockwerke und eine große Veranda im Obergeschoss.

Die meisten wurden in einem Stil gebaut, der vor Ort als „Schwarz-weiß" bekannt ist, nach den Pseudo-Tudor-Bauten mit freiliegenden Balken, die vom Ende des 19. Jhs. bis zum Zweiten Weltkrieg beliebt waren. Der typische Entwurf zeigt deutliche Einflüsse der Arts-and-Crafts-Bewegung. Entstanden im England der 1860er-Jahre, legte diese Bewegung verstärkten Wert auf handwerkliches Können, eine Gegenreaktion auf Englands rasche Industrialisierung. In den 1930er-Jahren verdrängte der sogenannte „tropische Art-déco-Stil" den Pseudo-Tudor-Stil. Nun bestimmten Flachdächer, abgerundete Ecken und die Betonung der Horizontalen die Entwürfe.

Diese „Schwarz-Weißen" sind sehr beliebt bei Expats, die nach den glorreichen Tagen von vor drei Generationen suchen. Viele von ihnen finden sich in den begrünten Wohngegenden abseits der Orchard Road, etwa in der Nassim Road und dem Teil der Scotts Road beim Hotel Sheraton Towers. Sie drängen sich auch in exklusiven Gegenden wie Alexandra Park und Ridley Park, wo die schicken Cocktails und eleganten diskreten Liaisons in der Luft liegen.

In der Mountbatten Road in Kallang gibt es sowohl Beispiele der sehr dekorativen viktorianischen Bungalows wie auch der Art-déco-Bungalows aus den 1920er- und 1930er-Jahren.

HDB-Wohnungen

Nur in Singapur kann man nachts sicher durch eine Hochhaussiedlung gehen und einen Getränkeautomaten finden, der voll, funktionstüchtig und nicht mutwillig beschädigt ist. Während andernorts Hochhäuser mit Sozialwohnungen abgerissen werden, funktionieren sie in Singapur. Das müssen sie auch: Es gibt wenig Land, so bleibt der Regierung keine Wahl, als in die Höhe zu bauen. Das staatliche Housing Development Board (HDB) ist verantwortlich für ein Mammutbauprojekt. Es werden solide gebaute, gut gewartete und bezahlbare Wohnungen errichtet. Bis jetzt sind über eine Million Wohneinheiten entstanden.

HDB-„Städte" wie Toa Payoh, Pasir Ris und Tampines bieten eine Heimat für rund 85 % der Bevölkerung. HDB-Projekte verfügen über Märkte, Schulen, Spielplätze, Läden und Zentren mit fliegenden Händlern. In den älteren (aus den 1960er- und 1970er-Jahren) stehen große Bäume, geben Schatten und machen die Siedlungen (relativ) attraktiv. In vielen Blocks gibt es sogenannte „void decks", leere Bereiche im Erdgeschoss, in denen ein frisches Lüftchen zirkulieren kann und wo alte Männer im Schatten Schach spielen.

Der bemerkenswerteste HDB-Komplex in Singapur ist das riesige Pinnacle@Duxton, das 2009 fertiggestellt wurde. An der Ecke von Cantonment Road und Neil Street, direkt südlich von Chinatown gelegen, besteht das Projekt aus sieben 50 Stockwerke hohen Apartmenttürmen, die auf zwei Ebenen durch schwindelerregende Brücken verbunden sind. In luftiger Höhe gibt es auch Gärten und eine Joggingstrecke. Abgesehen von der Höhe und der Größe ist der Komplex auch in der Vielfalt der Fassadengestaltung einmalig: von Pflanzwannen über Erkerfenster bis zu Balkonen. Das Ergebnis ist eine der abwechslungsreichsten Fassaden in Singapur. Das HDB ist auch zuständig für Renovierungs- und Verbesserungsarbeiten, obwohl die Mehrzahl der Wohnungen sich in Privatbesitz befindet. Das macht sie zu einem der außergewöhnlichsten Sozialwohnungsprojekte weltweit. Alle paar Jahre werden sie renoviert und bekommen neue Einrichtungen.

Feng-Shui beeinflusst den Entwurf vieler Gebäude in Singapur, darunter das Suntec City. Die fünf Bürotürme symbolisieren die Finger der linken Hand, einschließlich eines gedrungenen Turms als Daumen. In der Hand liegt der Fountain of Wealth, sein Wasser fließt abwärts in den Komplex hinein und sammelt positives *qi* (Energie) und Reichtum.

Dank des MRT-Systems ist es einfach, die wichtigsten HDB-Projekte zu besuchen. Einfach in einen Zug springen und zum Beispiel in Toa Payoh aussteigen. Es gibt dort keine herausragende Architektur zu sehen, aber Besucher bekommen einen Eindruck, wie die meisten Menschen in Singapur leben.

Modern & zeitgenössisch

Das Pinnacle@Duxton ist eine in der stetig wachsenden Zahl architektonischer Kühnheiten, von denen viele von weltbekannten Stararchitekten entworfen werden. Zu den frühesten und bekanntesten Bauten zählt das 52 Stock hohe OCBC Centre im Central Business District (CBD). Entworfen vom chinesisch-amerikanischen Architekten I. M. Pei und 1976 fertiggestellt, ist es ein typisches Beispiel brutalistischer Architektur: In den deutlich sichtbaren Beton sind drei Felder mit Fenstern eingelassen. Weil die Fenster wie ein Tastenfeld wirken und das Gebäude so schlank ist, erhielt es den treffenden Beinamen „der Taschenrechner".

Eines der eklektizitischsten Gebäude Singapurs ist das granitverkleidete Parkview Square (2002), 600 North Bridge Road. Entworfen vom Amerikaner James Adam und der örtlichen Firma DP Architects, ist es als „Gotham Building" bekannt – wegen seiner übertriebenen vom Art déco inspirierten Motive und Ornamente, die am schönsten in der vergoldeten Lobby mit Kassettendecke sind.

Zu den hoch aufragenden Nachbarn des OCBC zählt das 66-stöckige Republic Plaza von Kisho Kurokawa und das ebenfalls 66-stöckige UOB Plaza One mit dem kleineren UOB Plaza Two, beide von Kenzo Tange. Letzterer entwarf auch das URA Centre in Chinatown. Darin befindet sich die Singapore City Gallery, die für alle einen Besuch lohnt, die sich für die künftige Stadtentwicklung Singapurs interessieren. Zu dieser Zukunft gehört auch das Tanjong Pagar Centre, ein 64-stöckiger Turm mit Büros und Wohnungen, für den das berühmte US-amerikanische Architekturbüro Skidmore, Owings & Merrill (SOM) verantwortlich zeichnet. Nach der Vollendung im Jahr 2016 wird der 290 m hohe Turm das höchste Gebäude Singapurs sein.

Der israelisch-kanadische Architekt Moshe Safdie, der mit seinem modularen Wohnkomplex Habitat 67 in Montreal am bekanntesten ist, steht hinter dem Marina Bay Sands, einem Resort an der Marina Bay. Das 2010 vollendete Hotel, dessen drei Türme von einer 340 m langen Dachterrasse bekrönt werden, hat sich wohl zum international bekanntesten Gebäude Singapurs entwickelt.

An der Marina Bay, einem funktionierenden Wasserspeicher, stehen mehrere herausragende Beispiele zeitgenössischer Architektur. Am Nordrand liegt das Esplanade – Theatres on the Bay, entworfen von DP Architects aus Singapur und Michael Wilford and Partners aus London. Der Bau ist besonders bekannt für die Sonnenblenden aus Aluminium auf dem Dach, von dem die zwiebelförmigen Theater- und Konzertsaalbauten überspannt sind. Das Aussehen hat zu Vergleichen mit Durianfrüchten oder Fliegenaugen geführt. Hinter dem Marina Bay Sands liegt der neueste Botanische Garten Singapurs, Gardens by the Bay. Die beiden riesigen Warmhäuser aus Glas und Stahl, die vom Architektenbüro Wilkinson Eyre entworfen wurden, sind die größten klimatisierten Gewächshäuser der Welt.

Westlich der Marina Bay und des CBD erhebt sich das preisgekrönte Reflections des polnisch-amerikanischen Architekten Daniel in Keppel Bay, es handelt sich um einen Komplex mit Luxuswohnungen, die in wellenförmigen Türmen liegen. Die Ansicht ändert sich nach dem Standpunkt des Betrachters.

Das neuere Nouvel 18 des französischen Architekten Jean Nouvel ist nicht weniger dramatisch. Es liegt direkt gegenüber dem Shangri-La Hotel; in die Türme sind auf verschiedenen Ebenen insgesamt acht Gärten eingefügt, die eine Unterbrechung der Glasfassade bewirken. Dieses Konzept nimmt das brandneue South-Beach-Projekt von Foster & Partners auf. Zwei beeindruckende Türme gegenüber dem Raffles

Hotel, die von dicht bepflanzten Gärten durchbrochen werden. In ihnen befinden sich ein Hotel, Büros und Wohnungen. Die Firma von Sir Norman Foster hat hier ihren Stil geändert, der im Gebäude des Supreme Court und im Expo MRT mit ihrer UFO-ähnlichen Scheibenform zu sehen ist.

Das Konzept „Gebäude als Garten“ bestimmt auch das Parkroyal on Pickering, ein tolles 12 Stockwerke hohes Hotel, wo die üppigen hängenden Gärten mit Schluchten und Wasserfällen den auf der anderen Seite der Straße liegenden Hong Lim Park geradezu auf das Gebäude hochzuziehen scheinen. Hinter dem Projekt liegt das WOHA. Es handelt sich um eines der aufregendsten Architekturbüros Singapurs, zu dessen Entwürfen bis jetzt der Bau der School of Arts (2011 Gewinner des Jørn Utzon Award for International Architecture) und die MRT-Station Stadium gehören. Die Letztere ist teilweise durch das Werk des minimalistischen Bildhauers Richard Serra inspiriert und bekannt für die dramatische Raumgestaltung. Eines der neuesten Projekte von WOHA ist das Hotel Oasia Downtown in Tanjong Pagar. Das 30 Stockwerke hohe Gebäude soll eine mit Bodendeckern und Blütenpflanzen bedeckte Fassade bekommen, die einer der größten vertikalen Gärten der Welt sein wird.

Singlish: eine Einführung

Will jemand nach Chinatown gehen, um „see see walk walk"? Dann „sit this bus". Willkommen in der bunten, manchmal verwirrenden Welt des Singlish, Singapurs ganz spezieller Version des Englischen. Der lokale Dialekt, gespickt mit vielen aus dem Hokkien, Tamilischen und Malaiischen entlehnten Wörtern, ist ein Ergebnis der multiethnischen, mehrsprachigen Geschichte der Insel. Egal ob man die Sprache mag oder nicht, ein paar Basics zu kennen, kann recht nützlich sein. Also nicht „pray pray ah"! Auf geht es zur Erkundung des Singlish.

Singlish

Die meisten Singapurer lieben Singlish, doch die Regierung ist anderer Meinung. 2000 startete sie sogar eine Kampagne „Speak Good English" (www.goodenglish.org.sg), um den Standard des Englischen zu verbessern. Zur Kampagne gehört die App „Say It Right", die man downloaden kann.

Es gibt zwar keine Grammatik des Singlish, doch es gibt eindeutige Charakteristika. Bei den Verben existieren keine unterschiedlichen Zeiten. Vergangenheit, Gegenwart und Zukunft werden stattdessen im Singlish durch andere Wörter gekennzeichnet: Da heißt es dann „I go tomorrow" oder „I go yesterday". Die Hauptbetonung liegt grundsätzlich immer auf der letzten Silbe eines Wortes, so wird dann aus dem englischen „government" „guvva-men".

Wörter, die auf Konsonanten enden, werden oft verkürzt und Vokale verzerrt. Ein chinesischsprachiger Taxifahrer versteht einen Fahrgast möglicherweise nicht, der als Ziel Perak Road angibt, weil er diese Straße als „Pera Roh" kennt.

Ein typisches Gespräch könnte – verwirrenderweise – etwa so lauten: „*Eh*, this Sunday you going *cheong* (party) *anot*? No *ah*? Why like that? Don't be so boring *lah*! " Präpositionen und Pronomen werden ausgelassen, die Reihenfolge der Wörter wird umgestellt, Sätze werden verkürzt, Betonung und Rhythmus sind – gelinde gesagt – absolut unkonventionell.

Das Wörtchen „lah" wird oft zur Betonung ans Ende eines Satzes angehängt, wie etwa bei „No good lah". Bitten oder Fragen werden auch oft mit einem Zusatz versehen, da eine direkte Frage unhöflich erscheinen könnte. Doch erscheinen diese Fragen Menschen aus dem Westen oft als eher rüde. Aus „Would you like a beer? " wird dann „You wan beer or not? "

Genaueres findet sich im Coxford Singlish Dictionary auf der satirischen Website Talking Cock (www.talkingcock.com).

Slang sprechen wie die Einheimischen

a bit the	sehr; wie in „*Wah! Your car a bit the slow on*""
ah beng	es gibt sie in jedem Land auf der Welt – junge Männer mit gegelten Stachelhaaren, auffälliger Kleidung, ausgestattet mit den neuesten Handys und einem Slogan in Gossensprache
ahlian	die weibliche Version von *ah beng* – groß, grelle Kleidung, mit frechem Mundwerk; auch als *huay* bekannt

aiyo!	„ach, herrje!"
alamak!	Ausruf des Nichtglaubens oder der Frustration, wie „Oh, mein Gott"
angmoh	gängiger Begriff für Menschen aus dem Westen, mit einem verächtlichem Unterton; wörtlich „rothaariger Affe" in Hokkien
ayam	malaiisches Wort für Huhn; Adjektiv für etwas Unterlegenes oder Schwaches
blur	langsam oder schlecht informiert; ein beliebter Spruch ist „*blur like sotong*"
buaya	Weiberheld, aus dem Malaiischen für Krokodil
can?	„Ist das ok?"
can!	„Ja, das ist gut"
charbor	Schätzchen, Frau
cheena	verächtlicher Begriff für altmodische chinesische Kleidung oder Denkweise
confirm	Wird verwendet, um in einer Beschreibung etwas zu betonen wie in „*He confirm blur one*"" (Er ist nicht besonders clever)
go stun	wenden wie in „*Go stun the car*"" (vom seemännischen „go astern")
heng	Glück (Hokkien)
hiao	eitel
inggrish	Englisch
kambing	Narr, wörtlich „Ziege" (malaiisch)
kaypoh	Wichtigtuer
kena	malaiisches Wort, das in etwa dem englischen Wort „got" entspricht und etwas beschreibt, das geschehen ist, wie in „*He kena arrested for drunk driving*"
kena ketok	abgezockt
kiasee	erschrocken, wörtlich „Angst haben zu sterben", ein Feigling
kiasu	Wörtlich „Angst vor dem Verlieren", selbstsüchtig, aufdringlich, immer auf der Suche nach einem Schnäppchen
kopitiam	Café
lah	allgemein eine Endung für jeden Satz; man könnte es als „ok" übersetzen, aber es hat keine wirkliche Bedeutung, wird fast überall zur Betonung angehängt
lai dat	„like that"; wird zur Betonung gebraucht, wie in „*I so boring lai dat*" (Mir ist sehr langweilig)
looksee	einen Blick werfen
minah	Freundin
or not?	allgemeine Endung für Fragen wie in „*Can or not?*" (Kannst du oder kannst du nicht?)
see first	abwarten, was passiert
shack	müde; oft in dem Ausdruck „*I damn shack sial*""
shiok	gut, großartig, köstlich
sotong	malaiisch für „Tintenfisch", wird als Adjektiv für ungeschickt, nicht clever gebraucht
steady lah	gut gemacht, ausgezeichnet; ein Ausdruck für Lob
wah!	Allgemeiner Ausruf der Überraschung oder Verzweiflung
ya ya	prahlerisch, wie in „*He always ya ya*" auch als „*He damn ya ya papaya*"

Praktische Informationen

Verkehrsmittel & -wege

ANKUNFT

Singapur ist einer der Hauptluftverkehrsknotenpunkte Asiens und wird sowohl von regulären Airlines als auch von Billigfluglinien angesteuert. Der Stadtstaat verfügt über hervorragende regionale und internationale Verbindungen. Von hier verkehren auch Züge und Busse in die benachbarten Staaten Malaysia und Thailand.

Flüge, geführte Touren und Bahnkarten kann man auch bequem online über lonelyplanet.com/bookings buchen.

Changi Airport

Changi Airport (☎1800 542 4422; www.changiairport.com) Der Flughafen liegt 20 km nordöstlich von Singapurs Central Business District (CBD) und hat drei Hauptterminals; ein vierter soll im Jahre 2017 geöffnet werden.

Changi Airport ist mit seinen vielen Flügen in aller Herren Länder das wichtigste Tor zur Welt und wird regelmäßig zum besten Flughafen der Welt erklärt. Hier gibt es freies Internet und kostenlose Telefone für Ortsgespräche, Wechselstuben, medizinische Versorgungszentren, Gepäckaufbewahrung, Hotels, Wellness-Einrichtungen, Duschen, eine Sporthalle, ein Schwimmbecken und unendlich viele Einkaufsmöglichkeiten.

Taxi

Die Taxis am Changi Airport fahren schnell und sehr zuverlässig. Das Gebührensystem ist allerdings kompliziert, aber mit einem Fahrpreis von 20 bis 38 $ kommt man immer ins Stadtzentrum, je nachdem wie lange die Fahrt dauert. Am teuersten sind die Fahrten zwischen 17 und 18 Uhr, weil dann eine Menge Zuschläge zu erwarten sind.

Eine viersitzige Limousine kostet unabhängig vom Ziel auf der gesamten Insel 55 $ plus einen Aufpreis von 15 $ für jeden zusätzlichen Zwischenhalt. Eine siebensitzige Taxi-Limousine kostet 60 $ plus 15 $ für jeden weiteren Halt. Weiterführende Informationen dazu gibt es am entsprechenden Schalter im Erdgeschoss des Flughafengebäudes.

Zug

Der Mass Rapid Transit (MRT) ist das beste und günstigste Verkehrsmittel, um in die Stadt zu gelangen. Die entsprechende Bahnstation liegt zwischen Terminal 2 und 3, der Fahrpreis zur Orchard Road beträgt 2,30 $, und die Fahrtdauer liegt bei 40 Minuten. Man muss an der Metrostation Tanah Merah umsteigen (am selben Bahnsteig gegenüber). Die erste Bahn fährt um 5.30 Uhr (sonntags 6 Uhr), und die letzte geht um 23.18 Uhr.

Bus

Die Buslinie 36 fährt ab Terminal 1, 2 und 3 zur Orchard Road und in den Colonial District (1,85 $, die fahrtdauer beträgt eine Stunde). Die Busse fahren etwa alle fünf bis 15 Minuten; der erste verlässt den Flughafen kurz nach 6 Uhr morgens, der letzte kurz vor 23 Uhr.

Schneller und bequemer sind die Flughafen-Shuttlebusse (Erw./Kind 9/6 $, 20 bis 40 Minuten), die vor den Ankunftshallen von Terminal 1, 2 und 3 abfahren und ihre Fahrgäste an jedem beliebigen Hotel, außer auf Sentosa und in Changi Village, absetzen. Die Wartezeiten belaufen sich in Stoßzeiten (6 bis 9 Uhr und 17 bis 1 Uhr) auf maximal 15 Minuten und bis zu 30 Minuten zu allen anderen Zeiten. Infos beim Schalter im Erdgeschoss der Ankunftshallen.

Bus

Wer noch weiter als JB (Johor Bahru) in Malaysia reisen möchte, nimmt am besten einen Bus direkt von Singapur, obwohl es natürlich auch weitere und sogar günstigere Möglichkeiten ab JB gibt.

Zahlreiche private Busunternehmen betreiben von vielen Orten Malaysias aus , darunter Melaka und Kuala Lumpur, bequeme Busse nach Singapur. Das Gleiche gilt für Städte wie Hat Yai

KLIMAWANDEL & REISEN

Der Klimawandel stellt eine ernste Bedrohung für unsere Ökosysteme dar. Zu diesem Problem tragen Flugreisen immer stärker bei. Lonely Planet sieht im Reisen grundsätzlich einen Gewinn, ist sich aber der Tatsache bewusst, dass jeder seinen Teil dazu beitragen muss, um die globale Erwärmung zu verringern.

Fliegen & Klimawandel

Fast jede Art der motorisierten Fortbewegung erzeugt CO_2 (die Hauptursache für die globale Erwärmung), doch Flugzeuge sind mit Abstand die schlimmsten Klimakiller – nicht nur wegen der großen Entfernungen und der entsprechend großen CO_2-Mengen, sondern auch weil sie diese Treibhausgase direkt in hohen Schichten der Atmosphäre freisetzen. Die Zahlen sind erschreckend: Zwei Personen, die von Europa in die USA und wieder zurück fliegen, erhöhen den Treibhauseffekt in demselben Maße wie ein durchschnittlicher Haushalt in einem ganzen Jahr.

Emissionsausgleich

Die englische Website www.climatecare.org und die deutsche Internetseite www.atmosfair.de bieten sogenannte CO_2-Rechner. Damit kann jeder ermitteln, wie viel Treibhausgase seine Reise produziert. Das Programm errechnet den zum Ausgleich erforderlichen Betrag, mit dem der Reisende nachhaltige Projekte zur Reduzierung der globalen Erwärmung unterstützen kann, beispielsweise Projekte in Indien, Honduras, Kasachstan und Uganda.

Lonely Planet unterstützt gemeinsam mit Rough Guides und anderen Partnern aus der Reisebranche das CO_2-Ausgleichs-Programm von climatecare.org. Alle Reisen von Mitarbeitern und Autoren von Lonely Planet werden ausgeglichen.

Weitere Informationen gibt's auf www.lonelyplanet.com.

in Thailand. Viele dieser Buslinien enden am **Golden Mile Complex** (5001 Beach Rd) nicht weit von Kampong Glam.

Im Golden Mile Complex befinden sich viele Busunternehmen, die sich auf Reisen zwischen Singapur und Malaysia sowie zwischen Singapur und Thailand spezialisiert haben. Fahrten kann man auch online über www.busonlineticket.com buchen.

Von Johor Bahru in Malaysia aus betreibt **Causeway Link** (www.causewaylink.com.my; einfache Fahrt 2,50 $/2,60 RM; ⏲alle 15 bis 30 Min., etwa von 6 bis 23.30 Uhr) Pendelbusse zu verschiedensten Orten in Singapur, darunter Newton Circus, Jurong East Bus Terminal und die Metrostation Kranji.

Weitere Details zu den Busverbindungen ab JB siehe S. 171.

Fähre

Inzwischen sind direkte Fähren zwischen Puteri Harbour in Iskandar Malaysia und HarbourFront, Singapur in Planung – weitere Informationen findet man unter www.ridaa.com.my und http://iskandar.asia.

Die Fähren aus Malaysia und Indonesien legen an verschiedenen Fährhäfen in Singapur an.

Changi Point Ferry Terminal (☎6546 8518; 51 Lorong Bekukong; Ⓜ Tanah Merah dann Bus 2)

HarbourFront Cruise & Ferry Terminal (☎6513 2200; www.singaporecruise.com; Ⓜ HarbourFront)

Tanah Merah Ferry Terminal (☎6513 2200; www.singaporecruise.com; Ⓜ Tanah Merah dann Bus 35)

Indonesien

Es besteht ein direkter Fährbetrieb zischen den Riau-Inseln Pulau Batam und Pulau Bintan und Singapur. Die Fähren sind modern, schnell und klimatisiert.

BatamFast (☎6270 0311; www.batamfast.com) Die Fähren vom Batam Centre, Sekupang und Harbour Bay auf Pulau Batam legen am HarbourFront Ferry Terminal an. Die von Nongsapura, auch auf Pulau Batam, legen am Tanah Merah Ferry Terminal an.

Bintan Resort Ferries (☎6542 4369; www.brf.com.sg) Die Fähren von Bandar Bintan Telani auf Pulau Bintan kommen am Tanah Merah Ferry Terminal an.

Indo Falcon (☎6270 6778; www.indofalcon.com.sg) Die Fähren von Pulau Batam legen am HarbourFront Ferry Terminal an. Die von Tanjung Pinang auf Pulau Bintan enden am Tanah Merah Ferry Terminal.

Sindo Ferries (☎6542 7105; www.sindoferry.com.sg) Die Fähren vom Batam Centre, Sekupang, WaterFront und Tanjung Balai legen am HarbourFront Ferry Terminal an. Die Fähren von Tanjung Pinang kommen am Tanah Merah Ferry Terminal an.

Wave Master (☎6272 0501; www.wavemaster.com.sg) Die Fähren ab Batam Centre und Sekupang laufen am Harbour-Front Ferry Terminal ein. Die aus Nongsapura und Tanjung Pinang auf Pulau Bintan enden am Tanah Merah Ferry Terminal.

Zug

Malaysia & Thailand

Singapur ist die südlichste Bahnstation im malaiischen Bahnnetz **Keretapi Tanah Malayu** (KTM; www.ktmb.com.my). So enden die KTM-Züge von Malaysia aus am **Woodlands Train Checkpoint** (11 Woodlands Crossing; 🚌170, Causeway Link ab Queen St). Die Züge fahren täglich 8 Uhr ab Butterworth und 8.30, 14 und 22.30 Uhr ab Kuala Lumpur (KL). Von Butterworth aus beträgt die Fahrzeit 14 und von KL acht bis 8½ Stunden. Tickets können entweder am Bahnhof oder auf der Website von KTM gebucht werden.

Der luxuriöse **Eastern & Oriental Express** (☎6395 0678; www.belmond.com/eastern-and-oriental-express) beginnt seine lange, 42-stündige, 1943 km lange Reise nach Singapur in Bangkok – es ist eine der schönsten Bahnfahrten der Welt. Im vornehmen Leinenanzug schlürft man hier seinen Gin Tonic, hat aber im Vorfeld für das Ticket schon tief in die Tasche gegriffen: Die Reise (einschließlich einiger Abstecher) ist ab 3430 $ pro Person für vier Tage/drei Nächte zu haben.

UNTERWEGS VOR ORT

Singapur ist die Stadt in Asien, in der sich die Fortbewegung am einfachsten gestaltet.

Der TransitLink Guide – für 2,80 $ im Buchladen **Kinokuniya** (www.kinokuniya.com.sg; 391 Orchard Rd, 03-10/15, Ngee Ann City; ⏲10–21.30 Uhr) zu kaufen – führt alle MRT- und Buslinien auf; dazu noch Karten, die die Umgebung aller MRT-Stationen abbilden.

Unter www.sbstransit.com.sg gibt es die Online-Infos zu Bussen, darunter den nützlichen IRIS-Service (aktuelle Busabfahrtszeiten), oder man lädt sich die Smartphone-App „SBS Transit iris" herunter. Unter www.smrt.com.sg gibt es aktuelle Zuginformationen.

Es gibt auch eine gemeinsame Website (www.publictransport.sg).

Mass Rapid Transit (MRT)

Die effiziente Metro MRT ist das einfachste, schnellste und bequemste Fortbewegungsmittel in Singapur. Die Bahnen fahren von 5.30 Uhr in den Morgenstunden bis Mitternacht; zu den Stoßzeiten kommt alle zwei bis drei Minuten ein Zug, zu anderen Zeiten alle fünf bis sieben Minuten.

Im inneren Stadtkern fahren die Bahnen unterirdisch, um dann in den Wohnvierteln der Vororte an die Oberfläche zu kommen. Das MRT-System besteht aus fünf, farbig unterschiedenen Linien: North–South (rot), North–East (violett), East–West (grün), Circle Line (gelb) und Downtown (blau). Der Ausbau der Downtown-Linie – bekannt als Downtown 2 und Downtown 3 – soll jeweils 2016 bzw. 2017 vollendet sein.

Unter www.smrt.com.sg findet sich eine Übersichtskarte zum Metro-Netz.

Fahrpreise & Metrokarten

Eine einfache Fahrt kostet zwischen 1,40 und 2,50 $ (plus 1 $ erstattungsfähiger Pfand), aber wer den MRT viel nutzen möchte, sollte sich eher die EZ-Link-Card besorgen, denn das Kaufen von Einzeltickets und deren Teilerstattung bedeutet viel Aufwand. Alternativ bietet der **Singapore Tourist Pass** (www.thesingaporetouristpass.com.sg) einen

DIE EZ-LINK-CARD INNERHALB DER STADT

Wer mehr als ein bis zwei Tage in Singapur bleibt, kann den öffentlichen Nahverkehr am besten mit der **EZ-Link-Card** (www.ezlink.com.sg) nutzen. Mit dieser Karte kann man per Bahn und Bus fahren, indem man sie beim Einsteigen und Aussteigen bzw. Betreten oder Verlassen des Bahnhofs einfach über ein Sensorgerät zieht. EZ-Link-Cards gibt es beim Kundenschalter in den MRT-Stationen für 12 $ zu kaufen (darin ist eine nichterstattungsfähige Kaution von 5 $ enthalten). Die Karte gibt es auch für 10 $ bei 7-Elevens (darin ist ebenfalls eine nichterstattungsfähige Kaution von 5 $ enthalten). Die Karten können bar oder mit der Bankkarte an den Ticketautomaten in den Bahnhöfen aufgeladen werden. Als Minimum gelten 10 $; maximal können 100 $ aufgeladen werden.

Tag lang uneingeschränkte Zug- und Busnutzung (10 $ plus 10 $ erstattungsfähiges Pfand).

Bus

Singapurs Busse sind sauber, zuverlässig und fahren regelmäßig zu allen Orten der Insel.

Die beiden wichtigsten Busgesellschaften sind **SBS Transit** (☎1800 287 2727; www.sbstransit.com.sg) und **SMRT** (www.smrt.com.sg). Beide bieten ähnliche Leistungen. Infos und Strecken findet man auf der jeweiligen Website.

Bustickets kosten zwischen 1 und 2,10 $ (mit EZ-Link-Card weniger). Den exakten Fahrpreis wirft man beim Betreten des Busses in einen entsprechenden Kasten (es wird kein Wechselgeld gegeben) oder man legt beim Ein- und Aussteigen die EZ-Link-Card oder den Singapore Tourist Pass auf das Lesegerät.

Die Bahngesellschaft **SMRT** (www.smrt.com.sg) betreibt freitags, samstags und an Nächten vor Feiertagen von 23.30 bis 2.30 Uhr Nachtbusse zwischen der Innenstadt und verschiedenen Vororten. Der Fahrpreis beträgt einheitlich immer 4,50 $ pro Fahrt. Wegen der genauen Strecken siehe die entsprechende Homepage.

Taxi

Natürlich kann man zu jeder Zeit ein Taxi herbeiwinken, aber leider dürfen die Taxis in der Innenstadt nur an eigens dafür vorgesehenen Taxiständen halten.

Zu bestimmten Zeiten ist es sehr schwer, in der Innenstadt ein Taxi zu finden. Das ist beispielsweise zu Stoßzeiten, nachts oder wenn es regnet der Fall. Bei vielen Taxifahrern ist zwischen 16 und 17 Uhr Schichtwechsel, sodass es zu der Zeit auch recht schwer ist, ein Taxi zu bekommen.

Das Gebührensystem ist recht unübersichtlich, aber glücklicherweise läuft das Taxameter immer mit, sodass man sich nicht über die Fahrpreise streiten muss. Der Grundpreis beträgt 3 bis 3,40 $ und dann alle 400 m weitere 0,22 $.

Dazu gibt es eine Fülle von Zuschlägen, wie z. B. die folgenden:

- 50% der vom Taxameter angegebenen Summe zwischen Mitternacht und 6 Uhr morgens
- 25% der vom Taxameter angegebenen Summe montags bis freitags zwischen 6 und 9.30 Uhr und täglich zwischen 18 Uhr und Mitternacht
- 5 $ für Flughafenfahrten freitags bis sonntags von 17 Uhr bis Mitternacht und 3 $ zu allen anderen Zeiten
- 3 $ von 17 Uhr bis Mitternacht für alle Stadtfahrten.
- 2,30 bis 8 $ für telefonisch vorgebuchte Fahrten.

Bei Kreditkartenzahlung erfolgt ein Aufschlag von 10%. Man kann auch mit der EZ-Link-Transport-Karte zahlen. Unter www.taxisingapore.com findet sich eine umfassende Übersicht über die Taxipreise und Zuschläge.

Comfort Taxi and City-Cab (☎6552 1111)

Premier Taxis (☎6363 6888)

SMRT Taxis (☎6555 8888)

Fahrrad

Man sollte niemals auf Straßen fahren. Autofahrer sind recht aggressiv unterwegs, und die Straßen selbst sind meist sehr voll.

Eine weitaus sicherere und angenehmere Alternative für Radfahrer sind die großen Parks und Verbindungswege zwischen den einzelnen Parks, aber auch die tollen Mountainbikegebiete im Bukit Timah Nature Reserve, in Tampines und auf Pulau Ubin.

Weitere hervorragend geeignete Orte zum Radfahren sind der East Coast Park, Sentosa, Pasir Ris Park und die Verbindungswege zwischen dem Mount Faber Park, Telok Blangah Hill Park und dem Kent Ridge Park.

In Bahnen und Bussen sind nur Klappräder erlaubt, und das auch nur montags bis freitags von 9.30 bis 16 Uhr und dann wieder ab 20 Uhr; samstags , sonntags und an Feiertagen ist die Radmitnahme ganztägig möglich.

Man muss jedoch unbedingt beachten, dass egal zu welcher Zeit jeweils nur ein einziges Klapprad in Bussen erlaubt ist.

Fahrradverleih

Fahrräder kann man an verschiedenen Stellen im East Coast Park und auf Sentosa Island und Pulau Ubin leihen; für Erwachsene beträgt die Leihgebühr ab 5 $ pro Tag (auf Pulau Ubin) und anderorts rund 6 $.

Fähre

Zu den Inseln rund um Singapur bricht man vom Marina South Pier aus auf. Ein regelmäßiger Fährbetrieb zur Pulau Ubin besteht vom Changi Point Ferry Terminal aus (2 $). Die Buslinie 2 von der MRT-Station Tanah Merah fährt hierher.

Auto & Motorrad

In Singapur wird auf der linken Straßenseite gefahren, und es besteht sowohl auf den vorderen als auch auf den hinteren Sitzen Gurtpflicht. Das *Mighty Minds Singapore Street Directory* (12,90 $) ist unschätzbar wertvoll und an Tankstellen, in Buchläden, FairPrice-Supermärkten und Schreibwarengeschäften erhältlich.

Auto und Motorrad fahren

Wer in Singapur fahren möchte, sollte einen gültigen nationalen Führerschein dabei haben. Einige Verleihfirmen verlangen auch eine internationale Fahrerlaubnis.

Die Straßen selbst sind in gutem Zustand, aber die Fahrer sind in der Regel sehr aggressiv, fahren deutlich zu schnell oder zu dicht auf, benutzen keine Blinker und wechseln einfach wild die Spur.

Lange Rede kurzer Sinn: Das Fahren ist in Singapur nicht zu empfehlen. Wenn es denn sein muss, sollte man sehr defensiv fahren und seinen aufkommenden Ärger im Zaum halten.

Motorräder werden nicht sehr beachtet, und einigen Fahrern scheint die Sicherheit völlig egal zu sein. Also, Vorsicht ist geboten!

Autoverleih

Wer vor Ort Auto fahren möchte, sollte sich eher bei kleineren Verleihfirmen umsehen, da sie oft preiswerter sind als die großen internationalen Firmen. Wer nach Malaysia fahren möchte, sollte das Auto erst in Johor Bahru mieten, da die Preise dort erheblich niedriger sind als in Singapur (außerdem ist die malaiische Polizei dafür bekannt, dass sie besonders Autos mit den Schildern der Verleiher aus Singapur auf dem Kieker hat).

Die Mietpreise beginnen so um 60 $ pro Tag. Für eine längere Mietdauer sind besondere Angebote möglich. Die meisten Verleihfirmen bestehen darauf, dass die Fahrer wenigstens 23 Jahre alt sind.

Alle größeren Autoverleiher haben ihre Schalter sowohl am Changi Airport als auch in der Stadt.

Avis (☎6737 1668; www.avis.com.sg; 01-07 Waterfront Plaza, 390A Havelock Rd)

Europcar (☎9186 9798; www.europcar.com; Changi Airport Terminal 1)

Hertz (☎6542 5300; www.hertz.com; Changi Airport Terminal 2 & 3)

Zonen mit Beschränkungen & Parken

Von Montag bis Samstag sind viele Teile der Innenstadt zu verschiedenen Zeiten des Tages für Fahrzeuge nur eingeschränkt zugänglich. Autos dürfen zwar hinein, müssen aber eine Maut bezahlen. Alle Fahrzeuge werden automatisch von Sensoren erfasst, die an einem ERP-Portal (Electronic Road Pricing) über der Straße angebracht sind. Alle Autos müssen demnach mit einem Gerät ausgestattet sein, in das der Fahrer eine Geldkarte stecken muss (an Tankstellen und 7-Elevens erhältlich), von der die Maut dann abgezogen wird. Das gleiche System gilt auch auf bestimmten Schnellstraßen. Auch die Mietwagen unterliegen diesen Regeln. Auf www.onemotoring.com.sg finden sich die ERP-Preise und zu welchen Zeiten sie gelten.

Parken ist in der Innenstadt recht teuer, aber dafür findet sich an fast jedem großen Einkaufszentrum ein Parkplatz. Die Parkplätze unter freiem Himmel und Parkboxen am Straßenrand werden vom Staat betrieben – man kauft sich an Tankstellen und 7-Elevens kleine Heftchen mit Parkcoupons, von denen man dann einen hinter die Windschutzscheibe legt. Auf vielen Parkplätzen ist bereits das gleiche ERP-Portal installiert wie für die Mautabrechnung; hier wird also ganz auf das Coupon-System verzichtet.

Allgemeine Informationen

Ermäßigungen

Wer mit Singapore Airlines oder Silk Air anreist, bekommt bei Vorlage der Bordkarte Ermäßigungen in Läden, Restaurants und Sehenswürdigkeiten. Siehe die Homepage der Fluggesellschaft (www.singaporeair.com/boardingpass).

Feiertage

Nachfolgend werden die staatlichen Feiertage aufgeführt. Bei all den Feiertagen, die nicht auf den westlichen Kalender bezogen sind, werden zumindest die Monate genannt, in die der Feiertag in der Regel fällt. Der einzige Feiertag, der sich spürbar auf das Leben in der Stadt auswirkt, ist das chinesische Neujahrsfest: Dann haben fast alle Läden der Stadt für zwei Tage geschlossen.

Neujahr 1. Januar

Chinesisches Neujahrsfest Drei Tage im Januar oder Februar

Karfreitag März oder April

Tag der Arbeit 1. Mai

Vesak-Tag Juni

Hari Raya Puasa Juli

Nationalfeiertag 9. August

Hari Raya Haji September

Deepavali November

Weihnachten 25. Dezember

Geld

Die Landeswährung ist der Singapurdollar, lokal bezeichnet als „Singdollar", bestehend aus 100 Cent. Es gibt Münzen im Wert von 5 ¢, 10 ¢, 20 ¢, 5 0¢ und 1 $ sowie Scheine im Wert von 2 $, 5 $, 10 $, 50 $, 100 $, 500 $ und 1000 $.

Der Singapurdollar ist sehr stabil und eine frei tauschbare Währung.

Geldautomaten

Geldautomaten von Cirrus sind in Einkaufszentren, Banken, MRT-Stationen und Gewerbegebieten weit verbreitet.

Geldwechsel

Geld wechseln Banken, ihren Dienst nehmen aber nur die wenigsten in Anspruch, da die Kurse bei den überall in der Stadt ansässigen Geldwechslern deutlich besser sind. Die kleinen Buden findet man in so gut wie jedem Einkaufszentrum (nicht nur in den moderneren Malls). Ab einer Umtauschsumme von 500 $ und mehr kann man ein bisschen feilschen.

Kreditkarten

Kreditkarten werden fast überall akzeptiert. Ausnahmen sind lokale Garküchen und Food Courts. Dass vor allem kleinere Geschäfte bei Kreditkarteneinkäufen eine Gebühr von 2% bis 3 % nehmen, ist in den letzten Jahren immer weniger vorgekommen.

PRAKTISCH & KONKRET

- Zu den englischsprachigen Tageszeitungen gehören die großformatige *Straits Times*, die *Business Times* und die nachmittags erscheinende Boulevardzeitung *New Paper*.
- Pornografische Publikationen sind streng verboten, aber eine überarbeitete lokale Ausgabe des *Cosmopolitan* und Männermagazine wie *FHM* und *Maxim* sind erlaubt.
- Singapur verwendet das metrische System für Maße und Gewichte.

Gesundheit

Hygiene wird in Singapur streng überwacht und Wasser aus dem Kran ist trinkbar. Hepatitis A kommt allerdings gelegentlich vor. Schutzimpfungen brauchen nur diejenigen, die sich in einer Gelbfieberzone aufgehalten haben. Singapur ist kein

Malariagebiet, aber Denguefieber tritt häufiger auf.

Dengue-Fieber

In den letzten Jahren musste Singapur wieder mehr unter dieser lästigen, von Moskitos übertragenen Krankheit leiden. Da es keine Impfung dagegen gibt, sollte man Moskitostiche generell vermeiden. Am liebsten stechen sie in der Morgen- und Abenddämmerung, aber man sollte zu jeder Zeit Insektenschutzmittel benutzen. Zu den Symptomen zählt hohes Fieber, starke Kopf- und Gliederschmerzen. Einige Menschen entwickeln auch einen Hautausschlag und Durchfall. Es gibt keine spezifische Behandlung – da hilft nur Ruhe und Paracetamol. Niemals Aspirin nehmen. Unbedingt einen Arzt aufsuchen, der die Diagnose stellt und den Verlauf überwacht. Unter www.dengue.gov.sg finden sich weitere Informationen.

Hitzebläschen

Hitzebläschen machen sich durch einen stark juckenden Hautausschlag infolge extremer Schweißbildung unter der Haut unangenehm bemerkbar. Es trifft meist Menschen, die gerade erst in der Hitze angekommen sind.

Man sollte sich kühl halten, oft baden, die Haut gut abtrocknen und eine milde Creme oder einen speziellen Puder benutzen oder in Räumen mit einer Klimaanlage Zuflucht suchen.

Internetzugang

In den meisten Hotels gibt es Internet, und man ist den Gästen gerne behilflich, den mitgebrachten Laptop zu verbinden. Hostels für Rucksackreisende bieten alle freien Internetzugang und WLAN.

SingTel (http://info.singtel.com; Ecke Exeter & Killiney Rd), **StarHub** (www.starhub.com; B2-17/18/18A, Plaza Singapura, 68 Orchard Rd) und **M1** (www.m1.com.sg; B3-23, 313@Somerset, 313 Orchard Rd) sind heimische Anbieter für Breitbandinternet über moderne USB-Dongles. Entweder man bringt den eigenen mit oder kauft sich einen. Prepaid-Daten-SIM-Karten gibt es zu kaufen, wenn man den eigenen Dongle mitbringt.

Medizinische Versorgung

Singapurs medizinische Einrichtungen sind Spitzenklasse und generell günstiger als private Gesundheitszentren in Europa. Unbedingt notwendig ist eine Reisekrankenversicherung; beim Vertragsabschluss sollte man abklären, welche Behandlungen in der Police enthalten sind.

Krankenhäuser

Raffles Medical Clinic (☎6311 2233; www.rafflesmedicalgroup.com.sg; 585 North Bridge Rd; Ⓜ Bugis) Eine Ambulanz im Raffles Hospital.

Singapore General Hospital (☎6321 4311; www.sgh.com.sg; Block 1, Outram Rd; Ⓜ Outram Park) Die Klinik verfügt auch über eine Notfallambulanz.

Notfallambulanzen

Es gibt zahlreiche Notfallpraxen, die rund um die Uhr besetzt sind.

Gleneagles Hospital (☎6473 7222; www.gleneagles.com.sg; 6A Napier Rd; 🚌7, 75, 77, 105, 106,123, 174)

Mount Elizabeth Hospital Novena (☎6653 8090; www.mountelizabeth.com.sg; 38 Irrawaddy Rd; Ⓜ Novena)

Mount Elizabeth Hospital Orchard (☎6653 8089; www.mountelizabeth.com.sg; 3 Mt. Elizabeth Rd; Ⓜ Orchard)

Raffles Hospital (☎6311 1555; www.rafflesmedicalgroup.com.sg; 585 North Bridge Rd; Ⓜ Bugis) .

Notfall

Krankenwagen/Feuerwehr (☎995)

Polizei (☎999)

Öffnungszeiten

Die Öffnungszeiten können von Geschäft zu Geschäft variieren. In der Regel gelten jedoch folgende Geschäftszeiten:

Banken Montag bis Freitag 9.30 bis 16.30 Uhr – manche

WIRELESS@SG: FREIER WLAN-ZUGANG

In Singapur gibt es ein ständig wachsendes Netz von rund 1000 Hot Spots – die meisten in Cafés, Gaststätten, Bibliotheken und Einkaufszentren. In Chinatown gibt es kostenlose Hot Spots in der Trengganu, Pagoda, Smith und Sago Street sowie am Kreta Ayer Square – man wählt sich einfach beim wireless@chinatown Wifi-Netzwerk ein. Um ins WLAN-Netz von Chinatown hineinzukommen, braucht man keine einheimische Nummer, aber für den Zugang zu den freien Wireless@SG Hot Spots in der ganzen Stadt schon. Dazu kauft man eine SIM-Karte in einem Mini-Markt oder Handyladen (beim Kauf muss man sich ausweisen können). Eine Liste von Wireless@SG Hot Spots findet sich unter www.ida.gov.sg (auf „Infocomm" und dann auf „Infastructure" klicken).

Zweigstellen öffnen um 10 und manche schließen um 18 Uhr oder später; Samstag 9.30 Uhr bis Mittag oder länger.

Behörden und Postämter Montag bis Freitag zwischen 8 und 9.30 Uhr bis zwischen 16 und 18 Uhr; Samstag zwischen 8 und 9 bis zwischen 11.30 und 13.30 Uhr.

Geschäfte 10 bis 18 Uhr, größere Geschäfte und Kaufhäuser haben bis 21.30 oder 22 Uhr geöffnet. Einige kleinere Läden in Chinatown und der Arab Street haben Sonntag ganz geschlossen. In Little India ist es sonntags am vollsten.

Restaurants Gehobene Restaurants haben normalerweise zum Mittagessen zwischen 12 und 14 Uhr geöffnet und zum Abendessen von 18 bis 22 Uhr. Informelle Restaurants und Food Courts sind den ganzen Tag geöffnet.

Post

Die Post funktioniert in Singapur sehr gut. Unter ☎1605 oder online unter www.singpost.com.sg findet man die nächstgelegene Zweigstelle.

Die Postämter an der **Killiney Road** (☎6734 7899; 1 Killiney Rd; ⌚Mo–Fr 9.30–21, Sa bis 16, So 10.30–16 Uhr; Ⓜ Somerset) und an der **Orchard Road** (B2-62 ION Orchard, 2 Orchard Turn; ⌚11–19 Uhr; Ⓜ Orchard) sind auch sonntags geöffnet. Am Changi Airport befindet sich ein **Postamt** (⌚8–21.30 Uhr) in der Abflughalle von Terminal 2.

Rechtsfragen

Singapurs Ruf in Sachen strenger Gesetze ist nicht unverdient – auch für Ausländer gibt es keine Sonderbehandlung. Trotz der erstaunlich niedrigen Polizeipräsenz auf den Straßen sind die Gesetzeshüter ziemlich schnell da, wenn etwas passiert. Die Polizei hat große Macht und es wäre unklug, nicht auf etwaige Bitten oder Forderungen einzugehen. Im Falle der Verhaftung hat jeder Anrecht auf einen Rechtsbeistand und Kontakt mit der zuständigen Botschaft.

An eine Einfuhr oder Ausfuhr von Drogen sollte niemand auch nur im Traum denken. Im günstigsten Fall droht eine lange Haft, im schlimmsten Fall die Todesstrafe.

Reisen mit Behinderung

Im Zuge einer großen Regierungskampagne wurden auf der ganzen Insel Rampen, Aufzüge und andere fortschrittliche Einrichtungen gebaut. Die Fußwege in der Stadt sind fast alle einwandfrei, die MRT-Stationen haben alle Aufzüge, und einige Busse und Taxis sind auf Rollstuhlfahrer eingerichtet.

Die **Disabled People's Association Singapore** (☎6791 1134; www.dpa.org.sg) gibt Hinweise zur Barrierefreiheit in Singapur.

Schwule & Lesben

Sex zwischen Männern ist in Singapur illegal und bringt eigentlich mindestens zehn Jahre Gefängnis. Tatsächlich wird aber wahrscheinlich niemand strafrechtlich verfolgt. Das Verbot drückt nichts weiter aus als die Überzeugung der Regierung, das Land sei noch nicht bereit für eine offene Toleranz gegenüber „alternativen Lebensformen".

Dennoch gibt es in Singapur einige beliebte Schwulen- und Lesbenbars. Gute Infos finden sich auf den Websites **Travel Gay Asia** (www.travelgayasia.com), **PLUguide** (www.pluguide.com) oder **Utopia** (www.utopia-asia.com), auf denen man Veranstaltungsorte und Events finden kann.

Die Bewohner Singapurs sind eher konservativ eingestellt, wenn es um öffentliche Liebesbezeugungen geht, aber tendenziell werden die Vertraulichkeiten unter Lesben weniger beargwöhnt als unter Schwulen.

Steuern & Erstattungen

Besucher haben unter bestimmten Bedingungen ein Recht auf Erstattung der 7 % Mehrwertsteuer auf Einkäufe (s. S. 46).

Strom

Telefon

Ländervorwahl (☎+65) Innerhalb Singapurs gibt es keine Ortsvorwahlnummern, alle Telefonnummern sind achtstellig, einzige Ausnahme sind die kostenfreien Nummern (☎1800).

Von den öffentlichen Telefonen können Orts- und

Auslandsgespräche geführt werden; die meisten Apparate funktionieren mit einer Telefonkarte.

In Singapur gibt es auch Kreditkartentelefone, dabei wird zunächst die Kreditkarte durch einen Schlitz gezogen.

Telefonate von Singapur nach Malaysia gelten als STD-Gespräche (Ferngespräche). Zuerst ☎020 wählen, gefolgt von der Ortsvorwahl der gewünschten Stadt in Malaysia (minus der Null am Anfang) und der Nummer des Gesprächspartners. Beispielsweise würde ein Anruf der ☎346 7890 in Kuala Lumpur (Ortsvorwahl ☎03) so gewählt: ☎02-3-346 7890.

Mobiltelefone

Die Handynummern der Bewohner Singapurs beginnen mit 9 oder 8.

Für rund 18 $ kann man in Postämtern, Mini-Märkten und Telco-Shops eine einheimische (aufgeladene) SIM-Karte kaufen. Beim Erwerb ist man gesetzlich verpflichtet, seinen Ausweis vorzulegen.

M1 (www.m1.com.sg; B3-23, 313@Somerset, 313 Orchard Rd)

SingTel (http://info.singtel.com; Ecke Exeter & Killiney Rd)

StarHub (www.starhub.com; B2-17/18/18A Plaza Singapura, 68 Orchard Rd)

Telefonkarten

Telefonkarten sind besonders unter Singapurs Gastarbeitern verbreitet. Daher werden sie überall angeboten. Vor dem Centrepoint Shopping Center an der Orchard Road gibt es einen kleinen Telefonkartenstand. Viele kleine Händler finden sich in Little India; vor dem Kauf sollte man erst prüfen, für welche Länder die Karten gelten.

Touristeninformation

Vor der Reise sollte man sich auf der Homepage des **Singapore Tourism Board** (STB; ☎1800 736 2000; www.yoursingapore.com) umsehen.

In Singapur gibt es viele Touristikzentren, die vielerlei Dienstleistungen anbieten, darunter die Buchung von geführten Touren und Veranstaltungstickets und darüber hinaus einige elektronische Informationstische.

Chinatown Visitor Centre (2 Banda St; ⏲Mo–Fr 9–21, Sa & So bis 22 Uhr; Ⓜ Chinatown) Außer dass man hier kostenlose Stadtpläne von Chinatown und ganz Singapur bekommt, gibt es hier Rundgänge durch diesen Teil der Stadt zu buchen und einige qualitativ hochwertige Souvenirs zu kaufen, darunter Kunstbände, reproduzierte Aquarelle zu Straßenszenen der Stadt sowie T-Shirts.

Singapore Visitors Centre @ ION Orchard (Level 1, ION Orchard Mall, 2 Orchard Turn; ⏲10–22 Uhr; Ⓜ Orchard)

Singapore Visitors Centre @ Orchard (☎1800 736 2000; www.yoursingapore.com; Ecke Orchard & Cairnhill Rd; ⏲9.30–22.30 Uhr; Ⓜ Somerset) Bietet Broschüren und Karten, sehr hilfsbereites Personal.

Visa

Die Bürger der meisten Staaten bekommen bei der Ankunft ein 90-Tage-Visum. Bürger aus Indien, Myanmar, dem Commonwealth of Independent States und den meisten Ländern des Mittleren Ostens müssen sich vor der Einreise in Singapur ein Visum besorgen.

Visumsverlängerungen beantragt man bei der **Immigration & Checkpoints Authority** (☎6391 6100; www.ica.gov.sg; 10 Kallang Rd; Ⓜ Lavender).

Zeit

Mitteleuropäische Zeit (MEZ) plus sieben Stunden. Um 5 Uhr morgens in Frankfurt, Wien und Zürich ist es also in Singapur 12 Uhr mittags. Während der europäischen Sommerzeit beträgt der Zeitunterschied plus sechs Stunden, denn in Singapur werden die Uhren nicht umgestellt.

Zoll

Tabak darf man nur einführen, wenn man Zoll bezahlt. Wer Tabak nicht anmeldet, muss mit heftigen Geldbußen rechnen.

Zollfrei einführen darf man je 1 l Wein, Bier und Spirituosen. Alternativ dürfen 2 l Wein und 1 l Bier oder 2 l Bier und 1 l Wein ins Land gebracht werden. Dazu muss man sich allerdings mehr als 48 Stunden irgendwo außerhalb Singapurs, aber nicht in Malaysia aufgehalten haben.

Es ist illegal, Kaugummi, Feuerwerkskörper, obszönes oder verführerisches Material, waffenförmige Zigarettenanzünder, bedrohte Arten oder deren Nebenprodukte sowie Raubkopien von CDS oder sonstigen Publikationen einzuführen.

Hinter den Kulissen

WIR FREUEN UNS ÜBER EIN FEEDBACK

Post von Reisenden zu bekommen ist für uns ungemein hilfreich – Kritik und Anregungen halten uns auf dem Laufenden und helfen, unsere Bücher zu verbessern. Unser reiseerfahrenes Team liest alle Zuschriften genau durch, um zu erfahren, was an unseren Reiseführern gut und was schlecht ist. Wir können solche Post zwar nicht individuell beantworten, aber jedes Feedback wird garantiert schnurstracks an die jeweiligen Autoren weitergeleitet, noch rechtzeitig vor der nächsten Nachauflage.

Wer uns schreiben will, erreicht uns über www.lonelyplanet.de/kontakt

Hinweis: Da wir Beiträge möglicherweise in Lonely-Planet-Produkten (Reiseführer, Websites, digitale Medien) veröffentlichen, ggf. auch in gekürzter Form, bitten wir um Mitteilung, falls ein Kommentar nicht veröffentlicht oder ein Name nicht genannt werden soll.

Wer Näheres über unsere Strategie bei der Datenschutzpolitik wissen will, erfährt das unter www.lonelyplanet.com/privacy

DANK VON LONELY PLANET

Vielen Dank an alle Reisende, die mit der letzten Ausgabe unterwegs waren und uns nützliche Hinweise, gute Ratschläge und interessante Begebenheiten übermittelt haben:

Andrea Yvonne Leber, Andrew Hackett, Christian Proulx, Claudia Artz, Helen Edwards, Holger Lichau, Ken Westmoreland, Laura Cavatorta, Lisa Wilkie, Meike Herbers, Nguyen Truong Giang, Nico Bryant-Stevens, Peta Roberts, Prerana Jalla, Steve Hollins, Tatjana Gazibara, Thomas Sarosy, Walter Hirschle

DANK DES AUTORS

Cristian Bonetto

Ein herzliches Dankeschön geht an Helen Burge, Alistair Cook, Felix Haubold, Chris Edwards, Jonathan Choe, Guillaume D, Mary-Ann Gardner, Sara Egan, Myles Bascao Agunit, Benjamin Milton Hampe und Michael Dean. Außerdem danke ich Richie Raupe, Lim Wee Keong, meiner geduldigen Familie und all den

ÜBER DIESES BUCH

Dies ist die 3. deutsche Auflage von *Singapur*, basierend auf der mittlerweile 10. englischen Auflage.

Verfasst wurde dieser Band von Cristian Bonetto. Die 9. Auflage stammte von Shawn Low und Daniel McCrohan, für die 8. Auflage waren Mat Oakley und Joshua Samuel Brown verantwortlich. Der Band wurde vom Lonely Planet Büro in London in Auftrag gegeben und betreut von:

Verantwortliche Redakteurin für die Region Sarah Reid

Redaktion Elin Berglund, Bruce Evans

Leitung der Kartografie Julie Sheridan

Layout Katherine Marsh

Redaktionsassistenz Andrew Bain, Kate Evans, Erin Richards, Saralinda Turner

Kartografie Rachel Imeson

Bildredaktion für den Umschlag Naomi Parker

Ein besonderer Dank gilt Ryan Evans, Larissa Frost, Jouve India, Wayne Murphy, Claire Murphy, Karyn Noble, Samantha Tyson, Dora Whitaker

Singapurern und Expats, die so freundlich waren, mir die Teile vom Kleinen Roten Punkt Singapur zu zeigen, die ihnen selbst am liebsten waren.

QUELLENNACHWEIS

Abbildung auf dem Umschlag: Supertrees bei Nacht, Gardens by the Bay, Brook Mitchell/4Corners

Siehe auch die separaten Register für:

AUSGEHEN & NACHTLEBEN S. 226
ESSEN S. 226
SHOPPEN S. 227
SPORT & AKTIVITÄTEN S. 228
UNTERHALTUNG S. 228
UNTERKUNFT S. 229

Register

Sehenswertes 000
Karten **000**
Abbildungen **000**

Sehenswertes 000
Karten **000**
Abbildungen **000**

AUSGEHEN & NACHTLEBEN

ESSEN

SHOPPEN

UNTERKUNFT

1. Tag
- Marina Bay Sands
- Marina Bay

2. Tag
- Gardens by the Bay
- Botanischer Garten
- Little India

3. Tag
- Sultan Mosque
- Chinatown
- National Museum of Singapore

4. Tag
- Orchard Road
- Raffles Building, City Hall, Parliament, Singapore River

Cityatlas

Sehenswertes
- Strand
- Vogelschutzgebiet
- Buddhistisch
- Burg/Schloss/Palast
- Christlich
- Konfuzianisch
- Hinduistisch
- Islamisch
- Jainistisch
- Jüdisch
- Denkmal
- Museum/Galerie/Hist. Gebäude
- Ruine
- Sento-Bad/Onsen
- Shintoistisch
- Sikhismus
- Taoistisch
- Weingut/Weinberg
- Zoo/Naturschutzgebiet
- andere Sehenswürdigkeit

Aktivitäten, Kurse & Touren
- Bodysurfing
- Tauchen
- Kanu/Kajak
- Kurse/Touren
- Ski fahren
- Schnorcheln
- Surfen
- Schwimmbad/Pool
- Wandern
- Windsurfen
- andere Aktivität

Schlafen
- Schlafen
- Camping

Essen
- Essen

Ausgehen & Nachtleben
- Ausgehen & Nachtleben
- Café

Unterhaltung
- Unterhaltung

Shopping
- Shoppen

Information
- Bank
- Botschaft/Konsulat
- Krankenhaus/Arzt
- Internet
- Polizei
- Post
- Telefon
- Toilette
- Touristeninformation
- andere Information

Landschaft
- Strand
- Hütte
- Leuchtturm
- Aussichtsturm
- Berg/Vulkan
- Oase
- Park
- Pass
- Picknickplatz
- Wasserfall

Bevölkerung
- Hauptstadt (National)
- Hauptstadt (Staat/Provinz)
- Stadt/Großstadt
- Ort/Dorf

Verkehrsmittel
- Flughafen
- Grenzübergang
- Bus
- Cable Car/Seilbahn
- Radfahren
- Fähre
- MRT-Station/Metro-St.
- Monorail
- Parkplatz
- Tankstelle
- Skytrain/S-Bahn-Station
- Taxi
- Bahnhof/Zugstrecke
- Tram/Straßenbahn
- U-Bahn-Station
- andere Verkehrsmittel

Hinweis: Nicht alle hier aufgeführten Symbole sind in den Karten zu finden.

Verkehrswege
- Mautstraße
- Autobahn/Freeway
- Hauptstraße
- Nebenstraße
- Landstraße
- Verbindungsstraße
- unbefestigte Straße
- Straße in Bau
- Platz/Mall/Fußgängerzone
- Treppe
- Tunnel
- Fußgängerübergang
- Spaziergang
- Wanderung mit Abstecher
- Pfad/Wanderweg

Grenzen
- Internationale Grenze
- Bundesstaat/Provinz
- umstrittene Grenze
- Regional/Vorort
- Seepark
- Klippen
- Mauer

Gewässer
- Fluss, Bach
- periodischer Fluss
- Kanal
- Wasser
- Trocken-/Salz-/period. See
- Riff

Flächen
- Flughafen/Flugpiste
- Strand/Wüste
- Friedhof (christlich)
- Friedhof (andere Religion)
- Gletscher
- Watt
- Park/Wald
- Sehenswertes (Gebäude)
- Sportanlage
- Sumpf/Mangrove

KARTEN-REGISTER

Legende auf S. 236

COLONIAL DISTRICT & DIE QUAYS

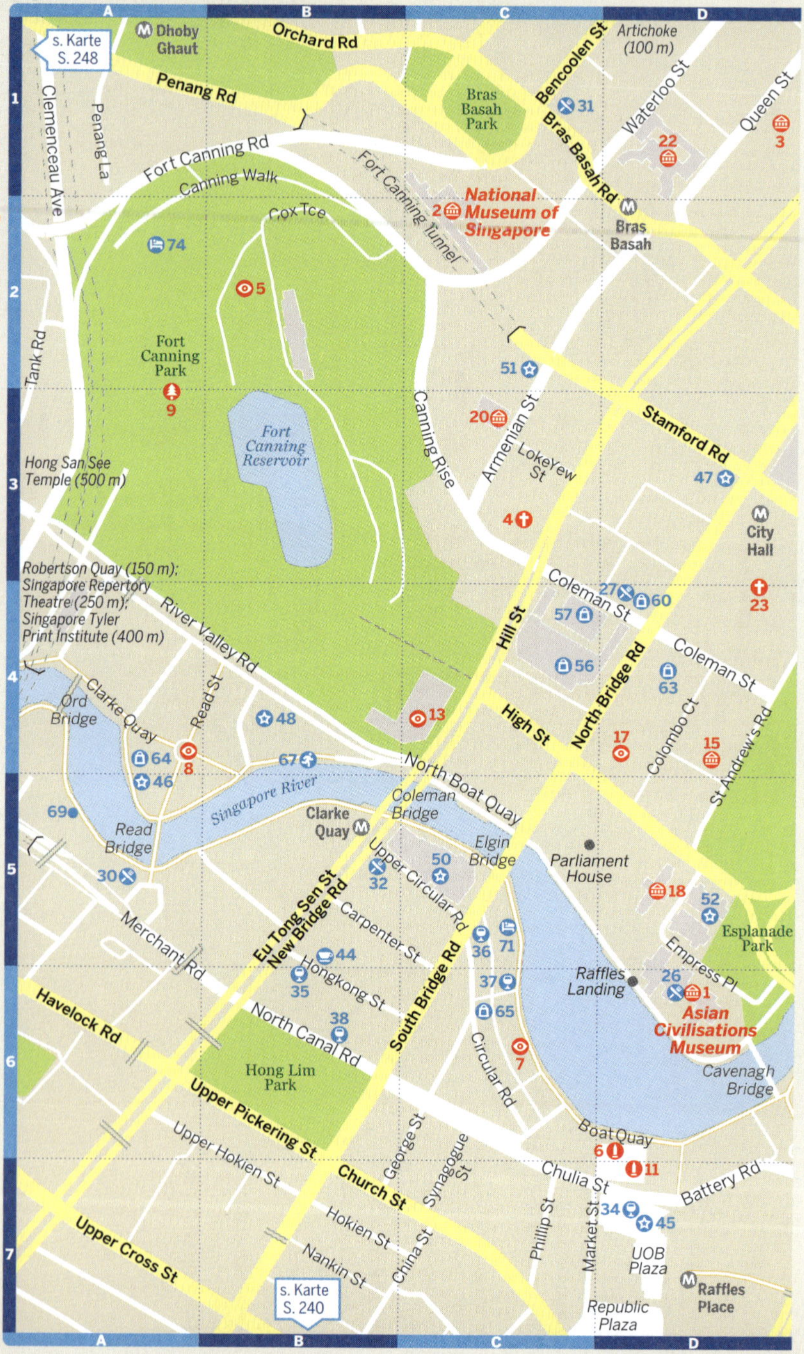

0 400 m
0 0,25 Meilen
s. Karte S. 242
s. Karte S. 237
Parkview Square
Tan Quee Lan St
Liang Seah St
Beach Rd
Rochor Rd
Nicoll Hwy
Ophir Rd
Victoria St
Bain St
Middle Rd
North Bridge Rd
Cashin St
Purvis St
Seah St
Bras Basah Rd
Rocher Rd
Temasek Ave
Temasek Blvd
Promenade
Esplanade
Civilian War Memorial
Civil War Memorial Park
City Link Mall
Pedestrian Tunnel
Raffles Link
Raffles Blvd
Singapore Flyer (200 m)
East Coast Parkway
The Padang
Connaught Dr
Esplanade Dr
Raffles Ave
Republic Blvd
Queen Elizabeth Walk
Marina Promenade
Esplanade Jetty
The Float @ Marina Bay
Esplanade Bridge
Helix Bridge
Anderson Bridge
Merlion Park
Fullerton Rd
Marina Bay
MARINA SOUTH
Marina Bay Sands
Marina Bay Sands Hotel
Collyer Quay

COLONIAL DISTRICT & DIE QUAYS *Karte auf S. 234*

Highlights (S. 56)
1 Gardens by the Bay C3
2 Marina Bay Sands B2

Sehenswertes (S. 57)
3 ArtScience Museum B2
4 Marina Barrage C2
5 Singapore Flyer C1

Essen (S. 62)
Pizzeria Mozza .... (s. 2)
6 Pollen C2
Rasapura Masters .... (s. 2)
7 Satay by the Bay D3

Ausgehen & Nachtleben (S. 67)
8 Level 33 .... A3

Shoppen (S. 71)
Shoppes at Marina Bay Sands .... (s. 2)

Sport & Aktivitäten (S. 72)
Ultimate Drive .... (s. 9)

Schlafen (S. 180)
9 Marina Bay Sands B3

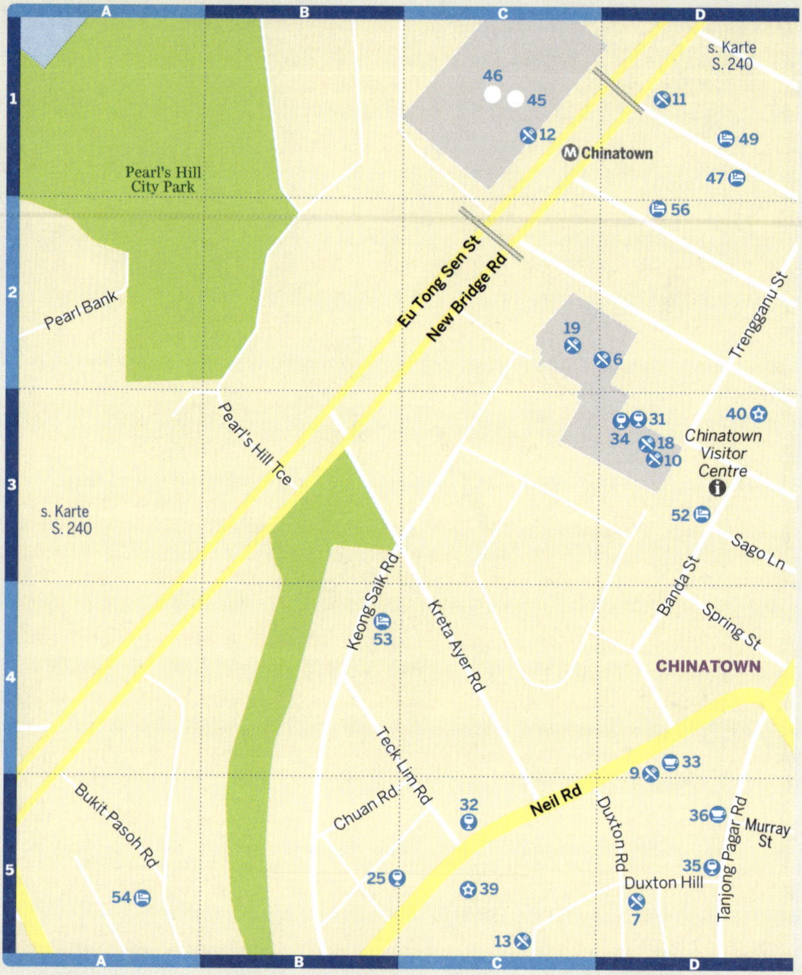

Highlights (S. 75)

1 Chinatown Heritage Centre ... E1

Sehenswertes (S. 76)

2 Buddha Tooth Relic Temple ... E3
3 Singapore City Gallery .. E5
4 Sri Mariamman Temple ... E2
5 Thian Hock Keng Temple ... G4

Essen (S. 78)

6 Chinatown Complex D2
7 Department of Caffeine ... D5
8 Ding Dong ... F4
9 Jing Hua ... D4
10 Lian He Ben Ji Claypot Rice ... D3
11 Lim Chee Guan ... D1
12 Lim Chee Guan ... C1
13 Lucha Loco ... C5
14 Maxwell Road Hawker Centre ... E4
15 Momma Kong's ... E1
16 PS Cafe ... F4
17 Sarnies ... H3
18 Shi Xiang Satay ... D3
19 Soup Master ... C2
20 The Flying Squirrel ... G3
21 Tian Tian Hainanese Chicken Rice ... E4
22 Tong Heng ... E3
23 Ya Kun Kaya Toast ... H1
Zhen Zhen Porridge ... (s. 14)

Ausgehen & Nachtleben (S. 81)

24 Breeze ... F4
25 Cufflink Club ... B5

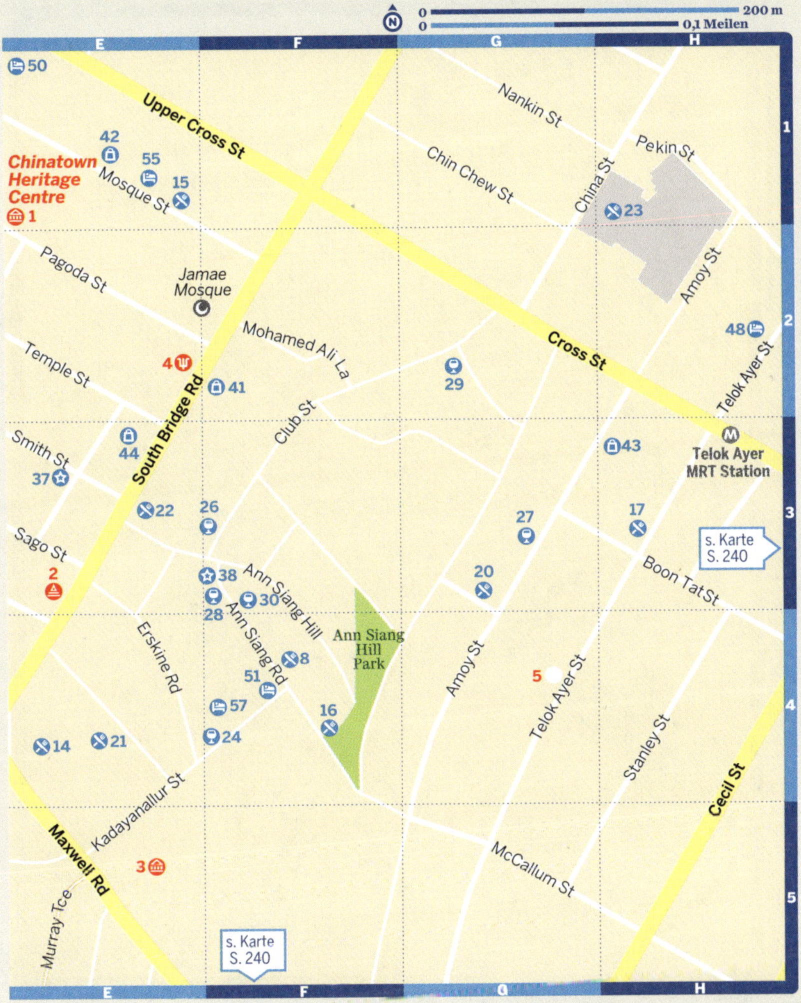

26 Fry Bistro F3
27 Jigger & Pony G3
28 La Terraza........................F3
29 Ô Batignolles G2
30 Oxwell & Co......................F3
31 Smith Street Taps.........D3
32 Tantric Bar C5
33 Tea Chapter......................D4
34 The Good Beer Company......................D3
35 Tippling Club....................D5
36 Yixing Xuan Teahouse..D5

Unterhaltung (S. 85)

37 Chinese Theatre Circle. E3
38 Screening Room F3
39 Taboo................................C5
40 Toy Factory Productions D3

Shoppen (S. 86)

Eu Yan Sang......... (s. 22)
41 Far East Legend F2
42 Utterly Art E1
43 Willow and Huxley.........H3
44 Yong Gallery E3

Sport & Aktivitäten (S. 87)

45 Mr Lim Foot Reflexology C1
46 People's Park Complex .C1

Schlafen (S. 180)

47 5Footway.Inn Project Chinatown 1 ....D1
48 Amoy H2
49 Beary Good Hostel.........D1
50 Bliss Hotel E1
51 Club...................................F4
52 Fernloft............................D3
53 Hotel 1929........................B4
54 New Majestic Hotel.........A5
55 Pillows & Toast E1
56 Rucksack Inn D2
57 Scarlet F4

CHINATOWN, TANJONG PAGAR & DER CBD

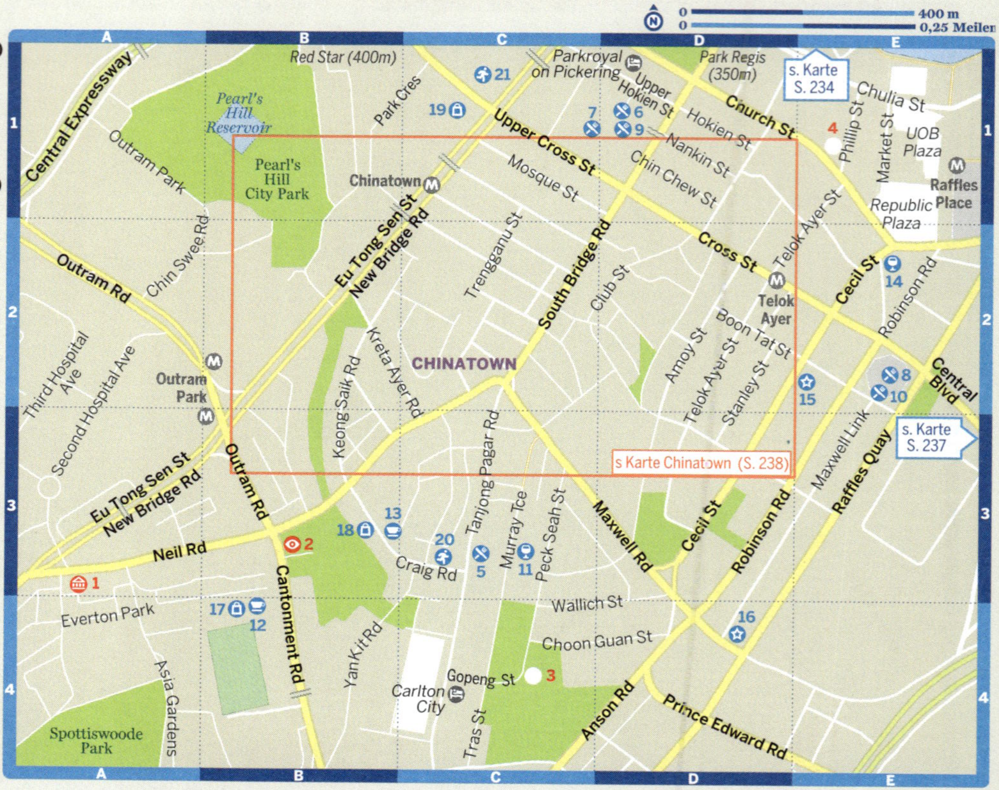

Sehenswertes (S. 76)

Essen (S. 78)

Ausgehen & Nachtleben (S. 81)

Unterhaltung (S. 85)

Shoppen (S. 86)

Sport & Aktivitäten (S. 87)

Highlightts (S. 131)

1 Bukit Timah Nature Reserve A3
2 Singapore Zoo A2

Sehenswertes (S. 132)

Cheng Huang Temple .... (s. 3)
3 Lian Shan Shuang Lin Monastery D4
4 Lorong Buangkok D3
5 MacRitchie Reservoir C4
6 Night Safari A2
7 River Safari B2
Sasanaramsi Burmese Buddhist Temple .... (s. 8)
8 Sun Yat Sen Nanyang Memorial Hall C4

Essen (S. 135)

Cheese Ark .... (s. 11)
Da Paolo .... (s. 11)
9 Loong Fatt Tau Sar Piah C4
10 Mellben Seafood C3
11 PasarBella @ The Grandstand B4
VeganBurg .... (s. 11)

Ausgehen & Nachtleben (S. 136)

12 Bar Bar Black Sheep A4
Dutch Colony Coffee Co .... (s. 11)
13 Middle Rock C3

Unterhaltung (S. 152)

Creatures of the Night .... (s. 6)
14 Singapore Turf Club A1

Sport & Aktivitäten (S. 132)

Jungle Breakfast with Wildlife .... (s. 2)
15 Toa Payoh Swimming Complex C4
16 Treetop Walk B4

Schlafen (S. 186)

17 Days Hotel Singapore at Zhongshan Park C4
18 Ramada Singapore at Zhongshan Park C4

Legende auf S. 244

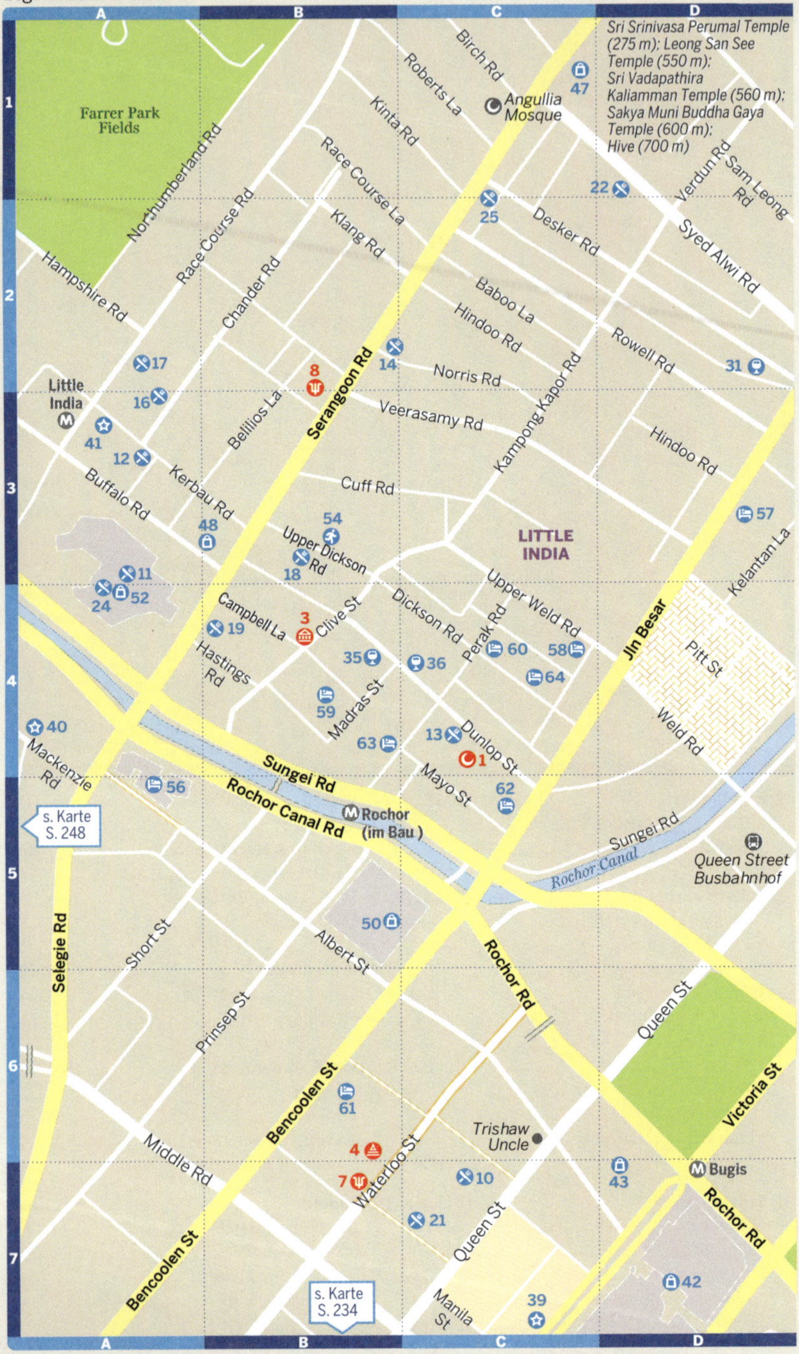

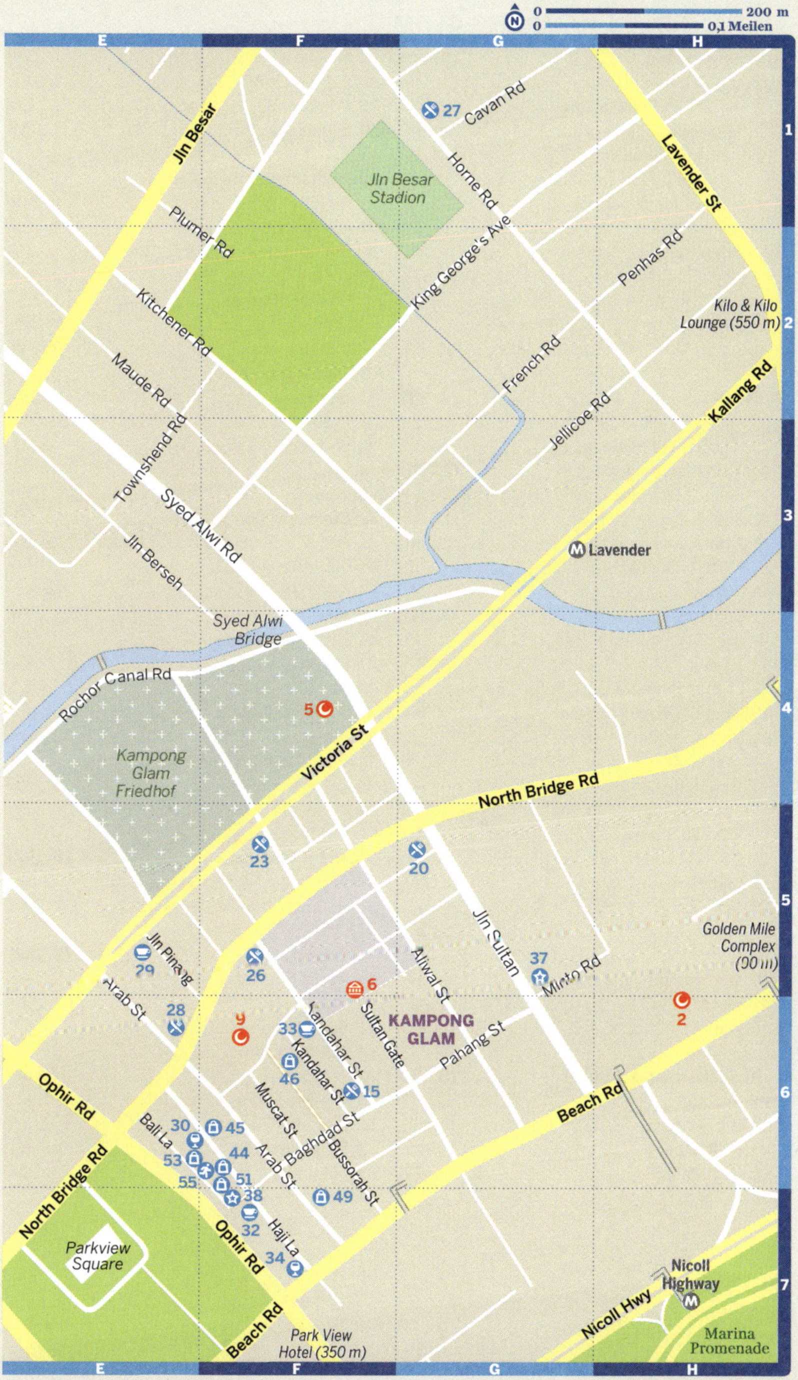
0 200 m
0 0,1 Meilen
N
E
F
G
H
1
2
3
4
5
6
7
27
Cavan Rd
Jln Besar
Jln Besar Stadion
Horne Rd
Lavender St
Plumer Rd
King George's Ave
Penhas Rd
Kitchener Rd
Kilo & Kilo Lounge (550 m)
Maude Rd
French Rd
Kallang Rd
Jellicoe Rd
Townshend Rd
Syed Alwi Rd
Lavender
Jln Berseh
Syed Alwi Bridge
Rochor Canal Rd
5
Victoria St
Kampong Glam Friedhof
North Bridge Rd
23
20
Golden Mile Complex (90 m)
Jln Sultan
Jln Pinang
29
26
37
Minto Rd
Aliwal St
Arab St
6
2
28
Kandahar St
Sultan Gate
KAMPONG GLAM
33
Pahang St
46
Kandahar St
15
Ophir Rd
Beach Rd
Muscat St
Baghdad St
30
45
Bali La
44
53
Arab St
Bussorah St
51
55
38
49
North Bridge Rd
32
Haji La
Ophir Rd
Parkview Square
34
Nicoll Highway
Nicoll Hwy
Beach Rd
Park View Hotel (350 m)
Marina Promenade

LITTLE INDIA & KAMPONG GLAM *Karte auf S. 242*

DER NORDOSTEN VON SINGAPUR

Sehenswertes (S. 119)

1 Changi Museum & Chapel C2
2 Changi Village C1
3 Loyang Tua Pek Kong Temple C1
4 Pasir Ris Park B1

Essen (S. 125)

Changi Village Hawker Centre .... (s. 2)
Charlie's Corner .... (s. 2)
5 Coastal Settlement C1
International Nasi Lemak .... (s. 2)
Mei Xiang Goreng Pisang .... (s. 2)

Ausgehen & Nachtleben (S. 120)

6 Coachman Inn C1

Shoppen (S. 126)

7 Downtown East B1
8 Tampines Mall B2

Sport & Aktivitäten (S. 127)

9 Gallop Stables B1
10 Pasir Ris Sports & Recreation Centre B2
11 Ski360° A4
12 Wild Wild Wet B1

Schlafen (S. 186)

13 Ambassador Transit Hotel D2
14 Crowne Plaza Changi Airport D2
15 Village Hotel Changi C1

DER OSTEN VON SINGAPUR

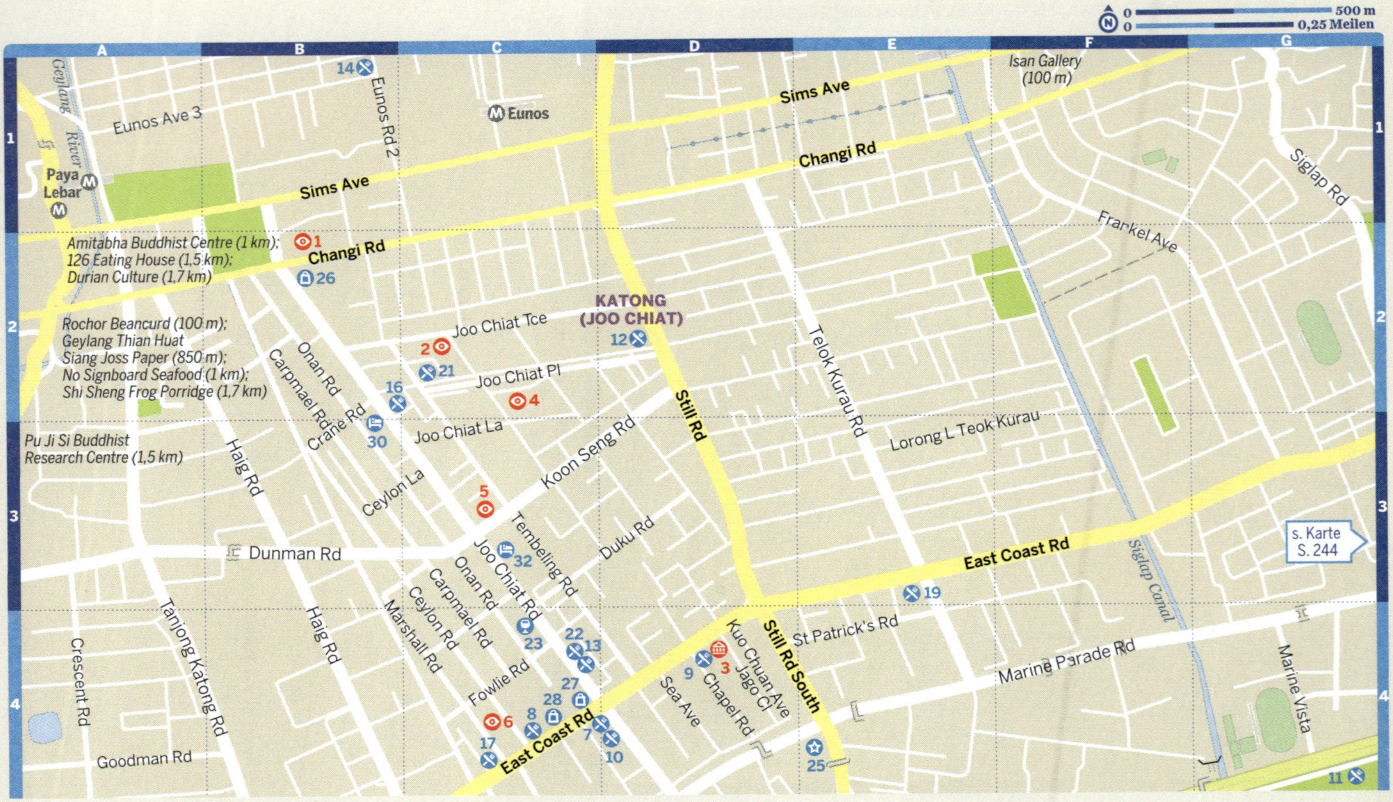

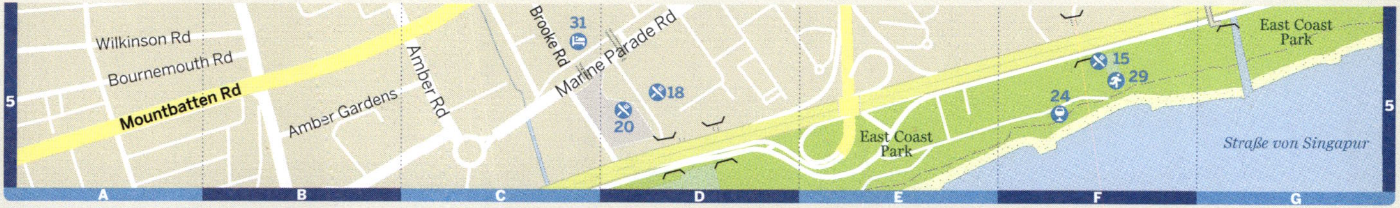

Sehenswertes (S. 118)
- 1 Geylang Serai New Market B2
- 2 Jousting Painters Mural by Ernest Zacharevic C2
- 3 Katong Antique House D4
- 4 Peranakan Terrace Houses C2
- 5 Peranakan Terrace Houses C3
- 6 Sri Senpaga Vinayagar Temple C4

Essen (S. 121)
- 7 112 Katong C4
- 8 328 Katong Laksa C4
- 9 Chin Mee Chin Confectionery D4
- 10 Din Tai Fung D4
- 11 East Coast Lagoon Food Village G4
- 12 Eng Seng Restaurant D2
- 13 Fatboy's the Burger Bar C4
- 14 Le Chasseur B1
- 15 Long Beach F5
- 16 Long Phuong B2
- 17 Lower East Side C4
- 18 Marine Parade Food Centre D5
- Mr Wong's Seremban Beef Noodles .... (s. 18)
- 19 Penny University E3
- 20 Roland Restaurant D5
- 21 Smokey's BBQ C2
- 22 Tian Tian Chicken Rice C4

Ausgehen & Nachtleben (S. 125)
- 23 Cider Pit C4
- 24 Sunset Bay Garden Beach Bar F5

Unterhaltung (S. 126)
- 25 Necessary Stage E4

Shoppen (S. 126)
- 26 Joo Chiat Complex B2
- 27 Kim Choo Kueh Chang C4
- 28 Rumah Bebe C4

Sport & Aktivitäten (S. 121)
- 29 CycleMax F5
- Real Singapore Tours .... (s. 30)

Schlafen (S. 185)
- 30 Betel Box B3
- 31 Grand Mercure Roxy C5
- 32 Venue Hotel C3

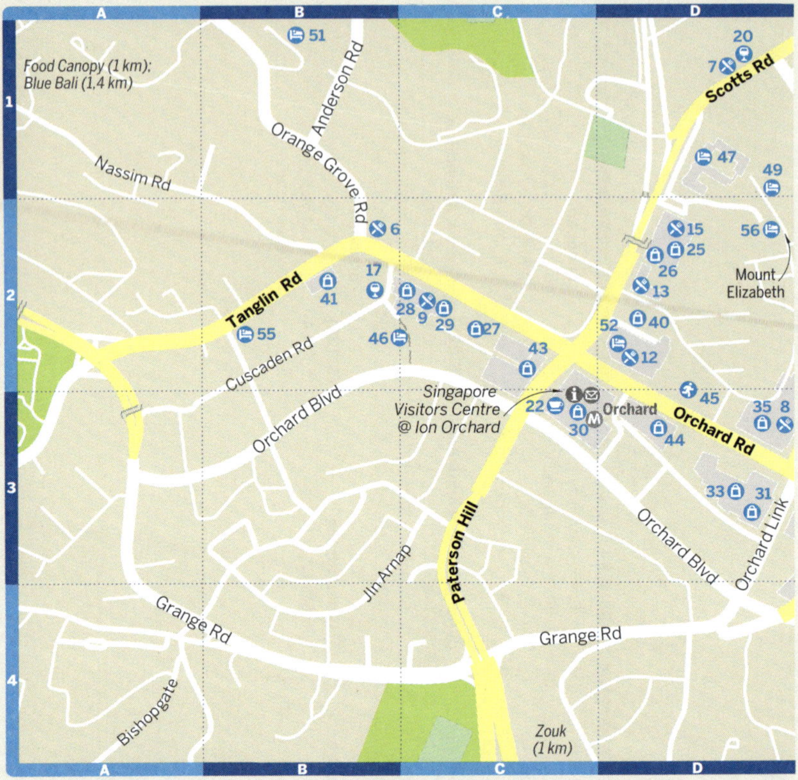

Sehenswertes **(S. 106)**

1 Cathay Gallery H4
2 Emerald Hill Road F3
3 Istana F2
4 Orchard Rd F3
5 Tan Yeok Nee House F4

Essen **(S. 106)**

6 Bodega y Tapas B2
7 Buona Terra D1
8 Din Tai Fung D3
Food Republic ..... (s. 44)
Gelateria Italia ..... (s. 30)
9 Iggy's C2
10 Killiney Kopitiam F4
11 Kith Cafe G4
12 Mustard Incident D2
Paradise Dynasty ..... (s. 30)
Providore ..... (s.32)
13 StraitsKitchen D2
Takashimaya Food Village ..... (s. 33)
Tambuah Mas ..... (s. 35)
14 Tim Ho Wan G4
15 Wasabi Tei D2
Wild Honey ..... (s. 32)

Ausgehen & Nachtleben **(S. 110)**

16 Bar Canary E3
Bar on 5 ..... (s. 32)
17 Cuscaden Patio B2
18 Ice Cold Beer E3
19 KPO F4
20 Néktar D1
21 Que Pasa E3
22 TWG Tea C3

Shoppen **(S. 111)**

23 313@Somerset E3
Antiques of the Orient ..... (s. 41)
Benjamin Barker ..... (s. 43)
24 Cathay Cineleisure Orchard E3
Club 21b ..... (s. 28)
Crumpler ..... (s. 43)
25 Exotic Tattoo D2
26 Far East Plaza D2
27 Far East Shopping Centre C2

Sport & Aktivitäten **(S. 113)**

Schlafen **(S. 184)**

Highlights (S. 139)

1 Botanischer Garten von Singapur G1

Sehenswertes (S. 139)

2 Ginger Garden G2
3 National Orchid Garden G2
4 Rainforest G1
5 Swan Lake G3

Essen (S. 140)

6 2am Dessert Bar A2
7 Casa Verde G1
8 Chopsuey F4
9 Da Paolo Pizza Bar B2
10 Halia G2
11 Holland Village Market & Food Centre A2

12	Long Beach Seafood	F3
13	Original Sin	B2
14	PS Cafe	F4

Ausgehen & Nachtleben **(S. 142)**

15	Park	B2
16	RedDot Brewhouse	F3
17	Wala Wala Café Bar	A2

Shoppen **(S. 143)**

18	Asiatique	F3
19	Em Gallery	F4
20	Holland Village Shopping Centre	B2
	Lim's Arts & Living	(s. 20)
21	Pasardina Fine Living	F4
22	Shang Antique	F4

DER SÜDWESTEN VON SINGAPUR

Sehenswertes (S. 146)

1 Gillman Barracks ... C2
2 Haw Par Villa ... A2
3 HortPark ... B2
4 Kent Ridge Park ... A1
5 Labrador Nature Reserve ... C4
6 Mt Faber ... D3
7 Reflections at Bukit Chandu ... B2
8 Southern Ridges ... C2
9 Telok Blangah Hill Park ... D2

Essen (S. 149)

10 Eng Lock Koo ... B2
11 Faber Bistro ... E3
12 Faber Peak ... D3
Moonstone ... (s. 12)
Naked Finn ... (s. 1)
13 PeraMakan ... C3
Spuds & Aprons ... (s. 12)
14 Tamarind Hill ... C3

Ausgehen & Nachtleben (S. 151)

15 Colbar ... B1
Peppermint Park ... (s. 16)

Unterhaltung (S. 152)

Mono ... (s. 16)
Neverland II ... (s. 16)
16 St James Power Station ... E4

Shoppen (S. 152)

17 VivoCity ... E4

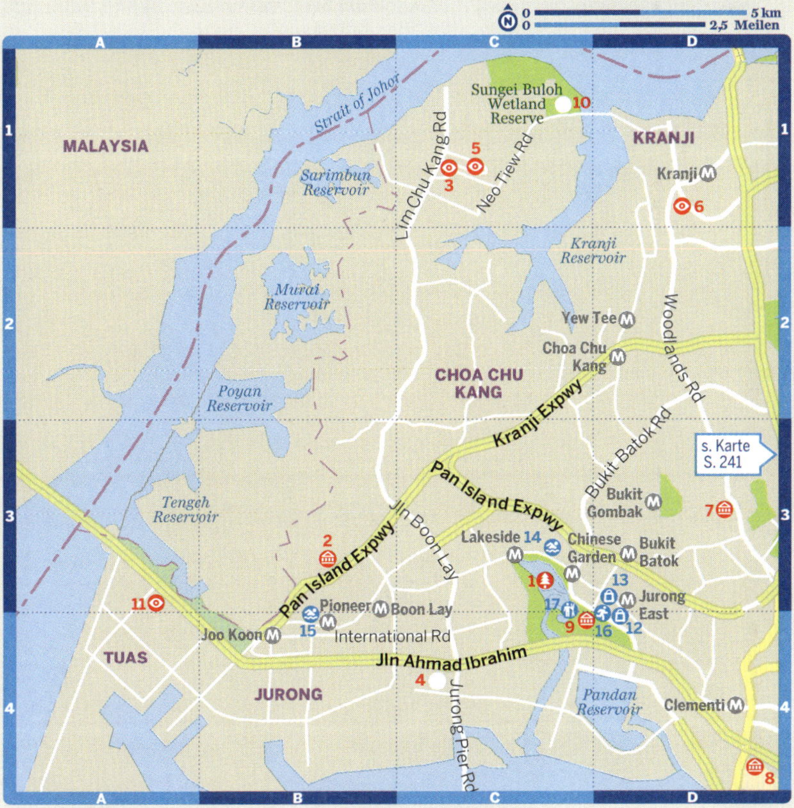

Sehenswertes (S. 147)

1 Chinese Garden ... C3
2 Chinese Heritage Centre ... B3
3 Hay Dairies Goat Farm ... C1
4 Jurong Bird Park ... C4
5 Jurong Frog Farm ... C1
6 Kranji War Memorial ... D1
Lee Kong Chian Natural History Museum ... (s. 8)
7 Memories at Old Ford Factory ... D3
8 NUS Museum ... D4
9 Singapore Science Centre ... C4
10 Sungei Buloh Wetland Reserve ... C1
11 Tiger Brewery ... A3

Unterhaltung (S. 151)

Omni-Theatre ... (s. 9)

Shoppen (S. 152)

12 Jem ... D4
13 Westgate ... D3

Sport & Aktivitäten (S. 152)

14 Jurong East Sports & Cultural Centre ... C3
15 Jurong West Sports & Recreation Centre ... B4
16 Rink ... D4
17 Snow City ... C3

SENTOSA ISLAND

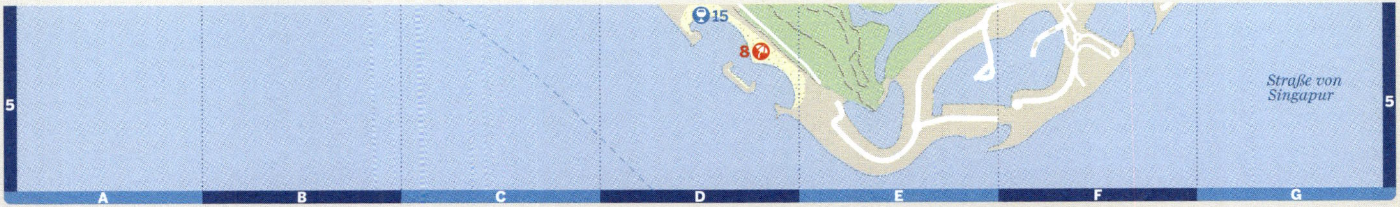

Highlights **(S. 156)**

1 Universal Studios D3

Sehenswertes **(S. 157)**

2 Butterfly Park & Insect Kingdom B2
3 Fort Siloso A2
4 Images of Singapore B3
5 Palawan Beach C4
6 S.E.A. Aquarium C2
7 Siloso Beach B3
8 Tanjong Beach D5

Essen **(S. 157)**

9 Cliff D4
10 Kith Cafe F4
11 Malaysian Food Street C2
12 Mykonos on the Bay F4
13 Samundar C4

Ausgehen & Nachtleben **(S. 158)**

14 Coastes B3
15 Tanjong Beach Club D5
16 Woobar G4

Unterhaltung **(S. 158)**

17 Endless Summer F4
18 Songs of the Sea B3

Sport & Aktivitäten **(S. 159)**

19 Adventure Cove Waterpark C2
20 Gogreen Segway Eco Adventure C3
21 iFly B3
22 MegaZip B2
23 Skyline Luge Sentosa B3
Wave House ..... (s. 7)

Schlafen **(S. 187)**

24 Capella Singapore C3
25 Shangri-La's Rasa Sentosa Resort & Spa A2
26 W Singapore–Sentosa Cove F4

DIE LONELY PLANET STORY

Ein uraltes Auto, ein paar Dollar in den Hosentaschen und Abenteuerlust, mehr brauchten Tony und Maureen Wheeler nicht, als sie 1972 zu der Reise ihres Lebens aufbrachen. Diese führte sie quer durch Europa und Asien bis nach Australien. Nach mehreren Monaten kehrten sie zurück – pleite, aber glücklich –, setzten sich an ihren Küchentisch und verfassten ihren ersten Reiseführer *Across Asia on the Cheap*. Binnen einer Woche verkauften sie 1500 Bücher und Lonely Planet war geboren. Heute unterhält der Verlag Büros in Melbourne (Australien), London und Oakland (USA) mit über 600 Mitarbeitern und Autoren. Sie alle teilen Tonys Überzeugung, dass ein guter Reiseführer drei Dinge tun sollte: informieren, bilden und unterhalten.

Der Autor

Cristian Bonetto

Cristian erkundet schon seit Jahren die bekannten und weniger bekannten Ecken von Singapur, und er ist ganz vernarrt in die Küche, die Architektur und das Klima dieser Stadt. Der australische Autor hat an der University of Melbourne Englisch und Politikwissenschaften studiert und sich anschließend als Bühnenautor und Drehbuchschreiber beim Fernsehen betätigt. Da er Städtereisen und Flüge so ungemein liebt, war es nur eine Frage der Zeit, dass er sich der Reiseliteratur zuwandte. Mittlerweile hat Cristian an 13 Lonely Planets mitgearbeitet, darunter die Bücher über New York, Italien, Dänemark und Schweden. Seine Texte sind aber auch an anderen Stellen zu lesen, etwa im *Telegraph* (Großbritannien), *7X7* (San Francisco) und *Corriere del Mezzogiorno* (Italien). Unter @cristianbonetto kann man ihm auch bei Twitter folgen.

Lonely Planet Publications,
Locked Bag 1, Footscray,
Melbourne, Victoria 3011,
Australia

Verlag der deutschen Ausgabe:
MAIRDUMONT, Marco-Polo-Str. 1, 73760 Ostfildern,
www.lonelyplanet.de, www.mairdumont.com
info@lonelyplanet.de

Chefredakteurin deutsche Ausgabe: Birgit Borowski

Übersetzung: Marion Gieseke, Christiane Gsänger, Waltraud Horbas, Christel Klink, Dr. Annegret Pago, Dr. Thomas Pago, Jutta Ressel M.A., Karin Weidlich, Renate Weinberger, Maurice Wiederhold, Teresa Zuhl

An früheren Auflagen haben außerdem mitgewirkt: Beatrix Gehlhoff, Raphaela Moczynski, Christiane Radünz, Manuela Schomann; Olaf Bentkämper, Inga Westerteicher, Andreas Zevgitis

Redaktion und technischer Support: CLP Carlo Lauer & Partner, Riemerling

Singapur
3. deutsche Auflage Juni 2015, übersetzt von *Singapore 10th edition*, Februar 2015 Lonely Planet Publications Pty

Printed in China